KB154750

자기통찰

INSIGHT: Why We're Not as Self-Aware as We Think, and How Seeing Ourselves Clearly Helps Us Succeed at Work and in Life

This Korean edtion is published by arrangement with Fletcher & Company LLC
through Duran Kim Agency.

I N S I G H T

자기통찰

어떻게 원하는 내가 될 것인가

타샤 유리크 지음 | 김미정 옮김

JUST books

자기통찰

어떻게 원하는 내가 될 것인가

초판 1쇄 발행 2018년 3월 9일
초판 3쇄 발행 2021년 6월 1일

지은이 타샤 유리크
옮긴이 김미정
펴낸이 구소영
펴낸곳 (주)저스트북스
책임편집 주지현
표지디자인 최재현
본문디자인 박은진
마케팅 이종률

출판등록 2020년 6월 22일
주소 경기도 고양시 일산서구 강선로 30, 1501-805
전화 010-9147-1479
팩스 0504-422-5888
이메일 luvfreedom@naver.com
ISBN 979-11-960894-4-3 03320

이 도서의 국립중앙도서관 출판시도서목록(CIP)은 서지정보유통지원시스템(http://seoji.nl.go.kr)과 국가자료공동목록시스템(http://www.nl.go.kr/kolisnet)에서 이용하실 수 있습니다.
(CIP제어번호: CIP2018005321)

• 책값은 뒤표지에 있습니다.
• 잘못된 책은 구입한 곳에서 바꾸어드립니다.

어머니, 노니,
그리고 내 사랑하는 S.P.에게

진실을 알리려는 사람은 누구보다 위험해진다.
때로는 침묵하지 않으면 침묵을 당한다.
하지만 진실을 말할 수 없다 해도 진실은 알고 있어야 한다.
남들에게는 진실을 말하지 못하더라도
결코 자신에게 거짓을 말해서는 안 된다.

프랜시스 하딩

차례

1장 21세기가 요구하는 메타 기능

병사들이 긴급히 보고할 사항이 있다며 뛰어들어왔다. 적군 정찰대 35명이 약 11킬로미터 밖의 바위 협곡에서 야영 중인 모습이 포착되었다고 했다. 젊은 중령은 어떤 결정을 내려야 할 것인가?

부담감이 짓눌러왔고, 중령도 이를 의식했다. 무엇보다 전시였고, 그가 전장으로 이끌고 나온 159명의 신병이 오롯이 그의 책임이었기 때문이다. 중령도 22세의 나이에 전투 경험이라고는 전혀 없는 신출내기임에도 불구하고, 어찌 된 영문인지 전군의 부사령관 자리가 주어졌다. 그는 신속하고 단호하게 대처해야 했을 뿐 아니라, 그를 주시하는 모두에게 능력을 증명해 보일 필요도 있었다. 이번이 그의 용맹을 보여줄 결정적인 시험대가 되겠지만, 그는 시험을 완벽히 통과할 거라고 믿어 의심치 않았다. 자신감이 넘쳤던 젊은 중령은 상관들에게 그의 진가를 보여주고 싶어 몸이 근질거리던 중이었다.

협곡에 적군이 출현했다고? 그들이 공격을 계획하고 있는 게 틀림없다고 중령은 자신 있게 결론을 내렸다(얼마 후에 부정확한 판단으로 밝혀졌지만 말이다). 이에 중령은 기습 공격 명령을 내렸다. 5월 28일 이른 시간에 그의 부대는 적군을 덮쳤고, 아무런 낌새도 채지 못했던 적군은 그대로 당하고 말았다. 15분도 안 되어 적병 13명이 전사하고 21명은 포로로 잡혔다.

승리에 도취된 중령은 막사로 돌아와 편지부터 써내려갔다. 첫 번째 편지는 사령관에게 올리는 보고였다. 하지만 승리감으로 대담해진 이 부대장은 전투 상황을 자세히 설명하기도 전에 이때다 싶어 자신의 봉급에 대한 불평을 무려 여덟 단락에 걸쳐 거침없이 써내려갔다. 동생에게 보내는 다음 편지에는 자신이 적의 공격 앞에서 얼마나 용감무쌍했는지 태연히 자랑했다. "진짜로 나는 총알이 귓전을 스치는 소리를 들었고, 정말 그 소리에는 뭔가 매혹적인 데가 있었어"라고 그는 편지에 썼다.

자축하는 편지도 썼으니 이제 다음 조치를 취해야 했다. 그는 적군이 곧 보복 공격을 해올 거라고 확신했기 때문에 보다 유리한 진지를 구축할 곳을 찾아야 한다고 생각했다. 중령과 병사들은 근처 산맥을 넘어 이동했고, 곧 넓고 평평한 고원 초지가 나타났다. 초원은 관목과 빽빽한 소나무 숲으로 뒤덮인 구릉지 언덕들로 에워싸여 있었다. 주변을 살펴본 중령은 그곳이 방어에 완벽한 위치라고 선언하고 부대원들에게 전투 준비를 갖추라고 명령했다.

며칠 후 중령은 방책을 마무리하고 있는 병사들의 모습을 뿌듯하게 지켜보았다. 방책은 2미터 높이의 통나무들로 원형 울타리를 세우고 그 위에 동물 가죽을 덮어씌운 것이었다. 방책 안에는 한 번에 70명밖에 들어갈 수 없었기 때문에, 그는 나머지 병사들이 들어갈 참호를 1미터 깊이로 파라는 명령도 내렸다. 중령은 이것이 훌륭한 전략이라고 생각했으므로 "우리 부대는 자연의 도움에 힘입어 참호를 확실히 구축했으며, 교전에 대비해 초원의 관목들까지 말끔히 정리해두었다"고 사령관을 안심시켰다. 중령은 병력이 열세라는 사실을 알고 있었지만 "비록 병사의 수는 적으나 500명의 적군이 공격해온다고 하더라도 두려울 것이 없다"고 보고했다.

유감스럽게도 자신감이 넘치는 이 젊은 지휘관의 생각에 모두가 동의했던 것은 아니었다. 미심쩍은 그의 여러 결정 중 하나는 진지의 위치였다. 부드러운 토양 위에 진지를 구축했기 때문에 약간의 비에도 초원이 늪으로 바뀌고, 폭우가 내리면 참호가 잠기며 탄약이 젖게 되어 있었다. 게다가 숲과의 거리가 50여 미터에 불과했기 때문에 적군의 저격병이 그들의 진지까지 은밀히 접근해 근접 사격을 퍼붓기도 쉬웠다. 진지 자체도 전투 경험이 풍부한 동맹군 부대장으로부터 "초원 위의 그 시원찮은 것"으로는 버틸 수가 없다는 단호한 평가를 받았다.

그럼에도 불구하고 중령은 자신이 가장 잘 안다고 확신하면서 이런 주장들을 묵살했을 뿐 아니라, 동맹군 부대장과 그의 부대가 "믿을 수 없는 악마들"이며 "첩자들"이라고 공공연히 비난하며 분노했다. 그 결과 동맹군 사령관과 그의 추종자들이 두려움을 느껴 달아나는 작은 반란이 일어났다(그들의 두려움은 충분히 근거가 있었던 것으로 밝혀지게 된다). 얼마 후 벌어진 전투에서는 핑핑 스쳐가는 탄환 소리가 중령에게도 그리 매혹적으로 들리지 않았을 것이다.

그리고 그 전투는 중대한 분기점이 되었다. 중령의 실수로 역사의 흐름이 바뀌었다고 할 수 있다. 그 후 역사학자들은 어떻게 해서 그 작전이 비극적인 실패로 끝났는지 설명하려고 애써왔다. 다수가 중령이 "후퇴해야만 했을 때 진격했고, 충분한 지원 병력이 도착하기를 기다리지 않고 전투를 개시했으며, 방어하기 어려운 장소를 골랐고, 성급하게 진지를 구축했으며, 동맹군과 소원했고, 지독한 자만심으로 병력이 우세한 적군을 물리칠 수 있다고 생각했다"는 점을 지적했고, 그런 비판은 옳았다.

그러나 중령의 몰락이 단순히 전략적 실수나 작전의 결함, 또는 부대장으로서의 신뢰가 실추된 탓이라고만 볼 수는 없다. 그런 요인들만 검토한다면 근본 원인을 간과하는 것이다. 기본적으로 중령에게는 성공 또는 실패를 좌우하는 결정적 요인이 결여되어 있었다. 그것은 전장, 직장, 또는 다른 어디에서든 성패를 좌우하는 가장 중요한 단일 요인이지만 가장 검토가 덜 되어 있는 요인이기도 하다. 그것은 바로 자기인식 능력이다.

자기인식self-awareness의 정확한 정의는 언뜻 보기보다 복잡하지만, 자신을 명확하게 보는 능력이 그 핵심이다. 즉 자신이 어떤 사람이고, 다른 사람들은 자신을 어떻게 생각하는지, 자신이 주변 세상과 어떻게 어울리는지 아는 것이다.* 플라톤Platon이 우리에게 "너 자신을 알라"는 가르침을 전해준 후로, 철학자와 과학자 모두 자기인식의 미덕을 찬양해왔다. 사실 자기인식은 인간의 가장 주목할 만한 능력 가운데 하나라

* 핵심 용어, 도구, 연구는 본문과 색깔을 다르게 하여 찾아보기 쉽도록 했다.

고 할 수 있다. 신경과학자 라마찬드란V. S. Ramachandran은 그의 책 『명령하는 뇌, 착각하는 뇌*The Telltale Brain*』에서 자기인식 능력을 이렇게 시적으로 표현했다.

> 모든 유인원이 바나나를 손에 넣을 줄 알지만, 오직 인간만이 별을 따려고 손을 뻗을 줄 안다. 유인원은 숲속에 살면서 다투고 번식하다 죽을 뿐이다. 인간은 글을 쓰고, 조사하고, 탐색한다. 우리는 유전자를 이어붙이고, 원자를 분열시키며, 로켓을 발사한다. 우리는 위를 응시하고…… 원주율의 소수점 이하 자리를 무한히 구해나간다. 아마도 가장 놀라운 점은 우리가 내면을 들여다보고, 우리 자신의 독특하고 경이로운 뇌라는 퍼즐을 맞춰간다는 사실일 것이다…… 이는 단연코 최대의 미스터리이다.

어떤 사람들은 스스로를 이해하는 능력이 인간의 생존과 진보의 중심에 있다는 주장까지 했다. 수백만 년 동안 '호모사피엔스'의 조상들은 대단히 느리게 진화했다. 하지만 라마찬드란의 설명처럼 약 15만 년 전에 인간의 뇌에 가히 폭발적인 발전이 있었고, 인간은 타인의 시각에서 상황을 보는 능력뿐 아니라 스스로의 생각과 감정, 행동을 검토할 수 있는 능력까지 얻게 되었다(나중에 알게 되겠지만, 이 두 과정 모두 자기인식에 절대적으로 중요하다). 자기인식은 예술, 정신 수양, 언어 등 고등한 인간의 표현 형식의 토대가 되었을 뿐 아니라, 살아남기 위해 힘을 모아야 했던 우리 선조들의 생존에 이점으로 작용했다. 선조들이 자신의 행동과 결정을 평가하고 그것이 다른 부족민들에게 미치는 영향을 읽을 줄 아는 능력은, 현대적 상황을 인용하자면 섬에서 퇴출시킬 사람으로 선정되지 않게 해주었다(섬을 배경으로 하는 서바이벌 리얼리티 쇼에서 투표로 탈락자를 선정하는 방식을 지칭한다_옮긴이).

21세기로 시간을 훌쩍 뛰어넘어보자. 우리가 조상들처럼 매일매일 존재를 위협받지는 않을지라도 직장, 인간관계, 나아가 인생에서의 생존과 성공을 위해 우리도 그들 못지않게 자기인식을 필요로 한다. 자신을 알고 남들이 자기를 어떻게 보는지 아는 사람들이 더 행복하다는 사실은 과학적으로 입증되었다. 그들은 현명한 결정을 한다. 개인적 인간관계나 직업상 인간관계도 좋다. 그들은 자녀를 성숙한 사람으로 키워낸다. 그들은 똑똑하고 우수한 학생이며 진로 선택도 더 잘한다. 그들은 창의적이고 자신감이 넘치며 소통도 잘한다. 그들은 공격적 행동, 거짓말, 부정행위, 도둑질을 할 가능성이 낮다. 그들은 직장에서 많은 실적을 올리고 높은 직급까지 승진한다. 그들은 유능한 지도자로 직원들을 열성적으로 만든다. 그들은 회사의 수익까지 올려놓는다.

반대로 자기인식의 부족은 최상의 경우 위험할 수 있고 최악의 경우 재난을 초래할 수 있다. 회사에서 어떤 업무를 맡았든, 어느 정도의 경력을 쌓았든, 그런 것들과 상관없이 우리의 성공은 자신이 어떤 사람이며 상사, 의뢰인, 고객, 직원, 동료 등에게 어떤 인상을 주는 사람인가라는 자기에 대한 이해에 달려 있다. 회사에서 당신의 직급이 올라갈수록 그것이 더욱 중요해진다. 자기인식이 부족한 고위 임원들은 탈선할 가능성이 600퍼센트나 '더 높다'(1인당 자그마치 5,000만 달러의 손해를 회사에 끼칠 수 있다). 더 일반적으로는 자신을 잘 모르는 전문직 종사자는 직업에서 느끼는 성취감이 떨어지며, 길이 막혔을 때 앞으로 무엇을 해야 할지 파악하는 데 어려움을 겪는 경향이 있다.

열거하자면 끝이 없다. 여러 해 동안 이 주제에 대해 연구해온 나는 자기인식이 21세기가 요구하는 메타 기능이라고까지 주장한다. 이어지는 장들에서 설명할 것처럼 오늘날 성공하기 위해서 가장 결정적인 자질들인 정서지능emotional intelligence, 공감 능력, 영향력, 설득력, 소통 능력, 협동심 등은 '모두 자기인식에서 나온다.' 바꿔 말하면 우리가 자신을 잘 모르면 직장을 비롯한 모든 영역에서 유능한 팀플레이어, 뛰어난 지도자, 우호적 관계 정립자가 되는 데 필요한 기술을 습득하기가 거의 불가능하다.

자기인식이 중요하다는 사실을 직관적으로 알지 못하는 사람을 찾아보기는 대단히 어려울 것이다. 어쨌거나 우리는 우리의 상사나 동료, 인척, 정치인 등에 대한 의견을 주고받을 때 이와 관련한 지적을 거침없이 하고 있으니까 말이다. 그런데 우리가 그런 평을 할 때는 대체로 "아무개는 정말 자신을 몰라"처럼 부정적인 이야기였다는 사실을 의식하고 있었는가? 하지만 우리의 성공과 행복에 결정적인 역할을 하는데도 불구하고, 자기인식은 대단히 보기 드문 자질이다.

대부분의 사람에게는 자기인식의 반대인 자기망상self-delusion을 선택하는 편이 냉혹한 진실에 귀 기울이기보다 수월하다. 자주 있는 경우처럼 자기망상이 통찰을 가장할 때는 특히 그렇다. 앞서 살펴본 중령이 그런 사례의 하나이다. 더 현대적인 사례를 살펴보자. 최근에 나는 트래비스 브래드베리Travis Bradberry의 베스트셀러 『감성지능 코칭법*Emotional Intelligence 2.0*』을 읽다가 지난 10년 동안 우리 전체의 정서지능지수EQ가 향상되었다는 내용을 보고 몹시 놀랐다(EQ는 우리 자신과 타인의 감정을 감지, 이해, 조절하는 능력으로 정의되며, 정서지능이 높은 사람이 더 크게 성공하고, 장애 앞에서 곧 기운을 되찾고, 스트레스를 잘 견디며, 보다 원만한 관계를 맺는 등의 특성이 있다고 수많은 연구에서 보고되고 있다). 하지만 브래드베리가 발견한 사실은 내가 조직심리학자로 일하면서 관찰한 현상과 일치하지 않는다. 적어도 내가 겪은 바로는 최근에 EQ가 낮은 사람이 줄어든 게 아니라 더욱 늘어나서 문제가 되고 있다.

이런 견해 차이의 근원은 전혀 의외의 요인 때문이었는데, 내가 그의 책과 함께 제공되는 온라인 검사를 해보고서야 이를 알 수 있었다. 그렇다, 브래드베리는 무려 50만 명을 대상으로 조사를 했다. 하지만 그의 결론은 50만 명 모두 스스로가 제공한 '자기평가를 근거'로 했다. 잠시 생각해보자. 당신이 아는 사람 가운데 정서지능이 가장 낮은 몇 명을 떠올려보라. 그들에게 자신의 EQ를 평가해보라고 요청한다면, 적어도 평균 이상이라고 답하리라는 데 당신은 얼마를 걸겠는가? 그러므로 브래드베리의 연구 결과는 오히려 우리가 생각하는 자신과 실제 자신의 격차가 증가한 때문이라고 보는 것이 훨씬 타당한 설명일 듯하다. 다시 말해서 EQ가 증가한 듯 보이는 현상은 자기인식의 감소 때문일 가능성이 높다.*

사회가 점점 '나' 중심이 되어가는 까닭에 이런 함정에 빠지는 것이 더 쉬워졌다. 요즘 세대들은 자존감self-esteem에 집착하는 세상에서 성장하면서 그들의 멋지고 특별한 점에 대해 끊임없이 이야기를 들어왔다. 우리가 어떤 사람이고 남들에게 어떻게 보이는지 객관적으로 검토하

* 나는 자기인식과 정서지능의 연관성에 대한 질문을 자주 받는다. 간단히 대답하자면 정서지능이 주로 자신과 타인의 감정에 대한 인식과 조절을 지칭한다면, 자기인식은 훨씬 폭넓은 용어이다. 이는 타인들에게 보이는 우리 모습뿐 아니라 감정 이상의 내적 특성, 우리의 가치, 열정, 포부, 적합한 환경, 행동양식, 반응, 사람들에게 미치는 영향력을 포괄적으로 의미한다.

기보다 장밋빛 안경을 통해 우리 자신을 보는 것이 훨씬 솔깃한 일일 것이다. 그리고 이는 특정 세대의 문제도, 미국만의 문제도 아니다. 연령대와 성, 성장 배경, 문화, 신념을 가리지 않고 모든 사람을 괴롭히고 있는 문제이다.

지금 당신은 마음속으로 온갖 망상에 빠진 사람들, 예컨대 자신이 프레젠테이션에 뛰어난 줄 알지만 회의 참석자 모두를 졸음에 빠뜨리는 직장 동료, 자신은 격의가 없는 사람이라고 자랑하지만 팀원을 겁주는 상사, 자신이 사교적인 사람이라고 생각하지만 어느 파티에서건 가장 어색한 친구 등을 떠올리며 싱긋 웃고 있을 것이다. 하지만 우리 모두가 고려해야 할 점이 있다. 성경에서 묻는 것처럼 "제 눈 속에 있는 들보도 보지 못하면서 어떻게 형제에게 '네 눈의 티를 빼내어주겠다' 하겠느냐?"(「마태오의 복음서」 7장 4절)라는 것이다. 직장, 가정, 학교, 노는 자리 등, 장소를 가리지 않고 우리는 남들에게는 스스로를 잘 모른다는 비난을 지체 없이 하지만, 우리에게 같은 문제가 있는지 자문하는 일은 좀체 없다. 일례로 내가 이 책을 읽게 될 잠재적 독자들을 대상으로 설문조사를 했을 때, 응답자의 무려 95퍼센트가 자신을 상당히 또는 매우 잘 안다고 대답했다!

사실 우리 대부분은 자신을 매우 잘 안다고 생각하지만, 그 자신감의 근거는 없을 때가 많다. 연구자들은 우리의 자기평가self-assessment에는 "흔히 실질적이고 체계적인 결함이 있다"는 것을 입증해왔다. 곧 자세히 살펴보겠지만 우리는 리더십 기술부터 운전 솜씨와 학교 성적, 업무 실적에 이르기까지 자신의 성과와 능력에 대해 터무니없는 판단을 내리는 경향이 있음을 여러 연구 결과를 통해 알 수 있다. 가장 무서운 결과는 무엇일까? 대개 능력이 '최저'인 사람들이 자기 능력에 대한 자신감은 '최고'라는 점이다.

그런데 대부분의 경우 우리 눈의 들보는 우리를 제외한 모든 사람에게는 아주 뚜렷이 잘 보인다. 가수가 되겠다고 학교를 중퇴한 음치 대학생, 비즈니스 관련 도서를 수십 권 읽었다는데 여전히 형편없는 리더인 자화자찬형 상사, 자녀와 보내는 시간이 거의 없으면서 자기가 '올해의 아버지' 감이라고 생각하는 아버지, 세 번이나 이혼하고서 번번이 이혼의 책임은 전남편들에게 있다고 확신하는 여성, 또는 자신이 전투의 천재라고 생각하지만 실은 감당하지 못할 전투를 벌이려는 중령을 생각해보라.

하지만 자기 능력에 대한 과신이 자기인식 부족을 초래하는 유일한 원인은 아니다. 우리가 자신의 가치와 목표를 명확히 알지 못해서 끊임없이 우리에게 이롭지 못한 선택을 할 때도 있다. 우리가 주변 사람에게 미치는 영향을 간과해서 자신도 모르는 사이에 동료와 친구, 가족과 소원해질 때도 있다.

자기인식 부족이 그런 거라면, 당연히 다음 질문은 "자신을 안다는 것은 무엇인가?"가 되어야 할 것이다. 내가 이 주제로 3년 예정의 연구 프로그램에 착수했을 때, 이 질문에 대한 답변부터 찾아야 할 듯했다. 하지만 모순된 정의들이 얼마나 많이 존재하는지 알고는 깜짝 놀랐다. 그렇다고 해도 자기인식을 분명히 정의내리지 않고 사람들의 자기인식을 개선시킬 실증적 방법을 어떻게 개발할 수 있겠는가? 그래서 나와 내 연구진은 몇 개월에 걸쳐 750편이 넘는 연구 자료를 검토하면서 어떤 유형이 드러나지 않을지 주시했다. 그리고 그 과정에서 자기인식의 주요 범주 두 가지를 밝혀냈는데, 이상하게도 두 범주가 항상 관련 있지는 않았다.

내적 자기인식internal self-awareness은 자신을 명확하게 아는 것을 말한다. 이것은 당신의 내면에 있는 가치, 열정, 포부, 이상적인 환경, 행동양식, 반응, 타인에게 미치는 영향력에 대한 이해이다. 내적 자기인식이 뛰어난 사람은 진정한 자신과 일치하는 선택을 함으로써 보다 행복하고 만족스러운 삶을 사는 경향이 있다. 내적 자기인식이 안 되는 사람은 그들이 무엇을 원하는지 모르기 때문에 성취감을 느낄 수 없는 직장이나 관계에 머무는 등 진정한 성공 및 행복과 양립하지 않는 방식으로 행동한다.

외적 자기인식external self-awareness은 밖에서 자신을 들여다보고 이해하는 것을 말한다. 즉 다른 사람들이 당신을 어떻게 보는지 아는 것이다. 외적 자기인식이 가능한 사람은 타인의 관점에서 자기를 정확히 볼 수 있으므로 보다 견고하고 신뢰할 만한 관계를 맺을 수 있다. 반면에 외적 자기인식이 부족한 사람은 그들이 남들에게 어떤 인상을 주는지 전혀 모르고 있다가 남들로부터 느닷없는 피드백을 받고 곤혹스러워한다(사람들이 피드백을 줄 정도로 용감하다면 말이다). 그리고 피드백을 받을 즈음에는 그들의 관계는 회생할 수 없을 만큼 망가진 경우가 허다하다.

그렇다면 내적 자기인식이 뛰어난 사람은 외적 자기인식도 뛰어날 것이며, 우리의 느낌과 감정을 잘 이해하면 우리가 어떻게 보일지 이해하는 데 도움이 되리라고 가정하기 쉽다. 하지만 이상하게도 '둘 사이에는 아무런 관계가 없다'고 나온 연구 결과들(내 연구 및 다른 연구들)이 많으며, 일부 연구에서는 심지어 정반대의 관계가 나타났다! 아마 당신이 아는 사람들 중에도 명상에 잠기기를 좋아하지만, 남들이 자기를 어떻게 보는지 거의 알지 못하는 이가 있을 것이다. 내 지인 하나만 해도 해마다 수천 달러를 들여 심리치료를 받고 명상 센터에 가서 '자신에 대해 공부'하지만, 친구들에게 무디고 둔감한 사람으로 평가되는 줄 전혀 모른다. 그 반대의 경우도 위험하다. 우리가 남들에게 어떻게 보이는지에 너무 집착하면 우리 자신의 행복과 성공을 가져오는 선택을 막을 수도 있다.

결론은 진정한 자기인식을 위해서는 당신 자신, 그리고 남들이 당신을 어떻게 보는지 이해해야 한다는 것이다. 더욱이 자기인식에 이르는 길은 대부분이 믿는 것과는 매우 다르다. 하지만 이런 이야기가 겁이 나거나 지지하기 힘들 듯하다면 반가운 소식이 있다. 그간의 내 연구에 의하면 자기인식은 놀랍게도 발전할 수 있는 기술이라는 것이다.

• • •

7월 3일 아침, 드디어 중령의 역사적 전투가 벌어졌다. 무참히 학살당한 정찰병들 가운데 한 적군의 이복형이 700명이나 되는 막강한 병력을 3열 종대로 진격시켜 중령의 엉성한 요새를 겹겹이 에워쌌다. 적군의 병력 규모에도 불구하고 중령은 지난번처럼 승리를 거둘 수 있을 거라고 확신했다.

적군은 숲에 몸을 숨긴 채 빗발치는 총탄 세례를 퍼붓기 시작했다. 그러나 적에게 고스란히 노출된 곳에 있던 중령의 병사들은 참호에 들어가 잠깐씩 고개만 겨우 내밀며 무턱대고 총을 쏠 수밖에 없었다. 그들의 총알은 대부분 빗나갔다. 그리고 상황이 더 이상 나빠질 것도 없어 보였던 그때 비가 억수같이 퍼붓기 시작했다. 그 바람에 그들의 요새는 진흙탕으로 변했고, 탄약은 무용지물이 되었다.

전투는 고작 하루 만에 끝났지만 중령은 어마어마한 대가를 치러야 했다. 적의 사상자는 고작 30명인 데 비해 그의 병사는 100명이나 죽거나 다쳐 진흙탕을 피로 물들였다. 7월 4일 중령은 항복했고, 알지도 못하는 프랑스어로 된 항복 문서에 서명했다(그 바람에 그는 전쟁 범죄를 저질렀다는 사실을 의도치 않게 인정한 셈이 되었고, 수개월 동안 그 후유증에 시달려야 했다).

치욕스러움을 안고 본진으로 복귀하는 동안 중령과 남은 병사들은 적들이 군장까지 약탈해가는데도 무력하게 지켜볼 수밖에 없었다. 완전한 재앙을 가까스로 모면한 중령의 연대는 10개 중대로 분산 배치되었다. 그리고 중령은 대위로의 강등을 받아들이느니 제대하는 쪽을 선택했다.

그런데 이 창피한 전투와 대책 없는 자기망상에 빠진 원인 제공자에 대해 밝히지 않은 사실이 있다. 전투가 벌어진 해는 1754년, 전투지는 오늘날 펜실베이니아주에 있는 그레이트 메도였다. 그리고 중령은 바로 조지 워싱턴George Washington이었다. 너세서티 요새에서의 사건은 얼마 후 7년 전쟁으로 확대되었고, 영국 작가 호러스 월폴Horace Walpole의 글처럼 "미국의 산간벽지 버지니아 출신의 젊은 장교가 명령한 일제사격으로 전 세계가 불길에 휩싸이게 되었다." 이것은 워싱턴이 적에게 항복한 처음이자 마지막 전투이기도 했다.

영웅적인 장군이자 훌륭한 정치인, 그리고 미국의 국부로 추앙받는 조지 워싱턴의 명성을 고려하면 22세의 신임 장교 시절 그의 행동은 매우 충격적이다. 하지만 바로 그 점이 중요하다. 현명하고 절제력 있고 자신을 잘 아는 정치인인 워싱턴도 처음에는 성급하고 오만하며 자신을 잘 모르는 건방진 젊은이였던 것이다. 역사학자 애벗W. W. Abbott이 표현한 대로 "워싱턴의 전기는 다른 무엇보다도 한 남자가 자신을 확립해가는 이야기이다." 그리고 그 확립 과정을 검토해봄으로써 우리는 성공적인 자기인식을 얻어가는 여정에 대해서 많은 단서를 찾게 될 것이다.

워싱턴 1.0이 자신의 단점을 보거나 인정할 수 없었던 반면에 워싱턴 2.0은 단점들을 색출하는 데 골몰했다. "나는 내게 전가된 실수 또는 진짜 실수를 들어 넘길 수 있다"고 그는 선언했다. "남들의 의견을 선선히 받아들이고자 하는 사람은 그래야만 한다." 워싱턴 1.0이 누가 자신을 어떻게 생각하든 상관하지 않았던 반면에 워싱턴 2.0은 "중요한 결정들을 모든 측면에서 검토하고 그의 행동이 어떻게 인식될지 분석했다." 워싱턴 1.0이 현실보다 환상을 선호했던 반면에 워싱턴 2.0은 "우리의 바람보다 우리가 가진 수단을 고려해야 한다"고 믿었다. 워싱턴 1.0이 과대망상으로 고생한 반면에 워싱턴 2.0은 겸손과 대의를 위한 봉사정신으로 자신의 야망을 억눌렀다. 예를 들면 의회에서 그를 대통령으로 선출했을 때 그는 이런 겸손한 수락 연설을 했다. "제게 부여된 과업의 막중함을 알기에 스스로 부족함을 느끼지만……열과 성을 다해 그 과업을 완수하리라는 것만큼은 약속드릴 수 있습니다."

중요한 것은, 조지 워싱턴은 오직 한 사람뿐이었지만, 그와 비슷하게 자기인식의 변화를 달성한 사람은 매우 많다는 사실이다. 그들 중에는 전문가도 있고, 부모나 교사, 학생, 예술가도 있다. 나는 지난 3년 동안 그런 아웃라이어(표본 중에서 다른 대상들과 확연히 구분되는 통계적 관측치, 각 분야에서 큰 성공을 거둔 탁월한 사람을 지칭한다_옮긴이)들을 조사했다. 그들은 역경을 딛고 일어나 놀라울 정도로 자기이해self-knowledge를 넓혔고, 그 결과 보상을 받았다. 고무적이며 유익한 그들의 이야기는 이 책 곳곳에 등장할 것이다.

그러나 이 아웃라이어들에 대한 조사가 나의 원래 계획은 아니었다. 연구 초반에 나와 연구진은 자기인식에 관한 모든 연구를 입수해 검토하고 나서 뛰어난 자기인식에 대한 기준을 수립한 뒤, 이 기준에 맞는 사람 수십 명을 선정해 인터뷰하기로 결정했다. 그들의 특성을 알아낸다면 모든 사람에게 알려줄 비법을 밝혀낼 수 있으리라는 논리에서였다. 하지만 곧 장벽에 부딪쳤는데, 지나고 나서 생각하니 예상했어야만 했던 일이었다. 그들에게는 자기이해가 자연스러운 일이었고, 적어도 성인이 되어서는 항상 자기를 잘 알았기 때문에, 그들을 대상으로 한 인터뷰는 놀랄 만큼 무의미했다. 내가 인터뷰 대상자들에게 어떻게 자기인식을 유지하는지 물었을 때, 그들은 "모르겠어요. 그냥 나 자신을 반성하려고 노력해요"라거나 "그런 생각은 한 번도 해본 적이 없는데요……저는 그냥 그래요" 또는 "저는 이렇게 타고난 것 같아요"와 비슷한 대답을 했다.

그러다 불현듯이 자기인식의 암호를 풀고 싶다면 자연스럽게 이를 터득한 사람들에게서 답을 찾을 수 없겠다는 생각이 들었다. 그들 대신 성인기를 거치면서 자기통찰self-insight에 극적이며 의미심장한 발전을 이룬 사람들을 찾아야만 했다. 다시 말해서 지금은 자기인식이 명확하지만 '처음부터 그렇지는 못했던' 사람들을 조사해야만 했다.

비범한 자기인식 능력을 가진 사람들을 찾기 시작하면서 나와 연구진이 엄격히 고수한 두 가지 기준이 있다. 첫째, 두 유형의 자기인식, 즉 내적·외적 자기인식이 뛰어나다는 평가를 본인과 그를 잘 아는 지인들로부터 받는 사람이어야만 했다. 둘째, 성인기가 시작될 때는 자기인식이 낮거나 보통 수준이었지만 시간이 지나면서 극적인 발전을 보인 사람이어야 했으며, 이 또한 본인과 그를 잘 아는 지인의 평가를 근거로 했다.

우리 연구진은 세계 각지의 수천 명을 조사한 끝에 두 가지 기준을 충족시키는 50명을 인터뷰 대상으로 확정했다. 내 연구 조교들 가운데 한 명이 그들을 자기인식의 유니콘self-awareness unicorn이라고 불렀는데, 장난처럼 시작했지만 참으로 적절한 별명이어서 그들을 지칭하는 말로 굳어졌다. 어쨌거나 그들도 대부분의 사람이 그 실재를 믿지 않는 생물만큼 희귀하고 특별한 존재가 아닌가! 자기인식의 유니콘들은 사회 각계각층의 인물들로서 놀랍게도 직업의 종류나 분야, 연령, 성, 교육, 출신 국가, 여타 인구통계적 특성에 따른 유형을 찾아볼 수 없었다. 전문가를 비롯해 기업가, 예술가, 학생, 교사, 전업주부, 회사 임원(『포춘』10대 기업 최고경영자 한 명 포함)도 있었다. 하지만 이 다양한 집단에도 '공통점'이 있기는 했다. 바로 자기인식이 매우 중요하다는 믿음과, 평생 이를 연마하고 발전시키기 위해 기울인 노력, 그 두 가지였다.

자기인식의 유니콘이 실제로 어떤 사람들인지 이해를 돕기 위해 내가 처음으로 그들의 존재를 실감했을 때의 이야기를 들려주고자 한다.

• • •

나이지리아의 치복Chibok에 있는 거버먼트 공립학교 여학생 276명은 시험 기간을 앞두고 늦게까지 공부를 하다가 깊은 잠에 빠져 있었다. 그들의 평화는 2014년 4월 14일 한밤중의 어둠을 틈타 여학생들의 기숙사에 난입한 무리에 의해 갑자기 깨졌다. 혼란에 빠져 허둥대는 여학생들에게 남자들은 "우리는 보안 요원들이다, 너희들을 도우러 왔다"는 말로 안심시켰다.

그러나 남자들은 겁에 질린 학생들이 안전한 기숙사에서 나오자마자 총으로 위협해 트럭에 태우고 삼비사 숲에 있는 진지로 끌고 갔다. 사실 그들은 나이지리아의 테러 조직 보코하람Boko Haram의 조직원이었다. 이 글을 쓰고 있는 지금 여학생들 가운데 57명이 가까스로 탈출했고 23명은 석방되거나 구조되었지만, 나머지 196명은 언젠가 발견되기는 할지 장담하기 어렵다. 여학생들이 납치되었다는 소식은 전 세계의 주목을 받았지만 널리 알려지지 않은 사실이 있었다. 바로 나이지리아 군이 사건 발생 네 시간 전에 공격을 예고받았다는 사실이었다. 나이지리아 군은 여학생들이 억류되어 있는 장소를 정확히 알고 있었다. 그런데도 아무런 조치를 취하지 않았던 것이다.

나이지리아 석유가스 회사의 한 과장은 삼비사 숲에서 멀리 떨어진 뉴욕에서 이 소식을 들었다. 그녀는 처음 보도를 듣고 말도 안 되는 소리라며 일축했다. 하지만 34세의 플로렌스 오조Florence Ozor는 곧 그것이 받아들이기 힘든 비극적 현실임을 깨달았다. 그녀는 뭐든 해야 했다. 하지만 무엇을 해야 할까?

플로렌스는 집에서 책에 코를 박고 몰두해 있을 때 가장 마음이 편안했다. 그녀는 사교적인 사람이 아니었으므로 직장에서나 지역사회에서나 늘 의도적으로 눈에 띄지 않으려고 했다. 또한 자기 자랑을 한다거나 건방지다는 평을 피하기 위해서 사람들의 관심을 끌 만한 행동도 하지 않았다. 플로렌스는 테러와의 전쟁을 최전선에서 보게 되리라고는 결코 생각할 수 없는 사람이었다. 하지만 타이밍도 절묘하게 사건이 발생한 즈음에 그녀는 일생을 바꿔놓을 심오한 통찰을 얻었다. 자기인식이 여행길이라면 통찰insight은 여행 도중에 "아하" 하고 깨닫는 순간이다. 통찰은 자기인식이라는 고속도로에서 고성능 스포츠카가 질주할 수 있게 해주는 연료이다. 그 연료가 있으면 가속 페달을 밟고 질주할 수 있지만, 그 연료가 없으면 도로변에 차를 세우게 될 것이다.

플로렌스도 얼마 후 가속 페달을 밟게 되었다. 치복에서 여학생들이 납치되기 바로 며칠 전, 플로렌스는 워싱턴 DC에서 4주간의 멘토링 프로그램의 오리엔테이션에 참석하고 있었다. 『포춘』지와 미국 국무부에서 주최하는, 모두가 탐내는 프로그램이었다. 어느 날 아침 그녀는 사회 변화를 이끌어내기 위한 언론의 활용을 주제로 하는 브레이크아웃 세션breakout session에 참석했는데, 그녀에게는 그 주제가 상당히 불편했다. 그녀는 행동에 나서라는 세션의 요구가 "나 좀 봐요!"라는 네온사인을 걸고 언론에 나가라는 주장처럼 느껴졌다. 그녀는 항상 정의를 옹호했지만 공개적으로 나서지는 않았다. 플로렌스의 성향은 소수의 사람들 속에서 이런 싸움을 하는 쪽이었다. 내향적인 그녀는 세상이라는 무대에 서면 너무 많은 사람이 그녀의 공간에 들어오게 되고, 그 결과 사생활과 자기 인생에 대한 통제력을 잃는 일이 불가피할 것 같아

두려웠다.

하지만 플로렌스가 세션을 끝내고 호텔 방으로 돌아간 직후에 그녀 안의 댐이 갑자기 무너졌다. 사생활의 자유에 대한 갈망은 자신이 이루고 싶은 세상의 변화에 비하면 아무것도 아니라는 깨달음을 얻었던 것이다. 그리고 치복의 여학생들이 납치된 날, 이 결심은 더욱 굳건해졌다. 그녀는 본능적으로 즉각 결심했다. 어떤 위험이 닥치든, 무엇을 포기해야 하든, 이 여학생들의 무사귀환을 위해 일어서는 것이 도덕적 의무라고 그녀는 맹세했다. '다시는 스포트라이트가 무서워서 도망가는 일은 없을 것이다. 나는 언제나 투사였는데, 세상에 알려진들 그게 뭐 어때서? 그게 진짜 나인걸.'

플로렌스가 뉴욕을 거쳐 귀국할 즈음 #BringBackOurGirls(우리 딸들을 돌려달라) 운동이 전 세계로 급속히 확산되기 시작했다. 하지만 그녀의 정부는 여전히 아무 조치도 취하지 않았다. 그 무렵에 하디자 발라 우스만Hadiza Bala Usman이라는 훌륭한 여성이 국제사회와 나이지리아 정부 양측의 대응을 촉구하는 단체를 결성했다. 자신도 사회에 광범위한 영향을 미칠 수 있다는 새로운 통찰로 무장한 플로렌스는 하디자의 단체가 수도 아부자에서 벌인 첫 번째 시위에 동참했다. 그들은 폭우 속에서 거대한 시멘트 기둥 사이로 거대한 물줄기를 몇 층 높이의 공중으로 뿜어 올리는 아부자의 통일 분수 근처에 모였다. 그곳에서 시위를 벌인 이유는 통합에 대한 그들의 의지를 표현하기 위해서일 뿐 아니라, 나이지리아 국회 근처였기 때문이었다.

시위대는 그들의 메시지가 전해질 때까지 매일 집회를 계속하기로 했다. 시위 도중에 용역 깡패들이 나타나 몽둥이를 휘두르며 쫓아내고, 휴대폰과 카메라를 빼앗고, 의자로 등을 내리치는 등 시위대를 협박하고 괴롭혔지만, 경찰과 공무원들은 그 광경을 무심히 구경만 했다. 하지만 어떤 것도 시위대의 의지를 약화시키지는 못했다. 플로렌스와 그녀의 동포들은 여학생들이 무사히 귀가할 때까지 정부의 조치를 계속 촉구할 것이다.

사람들은 플로렌스에게 작은 세상에서 나와 공적 활동에 발을 들여놓은 그녀를 보며 얼마나 놀랐는지 모른다고 계속 이야기한다. 처음에는 자신조차 놀랐지만, 이런 결단이 완전히 새로운 것이 아니며 이전에는 강력하게 표출되지 않았을 뿐이었음을 깨달았다고 그녀는 이야기한다.

그 이후 온라인 및 오프라인에서 플로렌스의 명성이 높아진 덕분에 그녀는 조국과 그녀의 대륙, 그리고 그녀의 세계에 깊고 강렬한 영향을 미칠 수 있게 되었다. 예를 들어 플로렌스와 그녀의 팀은 새로 설립한 플로렌스 오조 재단을 통해서 아프리카 대륙에 기회를 창출하고, 성공을 고무하며, 번영을 촉진시키는 데 집중하고 있다. 선거를 앞둔 2014년에는 나이지리아 국민들을 교육시키고 투표를 유도하는 초당파적 시민운동의 선봉에 섰다. 그들은 대대적인 미디어 캠페인을 벌여 나이지리아인들이 선거에 관해 대화를 하게 만들고, 어디에(그리고 왜) 투표를 해야 하는지 확실히 알렸다. 그러던 중 선거가 연기되자 다른 단체들과 연대해 항의 시위를 조직하고, 나이지리아 국민은 더 이상 선거 연기를 용납하지 않을 거라는 강경한 성명을 발표했다. 그리고 그들의 노력에 힘입어 2015년 3월 28일 대통령 선거일에 3,000만 나이지리아인이 전례 없는 테러와 폭력의 위협에도 불구하고 투표를 했다.

자기인식을 향한 비상한 노력으로 플로렌스는 장기적인 성공과 행복에 도움이 될 선택을 할 수 있었다. 그리고 그녀가 세상에 영향을 미칠 수 있다는 사실도 깨닫게 되었다. 그녀 인생의 소명을 발견하는 데도 도움이 되었다. 중대한 통찰을 통해 인생의 방향을 바꾼 이후로 그녀는 매일매일 더 많은 사람에게 손을 내밀수록 더 큰 변화를 가져올 수 있다는 사실을 알아가고 있다. (덧붙여 말하자면, 그녀에게 종종 이야기하듯이 나는 플로렌스를 잘 아는 사람으로서 그녀가 나이지리아의 첫 여성 대통령으로 보다 원대한 비전을 실현하리라고 믿어 의심치 않는다.)

그런데 또 한 가지 플로렌스의 놀라운 점은 한 번의 통찰로 그치지 않았다는 것이다. 그 점은 자기인식의 유니콘들의 특징이기도 했다. 그들은 자기인식이 한 번으로 끝나는 것이 아니라는 사실을 안다. 자기인식은 내면을 바라보고, 질문하고, 내면에 쭉 존재해온 특성들을 발견해가는 지속적인 과정이다. 조지 워싱턴의 경우처럼 플로렌스 오조도 자기인식이 가진 변화의 힘을 보여주는 완벽한 사례이다.

• • •

이 책을 쓰기 위해 자료를 조사하는 과정에서 나는 운 좋게도 앨런 멀럴리Allan Mulally를 인터뷰할 수 있었다. 포드의 최고경영자CEO를 역임했던 그는 역사상 가장 성공적인 기업의 수지 개선을 이끌어낸 인물이며, 개인적으로 나의 영웅이기도 하다. 인터뷰를 시작하면서 나는 단도직입적으로 물었다. 인터뷰 요청이 쇄도하리라고 짐작되는데(일주일에 수십 건일 때도 많다고 한다), 왜 나와의 인터뷰를 허락했는가? 스코

츠데일의 햇살 좋은 테라스에서 커피를 함께 홀짝이며 그가 미소를 지었다. 그리고 눈을 반짝이면서 대답했다. "아직 아무도 쓰지 않았지만 쓸 필요가 있는 책이니까요. 내가 직장 생활을 하고 인생을 살아가면서 알게 된 가장 중요한 진실 한 가지가 있어요. 사업에서도 가정과 인생에서도 발전 가능성이 가장 큰 것이 자기인식이더라고요."

나도 이보다 더 멋지게 표현할 수는 없을 것이다. 많은 경영사상가와 기업 지도자들이 자기인식을 칭송하지만, 어디에서 자기인식이 오고, 어떻게 그것을 높일 수 있는지 과학적으로 검토하려는 체계적인 시도는 거의 없었다. 그런 연유로 나는 연구의 주목적을 사람들이 자기인식을 높여 개인적 성취와 직업적 성공을 이루도록 돕는 데 두었다. 나는 연구를 해오면서 통념에 도전하는 충격적인 사실들을 적잖이 발견했으며, 사람들이 자기인식을 높여줄 거라고 생각하는 것들의 대부분은 아니더라도 다수는 역효과를 낼 수도 있다는 사실을 알게 되었다. 이어지는 장들에서 여러분은 자기인식에 관한 잘못된 통념들을 보게 될 것이며, 자신을 잘 알려면 정말로 무엇이 필요한지 깨닫게 될 것이다.

나는 자기에 대한 무지self-blindness에서 자기통찰로 도약함으로써 현명한 선택, 건강한 인간관계, 보다 나은 삶이라는 보상을 얻기 바라는 모든 사람을 위해서 이 책을 썼다. 내 목표는 여러분이 장애물을 피하고 잘못된 길로 접어들지 않도록 도와주며, 완전히 새로운 수준의 자기이해의 문을 열 도구를 선사하고, 점점 자기인식이 저하되고 있는 세계에서 어떻게 살아남고 발전할 수 있는지를 보여주는 것이다.

1부에서 여러분은 자기인식의 구성요소와 장애물들에 대해 배우게 될 것이다. 2장에서는 우선 자기에 대한 무지에서 벗어나 자기인식에 이르게 해줄 통찰의 일곱 축을 소개한다. 일단 자기인식의 진정한 의미부터 살펴본 뒤에 그것들을 가로막는 장애물들을 열거하고, 어떻게 장애물을 깨치고 나아가야 할지 알아볼 것이다. 3장에서는 자기인식을 방해할 뿐 아니라 우리에게 이미 자신을 잘 알고 있다는 부적절한 자신감을 심어주는 내적 장벽들을 검토할 것이다. 4장은 통찰을 가로막는 가장 큰 사회적 장애물인 자기예찬의 컬트cult of self로 주제가 옮아간다. 여러분이 인지하든 못 하든, 사람들의 조바심을 부추기는 이 종파는 여러분과 여러분을 아는 모든 사람이 더욱 자신에게 몰두하고 자기인식에서 멀어지도록 설득하기 위해 노력해왔다.

2부에서는 내적 자기인식을 집중적으로 다룬다. 5장에서 나는 자기인식을 높이기 위한 조건들에 관한 근거 없는 통념과 어리석은 생각의 다수를 뒤집어 보일 것이다. 여러분은 왜 자기성찰introspection이 항상 통찰로 이어지지 않는지, 어째서 자신에 관한 완전한 진실을 추구하는 사람들이 이를 발견할 가능성이 가장 낮은지, 왜 자기인식을 위해 흔히 쓰이는 접근법인 심리치료나 일기 쓰기 등에 함정이 감춰져 있는지 알게 될 것이다. 그렇게 내적 자기인식을 증진시키지 않는 것이 무엇인지 정리한 다음, 6장에서는 자기인식을 증진시키는 요인들과 함께 즉시 적용할 수 있는 실제적인 방안들이 제시될 것이다.

3부에서는 외적 자기인식에 관한 놀라울 정도로 잘못된 믿음과 진실들을 비교하고, 왜 우리 스스로의 힘으로는 그것들을 알 수 없는지를 보여준다. 우리가 남들에게 보이는 자기 모습이 어떤지 안다고 생각할 때조차 우리 생각이 완전히 틀릴 때가 많다는 사실을 알게 될 것이다. 7장에서는 외적 자기인식에 대해 사람들이 하는 가장 큰 오해를 들추어내려고 한다. 오늘날 재계財界 등을 비롯한 곳곳에서 '피드백'이라며 입에 발린 소리를 해주지만, 우리가 무엇을 잘하고 무엇을 개선할 수 있는지에 대한 솔직하고 객관적인 자료는 좀체 얻을 수 없다. 나는 직장과 가정에서 이런 장벽들을 깨부수고 여러분의 방식으로 피드백을 얻어낼 몇 가지 방안을 제시하려고 한다. 3부의 마지막인 8장에서는 어떻게 하면 언쟁하거나 도망가지 않고 피드백을 들을 수 있는지, 어떻게 자신을 그대로 유지하면서 피드백에 따를 수 있는지 배우게 될 것이다.

4부에서는 약간 뒤로 물러나 큰 그림을 보려고 한다. 9장에서는 훌륭한 지도자들이 어떻게 그들의 팀과 조직의 자기인식을 발전시키는지 검토할 것이다. 여러분은 왜 억지로 팀원들의 솔직함을 이끌어내려는 시도가 손실이 매우 큰 실수일 수 있는지 이해하게 될 것이다. 우선 자기통찰의 특정 구성요소가 갖춰지지 않으면 여러분의 노력은 역효과를 낳으면서 자기통찰은 줄어들고 침묵만 늘어나게 될 것이다. 나는 여러분의 팀이 안전하고 직접적이며 건설적인 방식으로 피드백을 교환할 수 있는 절차를(내가 10년 이상 사용해온 절차이다) 차근차근 설명하면서 9장을 마무리할 것이다.

10장은 점점 기만적으로 변해가는 세상에서 당신이 살아남고 발전하도록 돕는다는 원대하지만 중요한 목표를 가지고 썼다. 내 연구에 대해 사람들과 이야기할 때 "(그들이 아는 망상에 빠진 인물)을 다룰 수 있게 '제발' 저 좀 도와주시겠어요?"라는 부탁을 자주 받는다. 물론 우리가 타인에게 "너 자신을 알라"고 강요할 수는 없지만, 자신을 모르는 데서 오는 부정적 결과를 줄일 수 있고, 몇몇 경우에는 착각도 줄여줄 수 있는 전략이 놀랄 정도로 많다. 나는 '통찰력 향상을 위한 7일간의 도전'으로 책을 마무리할 것이다. 현장에서 충분히 검증된 이 실용적 도구는 당신의 자기인식을 위한 여행길에서 신속하고 소소한 승리를 노려볼 수 있도록 해줄 것이다. '장애물의 타파'를 도와줄 지침을 더 원한다면 www.insight-book.com에서 제공하는 워크북을 다운로드하기를 권한다.

기본적으로 세상에는 자신을 잘 안다고 생각하는 사람과 실제로 자신을 잘 아는 사람, 두 종류의 사람이 있다. 나의 대담한 구상은 실제로 자신을 잘 아는 사람으로 가득한 세상을 만드는 것이다. 자기인식을 가로막는 장애물은 수없이 많지만, 외부의 시선과 몇 가지 효과적인 기법의 도움을 받는다면 길을 찾기가 불가능하지는 않다. 그리고 길을 찾았을 때 우리는 완전히 새로운 수준의 자신감과 성공의 토대를 마련하게 된다. 요컨대 자기통찰 없이 우리에게 기쁨과 행복을 가져다줄 경로를 어떻게 그릴 수 있겠는가? 깊이 있고 오래 지속될 관계를 어떻게 만들 수 있겠는가? 우리의 진정한 목적을 어떻게 이룰 수 있겠는가? 나는 이 책이 세 가지 단순한 사실, 자기인식은 인생을 잘 살기 위한 최상의 토대이고, 자기인식은 발전 가능하며, 자기인식은 용기와 노력을 기울여 충분히 얻을 가치가 있다는 사실을 일깨워줄 수 있기를 희망한다.

| 1부 |

통찰의 기본 요소와 장애물

조직심리학에서 자명한 사실로 여겨졌던 한 가지는,
자신에 대해 명확히 이해하는 사람이
성공적인 경력을 쌓고 알찬 삶을 산다는 것이었다.

2장 자기인식의 해부

자기통찰의 일곱 축

모르는 것을 발견할 때 앎이 시작된다.

프랭크 허버트

2,000여 년 동안 마야족은 중앙아메리카를 지배한 집단이었다.* 하지만 그들의 뛰어난 문명은 1800년대 초 고고학자들에 의해 연구되기 전까지 폐허로 땅속에 묻혀 있었다. 그 후 우리는 마야인의 생활방식을 놀랄 만큼 구체적으로 밝혀냈다. 예를 들어 우리가 아는 현대적 달력이 등장하기 아주 오래전에 마야인은 일日과 월月로 시간을 측정했다. 그들은 복잡한 천문 현상을 이해했고, 경작이 불가능해 보이는 곳에서 작물을 재배했으며, 인류 최초의 문자 가운데 하나를 만들어냈다. 그들은 또한 금속이나 기계 없이 거대한 궁전과 경기장을 건설했고, 심지어 고무를 만드는 법까지 발견했던 것으로 생각된다.

하지만 이런 획기적인 사실들을 발견해가는 가운데서도 고고학자

* 이들은 유카탄반도, 과테말라, 벨리즈, 멕시코, 온두라스와 엘살바도르의 서부에 모여 살았다.

들을 100년 이상 괴롭혀온 커다란 수수께끼가 하나 있었다. 인류사에서 가장 인구가 많았던 문명사회 가운데 하나를 건설했던 마야족은 800년에 인구가 사상 최고치를 기록했지만, 950년에는 불가사의하게도 95퍼센트가 사라졌던 것이다. 학자들은 그 이유로 지진이나 화산 같은 자연재앙, 스페인 식민주의자들과 함께 유입된 바이러스, 무시무시한 내전 등 몇몇 가설을 내놓았지만 확실한 답을 찾지 못했고, 이 질문은 오랫동안 논란거리가 되어왔다.

하지만 사실 증거는 그 세월 내내 학자들의 눈앞에 존재하고 있었다. 그들이 정보를 제대로 꿰맞추지 못했을 뿐이었다. 그러다 드디어 정보들을 꿰맞춘 학자가 나타났다. 2005년 지리학자 제러드 다이아몬드Jared Diamond가 그의 책 『문명의 붕괴*Collapse*』에서, 마야족의 증발은 대량의 삼림 벌목과 장기간의 가뭄이 원인으로, 두 요인이 겹치면서 흉년이 들고, 무역지가 옮겨가고, 생존자들이 떠난 뒤로 도시도 서서히 열대우림에 잠식당했다는 가설을 내놓았다. 모든 학자가 동의하지는 않지만 대부분은 다이아몬드에 의해 마침내 마야 문명의 수수께끼가 완전히 풀렸다고 믿는다.

자기인식의 과학도 이와 대단히 비슷한 패턴을 보였다. 마야 유적이 수백 년간 잠자고 있다가 고고학자들에 의해 발견된 것과 마찬가지로, 자기인식이라는 주제의 연원은 기원전 600년까지 거슬러 올라갈 수 있지만 과학적 탐구의 대상이 된 지는 겨우 40년밖에 안 된다. 2,000년이 넘는 세월 동안 자기이해는 철학과 종교 분야에서만 다루어졌다. 로마의 철학자 플로티누스Plotinus는 행복은 진정한 자신을 앎으로써 달성될 수 있다고 믿었다. 아마도 가장 유명한 가르침은 델포이에 있는 아폴론 신전 입구에 새겨진 7인의 고대 그리스 현자의 말들 중 하나로, 그 후 플라톤에 의해 소크라테스Socrates의 가르침으로 널리 알려진 "너 자신을 알라"는 경구일 것이다.

또한 자기인식이라고 하면 대다수가 불교를 연상하지만, 거의 모든 전통 종교에서 자기인식의 중요성을 인정하고 있다. 제 눈의 들보는 보지 못하고 남의 티끌만 문제 삼는다는 성경 구절은 1장에서 본 바 있다. 공자는 다른 사람을 다스리려면 먼저 우리 자신부터 다스려야 한다고 했다. 힌두 철학서 『우파니샤드』에서는 "자신의 참모습을 파고드는 것이 지식"이라고 가르쳤다. 유대교에서는 자기이해를 "모든 자기계발self-improvement의 전제조건"이라고 했다. 10세기의 무슬림 철학자 이븐시나Ibn Sina(라틴어 이름은 아비센나Avicenna)는 "자기인식은 영혼의 본질이며 자신에 대한 (우리의) 인식이 우리의 존재 자체이다"라는 글을 남겼다.

하지만 슬프게도 자기인식의 연구자들에게 뒤늦은 연구를 만회할 기회가 드디어 찾아왔을 때, 그들 역시 마야 문명을 연구하는 고고학자들과 똑같은 실수를 다수 되풀이했다. 그들 또한 더 크고, 더 중요한 질문 대신에 대단히 근시안적이고 지엽적인 사항에 집중하며 수년을 허비했다. 그 결과 아무도 애써 꿰맞추려고 시도하지 않을 만큼 단절되고, 대체로 지엽적인 연구들만 쌓여갔다. 그래서 내가 자기인식에 관한 과학적 지식의 현재 상태를 요약해보려고 했을 때, 답변보다 많은 의문만 얻었던 것이다. "자기인식을 정확히 뭐라고 정의해왔는가?"라는 핵심 질문부터 그랬다.

1장에서 서술했듯이, 나는 연구를 시작하면서 자기인식에 대한 정의도 합의되어 있지 않은 상황이 연구를 가로막는 가장 큰 장애물 중 하나라는 사실을 알고 놀랐다. 1970년대 초반 심리학자 셜리 듀발Shelley Duval과 로버트 위클랜드Robert Wickland를 비롯한 학자들이 처음으로 '자기인식'이라고 이름 붙인 구성 개념을 과학적으로 검토하기 시작했다. 하지만 듀발과 위클랜드는 자기인식을 '일시적 자의식 상태'로 정의했다. 그러니까 파티에 갔는데 아는 사람이 전혀 없을 때의 느낌, 즉 "모두가 나만 쳐다보는 듯하고 집에 가고 싶은" 느낌 같은 것으로 보았다. 케니언 칼리지의 앨런 페닉스타인Allan Fenigstein 교수가 이끄는 연구진이 내린 정의도 크게 다를 바 없었다. 그들은 자기인식을 성격 특성의 하나인 자의식self-consciousness과 유사하게 보았다. 다른 연구자들이 내세운 정의도 자기성찰부터 타인이 보는 우리 모습에 대한 숙고, 우리가 보는 자기 모습과 타인이 보는 우리 모습의 차이까지 제각각이다. 하지만 내가 보기에는 이들 정의 대부분이 핵심을 놓치고 있다.* 그 이유는 우리 자신에 대한 '집중'이 곧 우리 자신에 대한 '이해'를 의미하지는 않기 때문이다.

내 분야인 조직심리학에서 자명한 사실로 여겨졌던 한 가지는, 자신에 대해 명확히 이해하는 사람이 성공적인 경력을 쌓고 알찬 삶을 산다는 것이었다. 그들은 자신에게 무엇이 중요한지, 무엇을 성취하고 싶은지, 자신이 어떻게 행동하는지, 타인은 그들의 행동을 어떻게 보는지에 대한 직관적 이해력이 발달되어 있다. 하지만 유감스럽게도 나는 이런 유형의 자기인식을 다룬 학술 문헌을 찾을 수 없었다. 사실 대부분

* 연구원 앤서니 그랜트Anthony Grant처럼 주목할 만한 예외도 있는데, 그의 연구는 5장에서 자세히 살펴볼 것이다.

의 기존 연구들에서는 자기인식이 명확한 사람을 달라이라마Dalai Lama 같은 깨달음을 얻은 인물보다 우디 앨런Woody Allen처럼 신경증 환자 같은 인물에 가깝게 묘사했다(기분 나빴다면 미안해요, 앨런 씨. 나는 당신 영화를 좋아한답니다!). 연구자들이 정의하는 자기인식과, 적어도 내가 본 현실 세계의 자기인식의 실제 모습 간에는 엄청난 불일치가 존재했다.

그래서 나와 내 연구진이 현실 세계의 자기인식을 구성하는 요소가 무엇인지 밝혀내는 데 1년 이상이 걸렸다. 그 결과 우리는 자기인식을 다음과 같이 정의하게 되었다. 자기인식은 당신 자신과 타인에게 보이는 당신의 모습을 이해하려는 의지와 기술이다. 좀 더 구체적으로 말하자면 자기인식의 유니콘들, 즉 성인기에 들어서 자기인식이 극적으로 향상된 우리의 연구 대상들은 자기인식이 부족한 사람들에게는 없는 일곱 가지의 통찰력을 가지고 있었다. 그들은 자신의 '가치value'(그들을 이끄는 원칙들), '열정passion'(그들이 사랑하는 일), '포부aspiration'(그들이 경험하고 성취하기를 원하는 일), '적합한 환경fit'(그들이 행복하고 몰두하는 삶을 살기 위해 필요로 하는 환경), '행동양식pattern'(일관된 사고, 감정, 행동양식), '반응reaction'(그들의 역량을 보여주는 사고, 감정, 행동들), '영향력impact'(그들이 타인에게 미치는 작용)을 이해했다.

이 장에서는 이들 통찰의 일곱 축Seven Pillars of Insight의 본질을 알아보고, 자기인식을 구성하는 풍부하고 다면적인 자기이해를 그려나가려고 한다. 그런 다음 자기이해만큼 중요한 통찰의 측면을 논의하려 한다. 즉 진정한 자기인식을 위해서는 우리 자신을 이해하는 데서 그쳐서는 안 되며, 타인들의 눈에 우리가 어떻게 보이는지도 알아야 한다는 것이다.

자기통찰의 일곱 축

벤저민 프랭클린Benjamin Franklin은 유명한 정치인이자 발명가이며 가장 사랑받는 미국 건국의 주역들 가운데 한 명이다. 그런데 이 르네상스맨이 성인기를 지나면서 놀라운 자기통찰을 얻었다는 사실은 그다지 널리 알려지지 않았다. 그가 조지 워싱턴보다 거의 30년 앞서 태어났으므로, 사실 미국 최초의 자기인식의 유니콘은 프랭클린일 것이다.

1706년 보스턴에서 비누 제조공의 열 번째 아들로 태어난 프랭클린은 가난한 가정 형편 때문에 열 살에 학교를 그만두어야만 했다. 그리고 열두 살 때부터 인쇄업에 종사하는 형 제임스의 도제 노릇을 했다. 하지만 수년간 형으로부터 홀대(지금으로 치면 왕따)를 당한 끝에, 1723년 집을 나와 필라델피아에서 새로운 인생을 시작했다. 그 후 불과 3년 사이에 두 번이나 사업을 벌였다가 실패했고, 혼외자식까지 두었다(워싱턴의 경우와 마찬가지로 대부분의 역사 교과서에서 그런 바람직하지 않은 이야기는 얼버무리고 넘어간다).

프랭클린은 장로교 가정에서 성장했지만 "단 하나의 도덕 원칙도 가르치거나 강화해주지 않는" 교회가 탐탁지 못하고 실망스럽다며 거의 교회에 다니지 않았다. 어린 시절의 고생과 청년 초기의 무분별한 선택, 그리고 교회에 대한 그런 우울한 결론까지 작용해서 프랭클린은 "도덕적 완벽에 이르기 위해" 스스로 노력하게 되었다. 그리하여 스무 살이 되면서 보다 성숙해진 그는 인생을 살아가면서 지키고 싶은 원칙들을 세웠다.

1. 절제Temperance 배부르도록 먹지 않는다. 취하도록 마시지 않는다.
2. 침묵Silence 타인이나 자신에게 이로운 말만 한다. 쓸데없는 말은 하지 않는다.
3. 질서Order 모든 물건은 제자리에 둔다. 모든 일은 시간을 정해두고 한다.
4. 결단Resolution 해야만 할 일은 과감히 결심한다. 결심한 일은 반드시 실행한다.
5. 검소Frugality 타인이나 자신에게 이익이 없는 일에는 돈을 쓰지 않는다. 낭비하지 않는다.
6. 근면Industry 시간을 허비하지 않는다. 항상 유용한 일에 시간을 쓰고 모든 불필요한 행동을 끊는다.
7. 진실Sincerity 타인에게 해를 끼치는 속임수를 쓰지 않는다. 선량하고 정의롭게 사고하고, 말을 할 때도 그렇게 한다.
8. 정의Justice 타인에게 손해를 끼치거나 당연히 베풀어야 할 도움을 모른 체하는 잘못을 저지르지 않는다.
9. 중용Moderation 극단을 피한다. 타인이 마땅히 받아야 한다고 생각하는 만큼 응징하기를 삼간다.
10. 청결Cleanliness 신체, 의복, 주택을 불결하게 하지 않는다.
11. 침착Tranquillity 사소한 일, 흔한 또는 부득이한 사고에 동요하지 않는다.
12. 순결Chastity 건강한 자손을 위해서만 부부생활을 한다. 감각이 둔해지고, 몸이 쇠약해지고, 자신과 상대의 평화와 평판에 해가 되지 않도록 삼간다.
13. 겸손Humility 예수와 소크라테스를 본받는다.

<table>
<tr><th colspan="8">절제</th></tr>
<tr><td colspan="8">배부르도록 먹지 않는다.
취하도록 마시지 않는다.</td></tr>
<tr><td></td><td>일요일</td><td>월요일</td><td>화요일</td><td>수요일</td><td>목요일</td><td>금요일</td><td>토요일</td></tr>
<tr><td>절제</td><td></td><td></td><td></td><td></td><td></td><td></td><td></td></tr>
<tr><td>침묵</td><td>**</td><td>*</td><td>*</td><td>*</td><td></td><td></td><td></td></tr>
<tr><td>질서</td><td>*</td><td>*</td><td>*</td><td></td><td>*</td><td>*</td><td>*</td></tr>
<tr><td>결단</td><td></td><td></td><td>*</td><td></td><td>*</td><td></td><td></td></tr>
<tr><td>검소</td><td></td><td>*</td><td></td><td></td><td>*</td><td></td><td></td></tr>
<tr><td>근면</td><td></td><td></td><td>*</td><td></td><td></td><td></td><td></td></tr>
<tr><td>진실</td><td></td><td></td><td></td><td></td><td></td><td></td><td></td></tr>
<tr><td>정의</td><td></td><td></td><td></td><td></td><td></td><td></td><td></td></tr>
<tr><td>중용</td><td></td><td></td><td></td><td></td><td></td><td></td><td></td></tr>
<tr><td>청결</td><td></td><td></td><td></td><td></td><td></td><td></td><td></td></tr>
<tr><td>침착</td><td></td><td></td><td></td><td></td><td></td><td></td><td></td></tr>
<tr><td>순결</td><td></td><td></td><td></td><td></td><td></td><td></td><td></td></tr>
<tr><td>겸손</td><td></td><td></td><td></td><td></td><td></td><td></td><td></td></tr>
</table>

프랭클린은 이 13가지를 '덕목virtue'이라고 불렀지만 가치value라고 불러도 무방할 것이다. 통찰의 첫 번째 축은 바로 이런 가치이다. 우리가 삶을 어떻게 살고 싶은지 지침이 되는 핵심 원칙들을 세우는 것이야말로 자기인식을 향한 첫 번째이자 결정적인 단계이다. 가치는 특히 우리가 어떤 사람이 되고 싶은지 규정하고 우리의 행동을 평가하는 기준도 제시해준다. 벤저민 프랭클린은 행동이 개선되는 정도를 파악할 용도로 작은 공책을 마련해서 자신의 행동을 일일이 평가하고, 공책의 여백에는 키케로Cicero나 잠언서, 제임스 톰슨James Thomson의 글귀 등 영감을 주는 말들로 채워두었는데, 이는 가장 부지런한 자기인식의 유니콘도 무안하게 만들 만한 조치였다(프랭클린은 이중 초점 렌즈와 잠수용 물갈퀴를 발명한 것 외에 자기계발 일지의 창시자이기도 하다). 그의 공책은 한쪽에 도표 하나가 빨간 줄로 그려져 있고, 그 표의 세로줄에는 각각의 덕목, 가로줄에는 요일이 배치되어 있었다. 그는 매주 특별히 관심을 기울일 덕목 하나를 정해두기는 했지만, 매일 모든 덕목을 점검하고 그날의 행동이 특정 덕목을 따르지 못했을 경우 거기에 '작은 별표' 표시를 했다

모든 자기인식의 유니콘이 프랭클린만큼 부지런했던 것은 아니지만, 다수가 비슷한 기법을 사용했다. 가령 한 젊은 직장인은 자신의 가치 목록을 냉장고에 붙여두고, 매일 저녁 식사를 준비하는 동안에 그날의 행동이 그 가치들을 얼마나 잘 반영했는지 평가했다. 다수의 유니콘은 자신의 가치에 따라 살기 위한 신중한 노력 외에도 그 가치들을 자녀에게 심어주려고 시간과 노력을 바친다고 기술했다. (당신 자신의 가치를 탐색하는 데 도움이 될 만한 몇 가지 질문이 '부록 A'에 제시되어 있다.)

• • •

헨리 데이비드 소로Henry David Thoreau는 이렇게 말한 적이 있다. "당신이 좋아하는 일을 하라. 당신이 좋아하는 뼈다귀를 찾아라. 그러면 물어뜯고 땅에 묻어두었다 다시 파내어, 또 물어뜯게 될 것이다." 소로의 말이 맞다. 우리가 하고 싶은 일, 즉 열정을 이해할 때 우리는 영원히 물어뜯을 수 있는 뼈다귀를 갖게 될 것이다. 자랑스러운 자기인식의 유니콘이며 내 친구인 제프의 경우 열정의 근원을 가계도에서 찾을 수 있다. 그는 공학자의 뇌와 사물의 작동 원리에 대한 호기심을 외할아버지에게서 물려받았고, 감각적 손재주와 지루함에 대한 혐오감은 친할아버지에게서 물려받았다. 그는 먼저 컴퓨터 시스템 관리자로, 대학의 소프트웨어 디자이너로 다양한 IT 관련 직장을 옮겨다니며 경력을 쌓았다. 그러면서 건축 설계에 점점 관심을 가지게 되었지만 처음에는 그냥 내버려두었다. 그러나 시간이 갈수록 새로운 열정이 너무 강해져서 더 이상 무시할 수가 없게 되었다. 그래서 그는 IT 일을 접고 선망하던 학교의 건축학 석사과정에 입학하기에 이르렀다.

마침내 대학원을 졸업하고 직장까지 구했을 때, 제프는 성공을 만끽했다. 자신이 해낸 것이다. 그는 이제 건축가였다. 하지만 사실 그가 상상했던 것만큼 날마다 완벽한 성취감이 느껴지지는 않았다. 다루기 고약한 고객들도 당연히 있었다. 그리고 고약한 상사를 만나기도 했다. 내성적인 제프는 개방형 사무실에서의 근무에 상당히 에너지를 빼앗기는 것 같았다. 그리고 솔직히 말하면 일부 프로젝트는 좀 지루했다. 실은 놀랄 만큼 많은 수의 프로젝트가 그랬다. 그가 점점 고된 하루를 끝내고 지치고 공허한 느낌으로 퇴근하는 자신의 모습을 발견하게 된 이유도 아마 그래서였을 것이다. 그러던 어느 날, 그는 스스로에게 물었다. “내가 앞으로 30년 동안 이렇게 살 수 있을까?” 대답은 분명했다. 절대적으로 “아니요”였다.

이제 어떻게 해야 할지 제프는 몇 달 동안 고민했다. 그는 색인 카드에 그가 즐기는 일들을 떠올릴 수 있는 대로 전부 적은 다음 카드들을 이리저리 배열하면서 패턴을 찾아봤다. 그러는 동안 제프는 수년간 지속되는데도 무시해온 소리에 마침내 귀를 기울이게 되었다. 그리고 깨달았다. ‘내 사무실을 열지 않으면 정말로 행복할 수 없을 거야.’

그는 하루하루 자기 사무실을 꾸려가는 것이 어떤 느낌일지 탐색해 보기로 했다. 그리고 여러 가지를 고려한 끝에 마침내 다음 행보를 결정했다. 그는 소프트웨어와 웹사이트의 설계, 건물 설계에 이어 이제는 자기 사업을 설계하려는 예술가와 사업가들에게 도움을 주는 컨설팅 회사를 차리기로 했다. 제프 자신도 좋아하는 일을 하고, 다른 사람들도 자기가 좋아하는 일을 할 수 있도록 도움을 주는 일이었다(자기인식의 선순환이 아닌가). 게다가 재택근무까지 가능할 수도 있겠다는 생각이 들자 더욱 신이 났다. 제프는 열정을 탐색하는 과정에서 자신이 태생적으로 30년간 안정된 직장 생활을 추구하는 사람이 아니라는 점도 이해하게 되었다. 그는 디자인에 대한 호기심이 인도하는 곳으로 따라가도록 타고난 사람이었다. (당신의 열정을 파악하게 해줄 몇 가지 질문이 ‘부록 B’에 준비되어 있다.)

사업가 벤 허Ben Huh도 제프와 비슷한 직업상의 ‘중년’의 위기를 경험했다. 그런데 그에게는 위기가 좀 더 일찍 찾아왔다. 벤은 한창 나이인

23세에 자신의 인생이 끝났다고 느꼈다. 그가 18개월이라는 시간과 수십만 달러나 되는 남의 돈을 쏟아부어 창업한 스타트업 회사가 연기 속으로 사라져버렸기 때문이다. 의욕이 넘치는 젊은이가 견디기에는 수치심과 패배감이 너무 컸다. 빈털터리가 된 그는 사람들과 연락을 끊고 며칠씩 침대에서 일어나지도 않았으며, 자살 충동에까지 시달렸다. 가까스로 자신을 추스르고 이 암울한 시기를 벗어난 벤은 계획이 필요하다는 생각이 들었다. 그래서 그는 백지 한 장을 꺼내놓고 앉아서 자신이 거의 끝낼 뻔했던 인생에서 달성하고 싶은 일들을 써내려갔다. 그런데 생각했던 것만큼 쉽게 써지지 않았다. 미래를 떠올려보아도 결정적인 '희망의 싹'이 보이지 않았기 때문이었다고 했다.

벤을 아는 사람이라면 그가 인생 목표들을 세우고 인생의 다음 장을 시작하기로 결심했다는 사실이 놀랍지 않을 것이다. 그가 기억하는 한 자신은 야망이 있었고, 목표가 확실했다. 벤은 대한민국 서울의 가난한 가정에서 태어나 14세에 가족을 따라 미국으로 이민을 왔다. 그의 부모님은 건물 청소를 하면서 근근이 살림을 꾸려나갔고, 벤은 그런 부모님을 최대한 도와드리면서 쓰레기통에서 음료수 캔을 골라내어 재활용 센터로 가져가 푼돈을 벌곤 했다. 그의 가족은 침실 하나짜리 아파트에서 살았다. 벤이 침실을 쓰고 부모님은 거실에 매트리스를 놓고 잤다. 그는 자기 힘으로 풍족한 미래를 만들겠다고 결심했고, 결국 가족 가운데 최초로 대학 졸업자가 되었다.

그리고 6년 뒤 벤은 시애틀에서 홀로 인생 목표들을 적고 있었다. 그의 목표들 중에는 이상형인 여성 만나기, 이윤을 남기고 회사 매각하기, 오토바이 타는 법 배우기 등이 포함되어 있었다. 이제 당신도 당장

이 책을 내려놓고 당신의 인생 목표를 적어보라는 권유가 나오리라고 예상하고 있을 것이다. 하지만 그건 잠시 기다리도록 하자. 벤의 이야기에 깜짝 놀랄 반전이 있기 때문이다. 몇 년 후 그는 2007년에 매입한 유명한 유머 사이트 'I Can Has Cheezburger?(나도 치즈버거를 가질 수 있다?)'의 성공적인 CEO가 되었다(이 사이트는 각종 고양이 사진들을 올려놓는 사이트들의 원조로도 알려져 있다). 하지만 여전히 뭔가가 부족했는데, 벤은 그게 뭔지 딱 꼬집어낼 수 없었다.

어느 날 그는 평소처럼 투자자들 가운데 한 명과 점심 식사를 하면서 자신이 경험하고 있는 고충에 대해 논의했다. 벤이 투자자에게 말했다. "제게는 목표들이 있습니다. 전부 제가 해보고 싶은 일들이지요." 그때 점심 식사를 같이하던 투자자의 대꾸는 그에게 폭탄을 맞은 듯한 충격을 안겨주었고, 결국 그의 인생에 폭발적인 변화를 일으켰다. 투자자는 "목표들은 중요하지 않아요. 중요한 것은 목표에 도달하는 과정이죠"라고 말했다.

점심 식사 중에 들은 지혜의 말에 자극받아 벤은 1년 동안 "내가 왜 이 행성에 왔는지 알아내는 데"에 매달렸다고 한다. 그는 버킷 리스트에 중요 항목들을 추가하는 대신 "내가 인생에서 '진정으로' 원하는 것은 무엇인가?"라는 훨씬 핵심적인 질문을 스스로에게 던졌다. 그리고 마침내 그는 그 답이 간단하다는 깨달음에 도달했다. 그는 사랑하는 사람들과 세상을 최대한 경험하기를 원했다. 그 당시 그에게는 2001년에 만난 완벽한 여성(그래서 삭제된 인생 목표가 된) 에밀리와 정말 특별한 일을 할 만한 돈도 있었다. 그래서 그는 바로 실행에 옮겼다.

2015년에 벤은 'I Can Has Cheezburger?'의 CEO직에서 물러나자

마자 에밀리와 함께 일생일대의 세계일주에 나섰다. 벤의 나머지 여정이 어디로 이어질지는 그도 아직 모르지만, 단순히 인생 목표의 목록을 하나씩 지워가는 것보다 훨씬 더 의미 있는 길이 되리라는 것 한 가지는 확신하고 있다.

벤의 이야기는 우리의 포부aspiration를 이해한다는 것이 실제로 어떤 의미인지 확실히 보여주는 사례이다. 그와 더불어 목표를 세우는 일은 비교적 쉬운 반면에, 목표의 설정이 항상 진정한 통찰이나 완벽한 행복으로 이어지지는 않는다는 사실도 보여준다. "나는 무엇을 달성하고 싶은가?"라고 묻기보다는 "내가 인생에서 진정으로 원하는 것은 무엇인가?"라고 질문해야 한다. 목표는 달성되고 나면 기운이 빠지고 실망감을 남길 수 있지만, 포부는 완전히 채워지는 법이 없다. 따라서 포부는 매일 아침 우리에게 새로운 동기를 제공해줄 수 있다. 우리가 직장을 그만두고 세계여행을 할 수 있는 부러운 위치에 있지 못하더라도, 우리가 이 행성에 사는 동안 무엇을 경험하고 성취하고 싶은지 이해함으로써 보다 나은 삶을 살 수 있다. (당신이 자신의 포부에 대해 더 잘 알 수 있도록 도와줄 몇 가지 질문이 '부록 C'에 준비되어 있다.)

• • •

한 번은 경력이 그리 오래되지 않은 시중 은행의 전도유망한 은행원인 자기인식의 유니콘과 함께 일한 적이 있다. 샘(가명)은 조용하지만 자신감이 넘쳤고, 누구와도 친해질 수 있는 드문 능력을 가지고 있어서 어떤 분야에서든 성공가도를 달릴 만한 사람이었다. 이런 능력은 은행

업계에서 특히 더 유용했다. 샘에게서 자연스럽게 풍겨 나오는 솔직함과 자신감은 고객들에게 인정받을 덕목이었기 때문이다. 아니나 다를까 그는 대학을 졸업하자마자 성장세인 은행에 높은 연봉을 받고 입사했다.

물론 완벽한 직장이란 없고, 샘은 주로 지점장 때문에 불편과 좌절을 느꼈다. 샘과 그의 새로운 상사는 업무에 접근하는 방식이 거의 정반대인 듯했다. 샘은 상대의 말에 귀를 기울이고 관계를 중시하는 반면, 지점장은 성급히 결론을 내리고 직원들을 괴롭혔다. 고객을 유치할 때 샘은 그들이 무엇을 필요로 하는지 탐색했지만, 지점장은 즉석에서 결정을 내리도록 강요했다. 이런 태도 때문에 새로운 고객을 유치하는 데 실패했을 뿐만 아니라, 기존 고객도 금방 떨어져나갔다.

목표를 달성한 직원을 후하게 포상하는 은행의 제도는 개인별로 두둑한 성과급을 챙길 수 있다는 것이 장점이다. 하지만 샘은 이런 제도가 직원들 간의 협조를 장려하지 않으며, 그가 실력을 발휘할 수 있는 조건은 서로 협조하는 환경이라는 사실을 알아차렸다. 은행에서는 샘처럼 미래의 고객에게 시간을 할애하고 신뢰 관계를 형성하는 데 가치를 두는 직원을 전혀 지지해주지 않았고, 오로지 신속히 실적을 올리라는 압박만 가했다.

알력과 경쟁 분위기에 불안을 느낀 샘은 마치 자신이 물 밖에 나온 물고기가 된 것 같았다. 그의 절망감은 나날이 커져만 갔다. 어느새 그는 집까지 스트레스를 끌고 가고 있었다. 여자 친구 및 가족과 보낼 짬도 별로 없었고, 그나마 그 소중한 시간을 즐기지 못한 채 직장에서 속상했던 온갖 일에 계속 사로잡혀 있었다.

시련에 직면한 샘은 점점 힘겨워졌지만 긍정적인 일면도 있었다. 천성의 발견이라는 소중한 결과를 가져다주었기 때문이다. 그는 스트레스의 원인을 면밀히 검토해가는 동안 동료 및 고객들과 깊이 있고 지속적인 관계를 맺고 싶은 강한 욕구가 자신 안에 존재한다는 것을 발견했다. 그리고 지금의 직장 환경에서는 그것이 불가능하므로, 그곳을 떠나야만 한다는 걸 깨닫게 되었다.

샘은 매우 유능했으므로 곧 고객 중심의 분위기가 강하다고 알려진 회사에 취직할 수 있었고, 금방 소속 부서에서 실적이 가장 좋은 직원들 중 한 명이 되었다. 드디어 샘에게 꼭 맞는 직장을 찾은 것이다. 기분이 좋아지자 그는 고객을 응대할 에너지가 마구 샘솟았고, 직장 밖의 생활도 더욱 만족스러워졌다. 여자 친구에게 청혼을 했고, 그녀가 받아들여주는 경사까지 겹쳤다(두말할 나위 없이 그녀도 '예전 샘'보다 '새로운 샘'과의 결혼 계획이 훨씬 즐거웠을 것이다).

우리가 무언가에 몰두하면서 행복하게 살려면 어떤 종류의 환경이 필요한지, 적합한fit 환경을 정확히 알 때 우리는 적은 노력으로 많은 성과를 낼 수 있고, 보람찬 시간이었다는 느낌으로 하루를 마감할 수 있다. 그 판단은 당신에 대한 단순한 사실들(당신이 여행을 할 때 더 행복하다든가 점심시간에 달리기를 해야만 한다는 사실 등)의 이해뿐 아니라, 당신이 더 행복하게 살도록 도와줄 깊은 통찰(당신을 채워줄 동반자 또는 당신이 성장할 수 있는 회사의 종류 등)을 필요로 한다. (당신에게 가장 잘 맞는 직장, 관계 등을 명료화하는 데 도움이 될 몇 가지 질문은 '부록 D'에서 찾아볼 수 있다.)

적합한 환경의 축은 앞서 제시된 세 개의 축을 기반으로 한다. 당신이 무엇에 가치를 두는지, 무엇에 열정을 갖는지, 무엇을 인생에서 경험하고 싶은지 알아야만 당신에게 이상적인 환경을 그려나갈 수 있다. 샘의 경우를 보라. 성인이 되어 처음 입사한 직장을 그만두는 일이 어려웠던 것만큼이나 일찌감치 그에게 맞는 직장에 대해 소중한 통찰을 얻은 것은 행운이었다. 그는 자신의 가치를 공유하고 그가 사랑하는 일을 하도록 허용해주는 회사를 발견함으로써 지치게 만드는 게 아니라 기운을 북돋아주는 환경도 찾게 되었다. 가정생활이나 직장을 생각하든, 당신이 선택한 주변 사람을 생각하든, 환경의 적합성을 측정하는 궁극적인 기준은 에너지일 것이다. 일과를 끝냈을 때 당신의 환경이 에너지를 채워주었는가, 빼앗아갔는가?

• • •

당신의 성격을 묘사해보라는 요청을 받는다면 뭐라고 대답하겠는가? 당신은 의욕이 넘친다거나 친절한 사람이라고 대답할 것이다. 또는 최근에 성격검사를 받았다면 INTJ/노란색/홍보 담당자/분석적-개념적 유형(차례대로 MBTI, 색깔별 성격 유형, 홀랜드 직업적성검사, 이머제네틱스의 성격 유형_옮긴이)이라고 대답할 것이다.

심리학자들은 우리의 행동양식을 기술하기 위해 '성격'이라는 단어를 흔히 사용한다. 우리의 행동양식pattern은 다양한 상황에서 일관되게 나타나는 우리의 사고, 감정, 행동방식이다. 가령 내가 어느 날 아침 동료에게 쏘아붙였다면, 단지 그때 피곤했기 때문일 수 있다. 하지만 내가 거의 매일 아침마다 그녀에게 쏘아붙인다면, 그녀는 직원들끼리 친목을 도모하는 자리에 나를 초대하지 않을뿐더러, 아마도 나는 까칠한 행동양식을 가진 사람일 것이다. 심리학자들은 제2차 세계대전 중 신병 모집에 도움을 주기 위해 성격검사지를 최초로 개발한 것을 시작으로 인간 성격의 핵심을 뽑아내고 측정하느라 애써왔다. 기업에 몸담고 있는 사람들이라면 대부분 성격 측정 경험이 있을 것이다. MBTI, 호건 성격검사Hogan Personality Inventory, DISC 행동 유형 검사, 통찰력 검사, 이머제네틱스Emergenetics, 소셜 스타일 모델Social Style Model, NEO 성격검사, 버크만 검사Birkman Method, 커시 기질 분류검사Keirsy Temperment Sorter, 트루 컬러 검사True Colors…… 한없이 열거할 수 있지만 여기까지만 나열하자. 여하튼 미국에서 판매되는 성격검사지만 해도 2,500가지가 넘으며, 일부 검사지는 다른 검사지보다 훨씬 우수하다. 그러나 자기인식의 유니콘들은 성격검사가 자기인식의 중요한 길잡이가 되어주기는 했지만, 그것만으로는 진정한 통찰력을 기르는 데 충분하지 않았다고 보고했다.

게다가 '대부분'의 상황에서 나타나는 우리의 행동양식을 조명하는 것으로는 충분하지 않고, '구체적인 상황 유형'별로 나타나는 우리의 행동양식 또한 검토해야만 한다. 약간 굴욕적인 이야기이기는 하지만, 내 개인적 예를 들려주도록 하겠다. 몇 년 전 나는 우간다의 지도자들과 작업한 적이 있었다. 우리가 만나기로 했던 수련원은 아름답지만 물길로만 들어갈 수 있는 외진 곳에 위치했다. 우리 일행이 부두에 도착해보니 보트 두 대가 대기하고 있었다. 한 대는 우리가 타고 가고, 다른 한 대는 우리의 짐을 실을 보트였다. 그때는 제대로 인식하지 못했지만 나는 즉시 불안에 빠졌고, 보트를 타고 가는 제법 긴 시간 동안 짐을 다시 볼 수 있을까라는 어리석은 질문을 속으로 되뇌었다. 물론 단 몇 분 뒤에 짐은 내게 돌아왔다.

그로부터 한참 뒤의 출장길에서는 이런 일도 있었다. 온두라스로 리더십 워크숍을 진행하러 갔을 때였다. 내 고객은 공항에서 우리 일행을 태워가기 위해 밴 세 대를 빌려왔다. 두 대는 사람을 태우고, 한 대는 짐을 실을 요량이었다. 호텔에 도착해 모든 가방을 밴에서 내렸지만 내 가방이 보이지 않았다. 여기저기를 찾아다니던 우리는 공항 도로가에 내 가방을 놔두고 왔다는 사실을 마침내 깨달았다. 그 순간 나는 완전히 혼이 나갔다. 내 가방 안에 들어 있던 물건들은 전부 다시 살 수 있는 것들이었고, 이성적으로는 가방을 다시 찾게 되리라는 것을 알고 있었지만(실제로 가방을 찾았다), 그 순간 나는 불량 학생에게 점심 값을 빼앗긴 아이처럼 호텔 로비에서 울음을 터뜨렸다. 내 행동 양식을 의심하기 시작한 것이 바로 그 순간이었다. 나는 수하물과 분리될 때 당황하는 듯했다. 아니 '비이성적으로' 당황했다. 내가 출장을 다니는 거리가 1년에 16만 킬로미터가 넘는다는 사실을 고려하면, 이는 적절한 깨달음이었다.

그로부터 몇 개월 후 나는 남편과 함께 당시 코스타리카에 살고 있던 시동생 부부를 방문했다. 우리는 경비행기를 타고 파나마의 작은 섬인 보카스 델 토로에 가서 재미있게 연휴를 보내기로 결정했다. 다 허물어져가는 건물 한 동뿐인 아주 작은 공항에 도착해 다 낡은 3공 바인더를 들고 있는 통명스러운 여성에게 출입국심사를 받고 나와 보니, 우리가 빌린 주택 관리인이 친절하게도 마중 나와 있었다. 그는 자신의 픽업트럭 짐칸에 우리 가방을 실었고, 우리 네 사람은 뒷좌석에 끼어 앉았다. 그때 갑자기 하늘에 구멍이라도 난 듯 폭우가 쏟아지면서 우리 가방을 강타하기 시작했다. 나는 뒷유리에 얼굴을 박고 내 여행 가방이 흠뻑 젖어가는 모양을 무력하게 지켜봤다.

하지만 이번에는 무슨 일이 일어나고 있는지 즉시 인식했다. 나는 남편을 쳐다보며 말했다. "가방이 비에 젖는 것을 보니 속이 상해서 이성을 잃을 것 같아."

"그래 보여." 남편이 대답했다.

"심호흡을 하면 좀 진정이 될지 한번 해볼게." 나는 애써 심호흡을 했다. 내 행동양식에 대한 이해가 그 순간 정신을 가다듬는 데 도움이 되었고, 덕분에 그날의 기분도 훨씬 덜 망칠 수 있었다.

"아는 것이 힘이다"라는 격언은 이 통찰의 축에 꼭 들어맞는 말이다. 비이성적인 수하물 분리불안이든 다른 무엇이든 간에 우리의 행동양식, 특히 자기 파괴적인 행동양식의 인식은 우리로 하여금 이를 통제할 수 있게 해준다. 예를 들어 당신이 회의가 이어지면 진이 빠지는 내성적인 사람이라면, 일과 후에 잠시 시간을 내어 혼자 재충전할 시간을 가져라. 만약 당신이 너무 오랜 시간 일할 때 경솔하게 화난 말투의 이메일을 보낸다면, 늦은 밤에는 이메일에 바로 답장하지 말고 임시보관함에 두었다가 아침에 다시 살펴보라. 술을 몇 잔 하면 헤어진 배우자나 애인에게 전화하고 싶은 충동을 이기지 못하는 사람이라면 술을 진탕 마시기 전에 친구에게 휴대폰을 맡겨라(친구가 집까지 태워다주기를 희망한다). 우선 행동양식을 감지하는 것이 중요하다. 그러면 그 행동양식이 나타날 때 알아볼 수 있을 것이며, 보다 나은 다른 선택을 시도해볼 수도 있을 것이다.

• • •

수전은 최선을 다했다. 성장세를 보이는 부동산 회사에 다니는 그녀는 과한 요구를 하는 상사 때문에 일주일에 70시간을 근무할 때도 적지 않았다. 그녀는 끊임없이 스트레스에 시달리면서도 자신의 전부를 업무에 쏟아부으며 간신히 버텨내고는 했다. 그러나 수전만 그렇게 생각했는지, 어느 날 그녀는 느닷없이 해고되었다.

수전은 충격으로 망연자실해졌다가 어느 순간 분노에 차서 이 어이없는 사태가 상사들의 탓이라고 비난했다. 그녀가 상사들을 포기하지 않았는데 어떻게 그들이 그녀를 포기할 수 있는가? 하지만 분노를 가라앉힌 수전은 이 캄캄한 먹구름 속에서 한 줄기 희망을 찾기로 결심했다. 그녀는 상사의 해고 결정에 자신의 행동도 원인으로 작용했으리라는 의심이 슬그머니 들었지만, 정확히 어떻게 작용했는지 알 수가 없었다. 이제 전 직장이 되어버린 부동산 회사에서 '욕이 나오려 했던 순간'들을 곰곰이 되새겨보는 동안 수전은 그녀의 반응reactions, 즉 우리의 능력을 드러내는 사고, 감정, 행동을 그때그때 의식하지 못했던 것이 그녀의 발목을 잡았다는 사실을 깨달았다. 직장 동료들에 대한 수전의 반응은 감정 조절을 못 하는 그녀의 심각한 약점을 드러내게 했고, 그녀가 스트레스를 받았을 때는 더욱 심했다. 특히 그녀는 상사와의 관계에서 감정 조절을 제대로 못 했다. '내가 일주일에 70시간이나 일한다는 사실을 그는 당연히 알아줘야 해. 그러니 몇 마디 건방진 말쯤은 넘어가줘야 한다고.' 그녀는 이렇게 핑계를 대곤 했다. 하지만 그는 이해해주지 않았고, 그녀는 대가를 톡톡히 치렀던 것이다.

충격적인 사실을 깨달은 후로 수전은 이런 약점을 보완하기 위해 자신의 반응을 감시하려고 노력해왔다. 이제 그녀는 스트레스를 받을 때면 특히 주의한다. 상대의 말을 끊고 있는가? 말이 짧은가? 상대에게 동요한 듯이 보이는가? 자신이 퉁명스러워진다고 느낄 때면 그녀는 잠시 멈춰 생각을 가다듬고 목소리를 부드럽게 하려고 애쓴다. 드문 일이기는 하지만, 제어할 수 없을 만큼 스트레스가 심할 때는 잠시 그 자리에서 벗어나 숨을 돌린 다음 대화에 복귀하려고 노력한다.

수전은 시련을 통해 훨씬 만족감이 크면서 스트레스는 적은 새 일자리를 찾는 또 다른 긍정적 결과도 얻었다. 그녀는 새로운 직장에서 단지 스트레스를 관리하는 데 그치지 않고, (사람들이 그녀에게 맞추어주기를 기대하는 대신) 그녀의 소통방식을 다른 사람들과 맞추기 위해 노력한다. 이는 획기적인 전기가 되었고, 당연히 그녀가 진정한 자기인식의 유니콘이 되는 데도 도움이 되었다.

하지만 우리가 자신의 반응을 검토할 때 약점만 드러나는 것이 아니라, 어떤 때는 자신에게 있는 줄도 몰랐던 장점을 발견할 수 있다는 중요한 점을 지적해야겠다. 오랫동안 운영이사로 일해온 폴은 콜로라도의 가난한 동네에서 성장했다. 그는 수줍음이 많은 천성을 가진 데다 비난을 일삼았던 가족 탓에 아주 어려서부터 '나보다 못한 사람은 없다!'고 믿게 되었다. 그런 상황이 견디기 힘들어지자 그는 23세 되던 해에 대도시(덴버)로 이사하고, 혼자 힘으로 성공해보겠다는 어려운 결정을 내렸다.

폴의 경제적 형편상 치안이 좋지 않은 동네의 작은 집을 겨우 구할 수 있었다. 모순되게도 업타운Uptown(일반적으로 중상류층이 거주하는 안전한 지역을 말함_옮긴이)이라고 불리는 동네였다. "당시에는 아주 살기 힘든 집이었어요"라고 그가 말했다. "은행에 넘어간 데다 굉장히 지저분했죠. 창문은 전부 깨져 있었고요. 열쇠조차 받지 못했어요." 그러나 다 허물어져가는 셋집의 상태임에도 불구하고 그 동네에는 왠지 공동체, 기회, 가능성 같은 느낌을 주는 구석이 있었다.

이사한 지 얼마 안 되어 폴은 주민단체를 만들고 등록까지 하려는 한 이웃사람과 수다를 떨게 되었다. 폴은 정확히 어떤 단체인지도 몰랐지만, 참여하게 된 것만으로도 기뻐서 전단지를 만들어 이웃의 동의를 받으러 다녔다. 그리고 단체가 결성되었을 때도 그가 할 수 있는 한 도움을 주었다. 몇 년 동안은 모든 일이 순조로운 듯했다. 그러다 우연히 도시계획과에서 일하는 친구와 대화를 나누게 되었다.

폴은 당시 주민단체 회장이었던 그 지역 변호사가 많은 중요한 문제를 회원들에게 알리지도 않고 혼자 결정해왔다는 사실을 알게 되었다. "그가 주민들을 대표해서 서명하고 승인해준 사안들은 우리보다는 지역 유지인 사업가들에게 훨씬 더 큰 이득이 돌아가는 사업들이었습니다"라고 폴이 말했다.

그의 집에서 겨우 몇 블록 떨어진 곳에 20층짜리 건물을 올리려는 계획이 추진되고 있다는 사실을 알고 폴은 더 열을 받았다. 그 계획이 추진된다면 동네는 영원히 달라질 터였다. 이 소식을 듣는 순간, 폴의 감춰져 있던 면이 작동하기 시작했다. 그는 그런 짓을 한 당시 회장을 결코 그냥 내버려둘 수 없었다. 폴이 긴급회의를 소집하자 회장은 사임하겠다고 했다.

폴이 자신의 신속하고 단호한 대응에 놀라고 있는 동안, 이웃사람들이 새 회장으로 선택한 사람의 이름을 듣고는 더욱 놀랐다. 그는 바로……폴이었다. 그는 이웃사람들을 실망시키고 싶지 않았기 때문에 몹시 주저되었지만 일단 해보기로 했다. 하지만 새로운 역할은 더할 수 없이 힘든 시련을 함께 안겨주었다. 도시계획 공청회가 정확히 열흘 뒤로 잡혀 있었기 때문이다. 주민단체에서 고층건물의 건축을 막을 수 있는 기회는 오직 그때뿐이었다. 폴은 사람들 앞에서 발표를 해본 적이 한 번도 없었다. 자신들의 리더인 그만 바라볼 주민들로 가득한 회의실에서의 발표는 말할 것도 없었다. "그렇게 공청회에 가게 되었죠. 고작 스물다섯 살의 나이에 수줍음도 많았고, 회장이 되고 싶어서 된 것도 아니었던 저는 너무나도 떨렸습니다." 하지만 그는 자리에서 일어났고, 최선을 다해서 발표했다.

마침내 발표를 끝냈을 때 그는 자신이 무슨 말을 어떻게 했는지 정신이 하나도 없었다. 그런데 휴즈 항공사에서 근무하던 한 이웃사람이 흥분한 채 그에게 다가와 즉석에서 일자리를 제안했다. 폴은 '어쩌면 내가 생각해온 만큼 무능력하지 않을지도 모르겠다'고 생각했다.

약삭빠른 변호사의 행동에 대한 폴의 직감적 반응을 시작으로 사건들이 연쇄적으로 이어졌고, 폴은 이를 통해 공개 연설을 잘하는 소질, 갈등을 조정하는 재능, 도전에 맞서 앞장서는 주도성까지 그에게 있는 줄도 몰랐던 자질에 눈을 뜨게 되었다. 그리고 갑자기 그에게 새로운 세상이 열리기 시작했다. 그 뒤로 폴은 성공적인 CEO로 경력을 쌓으면서 세계 각지에 사업체를 운영해오고 있다. 그때의 20층 건물은 어떻게 되었을까? 당연히 건설되지 못했다. 몇 년 후 그가 이끌던 주민단체는 업타운을 국가 사적지로 등록했고, 덴버에서 가장 살고 싶은 마을 중 하나로 만들어냈다. (폴이 당신에게 영감을 불러일으켰다면, '부록 E'에서 반응 축의 기본을 이루는 당신의 장점과 약점을 파악하는 데 도움이 될 질문들을 찾아볼 수 있다.)

• • •

지금까지 제시된 통찰의 축들은 우리가 무엇에 가치와 열정을 두고, 무엇을 해보려는 포부를 갖고 있는지, 어떤 환경을 필요로 하고, 어떻게 행동하며, 세상에 어떻게 반응하는지, 전부가 우리에 관한 것이었다. 하지만 정말로 자신을 알려면 그 외에도 우리의 영향력impact, 즉 우리의 행동이 다른 사람들에게 어떤 영향을 미치는지 이해해야 한다. 우리는 일상생활을 해나가면서 이 점을 의식하지 못하는 듯한 사람들을 자주 만난다. 금요일 오후에 직원들의 신음소리와 한숨을 전혀 알아차리지 못하고 급한 프로젝트를 제멋대로 맡기는 상사, 쌍둥이를 태운 유모차를 밀고 온 아기 엄마가 비켜주기를 기다리는데 아무것도 모른 채 식료품 매장에서 통로를 막아선 남자, 좌회전 신호가 두 번이나 바뀌는데도 꼼짝하지 않은 채 귀가 먹먹하도록 울려대는 뒤차들의 경적 소리를 의식하지 못하는 듯한 여자. 이론적으로 이런 사람들은 내적 자아에 대한 이해는 뛰어날지 몰라도 주변 사람들에게 미치는 영향에 관해서는 완전히 눈먼 사람이다.

영향력은 당연히 리더들에게 특히 중요한 통찰의 축인데, 엘리너 앨런Eleanor Allen은 그 점을 힘들게 깨달은 적이 있다. 그녀가 여태껏 받아본 피드백 중에서 가장 놀랍고 획기적인 전기를 제공했던 다섯 글자 "그만하세요!"를 그녀는 결코 잊지 못할 것이다.

그 일이 있기 한 달 전에 엘리너는 그녀의 직장 경력에서 가장 큰 도전 과제들 중 하나를 맡았다. 그녀는 복잡한 대규모 상수도 시설 교체 및 신설 공사를 감독하는 팀장으로 발령이 나서 가족과 함께 푸에르토리코로 이사를 왔다. 처음 며칠간 비좁지만 시설은 좋은 새 사무실에 출근하면서 그녀에게 맡겨진 새로운 임무가 상상했던 것보다 더 어려운 일이라는 사실을 깨닫게 되었다. 두려움이 커져가는 가운데 난해한 법률 용어로 가득한 고객들의 편지까지 여러 통 발견했다. 그녀의 팀에서 그들의 요청대로 물을 공급해주지 않았고, 지금까지 공급해준 물도 용납할 수 없는 수준이라는 내용이었다. 지금 같아서는 엘리너의 팀이 곧 해고될 게 뻔했다.

하지만 엘리너가 불타는 건물에 들어선 거라면, 그녀의 이전 경험들이 방화복이 되어줄 거라는 확신도 있었다. 어쨌든 공학 전공자로서 세계 각지에서 어려운 공사와 관리를 이끌어왔고, 그 과정에서 큰 모험을 통해서만 계발될 수 있는 문제 해결력을 습득한 그녀였기 때문이다. 그녀는 상황을 신중히 분류하고 100명의 팀원에게 이메일로 지시사항을 연달아 내려보내기 시작했다. 직접 얼굴을 보고 관계를 쌓을 시간이 있으면 좋았겠지만 그럴 여유가 없었다. '그건 급한 불부터 끈 후에 해결해야겠다'고 그녀는 다짐했다.

몇 주가 흘렀다. 하지만 어찌 된 일인지 문제들은 여전히 처리되지 않았다. 엘리너는 그날그날 해결해주기로 고객들과 약속한 문제들을 직원들에게 할당했지만, 그 날짜가 지나도 문제는 해결되지 않았다. 그녀는 좌절감과 고립감에 빠졌으며, 왜 필요한 변화가 일어나지 않는지 이해하기 어려웠다. 어느 날 오후, 서류들로 어수선한 책상 앞에 씩씩대며 앉아 있던 엘리너가 마침내 냉정을 잃었다. '어떻게 이만큼 똑똑하고 유능한 직원들이 이토록 서툴 수가 있지?' 그녀는 폭발했다. '우리가 곧 해고된다고 해도 놀랄 게 없겠어!' 그때 마치 신호를 기다렸다는 듯이 그녀의 사무실 문이 벌컥 열렸다. 성질이 급하고 활발하며 대단히 머리가 좋은 현지 공학자인 이벨리오 부팀장이었다.

"왜 그래요? 무슨 일이죠?" 엘리너가 물었다.

이벨리오는 문을 쾅 닫으며 들어왔다. "팀장님!" 고함과 다를 바 없는 큰소리로 그가 말했다. "그만하세요!"

"뭐요?" 엘리너가 그의 느닷없는 지적에 말을 더듬었다. "무슨 말이에요?"

이벨리오가 그녀 쪽으로 한 걸음 더 다가오더니, "팀장님 때문에 우리가 돌겠어요!"라고 말했다. "아무도 팀장님 이메일은 읽지 않아요! 뭐부터 해야 할지 아무도 모른다고요!"

"하지만 나는……."

"팀장님, '당신' 때문에 우리가 해고당하게 생겼어요!" 그가 말했다.

그녀는 부팀장이 한판 붙을 각오로 들어왔다는 것을 알 수 있었다. 하지만 한순간에 명료하게 자기인식에 이른 그녀는 숨을 고르고 그를 똑바로 쳐다보며 말했다. "좋아요. 그럼 말해봐요. 그 대신에 내가 무엇을 해야만 되죠?"

"컴퓨터에서 떨어지세요." 그가 대답했다. "지금 당장이요. 이메일은 단 한 줄도 더 쓸 생각 하지 마세요."

그녀는 그의 말대로 키보드에서 손을 뗐다.

"이제 일어나세요. 함께 팀원들에게 가서 이야기하세요. 지시를 내리기 전에 그들과 어느 정도 신뢰 관계부터 쌓아야만 합니다."

엘리너는 엉덩이가 의자에 붙기라도 한 듯 주저했다.

"저와 함께 가요. 제가 팀장님을 다시 프로그래밍해드릴게요." 그가 말했다.

그 순간 엘리너는 자신의 실수를 깨달았다. 그녀는 자신의 소통방식이 직원들의 사기와 생산성에 미치는 영향을 알지 못한 채 완전히 잘못된 방식으로 그들과 소통하려고 했던 것이다. 이메일을 한 통씩 보낼 때마다 직원들의 원망이 쌓여갔고, 이미 불안한 상황에 처해 있던 그들이 더욱 완강하게 버티게 만드는 결과를 낳았다. 보아하니 팀에서 가장 필요했던 것은 엘리너가 시간이 없다고 생략했던 직접적인 상호작용이었다.

그 순간부터 엘리너는 실제로 이메일 쓰기를 중단했다. 그녀는 이벨리오의 도움을 받아서 금요일이면 파티를 열고, '즐거운 직장 만들기 위원회'를 소집하는 등 직원들을 제대로 알아가기 위해 시간을 투자했으며, 내 도움을 받아 회사 밖에서 리더십 팀과 만남의 자리를 마련했다. 또한 일부러 점심시간이나 휴식시간에 맞춰 고객의 사무실로 찾아가서 구내식당에서 함께 커피를 마시거나 점심 식사를 하는 등 온갖 구실을 붙여서 고객들과 시간을 보내려고 노력했다. 몇 주 만에 그녀는 새롭게 형성된 신뢰감을 뚜렷이 느낄 수 있었다. 시간이 갈수록 이 유대감이 점점 더 커져서 고객들은 작은 고장이 생기면 엄중한 항의 서한을 보내는 대신 그녀에게 전화를 걸어 문제를 해결해달라고 부탁했다.

6개월도 안 되어 엘리너와 그녀의 팀은 말 그대로 꼴찌에서 일등으로 올라섰고, 그들은 정해진 예산 내에서 제때 작업을 끝내주는, 푸에르토리코에서 가장 훌륭한 사업소가 되었다. (그리고 그들은 즐기며 일을 한다!) 2년 뒤 엘리너가 다른 직위로 승진했을 때, 이벨리오는 수월하게 그녀의 자리를 이어받았다. 그 후 엘리너는 비영리 국제기구인 워터 포 피플Water for People의 CEO가 되었지만, 지금까지도 푸에르토리코에서 이벨리오 및 직원들과 어울렸던 것만큼 동료들과의 교제를 즐긴 적이 없다고 이야기한다(이는 개인적으로도 입증해줄 수 있는데, 내가 방문했을 때 마신 모히토로 인해 기억이 어렴풋한 것 때문만은 아니다).

노력과 연습이 요구되는 일이기는 하지만, 다행히도 우리의 영향력에 대한 인식은 향상될 수 있다(당신의 인식을 향상시켜줄 몇 가지 질문은 '부록 F'를 참고하라). 우리의 영향력을 읽기 위해 개발해야 할 핵심 기술은 조망 수용perspective-taking, 즉 다른 사람의 생각과 감정을 상상할 수 있는 능력이다(이는 다른 사람의 감정을 실제로 경험하는 공감과는 다르다).

다른 사람의 관점에서 세상을 볼 때 자신이 더욱 잘 이해된다는 주장은 직관에 반하는 것처럼 보일 수도 있다. 조망 수용이 통찰의 한 축인 영향력의 이해에 미치는 효과를 확실히 보여주는 연구를 하나 살펴보자. 연구자들은 시카고의 부부 100쌍 이상을 대상으로 결혼 생활에 대한 만족도, 배우자에 대한 친밀도와 신뢰, 열정, 사랑의 감정을 4개월에 한 번씩 1년간 조사했다. 그런데 평균 결혼 기간이 11년인 이 부부들은 연구 기간 중에 '질적인 면에서 결혼 생활이 확실히 저하'되는 당황스러운 결과를 보여주었다.

연구자들은 이런 형세를 역전시킬 만한 방안이 있는지 알고 싶었다.

그래서 연구 참가자들에게 21분 동안 결혼 생활 중에 발생하는 갈등에 대해 써보라고 요청했다. 참가자의 일부에게 '모두에게 최선을 바라는 중립적 3자'는 갈등을 어떻게 바라볼지 써보라고 지시했을 때, 그들은 단순히 갈등을 서술하기만 했던 부부들에 비해서 1년 뒤 결혼 생활에 대한 만족도가 증가하는 결과를 보였다. 그들은 자신의 시각에서 벗어나 배우자의 시각으로 문제를 봄으로써 보다 신중해졌고, 방어적인 태도도 줄일 수 있었다. 조망 수용의 태도 덕에 그들은 자신의 행동이 배우자에게 어떤 영향을 미치는지 이해의 폭을 넓히게 되었고, 결국에는 배우자를 존중하기 시작했던 것이다.

하지만 조망 수용의 가장 큰 아이러니는 우리에게 조망 수용이 가장 필요할 때 그럴 가능성이 가장 낮다는 점이다. 최근에 내가 탔던 홍콩행 비행기는 승객들을 탑승시켰다가 내리게 한 후 대책 없이 몇 시간을 대기시키더니, 결국에는 비행이 취소되었다고 발표했다. 당연히 500명의 승객 모두가 행선지로 가지 못해 발을 굴렀고, 공항 안은 울음과 분노, 당혹감으로 가득했다. 한 용감한 탑승구 직원이 나서서 성난 승객들을 고객 서비스 구역으로 안내했는데, 그곳에는 네 명의 항공사 직원이 나와 있었다. 내 차례가 왔을 때 나는 듣고 싶지 않은 말을 곧 듣게 되리라는 두려움에 머뭇거리면서 직원에게 까치발로 다가갔다. (그의 가슴에 밥Bob이라고 쓰인 이름표가 달려 있었다.) "유리크 박사님, 정말 죄송합니다만, 오늘 홍콩에 가실 수 없을 듯합니다." 그가 웅얼거리며 말했다.

내가 거품을 물고 따지려던 순간, 밥의 눈에 스치는 두려움이 보였다. 다행히도 나는 그 얼마 전에 심리학자 리처드 와이스보드Richard

Weissbourd에 의해 개발된 '줌인Zoom In, 줌아웃Zoom Out' 기법을 배웠다. 감정이 격앙된 상황에서 성공적으로 타인의 시각을 취하려면, 우리의 시각을 '줌인', 즉 축소시켜 우리 시각에 대한 이해를 높여야 한다고 와이스보드는 조언한다. 그래서 나는 줌인을 했다. '나는 배가 고프고, 피곤하고, 비행기의 기계적 결함 때문에 몹시 화가 난다.' 그다음에는 '줌아웃'을 해서 다른 사람의 시각을 고려해야 한다. 밥이 경험하고 있을 상황을 떠올려보니 나는 이런 생각이 들었다. '가엾은 밥, 그에게 오늘 하루가 어땠을지 궁금하네.'

"원래 오늘 저녁 근무였어요?" 내가 물었다. "아니요, 박사님." 그가 바로 대답하면서 동료들을 가리켰다. "우리 네 명 모두 퇴근길에 도로 불려왔습니다. 저는 아내가 출장을 갔기 때문에 학교로 아이들을 태우러 갔어야 했죠. 그런데 아마도 밤 10시까지 여기에 있게 될 것 같네요." 나 자신을 안타까워하고 있었는데, 이제 밥이 더욱 안타깝게 느껴졌다. 나는 그에게 호통치는 승객도 있었냐고 물었다. 그가 고개를 끄덕이며 말했다. "대체로 사람들은 너무 화가 나서 저희도 사람이라는 사실을 잊어버리죠."

그날 나는 예상외의 교훈 두 가지를 얻었다. 첫째, 줌아웃 기법이 나를 좀 진정시켜주고 내가 우주의 중심이 아니라는 사실을 기억하도록 도와준다는 것이다(늘 도움이 된다). 둘째, 밥의 시각에서 봤더니 내 행동이 그에게 미칠 영향이 이해되었고, 이는 결국 내 행동을 통제할 수 있도록 해주었다.

외부에서 자신을 들여다보기: 외적 자기인식의 중요성

벤저민 프랭클린이 도덕적 완벽에 도달하기 위해 13가지 덕목 기르기 계획을 수립했을 때, 처음 목록에는 12가지 덕목뿐이었다. 하지만 가까운 친구에게 이를 보여줬을 때 도덕성을 향상시킬 수 있는 가장 중요한 기회를 완전히 간과했음을 알게 되었다. 훗날 프랭클린은 그때의 일을 이렇게 설명했다.

> 친구가 친절하게도 내가 오만하다는 평을 듣는다고 알려주었다. 대화를 할 때 내 자만심이 자주 드러나고, 어떤 문제를 놓고 토론할 때 내 의견이 옳은 데서 만족하지 못하고 상대를 꺾어놓으려는 무례를 범한다고 했다. 그가 몇 가지 사례를 들어 내게 그런 점이 있음을 납득시켜주었다.

앞에서 알게 되었듯이, 자기인식에 관한 가장 잘못된 믿음은 자기인식은 내면을 보는 것, 즉 내면을 샅샅이 훑는 통찰이라는 생각이다. 하지만 우리 자신의 관찰로만 무장한다면, 우리 중에서 자기인식을 위해 가장 힘쓰는 사람이라고 해도 퍼즐의 핵심 조각을 놓칠 위험이 있다. 예를 들어 당신이 동료에게 농담조로 지적을 해주었을 때 그녀가 진심으로 즐거워했는가, 또는 당황스러워했는가? 당신이 칵테일파티에서 처음 만난 사람에게 당신의 인생사를 이야기해주는 동안 그가 흥미를 느꼈는가, 또는 몰래 술집에서 빠져나가고 싶다는 생각을 하는 것 같았는가? 당신의 상사가 팀원 전체를 앞에 두고 발표를 한 후에 당신이 건설적인 피드백을 해주었을 때, "고마워요, 그 조언 새겨둘게요"라는 상사의 말이 감사의 말이었는가, 또는 거부의 말이었는가?

그렇다, 우리는 진정한 자기인식에 도달하기 위해 자신을 이해해야 하지만, 사람들이 우리를 어떻게 인식하고 있는지도 알아야만 한다. 그러려면 내면을 보는 것만으로는 충분하지 않다. 곧 알게 되겠지만, 타인이야말로 우리가 어떤 사람으로 인식되는지 알려줄 수 있는 유일하고 믿을 만한 정보원이다. 요컨대 자기인식은 하나의 진실이 아니다. 자기인식에는 별개의, 때로는 상충되기까지 하는 두 개의 관점에서 본 정보들이 복잡하게 얽혀 있다. 하나는 내부를 향한 시각, 즉 당신의 내적 자기인식이며 또 하나는 외부를 향한 시각, 즉 타인이 바라보는 당신, 다시 말해 외적 자기인식이다. 내적 자기인식과 외적 자기인식 간에는 상관관계가 거의 전무할 뿐 아니라, 두 가지 중 한 가지 자기인식만 있을 때는 종종 득보다 실이 많을 수도 있음을 기억하라. 아마 자신을 잘 안다고 생각하지만 남들이 그들을 어떻게 보는지 전혀 감지하지 못하는 사람들의 어리석음을 당신도 목격했을 것이다. 그와 정반대로 남들에게 남기는 인상에만 집중해서 자신에게 가장 이로운 일을 이해하거나 행하지 않는 사람들도 있다.

내적 자기인식과 외적 자기인식을 원소주기율표에서 가장 잘 알려진 두 원소, 수소와 산소라고 가정해보자. 수소 원소 하나만 있을 때는 쉽게 발화되기 때문에 위험하다(힌덴부르크 참사*를 기억하는가?). 그리고 산소 자체는 가연성이 없지만, 산소가 지나치게 많으면 물질이 쉽

* 1937년 독일의 여객 비행선 힌덴부르크가 착륙을 시도하던 중 화재로 전소된 사건으로, 가연성 수소 가스에 불이 붙은 것이 원인으로 추정된다_옮긴이 주.

게 연소된다. 하지만 수소와 산소를 적절한 비율로 섞어주면 생명을 유지해주는 물이 만들어진다. 자기인식도 그와 약간 비슷하다. 우리 자신에 대한 정확한 시각과, 자신의 시각을 버리고 타인의 눈으로 자신을 볼 수 있는 능력이 결합될 때 대단히 긍정적인 결과를 얻게 된다.

하지만 내적 및 외적 자기인식의 미묘한 균형을 고려할 때 타인으로부터의 피드백보다는 개인적 반성을 통해서 얻기 쉬운 통찰의 축이 있을까? 또는 그 반대의 경우도 있을까? 잠시 후에 다시 살펴보겠지만, 이 질문에 대한 대답은 "예"라고 할 수 있다. 일반적으로 우리 자신의 시각은 다른 사람들에게는 보이지 않는 통찰의 축, 즉 우리의 가치, 열정, 포부, 적합성의 파악에 특히 도움이 될 수 있다. 가령 성공한 회계사가 겉으로는 자기 직업에 만족하는 듯 보이지만 브로드웨이 무용수로 살기를 꿈꾸고 있다면, 그 정보를 가지고 있는 사람은 오직 본인뿐일 것이다. 우리의 행동양식, 반응, 영향력처럼 타인의 눈에 더 잘 띄는 통찰의 축은 그 반대이다. 우리가 곧 배우게 될 자기인식의 장애물들이 이 세 축에 대한 객관적 평가를 방해할 수 있으므로, 우리 자신을 보다 정확히 보기 위해서는 타인으로부터의 정보가 필요하다. 그러나 사실 자기통찰의 일곱 축 모두 내부 및 외부의 양 관점에서 보아야 한다. 오직 그럴 때만 우리가 어떤 사람이고 남들에게 어떻게 보이는지 제대로 이해할 수 있다.

내 친구 조앤(가명)의 이야기를 예로 들면, 최근에 그녀는 자신의 장점과 약점을 더 정확히 이해하기 위해서 직장 동료들에게 피드백을 달라고 요청했다. 유감스럽게도 그들은 그녀에게 성격 이식이 필요하다는 세심하지 못한 말을 했다. 하지만 조앤은 직장에서 경이적인 성과를 기록하고 있었고, 상사들과 소속 부서에서 자주 공로를 인정받는 등 객관적인 기준으로 볼 때 그럴 리가 없었다. 다행히도 조앤은 내적 자기인식이 정확했기 때문에 이 피드백을 직장 내 사보타주로 여겼고, 사실 또한 그랬다. 이미 자신에 대해 알고 있는 정확한 사실들과 나란히 비교했을 때, 그 피드백은 '그녀'가 문제가 아니라는 사실을 깨닫게 해주었다. 피 튀는 경쟁을 조장하는 회사의 문화가 그녀에게 맞지 않는다는 것이 문제였다. 그 일이 있은 후에 그녀는 작은 회사로 옮겼는데, 나는 그녀가 그렇게 행복해하는 모습을 처음 보았다. 이것은 내적 및 외적 자기인식이 균형을 이룰 때 어떤 마법이 일어나는지를 완벽하게 보여주는 사례이다.

두 유형의 자기인식이 균형을 이루는 것이 쉽지 않지만, 우리 삶은 그럴 수 있는 기회로 가득하다. "변화의 바람이 거셀 때 피신하는 사람이 있는가 하면, 풍차를 만드는 사람도 있다"는 멋진 중국 속담도 있다. 대부분의 사람이 피하거나 몸을 숨기는 상황에서 자기인식의 유니콘들은 내적 및 외적 자기인식을 가동하고 그들의 경험으로 연료를 공급한다. 내 연구 결과에 의하면 그들은 특히 내가 자명종 사건alarm clock events이라고 부르는 상황, 즉 자신에 대한 중요한 진실에 눈을 뜨게 되는 상황을 인식하고 거기서 배우는 특별한 능력을 갖고 있다. 자명종 사건은 우리 자신을 새롭게 또는 다른 견지에서 보게 해줌으로써 내적 자기인식을 신장시킬 때도 있고, 우리가 외부 세계에 어떤 인상을 주는지 새로운 데이터를 제공할 때도 있다.

내가 알아낸 자명종 사건의 일반적 범주는 세 가지이다. 첫째는 새로운 역할 또는 규칙이다. 우리가 직장이나 생활 속에서 새로운 역할을 맡거나 새로운 규칙에 따르도록 요구될 때 우리는 편안함을 느끼는 영역에서 나와 더 많은 요구에 부응해야 하므로 자신에 관한 지식을 과도하게 충전시켜야 한다. 예를 들면 직장에서의 업무 변경, 승진, 발령, 새로운 책임, 새로운 집단이나 조직에의 합류가 그런 상황일 것이다. 특히 처음으로 리더가 되는 경험은 자신을 통찰할 수 있는 절호의 기회이다. 실제로 미국경영자협회에서 700명 이상의 CEO를 조사했을 때, 응답자들은 최고경영자로 성장해가던 초반에 자신에 대해 깨달았던 점들이 그들의 경력 내내 가장 큰 영향을 미쳤다고 밝혔다.

새로운 역할과 규칙으로 도전받는 상황이 단지 직장에만 있는 것은 아니다. 대학에 진학하면서 집을 떠날 때, 지역사회 단체에서 새로운 역할을 맡을 때, 연애를 새로 시작할 때, 부모가 될 때 등 다른 생활 영역에도 그런 상황은 존재한다. 그런 경우에도 역시 가장 강력한 통찰은 초기 경험에서 비롯될 때가 많다. 일례로 스탠퍼드 대학교의 연구원 시나 모란Seana amoran은 젊은이의 자기인식이 극적으로 증가한 것은 '가족이나 문화 속에서 별다른 생각 없이 수용해왔을 가치나 규범에 도전하는' 상황에 처했을 때가 많다는 사실을 발견했다.

두 번째 유형의 자명종 사건은 지진과도 같은 사건이다. 앞에서 자기인식의 유니콘인 수전이 해고된 후에 새로운 수준의 자기인식에 도달했다는 이야기를 살펴보았다. 이 사례가 보여주듯이, 우리를 속속들이 흔들어놓을 만큼 중대하고 강력한 사건이 바로 지진과 같은 사건이다. 사랑하는 사람의 질병이나 죽음, 진지하게 사귀었던 연인과의 결별이나 이혼, 심각한 실패나 좌절도 지진 사건의 예가 될 것이다. 지진과 같은 사건은 인생을 뒤흔들어놓기 때문에 자신에 관한 진실과 대면하지 않을 수 없다. 내가 아는 한 여성은 남편이 갑자기 떠나면서 그녀에게 사랑받는다는 느낌을 가질 수 없었다는 이유를 댔다고 한다. 그녀는 비탄에 잠겼다. 하지만 감정을 피폐시키는 이 충격적 현실과 대면할 수밖에 없었다. 이 사건을 계기로 그녀는 자신이 어떻게 행동했고, 그 행동이 관계에 어떤 영향을 주었는지 더 정확히 이해하게 되었고, 이는 결국 연애 관계를 비롯한 모든 대인 관계에 도움이 되었다.

하지만 정의 자체만 봐도 지진 사건은 우리를 마비시키고, 우리의 기민한 감정을 억누르며, 우리 자신에 대해서 알게 된 사실들을 건설적으로 활용하기는커녕 수용하기조차 매우 어렵게 만들 수 있는 위험 또한 존재한다. 경영학 교수인 모건 맥콜Morgan McCall이 관찰한 대로 감정이 잔뜩 실린 이런 상황들의 특성상 우리는 그 상황과 거리를 두고 싶은 유혹을 느낀다. 우리는 방어적인 태도를 취하거나, 다른 사람들을 비난하거나, 더 냉소적으로 변하거나, 과잉보상을 받으려고 하거나, 마음을 닫거나, 포기할 수도 있다. 다행히 그런 일을 방지하기 위해 취할 수 있는 조치들이 있다. 제일 먼저 우리가 할 일은 맥콜과 공동 저자들의 조언처럼 "고통에 반응하기보다는 흡수하기"이다. 수전의 경우 계속 상사만 원망하면서 해고가 자신의 탓이기도 하다는 사실을 부인할 수도 있었다. 하지만 상황에서 가장 멀어지고 싶었을 순간에 그녀는 상황을 이해하려는 쪽을 선택했다. 그러나 진실의 수용만으로 충분하지 않다. 통찰을 행동으로 옮겨야만 한다. 우리의 실수와 한계를 인정할 뿐 아니라 그것들을 바로잡기 위해 노력해야 한다. 물론 수전도 일단 상황을 받아들인 뒤, 그런 일이 다시는 일어나지 않도록 하겠다고 맹세했다.

세 번째 유형의 자명종 사건은 내가 일상적 통찰이라고 부르는 것들이다. 자기인식은 극적이고, 세상이 뒤흔들릴 만한 사건을 통해서만 얻어진다는 일반적 가정은 진실과 거리가 멀다. 놀랍게도 일상적 상황에서 대부분의 통찰을 얻었다고 보고한 유니콘들이 그렇지 않은 이들보다 두 배나 많았다. 그들은 우연히 엿듣게 된 대화나 퉁명스러운 지적, 심지어 예상외의 표창 등이 계기가 되어 자신의 행동을 갑자기 새로운 시선으로 보게 되었다고 했다. 어떤 유니콘들은 리더십 프로그램이나 360도 평가와 같은 직장에서의 성장 경험을 예로 들었다. 일부 유니콘은 운동이나 청소처럼 가장 평범하고 심지어 지루하기까지 한 일상 활동 속에서 "아하" 하고 깨닫는 순간을 찾아냈다.

다시 수전의 예를 들자면, 그녀는 대학을 졸업한 직후에 친한 친구와 함께 처음으로 아파트를 얻어 이사했다. 수전은 주방용품들을 정리하는 과정에서 친구가 유리컵들 앞에 플라스틱 컵들을 찬장에 쌓는 모습을 보고 화가 치밀었던 기억이 난다고 했다. "플라스틱 컵에 물을 따라 마시면 안 되지!" 그녀는 씩씩거리며 말했다. 그러다 자신의 말이 어떻게 들렸을까 하는 생각이 퍼뜩 들었다. '내가 중요하지도 않은 일에 과도한 반응을 보이고 있잖아. 내가 왜 이렇게 내 멋대로 하려고 하지?' 그 순간 그녀는 자신을 좀 더 다른 시각에서 볼 수 있었고, 이는 플라스틱 컵보다 훨씬 중요한 문제인 통찰을 가져왔다.

나는 우리 연구에서 발견한 일상적 통찰이 매우 기쁜 소식이라고 생각한다. 간단히 말하면 우리는 힘든 시기뿐 아니라 일상생활 도중에도 자신에 관한 지식을 얻을 가능성이 있다. 하지만 두 경우 모두 우리의 유니콘들은 자기인식이 찾아오기를 앉아서 기다리지 않았다. 그들은 풍차를 만들고, 새로운 정보를 에너지로 전환시켜 실질적이고 지속적인 변화를 꾀했다.

이제 자기인식의 기반이 되는 통찰의 축들을 배웠으므로, 그것들을 강화해주는 구체적인 전략들을 알아봄으로써 우리의 선택과 관계를 향상시키고 성공을 거둘 수 있게 되었다. 하지만 그 전에 우리를 가로막는 가장 큰 두 가지 장애물에 대해 좀 더 알아볼 필요가 있다.

3장 자기인식의 맹점
보이지 않는 내부의 장애물

사람들이 곤경에 빠지는 이유는 뭔가를 몰라서가 아니다.
그 뭔가를 확실히 안다는 착각 때문이다.
조시 빌링스

나의 코칭 경력에서 가장 힘들었던 수업은 한 고위 임원의 벗겨진 머리를 내려다보며 서 있는 것으로 시작되었다. 그 시간이 마치 영원처럼 느껴졌다. 그 머리의 주인공은 적자 상태인 건설회사의 간부 스티브였다. 회사 CEO의 부탁으로 스티브를 찾아갔을 때는 그가 발령받은 지 고작 4개월 정도 된 무렵이었다.

그날 아침 나는 8층까지 엘리베이터를 타고 올라가 대기실에서 한참 기다린 뒤에야, 마침내 으리으리한 스티브의 사무실로 안내되었다. 나의 도착을 알리던 비서의 목소리가 약간 떨렸다. 내 뒤로 문이 조용히 닫히는 동안 스티브는 컴퓨터에서 얼굴도 들지 않은 채 오로지 긴 한숨과 요란한 마우스의 클릭으로 내 방문에 대해 아는 체를 했다. 그래서 나는 어색하게 그의 정수리를 바라보거나 장식장의 내용물을 감상하면서 서 있을 수밖에 없었다. 장식장 안에는 건물 철거용 철구 모양의 커다란 트로피도 있었다. 그 상황에 대해 많은 것을 알려주는 물건이었다.

나는 잘 떨지 않는 사람인데도 그의 침묵이 길어지자 내 앞에 놓인 도전 과제에 울렁증이 생기려고 했다. 내가 들고 있는 불룩한 빨간색 폴더 안에는 그가 얼마나 욱하고 성질을 잘 내는지 증언하는 인터뷰 메모들로 가득하다는 사실도 도움이 될 리 없었다.

"앉아도 되겠습니까?" 결국 내가 먼저 입을 뗐다.

"앉으세요, 유리크 박사님." 그가 여전히 고개를 들지 않은 채 짜증 섞인 한숨을 내쉬며 대답했다. "편하신 대로 하세요."

내가 자리에 앉으며 폴더를 펼치고 코칭 세션 준비를 하는 동안 스티브가 의자를 뒤로 뺐다. 그제야 비로소 그가 나를 바라보았다. "여기서의 내 전략부터 말씀드리도록 하죠." 그는 우리에 갇혀 서성이는 호랑이처럼 책상 뒤에서 왔다 갔다 하면서 야심찬 그의 사업 구상과 냉철한 리더십 철학을 내게 들려주었다. 나는 그의 에너지가 감탄스러웠다. 우리의 공동 작업에서 그 에너지를 최대한 발휘해줘야 할 것이라는 생각이 들었다.

내가 이미 아는 사실이었지만, 스티브는 자기 부서가 어려움을 겪고 있다고 말했다. 전임자가 비용 초과 때문에 해고되었으므로, 적자 상태인 그의 사업 부문은 최대한 효율을 높이는 한편으로 매출도 신장시켜야 했다. '운행 중인 비행기의 엔진을 교체해야 하는' 대단히 위험한 상황의 전형이었다. 실패는 용납될 수 없었다. 하지만 스티브는 자신이 그 과업의 적임자라는 걸 믿어 의심치 않았다. 그는 높은 기대 수준의 설정, 직원들의 결집 유도, 엄하지만 공정한 대우가 자기 리더십의 핵심이라고 주장했다. "이 자리에 있으면서 많은 도전에 직면하게 되리라는 것을 알고 있지만, 저는 직원들에게서 최선의 결과를 이끌어내는 방법 또한 알고 있습니다." 그가 자신 있게 말했다.

유감스럽게도 스티브는 완전히 착각에 빠져 있었다.

스티브의 부임 이후 실적이 처참하다는 것은 그의 직속 부하들을 인터뷰하는 동안 이미 간파했고, 회사의 CEO도 막 감지하기 시작한 사실이었다. 그가 정식으로 승진한 지 16주 만에 벌써 세 명의 직원이 사표를 냈다. 네 번째로 그만두려는 직원은 '스티브 스트레스' 때문에 최근에 고혈압 약을 복용하기 시작했으며, 이미 마음이 절반쯤 떠난 상태였다. 스티브의 팀원들 중 누구도 그의 능력과 경험에는 의문을 제기하지 않았지만, 그들은 그를 멍청이(실제로 그들이 사용한 단어보다 순화해서 옮긴 말이다)라고 생각했다. 그는 직원들에게 호통치듯이 명령하고, 그들의 능력을 의심하며, 직업윤리에 어긋날 정도로 무섭게 소리를 질러댔다. 그렇다고 우는소리를 하는 직원들도 없었다. 내가 보기에 그들은 산전수전을 다 겪어 노련했으며, 나약하지도 않았다. 스티브가 너무 밀어붙이고 있었다.

공정하게 스티브의 입장에서도 말해보자면, 그는 거친 건설업계에서 성장해오는 동안 대체로 훌륭한 리더는 '가장 고함을 많이 지르는 사람'을 의미한다고 배웠다. 그런 식으로 강하게 밀어붙이는 방식이 과거에는 그럭저럭 통했을지 모르지만 지금의 직위에서는 손실이 큰 계산 착오였다. 협동을 강조하는 현 회사의 조직문화에서는 더더욱 그랬다.

스티브가 새 사무실 안을 서성이며 자신이야말로 어느 모로 보나 이 어려운 시기에 회사가 필요로 하는 비전을 제시하는 리더라고 자랑스럽게 열거하는 동안, 나는 그토록 상황에 무지한 그가 경이로울 지경이었다. 그의 행동은 직원들의 사기와 팀의 실적은 물론, 자신의 명성까지 해치고 있었다. 가장 뛰어난 몇 명의 직원을 잃고서도 유능하고 존경받는 리더라는 그의 자아상은 흔들림이 없었다. 하지만 팀원들은 스티브의 괴롭힘에 질려버렸다. 따라서 내가 어떡하든 그에게 진실을 알릴 방법을 찾아야만 했다.

스티브 병의 유행

어린 할리 조엘 오스먼트Haley Joel Osment가 핑크색 담요로 몸을 말고 푹신한 베개에 머리를 기댄다. 그가 브루스 윌리스Bruce Willis를 뚫어져라 바라본다. "이제 아저씨에게 내 비밀을 말해줄게요." 그가 말을 시작한다. 카메라가 겁에 질린 그의 얼굴을 클로즈업해서 잡는다.

"내게는 죽은 사람들이 보여요."

"꿈에서?" 윌리스가 묻는다. 그를 조용히 바라보는 오스먼트의 슬픈 눈이 꿈속에서의 일이 아니라고 말해준다. "깨어 있을 때?"

"그들은 보통 사람들처럼 걸어다녀요." 오스먼트가 대답한다. "그들은 보고 싶은 것만 봐요. 자기들이 죽었다는 것도 몰라요."

"얼마나 자주 그들이 보이니?"

"항상…… 이요."

이것은 영화 〈식스 센스The Sixth Sense〉의 한 장면으로, 어린 오스먼트는 실제로 죽은 사람을 본다(스포일러 주의). 그런데 '죽은 사람'이란 단어를 '망상'으로 바꿔주면 지금 우리 세상에도 꼭 들어맞는 이야기일 것이다. 이 장면은 보고 싶은 것만 보는 자기망상에 빠진 사람이 우리 주변에 널렸음을 일깨워준다. 그러나 당신이 영화보다 라디오를 선호한다면, 풍자 작가 개리슨 케일러Garrison Keillor의 라디오 드라마에 등장하는 마을로 모든 아이가 평균 이상이라는 워비곤 호수 마을을 예로 들어 이야기해보자. 우리는 통계적으로 불가능한 이런 비유에 싱긋이 웃는다. 직장이나 학급, 학부모회의, 마트, 심지어 우리의 집까지, 어디에서든 이런 망상을 목격하기 때문이다.

그리고 회사에 다닌 적이 있는 사람이라면 거의 대부분 스티브 같은 상사나 동료를 만나봤을 것이다. 당신도 아는 유형의 사람이다. 과거의 성공, 명백한 능력, 부인할 수 없는 지능에도 불구하고 자신들의 인상에 대해서는 전혀 통찰력이 없는 사람들 말이다. 세세한 것까지 따지는 자신의 성향이 훌륭한 관리자의 자질이라고 생각하지만 사실은 직원들의 격분을 살 뿐인 상사, 자신을 훌륭한 사업 동반자라고 생각하지만 같이 일하기가 불가능한 사람으로 당신의 사무실에 소문이 나 있는 고객, 자녀에게 인종차별주의자가 되도록 가르치고 있다고 생각하지 않지만 길에서 유색인종과 마주칠 때마다 자녀의 손을 잡고 도로 반대편으로 건너가는 아버지, 이들의 공통 요인은 무엇일까? 모두가 자기관自己觀을 전적으로 확신하지만 그 자기관이 완전히 틀렸다는 것이다.

노벨상 수상자인 행동경제학자 대니얼 카너먼Daniel Kahneman에 의하면, 인간이 "자신의 무지를 외면하는 능력은 거의 무한하다." 연구 결과들을 봐도 우리는 객관적인 평가에 비해 자신을 더 똑똑하고, 재미있고, 날씬하고, 잘생기고, 사교적이고, 스포츠에 능하고, 우수한 학생이며,

뛰어난 운전자로 생각하는 경향이 있다. 학자들은 이런 현상에 '평균 이상 효과Better Than Average Effect'라고 이름 붙였다. 하지만 나는 '평균 이상'이었던 우리의 중역을 기려서 스티브 병Steve Disease이라고 부르려 한다.

물론 수학적으로 말하면 무엇을 측정하든 우리의 49퍼센트는 평균 이상일 것이다. 하지만 정규분포 곡선에서 우리가 실제로 해당되는 지점과 우리가 해당된다고 생각하는 지점이 비슷하지 않을 때가 많다. 금융업 종사자, 기술자, 간호사 등 직장인 1만 3,000명 이상을 조사한 한 연구에서는 스스로 평가한 업적과 객관적인 업적 평가는 거의 아무런 상관관계가 없다는 결과가 나왔다. 1,000명 가까운 샌프란시스코만 지역 공학자를 대상으로 한 연구에서도 33퍼센트 이상이 동료들과 비교했을 때 자신의 실적이 상위 5퍼센트에 든다고 대답했고, 용감한 영혼의 소유자 단 한 명만 자신을 평균 이하라고 했다.

스티브 병의 경험적 증거는 미국 기업에 국한되지 않는다. 한 유명한 연구에서는 대학교수의 무려 94퍼센트가 자신이 교수직을 수행하는 데 있어서 평균 이상이라고 생각했다. 그리고 조만간 의료 시술을 받을 계획인 사람에게는 충격적이겠지만, 외과 레지던트들이 스스로 평가한 수술 실력은 의사 자격시험 성적과 전혀 상관관계가 없었다는 연구도 있었다(고맙게도 의사 자격시험을 치르게 하는 이유가 그 때문일 것이다).

스티브 병이 만연한 것만큼 그 결과가 심각하다는 사실은 아마 놀라운 일이 아닐 것이다. 예를 들어 직장에서 자기인식이 부족한 직원은 판단력을 평균 36퍼센트 떨어뜨리고, 화합을 46퍼센트 해치며, 갈등을 30퍼센트 증가시킴으로써 팀의 실적을 떨어뜨린다. 대체로 자기인식이 부족한 직원이 많은 회사는 재무 성과가 좋지 않았다. 상장회사 수백 곳을 조사한 한 연구를 통해 재무 수익이 낮은 회사는 재무 수익이 양호한 회사에 비해 직원들의 자기인식이 낮을 가능성이 79퍼센트나 된다는 사실이 밝혀졌다.

과대망상에 빠진 상사와 일을 해본 사람이라면 누구나 증언할 수 있듯이, 스티브 병은 경영진에게 유달리 전염이 잘 되고 처참한 결과를 가져온다. 앞에서 살펴보았듯이, 리더가 현실성을 잃을 때 일탈할 가능성은 여섯 배나 증가한다. 자신을 과신하는 경영자는 직원들의 실력을 제대로 보지 못하기 때문에 최우수 직원들의 기여도를 과소평가한다. 애초에 리더의 자리에 오르려면 어느 정도의 자기인식이 필요하기 때문에 권력자의 지위에 있는 사람들이 시작부터 자기인식이 부족하지는 않지만, 대개 직위와 연공서열이 올라가면서 망상도 함께 커진다. 초반의 성공으로 자만심에 취해 그들이 볼 수 있고 봐야만 하는 진실을 못 보게 되기 때문이다.

그리고 그들의 힘이 커지면서 자신에 대한 과대평가도 심해진다. 예를 들면 경영자들은 중간관리자와 제일선의 리더에 비해 자신의 공감, 적응, 코칭, 공동 작업, 그리고 (아이러니하게도) 자기인식 기술을 지나치게 과대평가한다. 더욱 충격적인 사실은 경험이 풍부한 리더들이 경험이 부족한 리더들보다 자기 능력을 과대평가할 확률이 높다는 점이다. 마찬가지로 나이 많은 관리직이 젊은 관리직에 비해 상사들에게 받은 평가보다 높게 자신의 실적을 오판하는 경향이 있다.*

---

* 일반적으로 우리의 자기평가는 25세에서 35세 사이에 보다 정확해지지만, 35세에서 45세 사이에는 정확도가 감소하는 경향을 보인다. 또한 경영학과 학생들이 자연과학, 사회과학, 인문학 전공 학생들보다 객관적인 성과에 비해 과장된 자기평가를 하는 경향이 크다는 매우 충격적인 결과도 있다.

하지만 리더의 경험, 나이, 연륜이 통찰을 증가시켜야 하는 것 아닌가? 사실은 그렇지 못한 이유가 몇 가지 있다. 첫째, 보통 상급직은 성과의 기준이 애매하고 성공도 주관적으로 규정되어 판단하기가 복잡하다. 둘째, 그런 주관적인 기준으로 성과를 판단하는 과정에서 특정 직위 이상에서는 정직한 피드백을 제공해주는 믿을 만한 장치가 거의 없다. 설상가상으로 많은 유력가는 그들에게 도전하거나 이의를 제기하지 않는 친구나 아첨꾼들만 주변에 둔다. 맨프레드 케츠 드 브리스Manfred Kets de Vries의 표현처럼 그들은 "벽, 거울, 거짓말쟁이"로 둘러싸여 있다. 그리고 마지막으로 경영진은 망상 덕에 보상을 받는 경우가 많다. 예컨대 자신을 과신하는 CEO들이 동료들보다 보수가 높은 경향이 있으며, 연봉이 올라갈수록 그들의 과도한 자신감은 더욱 상승한다. 사실 CEO의 연봉은 재능이나 실적보다 자기 홍보 및 인지도와 더 상관관계가 깊다. 어떤 이사도 자신들의 CEO가 평균 이하이기를 바라지 않는 까닭에 시장 기준보다 낮은 연봉을 부르는 최고경영자는 없다. 이런 회사들은 워비곤 호수 마을에 본사를 두는 편이 낫다!

그러나 자신에 대한 과대평가의 정도에 상관없이, 그리고 유력가이든 아니든 상관없이 우리의 잘못된 믿음이 집까지 쫓아와 개인 생활에 동일한 타격을 줄 때도 있다. 자신의 성격과 행동을 지나치게 긍정적으로 보는 바람에 인간관계가 서먹해진 사람이 4명당 1명꼴이라는 연구 결과가 이를 뒷받침해준다. 과도한 자신감은 우리의 양육 행동에도 영향을 미친다. 예를 들면 대다수의 부모가 말을 배우지 못한 자녀에게 많은 단어를 들려주고 있다고 심하게 과대평가한다(가정에서 더 많은 단어를 들은 아동이 어휘력이 좋고, 지능지수가 높으며, 학업성적도 좋다). 또한 82퍼센트의 부모가 채무가 너무 많고 장기 저축을 소홀히 하고 있음에도 불구하고 재정관리를 잘할 수 있다고 생각하며, 자녀에게도 훌륭한 재무관리 선생이 되어주고 있다고 자만하는데, 사실상 그럴 가능성은 가엾은 스티브가 '올해의 상사' 상을 받을 확률과 거의 비슷하다.

이제 이런 망상이 우리 자녀들에게 옮아가서 영원히 반복된다는 이야기를 들어도 충격으로 다가오지는 않을 것이다. 100만 명이 넘는 고등학교 졸업반 학생들의 성격 특성을 조사한 한 연구에서는 자신이 다른 사람과 원만하게 지낼 수 있는 능력이 '상위 1퍼센트'에 든다고 응답한 학생이 무려 25퍼센트였다고 한다. 평균 이하라고 답변한 학생들은 얼마나 되었을까? 2퍼센트였다.* 또한 자녀들의 자기인식이 대학생활 첫날부터 기적적으로 발전하리라고 기대하는 대다수 부모의 희망에도 불구하고 일반적으로 그런 일은 일어나지 않는다. 대학생들에게 '예의 바른', '책임감 있는', '협동심이 강한', '성숙한' 같은 특성에서 동기들과 비교해보라고 요청한 연구에서는 참가자들이 40가지의 성격 특성 가운데 자그마치 38가지의 특성에서 자신을 평균 이상으로 평가했다.

설상가상으로 능력이 최하인 사람들이 자기 능력에 대한 자신감은 최상인 경향이 있는데, 이를 최초로 보고한 이는 코넬 대학교 심리학과 교수인 데이비드 더닝David Dunning과 당시 대학원생이었던 저스틴 크루거Justin Kruger였다. 그들의 연구 논문에 따르면 연구 참가자들 가운데

* 이 연구는 베이비부머가 대학에 다니던 1976년에 이루어졌으므로 밀레니얼 세대(1980~2000년 사이에 태어난 세대_옮긴이)부터 이런 양상이 나타난 것은 아니라는 증거가 된다! 나는 밀레니얼 세대로서 정말 객관적으로 이 이야기를 하고 있다.

유머, 문법, 논리에서 최저점을 받은 사람들이 자기 능력을 과대평가할 가능성이 가장 높은 것으로 나타났다. 가령 능력 평가에서 백분위수 12에 해당하는 참가자는 평균적으로 백분위수 62에 해당된다고 믿었다. 더닝 크루거 효과Dunning-Kruger Effect로 알려지게 된 이 현상은 운전, 학업성적, 업무 실적 등 수십 가지 기술을 대상으로 한 다른 연구에서도 사실로 확인되었다.

지금까지 말한 모든 연구 결과가 사람들이 마음속으로는 자신의 무능을 알지만 다른 사람들에게 인정하기 싫어서 나타난 것일까? 이상하게도 더닝 크루거 효과는 자기 능력을 정확히 말할 때 포상을 받을 때조차도 여전하다. 그러므로 능력이 부족한 사람들이 거짓말을 하는 것은 아닌 듯하다. 데이비드 더닝의 설명에 따르면, 그들은 "자기에 관한 지식처럼 느껴지는…… 것들에 의해 부풀려진 부정확한 자신감의 축복을 받았을" 가능성이 더 높다.

이 현상에는 본질적으로 골치 아픈 역설이 존재한다. 당신이 스티브병에 걸렸다면 그 사실을 알기나 할까? 연구자 올리버 셸던Oliver Sheldon과 데이비드 더닝은 독창적으로 설계한 일련의 연구들을 통해서 대단히 똑똑하고 성공적인 사람들조차 어느 정도로 자기망상을 자각하지 못하는지 보여주었다. 그들은 직장 경력이 평균 6년인 총명하고 의욕적인 전문가들인 MBA 학생들을 실험실로 데려와서 EQ 검사지를 건넸다. 우리는 앞에서 정서지능이 직장과 인생에서 성공하는 데 결정적인 기술이라고 배운 바 있다. 똑똑한 사람들은 그들의 정서지능을 향상시킬 필요가 있다는 증거가 제시되면, 대부분이 그에 대한 조치를 취하길 원하리라고 여길 것이다. 하지만 셸던과 더닝이 발견한 결과는 그렇지 않았다. 검사 후 정서지능 향상을 다룬 책을 할인받아서 살 수 있는 기회가 주어졌을 때 정서지능에서 최하점을 받은 학생들, 즉 그 책이 가장 필요한 학생들이 가장 낮은 구매율을 보였다.

회사나 기관의 초청으로 기조연설을 할 때 나는 관리직 사원의 50퍼센트가 무능하다는 통계를 자주 제시한다. 세계 각지에서 그런 기조연설을 했지만 연설 후에 내가 얻는 반응은 항상 똑같다. 처음에 청중은 예의 바른 미소만 짓는다. 그러면 내가 "이게 무슨 뜻인지 아십니까?"라고 묻는다. 그러면 언제나 예외 없이 긴 침묵이 흐르는데, 그때 내가 그들에게 좌우에 앉은 사람들을 보라고 지시한다. 불안한 웃음을 터뜨리던 그들은 마침내 이해한다. 형편없는 관리직 사원이 그들이거나 옆자리의 사람일 수 있는 것이다! 그 순간 모든 사람이 머뭇거리며 서로를 바라보면서 생각한다. '내가 무능하지는 않으니까 내 옆에 앉은 이 친구가 그런가보군, 그렇겠지?'

요컨대 우리가 생각보다 똑똑하거나 기술이 뛰어나거나 정서적 지능이 높지 않을 가능성을 고려하는 일은 불편하다. 대니얼 카너먼의 말을 빌리자면, 남의 실수나 단점을 찾는 것이 우리 자신의 문제와 대면하는 것보다 훨씬 더 쉽고 한층 더 재미있다. 하지만 사람들이 자기망상에 빠져 있을 때, 그 사실을 가장 마지막에 알아차리는 사람은 대체로 본인이다. 다행히 스티브 병은 치료가 된다. 그 방법에 대해서는 잠시 후에 살펴볼 것이다. 하지만 먼저 우리가 애초에 왜 이런 자기망상에 빠지는지 질문해볼 필요가 있다.

• • •

자기인식 능력은 거의 모든 사람에게 존재하지만, 이를 갖고 태어나는 사람은 아무도 없다. 영유아는 우주의 중심이 자신인 줄 안다. 그 나이의 우리는 마치 세상 자체가 자신의 욕구를 채워주는 단 하나의 목적 때문에 만들어진 듯이 앵앵거리며 끊임없이 요구만 해대는데도 대체로 그 요구가 채워지니 말이다. (어떤 고객은 어릴 적에는 세상이 '말 그대로' 자신을 중심으로 돌아가는 것이고, 따라서 그가 깨어 있는 시간에만 존재하는 줄 알았다고 했다!) 그러므로 자기인식의 첫 이정표는 우리 주위의 세상과 우리를 따로 떼어서 생각할 수 있게 되는 것이다.

아기에게 기어다닐 힘이 생기고 우연히 다가간 거울 속에 비친 제 모습을 보게 된 바로 그 순간, 아기는 자기를 마주 보는 낯선 사람을 보고 좋아하며 옹알거린다. 하지만 만 두 살 무렵에는 그 사람이 실은 자기라는 사실을 이해하기 시작한다. 요컨대 우리는 세상 전체가 아니라 그 속에서 사는 하나의 존재에 지나지 않는다는 것을 알게 된다. 그리고 그 지식과 함께 당연히 실망스러울 수도 있는 지위 하락이 찾아오고, 수치나 질투 같은 심란한 감정이 생기기 시작한다.

그때 우리가 다른 자아들로 둘러싸인 또 하나의 '자아self'에 지나지 않는다는 사실을 깨달을 수도 있겠지만, 우리 뇌가 그 자아를 객관적으로 평가할 만큼 아직 발달되어 있지 않다. 예를 들어 어린아이들에게 학교에서 얼마나 잘 하고 있는지 스스로를 평가하게 하면, 그들의 평가와 교사의 평가가 별로 유사하지 않은 결과를 보여준 연구가 여럿 있다. 다시 말하면, 아이들은 바람과 현실의 차이를 아직 모르는 것이다. 반에서 가장 예쁘고 실력이 좋은 야구선수이고 싶다는 단순한 욕구는 실제로 반에서 가장 예쁘고 실력이 좋은 야구선수라는 믿음이 된다. 어릴 적에는 사랑스러워 보일 수도 있는 이런 과장된 시각이 틀렸다고 거듭거듭 드러나는데도 불구하고 커서까지 끈덕지게 지속된다(당신도 이 불행을 극복하지 못한 성인을 몇 명 알지도 모르지만, 그 문제는 나중에 다루도록 하겠다).

십대 초반이 되면 자기인식의 산들바람이 불기 시작한다. 이때 우리는 자신의 행동을 특질들로 분류하는('인기 있는', '착한', '남을 도와주기 좋아하는' 같은) 능력이 발달하고, 보다 균형 잡힌 자기관self-view을 실험하기 시작한다. 즉 우리가 완벽에 못 미치는 특성을 가지고 있을 가능성을 탐색한다. 그 뒤로 폭풍이 몰아친다. 격렬한 십대 시절에 우리는 무한해 보이는 자기성찰 능력을 새로 발견한다. 모순처럼 보이는 기분과 충동을 경험하면서 우리가 어떤 사람인지 논리정연한 견해를 정립하는 과정은 지극히 어려울 수 있다. 그리고 자기관이 뒤죽박죽으로 복잡해지는 것과 함께 지나치다 싶을 정도의 시간을 남들이 우리를 어떻게 생각하는지 궁금해하면서 보내기 시작한다. 혼란스러운 시기인 만큼 우리는 자신의 긍정적인 면뿐 아니라 부정적인 면을 비합리적으로 생각하기 쉽다. 수전 하터Susan Harter의 책 『자아의 구성*The Construction of Self*』에 나오는 이 사례는 그 재미있었던 과정을 떠올리게 해줄 것이다.

> 내가 한 개인으로서 어떠냐고요? 당신들은 아마 이해하지 못할 거예요. 저는 복잡하거든요! …… 학교에서 나는 진지하고 학구적이기까지 하죠…… 하지만 농땡이도 쳐요. 너무 학구적이면 인기가 없을 테니까요……. 우리 부

모님은 제가 전 과목에서 A를 받길 기대하고 저에게 짜증도 많이 내요…… 그래서 집에서는 대체로 스트레스가 심하고 아주 냉소적이 되기도 하죠…… 친구와 있을 때는 쾌활한데, 왜 집에만 오면 확 달라져서 불안해하고 부모님에게 짜증을 내고 빈정거리게 되는지 저도 정말 이해가 안 돼요. 어느 쪽이 진짜 나일까요?

우리 대부분이 수년 동안 이런 모순과 씨름하면서 십대 시절 우리 성격의 본질을 파악하려고 기를 쓴다. 어떤 사람에게는 자기를 추구하는 과정이 방문을 닫아걸고 귀가 먹먹할 정도로 시끄러운 음악을 틀어놓은 채 몇 시간씩 계속해서 곱씹어 생각하는 행동으로 나타난다(내 경우는 그냥 이야기하기도 창피한 내용들을 장황하게 일기에 쓰는 형태로 나타났다). 어떤 경우에는 가게에서 물건 훔치기, 수업 빼먹기, 왕따시키기 같은 행동으로 이어질 수도 있다.

고맙게도 우리가 이 세상에 온 지 20년째로 접어들면서 이런 모순적인 자기지각self-perceptions이 보다 일관성 있는 가설로 조직화되기 시작한다(예를 들면 '모르는 사람들이 있는 자리에서 수줍어한다고 해서 내가 전반적으로 외향적이지 않다는 뜻은 아니다'라는 식이다). 우리는 자신의 속성, 가치, 신념을 이해하고 수용하며, 대개 자신이 잘 하지 못하는 일에 대한 인식도 깊어진다. 또한 우리는 이전과는 차원이 다르게 자신의 미래에 집중하고, 그에 따라 방향감이 생기는 반가운 현상이 나타난다.

대부분이 예견된 자기인식의 발달 과정을 밟아가기는 하지만, 발전 속도는 사람에 따라 다르다. 그러므로 자기인식에 도달하는 여정은 경마와 비슷하다고 할 수 있다. 처음에는 우리 모두가 같은 출발선에 서지만, 총성이 울리는 순간 일부는 문을 박차고 나가면서 속도를 내는가 하면, 일부는 좀 느리지만 확실하게 앞으로 나아가고, 또 일부는 도중에 비틀거리거나 멈춰 선다.

자기인식을 높이려는 노력을 계속 경주하지 않으면 보통 사람들은 나이를 먹으면서 향상의 폭이 미미해진다.* 하지만 자기인식의 유니콘들은 다르다. 아동기에는 그들의 자기인식이 다른 사람들과 같거나 약간 높은 수준이지만, 해가 갈수록 발전 속도에 가속이 붙는다. 자기통찰을 향한 경주에서 우승을 차지한 경주마들은 일찌감치 무리를 제치고 나가서는 인생의 단계를 거칠 때마다 그 격차를 계속 벌여나간다.

하지만 자기인식에 눈을 뜨고 이를 지속시키는 데 필요한 행동들은 우리가 생각하는 것 이상으로 학습이 가능하다는 사실을 기억하라. 어디서 시작해야 할지만 알면 된다. 일단은 우리가 자신을 명확하게 볼 수 없도록 막는 장애물을 이해하는 것이 기본이다. 장애물의 일부는 우리 내부에 존재하고 있으며, 다른 일부는 점점 기만적으로 변하는 세상에 의해 우리에게 강요된다. 이 장의 남은 절들에서는 자기인식을 방해하는 내적 장애물에 대해 집중적으로 다룰 것이다. 대개 자신도 모르는 사이에 우리가 스스로를 어떻게 방해하는지 살펴보도록 하자.

* 통계에 집착하는 이들을 위해서 밝히자면, 우리가 발견한 연령과 내적 자기인식 간의 상관관계는 0.16, 외적 자기인식과의 상관관계는 0.05에 지나지 않았다.

자기인식의 3대 맹점

심리학 연구의 고전들 가운데 하나는 영국 남부의 교도소에서 복역 중이던 재소자들을 대상으로 한 연구였다. 심리학과 교수인 콘스탄틴 세디키데스Constantine Sedikides와 동료 연구자들은 폭행범이 대부분인 재소자들에게 아래에 나열된 긍정적인 성격 특질 아홉 가지를 제시하고, 각각의 특질에 대해 평균적인 재소자, 그리고 비재소자인 지역사회 주민과 비교해서 스스로를 평가해달라고 요청했다.

- 도덕적이다
- 타인에게 친절하다
- 믿을 수 있다
- 정직하다
- 의지할 수 있다
- 동정심이 있다
- 너그럽다
- 자제력이 있다
- 법을 준수한다

가령 당신이 강도죄로 수감되었다고 상상해보자. 위의 성격 특질 중 어느 하나로 자신을 묘사하기는 힘들 것이다. 그렇지 않은가? 하지만 연구 대상이었던 재소자들은 그랬다. 사실 그들은 이 성격 특질들에서 같은 처지의 재소자들보다 자기들이 우월하다고 평가했을 뿐 아니라, 심지어 아홉 명 중 여덟 명이 비재소자인 지역사회 주민들보다도 우월하다고 생각했다. 한 가지 예외는 아홉 번째 성격 특질이었다. 불가해하게도 "재소자들은 자기들도 지역주민과 '똑같은' 준법정신을 갖고 있다고 스스로를 평가했다"고 세디키데스는 보고했다. (이 연구 결과를 너무 오래 생각하지 마라. 그러지 않으면 장담컨대 당신의 머리가 터질 것이다.)

좀 터무니없지만, 이 연구는 우리가 스스로에 관한 진실에 어느 정도로 어두울 수 있는지를 극명히 보여주는 예이다. 우리의 성공적인 자기인식에 가장 방해가 되는 내부의 걸림돌이라면, 크게 세 영역이 있다. 그리고 우리가 이 3대 맹점The Three Blindspots을 무시할수록 점점 치명적인 걸림돌이 된다.

능력이 최하인 사람들이 자신감은 최상임을 우리에게 최초로 보여준 데이비드 더닝 교수는 우리가 자신의 성과를 평가하는 데 왜 그렇게 서툰지 이해하기 위한 연구를 평생 동안 계속해왔다. 이에 대한 만족스러운 설명으로 공인된 것은 없지만, 더닝과 그의 동료 조이스 얼링거Joyce Ehrlinger는 중대한 요인 하나를 발견하고 '위에서 아래로의 사고top-down thinking'로 이름 붙였는데, 이것이 우리의 첫 번째 맹점이다. 나는 이를 지식에 의한 맹점Knowledge Blindspot이라고 부른다. 그들은 일련의 연구를 통해 특정 상황에서의 자기 능력에 대한 믿음은 실제 성과보다 자신과 자신의 기본 기술 전반에 대한 믿음을 토대로 한다는 사실을 밝혀냈다. 예를 들어 자신이 지리에 밝다고 생각하는 참가자들은 지리 시험에서 다른 집단과 비슷한 점수를 받았음에도 불구하고, 자신들이 특히 높은 점수를 받았을 거라고 생각했다.

아이러니하게도 우리가 전문지식이 많다고 생각할수록 지식에 의한 맹점의 피해는 더 커진다. 일례로 2013년 손에 땀을 쥐게 했던 보스턴 레드삭스와 세인트루이스 카디널스 간의 월드시리즈를 되돌아보자. 시즌이 시작되기 전에 ESPN에서는 일류 야구 전문가 43명이 예상한 월드시리즈 결과를 발표했다. 보스턴 레드삭스와 세인트루이스 카디널스 가운데 어느 한 팀이라도 월드시리즈에 진출하리라고 예측한 전문가가 몇 명이나 되었으리라고 생각하는가? 정답은 0명이다. 『스포츠 일러스트레이티드Sports Illustrated』지에서 조사한 전문가들의 예측도 마찬가지였다. 『베이스볼 아메리카Baseball America』지에서 선정한 전문가들 역시 세인트루이스 팀이 월드시리즈에 진출하리라고 예상한 이가 10명 중 1명뿐이었으므로 크게 나을 게 없었다. 그러니까 연봉도 높고 크게 존경받는 야구 권위자 60여 명이 월드시리즈 진출 팀을 예측하는 데 0.83퍼센트라는 정말 최악의 성공률을 보여준 것이다. 각 전문가가 무작위로 두 팀을 골랐어도 그보다 7배 이상 정확했을 것이다!

언뜻 보기에는 매우 기이한 사건이며 통계적으로 이례적인 일 같을 것이다. 하지만 전문가들이 틀리는 빈도는 우리가 생각하는 것보다 높으며, 이것은 스포츠 분야에 국한된 현상만도 아님이 밝혀졌다. 1959년 심리학자 루이스 골드버그Lewis Goldberg는 전문가인 임상심리학자들의 진단과 그들의 비서(당시에는 그렇게 불렸다)들이 내린 진단의 정확도를 비교하는 간단해 보이는 실험을 통해 경험이 전문가의 판단에 중요한 역할을 한다는 사실을 증명해 보이려고 했다. 전문가들이 비교 대상인 비전문가들보다 심리적 장애의 진단에서 나을 게 없다는 결과를 얻었을 때 골드버그가 얼마나 실망했을지 가히 상상이 된다(실제로 진단의 정확도는 겨우 2퍼센트가 높았다!).

하지만 비전문가라고 해도 자신의 기량과 재능에 대한 과신으로 인해 곤란에 빠질 수 있다. 자기에게 잘 맞지 않는 분야나 전공을 선택할 수 있고("난 위대한 천체물리학자가 될 거야. 난 수학을 잘하니까!"), 개인적인 생활에서 실수를 간과할 수도 있으며("다섯 살짜리 아이가 혼자 학교에 걸어가게 해줘도 괜찮아. 난 훌륭한 부모야!"), 경영 리스크에 관한 잘못된 조언을 수용할 수도 있다("도산의 위험이 있는 이 회사를 우리가 꼭 사야 해. 나는 회사를 회생시키는 데 뛰어나니까!").

우리 내부의 장애물은 우리가 안다고 생각하는 지식에 의한 맹점을 만들어내는 데서 그치지 않고, 우리의 '감정'에 대한 지각도 왜곡시킨다. 우리의 두 번째 맹점인 감정에 의한 맹점Emotion Blindness을 이해하기 위해 다음 질문을 고려해보라.

1부터 10까지 점수로 매기면 요즘 당신의 행복지수는 얼마나 되는가?

당신은 어떻게 이 질문에 대답하려 하는가? 당신의 직감을 따를 것인가, 또는 당신 인생의 다양한 변수를 세심히 고려하고 따져서 판단할 것인가?* 대부분의 사람은 자신이 보다 사려 깊은 접근법을 쓴다고 철석같이 믿는다. 어쨌든 행복의 수준을 정확히 평가하는 일은 쉬운 과제가 아니니까 말이다. 사실 우리는 얼마나 행복한가, 라는 질문을 받으면 확보할 수 있는 모든 데이터를 이성적으로 고려한다고 믿는다는 연구 결과들도 있다. 하지만 유감스럽게도 우리의 뇌는 가능한 최

* 대니얼 카너먼은 이 주제를 다룬 책 『생각에 관한 생각*Thinking, Fast and Slow*』에서 이 두 과정을 각각 '빠르게 생각하기thinking fast'와 '느리게 생각하기thinking slow'로 부른다.

소의 노력을 쏟아붓기를 선호하기 때문에 항상 협조해주지는 않는다. 따라서 우리가 특정 질문을 신중히 숙고하고 있다고 생각할 때조차도 사실 우리는 직관에 의한 결정을 내린다. 이런 이유 때문에 우리는 행복감을 포함한 모든 감정에 대해 부정확한 판단을 한다. 대니얼 카너먼과 다른 연구자들에 의하면 우리의 뇌는 "요즘 당신은 얼마나 행복한가요?"라는 질문을 "'지금 이 순간' 내 기분은 어떤가?"라는 질문으로 비밀리에 단순화시킨다고 한다.

감정에 의한 맹점의 작용을 보여주기 위해 카너먼은 생활에 대한 만족도를 조사했던 독일 연구자 노르베르트 슈바르츠Norbert Schwartz의 연구를 인용한다. 슈바르츠는 연구 참가자 모르게 그들 중 절반에게는 그의 실험실 밖에 놓인 복사기 근처에 10센트 상당의 독일 동전을 눈에 띄게 준비해두었다. 겨우 10센트 가치의 동전을 발견한 참가자들은 이유도 모르는 채 잠시 후 만족도에 대한 질문을 받았을 때 행복감과 생활 전반에 대해 만족감이 더 높다고 보고했다.

또 다른 연구에서는 학생들에게 "요즘 당신은 얼마나 행복한가요?"와 "지난달에 데이트를 몇 번 했습니까?"라는 두 가지 질문을 했다. 이 순서로 질문을 했을 때 참가자들의 애정 생활은 전반적인 행복감과 관계가 없었다. 하지만 역순으로 질문해서 참가자들이 행복감을 평가하기 이전에 데이트 횟수를 생각하게 했을 때는 데이트를 더 많이 했던 참가자들이 더 행복감을 느낀다고 대답했다.

감정에 의한 맹점의 주요 위험은 우리가 '의식하지도 못하는 채' 감정적으로 결정을 내리는 경우가 많으며, 이런 경향은 중대한 결정을 할 때조차 마찬가지라는 점이다. 고등학교 졸업반 첫 학기에 나는 완벽한 대학을 찾는 데 골몰하고 있었다. 부모님과 나는 몇 주 간격으로 동부에 있는 여덟 학교를 두 차례로 나누어 둘러보았다. 첫 번째 방문 기간에는 날씨가 완벽하리만큼 좋았다. 내가 방문한 학교마다 행복한 표정의 학생들이 야외에서 장난을 치며 선선하고 쾌적한 기온과 절정에 달한 단풍을 즐기느라 북적거렸다. 그러나 두 번째 방문 기간은 뉴잉글랜드 지역의 지독한 폭풍우와 겹치는 바람에 진눈깨비가 쏟아지고 하늘은 내내 잿빛이었다. 자연히 그때 방문한 학교에서는 어떡하든 옷이 젖지 않으려고 건물에서 건물로 뛰어보지만 비에 젖은 학생들의 모습만 보일 뿐 즐겁게 장난치는 학생들은 볼 수 없었다.

그렇다면 내가 선호하는 대학으로 최종적으로 결정한 곳은 어디였을까? 당신의 추측이 맞다. 나는 처음에 방문했던 네 학교 모두를 선택했고, 두 번째 대학 순례에서 방문했던 학교는 하나도 선택하지 않았다. 그 당시에는 깨닫지 못했지만, 지금은 감정이 내 판단에 얼마나 큰 영향을 미쳤는지 알고 있다. 우리가 결정에 이르기까지의 사고 과정을 검토할 능력이 너무도 부족하다는 사실을 깨닫는다면 당황스럽겠지만, 우리가 모든 맹점의 존재를 인식할수록 그것들을 극복할 가능성은 높아진다.

이제 마지막 맹점인 행동에 의한 맹점Behavior Blindness을 살펴보려고 한다. 이는 우리 대부분이 의식하는 것보다 훨씬 자주 경험하는 맹점이기도 하다. 몇 년 전에 나는 공학자협회 총회의 폐막 연설자로 초청받았었다. 나 역시 실용적인 사고방식의 소유자이고 3년 동안 토건회사에서 근무했기 때문에, 나는 '우리 샌님들'이라는 애칭으로 부르기도 하는 공학자들과 잘 지내기로 유명했다. 하지만 그날은 무대에 발을 딛는 순간부터 뭔가 어긋나는 느낌이었다. 아무리 애를 써도 요점을 설득력 있게 전달할 수 없었고, 농담도 웃음을 유발하지 못했다. 한마디로 나답지가 못했다.

연설을 해나가면서 나는 점점 더 히스테릭한 상태가 되었고, 속으로 내 무능을 나열하는 독백을 이어갔다. '왜 농담을 해도 웃음이 안 나오지? 어떻게 그 점을 언급하는 걸 잊을 수가 있어? 왜 청중이 저렇게 지루해 보이지?' 끔찍하게도 나를 연사로 초청한 사무국 직원이 앞줄에 앉아 있다는 사실이 연설 도중에 기억났다. '망했다. 그가 다시는 나를 고객에게 추천해주지 않겠네.' 나는 그렇게 결론을 내렸다.

연설을 끝내고 최대한 잰걸음으로 황급히 무대에서 내려가던 나는 무대 뒤로 나를 찾으러 오던 사무국 직원과 정면으로 마주쳤다. 나는 비난받을 각오를 하고 물었다. "어땠어요?" 그의 고객에게 돈을 돌려달라고 요구할 게 틀림없다고 확신한 나는 당연히 쏟아질 질책을 들을 마음의 각오를 했다. 하지만 그는 기쁜 얼굴로 내가 전혀 예상하지 못했던 대답을 들려주었다. "세상에, 다들 너무 좋아했어요!"

그게 어떻게 가능한지 이해하려고 애쓰면서 내가 "정말요?"라고 물었더니 그가 진지하게 고개를 끄덕였다. 그 순간 나는 그가 쓸데없는 예의를 차렸다고 생각했다. 즉 거짓말을 한다고 생각했다. 하지만 그날 청중 가운데 몇 명이나 내 월간 뉴스레터*를 기억하고 신청했는지, 나중에 확인하던 나는 그때까지 내 강연을 들은 어떤 청중보다 신청 비율이 높았다는 사실을 발견하고는 어안이 벙벙해졌다!

---

* www.TashaEurich.com에서 신청할 수 있다.

내가 어떻게 그렇게 잘못 판단할 수가 있었을까? 심리학자들은 우리 자신의 행동을 명확하게 또는 객관적으로 볼 수 없는 연유를 관점의 문제로 생각해왔다. 즉 다른 사람과 같은 관점에서 우리 자신을 조망할 수 없기 때문이라는 것이다. 이 설명에 의하면, 나는 청중과 같은 관점에서 나 자신을 볼 수 없었기 때문에 내 연설을 정확히 평가할 수 없었다.

하지만 이는 타당하지 않은 설명으로 밝혀졌다. 한 연구에서 참가자에게 몇 가지 성격검사를 받게 한 후, 간단한 연설을 시키고 비디오로 찍었다. 그런 다음 참가자들에게 그 영상을 보면서 카메라 응시, 몸짓, 표정, 성량 같은 비언어적 행동 특성을 찾아보라고 했다. 타인과 동일한 시선으로 자신을 볼 수 있으므로 참가자들의 평가가 비교적 정확할 거라고 연구자들은 예측했다. 하지만 충격적이게도 정확한 답변을 하면 돈을 준다고 했을 때조차 그들의 평가는 객관적인 관찰자의 평가와 일치하지 않았다(이제 돈도 우리의 자기인식을 높이는 데 별로 도움이 되지 않는다는 사실이 확실해졌다). 행동 맹점이 발생하는 진짜 원인을 확실히 밝혀내기 위해 학자들이 여전히 노력하고 있지만, 곧 살펴볼 것처럼 행동 맹점에 넘어가지 않기 위해 쓸 만한 몇 가지 방안이 있다.

보다 용감하게 보다 현명하게: 자기인식의 맹점에서 자기통찰로 옮겨가기

어떻게 하면 누구나 자신에 대한 무지에서 자기통찰로 옮겨갈 수 있는지 이해하기 위해서 내 코칭 고객이었던 스티브 이야기로 돌아가보자. 코칭 과정을 심화시켜가는 동안 방금 설명한 맹점들이 건재하다는 것이 분명해졌다. 이제 스티브 병은 사실 세 가지 맹점 모두의 결합물이라는 사실을 이해하게 되었을 것이다. 자신이 리더십에 대해 전문지식을 가지고 있다고 생각하는 스티브의 지식 맹점은 어마어마하다고 묘사할 수밖에 없는 과신을 그에게 선사했다. 그의 감정 맹점은 이성보다는 직감을 토대로 하는 결정을 내리도록 이끌었다. 그리고 그는 자신의 행동이 직원들에게 어떻게 받아들여질지에 대해 전혀 의식하지 못했다.

이런 맹점이 작용하고 있으므로 나는 스티브가 내 직업상 가장 큰 도전 과제의 하나가 되리라는 사실을 알고 있었고, 그와 같은 도전 과제를 만난 것이 처음도 아니었다. 어쨌든 내 일의 핵심 부분이 모든 사람이 나서기를 두려워하거나 방법을 모를 때 고위 임원들에게 진실을 말해주는 것이니 말이다(그리고 그것 때문에 해고된 적이 한 번밖에 없다는 점을 자랑스럽게 말할 수 있다). 그간 진실을 알려주면서 나는 어느 정도 노력을 기울이면 자기망상은 대개 극복될 수 있으며, 가장 맹목적인 사람도 눈을 뜨는 법을 배울 수 있다는 사실을 발견했다. 약간만 밀어주면 될 때도 있었다.

스티브의 경우에는 밀어줘야 할 사람이 나였고, 다른 때보다 세게 밀어야만 할 것 같았다. 하지만 자기계발에 대한 그의 고의적인 저항에 대처하려면, 일부러 내게 말을 꺼낼 기회도 주지 않는 그의 저항과 우선 씨름해야만 했다. 나는 직설적인 접근법이 필요하다는 결정을 내렸다. 그의 통렬한 비난이 잦아들 조짐이 보이지 않았으므로 나는 그에게 시선을 고정했고, 그제야 그가 서성거림을 멈췄다. "스티브, 이 이야기를 돌려서 해줄 방법이 없네요. 당신 팀원들은 당신이 싫답니다." 만약 내가 자리에서 벌떡 일어나며 오래전에 잃어버린 당신의 딸이라고 주장했다고 해도 그가 그렇게 충격을 받지는 않았을 것이다. 내 사전 조사 폴더를 흘끗 보면서 그가 물었다. "직원들이 나에 대해 뭐라고 했습니까?" 나는 사실대로 말하지 않을 수 없었다. 스티브의 성미에 대해서는 그의 팀원들에게 이미 주의를 받았기 때문에 나는 다음에 벌어질 상황을 각오하고 있었다. 그가 언성을 높이며 어금니를 꽉 깨물고 위협적으로 나를 쏘아보겠거니 했다. 그런데 책상을 사이에 두고 마주 보고 있던 스티브가 얼굴을 붉혔다.

"어떻게 직원들이 나에 대해 그런 말을 할 수 있습니까? 어떻게 내가 고함을 지른다고 말할 수 있죠?"

그러고는 자신의 망상으로 진이 빠지기라도 한 듯 그가 의자에 털썩 앉더니 1분쯤 창밖만 바라보았다. 아까 스티브가 침묵을 지켰을 때는 자신이 나를 내리누를 수 있는 힘을 가지고 있다는 걸 과시하기 위해서였다. 하지만 이번에는 완전히 다른 성질의 침묵이었다. 마침내 그가 의자를 내 쪽으로 돌리며 차분하고 진지한 표정으로 물었다. "그러니까 내가 이런 짓을 지난 4개월 동안, 아니 20년 동안 해왔는데 아무도 말해주지 않았다는 겁니까?" 사실 그는 냉엄한 현실과 직면하는 대신 속 편한 무지를 선택해왔으며, 그런 행동이 순간순간에는 더 수월했지만 장기적으로는 비참한 결과를 가져온 것이었다. 그것이 속 편한 무지의 문제점이다. 잘 돌아가다가…… 어느 순간부터 문제가 된다.

많은 사람이 이러한 '깨달음'의 순간, 자명종 사건을 경험하면서 우리가 자신을 바라보듯이 남들은 우리를 바라보지 않는다는 불유쾌한 현실에 눈을 뜬다. 이런 순간들은 흔히 예고 없이 찾아오며 우리의 자신감, 성공, 행복에 심각한 손상을 입힐 수 있다. 하지만 우리가 일찌감치 자기 방식으로 진실을 알게 된다면 어떨까? 우리의 행동이 인간관계를 해치고 경력을 훼손시키기 전에 우리가 자신의 행동을 명확하게 볼 수 있다면 어떨까? 우리가 진실을 추구하면서도 긍정적인 사고방식을 유지하고 자신을 수용할 수 있다면 어떨까? 우리가 보다 용감해지고, 보다 현명해지는 법을 배울 수 있다면 어떨까?

그리스 신화의 이카로스Icaros 이야기는 적절한 비유가 된다. 이카로스는 아버지 다이달로스Daedalos가 밀랍과 새의 깃털로 만든 날개를 달고 함께 크레타섬을 탈출하려고 한다. 다이달로스는 이카로스에게 너무 높거나 너무 낮게 날지 말라고 경고했다. 너무 낮게 날면 깃털이 바닷물에 젖어 무거워질 테고, 너무 높이 날면 밀랍이 햇볕에 녹을 것이기 때문이다. 하지만 이카로스는 아버지의 지시를 어기고 높이 날아오르려 했다. 아니나 다를까 밀랍이 녹는 바람에 그는 땅으로 떨어져 죽는다.

우리는 자신을 바라볼 때 날개를 활짝 펼칠 용기와 너무 높이 날지 않을 지혜를 발휘하여 맹점으로 눈이 가려진 채 태양을 향해 곧장 솟아오르지 않도록 해야 한다. 자신에 관한 진실을 알게 될 때 그것이 놀랍거나 두려울 수도 있고, 흐뭇할 수도 있다. 하지만 어느 쪽이 되었든 진실은 자기계발의 원동력이 된다.

나는 이 점을 스티브에게 이해시켜야만 했고, 그러려면 할 일이 산더미 같았다. 우리는 몇 시간 동안 그에게 주어진 피드백을 검토했다.

처음에 그는 직원들의 비판에 반박할 온갖 핑계를 찾아내며 저항했다. 하지만 비판 내용을 서서히 받아들이기 시작한 것은 그의 공이 컸다. 첫 번째 코칭 세션이 끝나갈 무렵 나는 그의 새로운 면을 보았다. "내 리더십 방식에 의문을 가져본 적이 한 번도 없었어요." 그가 털어놓았다. "어쨌든 수년간은 그랬어요. 왜 의문을 가졌겠어요? 모든 게 늘 잘 굴러갔는데요. 그런데 지난 몇 개월은 뭔가 어긋나는 느낌이었어요. 그런데 그게 뭔지 모르겠더군요. 내가 기대하는 결과들이 나오지 않았고, 집에 가서도 저조한 기분이 계속되는 최악의 상황이었죠." 그가 서글픈 미소를 지었다.

"다행스러운 사실은 이 문제들을 완전히 고칠 수 있다는 거죠." 내가 그에게 말했다. "그리고 당신은 방금 중요한 한 걸음을 내디뎠고요."

"정말요? 제가 뭘 했는데요?" 그가 기진맥진해서 물었다.

내가 활짝 웃으며 대답했다. "방금 현실을 받아들였잖아요."

현실을 알고 수용하려는 노력이야말로 자기인식이 되는 사람과 그렇지 못한 사람들 간의 가장 중요한 차이 중 하나이다. 자기인식이 되는 사람은 그들의 맹점을 극복하고 실제 자신의 모습을 보기 위해 많은 노력을 기울인다. 우리의 가정에 대한 검토, 끊임없는 학습, 피드백의 추구를 통해서 자기통찰을 막는 커다란 장애물의 다수는 극복할 수 있다. 우리가 모든 맹점을 인식하거나 없앨 수 있으리라는 기대는 비합리적이지만, 우리 자신과 우리의 행동이 미치는 영향을 보다 분명히 알게 해주는 데이터를 모으고 정리할 수는 있다.

첫 단계는 우리의 가정 알아내기이다. 당연하게 들릴지 모르지만, 우리가 자신과 주변 세계에 대한 가정에 의문을 제기하는 일은 유감스럽게도 드물다. 야심이 크고 성공적인 사람들은 더욱 그렇다. 내가 일주일간의 경영자 전략 프로그램을 가르치던 때에 나는 이를 확실히 보여주는 예를 목격했다. 둘째 날 아침, 참가자들이 교육장에 들어오기 전에 비닐 포장지도 벗기지 않은 작은 퍼즐을 탁자마다 놓아두었다. 참가자들에게 5분 안에 퍼즐을 맞추라고 지시하자, 이 유력가들 가운데 다수는 왜 우리가 자신들의 소중한 시간을 낭비하고 있는지 의아해하며 이 우스꽝스러운 활동에 코웃음을 쳤다. 그래도 우리에게 장단을 맞춰주느라 그들은 퍼즐 상자의 비닐을 벗기고 탁자 위로 쏟아부은 다음 파란색인 윗면(또는 그들이 윗면이라고 추정하는 면)이 올라오도록 퍼즐 조각들을 뒤집기 시작했다. 몇 분이 흐르고 퍼즐의 겨우 80퍼센트 가량을 맞춘 그들은 곤혹스러워하며 머리를 긁적였다. 주어진 5분이 끝나갈 때쯤 한 사람이 파란색 퍼즐 조각 몇 개는 '위아래를 뒤집어서' 맞춰야 퍼즐이 완성된다는 사실을 깨달았다. 거의 예외 없이 약 20명의 고위 경영진 가운데 단 한 명꼴로 이 사실을 깨닫는다.

우리는 일상생활 속에서 이처럼 퍼즐 조각들을 뒤집어줘야 할지 어떨지 자문해볼 생각을 좀처럼 하지 않는다. 하버드 대학교 심리학자 크리스 아지리스Chris Argyris가 필독서인 그의 책 『리더십 효율성 개발 *Increasing Leadership Effectiveness*』에서 설명하듯이, 우리는 어떤 일이 원하거나 기대한 방식으로 되지 않을 때 보통 그 원인이 환경에 있다고 가정한다. 물론 퍼즐 공장에서 실수가 있었거나, 상자에서 꺼내는 과정에서 퍼즐 조각을 잃어버렸을지도 모른다. 우리는 마지막에 가서야 우리의 신념과 행동을 살핀다. 자신과 세계에 대한 기본 가정에 반하는 데이터를 찾아보지 않는 이런 유형의 사고에 아지리스와 동료인 도널드 쇤Donald

Schön은 '단일순환 학습single-loop learning'이라고 이름 붙였다.

그에 반해서 우리의 가치와 가정과 맞서고, 더 중요하게는 다른 사람들에게도 그렇게 하도록 권하는 사고가 이중순환 학습double-loop learning이다. 경영진들을 연구한 아지리스는 이중순환 학습이 '발명하고, 생산하고, 성취하는' 데 익숙한 성공적인 사람들에게 특히 어렵다는 사실을 발견했다. 어쨌든 현재의 가정을 갖고 그 자리까지 왔으므로 거기에는 옳은 점도 있을 것이다. 하지만 그들은 상식적인 퍼즐 조각을 뒤집어보는 행동이 그들의 계속적인 성공에 얼마나 중요한지는 깨닫지 못하는 경우가 적지 않다.

그렇다면 어떻게 해야 이중순환 사고를 하도록 배울 수 있는가? 한 가지 방안은 과거의 예측과 실제 결과를 비교하는 습관을 들이는 것이다. 유명한 경영학 교수인 피터 드러커Peter Drucker가 제안한 간단하고 실용적인 방안이 있는데, 그 자신도 20년 이상 사용했던 방법이다. 그는 중요한 결정을 내릴 때마다 그로 인해 발생할 일을 예상해서 글로 썼다. 그리고 유사한 상황이 다시 왔을 때 실제로 발생한 일과 그의 사전 예측을 비교했다.

그러나 당신의 가정을 사후가 아니라 실시간으로 확인하고 싶을 때는 어떻게 하는가? 의사결정을 주로 연구해온 심리학자 게리 클라인Gary Klein에게서 또 다른 방안을 빌려올 수 있는데, 그는 다음과 같은 질문을 통해서 소위 사전 분석pre-mortem을 하라고 제안한다. "지금부터 1년 후로 와 있다고 상상해보라. 우리는 지금 세운 계획대로 실행했다. 결과는 대참사였다. 참사가 어떻게 벌어졌는지 간략히 써보라." 사전 분석은 우리가 간과하고 넘어갈 수 있는 잠재적 위험을 볼 수 있게 해준다. 다른 도시로의 이사나 새 일자리의 수락, 애인과 가정을 꾸릴 결심처럼 대단히 중요한 결정을 내릴 때도 이 방법을 쓸 수 있다. ('부록 G'의 질문들은 당신의 가정들을 찾아내고, 자신에 대해서 도널드 럼스펠드Donald Rumsfeld가 "모르는 줄도 모르는"이라고 표현한 가정들을 갖고 있지는 않은지 알게 해줄 것이다.)

맹점을 최소화할 두 번째 방안은 지속적인 학습이다. 우리는 특히 자신이 이미 많이 알고 있다고 생각하는 영역의 학습에 힘써야 한다. 데이비드 더닝과 저스틴 크루거가 1999년의 역사적인 연구에서 자신감만 과하고 실적은 낮은 이들을 훈련시켰더니 그들의 실적이 향상되었을 뿐 아니라, 이전의 무능에 대한 자각도 증가했다는 결과를 얻었다. 지속적인 학습을 위해 노력을 기울이는 것, 즉 '내가 안다고 생각할수록 더 배워야만 한다고 자신에게 이야기하는 것'은 지식에 의한 맹점과 싸우고 그 과정에서 우리의 효율성을 높일 수 있는 강력한 수단이 된다.

마지막으로 우리의 능력과 행동에 대한 피드백을 추구해야만 한다. 지금까지 검토한 방안 중에서 객관적인 피드백이 세 가지 맹점 모두를 인식하고 극복하도록 도와줄 가능성이 가장 크다. 그 이유는 나중에 논의하겠지만, 우리 주변 사람들은 우리가 볼 수 없는 것을 거의 항상 볼 수 있기 때문이다. 그러므로 우리는 직장에서도 집에서도 우리에게 진실을 알려줄 사람들을 주변에 둘 필요가 있다. 우리가 분수를 모르고 잘난 체할 때 (애정을 갖고) 우리의 콧대를 꺾어줄 동료와 가족, 친구가 필요하다. 스탠퍼드 대학교의 하야그리바 라오Hayagreeva Rao 교수는 바로 이런 이유 때문에 십대 자녀를 둔 사람은 과도한 자신감에 빠지는 경향이 덜하다는 '재미있고도 정확한 관찰 결과'를 들려준다. 십대 자녀를 둔 사람이라면 모두 알겠지만, 그들은 항상 당신을 대수롭지 않게 생각하고 당신이 얼마나 훌륭하지 못한지 주저 없이 말해준다. (당신과 의견이 다른 사람들을 주변에 두는 것은 성공적인 리더십의 가장 근본적인 구성요소 가운데 하나가 맞다. 훌륭한 지도자는 자신에게 요구 사항이 많은 사람들을 주위에 두고, 실패한 지도자는 그런 사람들을 두는 일이 거의 없다.)

이 사실을 인정하는 사람은 내가 처음이겠지만, 피드백의 요청은 당신이 해본 일 중에서 가장 겁나고 두려운 일 가운데 하나가 될 수 있다. 하지만 당신이 얻게 될 통찰은 그만한 가치가 있다는 내 말을 믿어도 좋다. 우리의 친구 스티브에게 물어보라. 나와의 첫 만남이 끝나갈 때 그는 결단을 내렸다. 그가 내 눈을 똑바로 쳐다보며 용감하게 선언했다. "이 정보가 마음에 들지는 않지만 받아들이죠. 당신의 도움을 받아서 해결할 겁니다." 그가 올바른 방향으로 또 한 걸음을 성큼 떼어놓는 순간이었다.

그 시점에서 스티브는 달라지겠다는 '의지'를 가지고 있었지만 여전히 '기술'을 계발할 필요는 있었다. 그 후 몇 개월 동안 나는 스티브가 팀원들에게 그의 의도를 알리고, 팀에 미치는 그의 영향력을 읽어내며, 진실을 말해주는 사람들에게서 피드백을 구하도록 도왔다. 우리의 첫 만남으로부터 한 달쯤 뒤의 코칭 세션에서도 스티브는 여전히 왜 모든 사람이 그를 어디로 튈지 모르는 사람으로 생각하는지 완전히 납득하지 못했다. 그래서 나는 다른 접근법을 시도했다. "지난번 만남에서 내가 팀원들의 피드백을 전해줬을 때 당신이 어떻게 반응했는지 알고 있습니까?" 그는 "그럼요"라고 대답했다. 나는 "모르는 것 같은데요"라고 말한 다음, 그가 했던 것과 최대한 비슷하게 공격적인 시선으로 빤히 쳐다보며 목소리를 높이고 어금니를 꽉 깨무는 흉내를 냈다. 그의 행동이 얼마나 적대적으로 보이는지 알 수 있도록 하기 위해서였다. 그러자 그가 말했다. "내가 항상 그렇지는 않을 거예요. 하지만 팀원들을 겁주는 것만큼 분명 가족에게도 겁을 줘왔겠군요." 그렇게 자신의 행동이 타인에게 어떤 영향을 미치는지 더 잘 이해하게 된 후, 그는 보다 효과적인 행동방식들을 시험해볼 수 있게 되었다.

시험 과정이 몇 개월 동안 계속되었다. 스티브는 그런 과업을 수행하고 있는 여느 사람처럼 수차례 좌절하기도 했지만 계속 발전해나갔다. 몇 개월간 자신의 효율성이 증가하는 것이 눈에 보이자, 그는 예전과는 차원이 다른 자신감이 충만해짐을 느꼈다. 마침내 그의 팀도 스티브가 뭔가 달라졌다는 것을 눈치채기 시작했고, 그의 가족도 변화를 알아차리게 되었다. 그들은 다 같이 그를 "새로운 스티브"라고 부르며 그가 얼마나 멋진 사람인지 칭찬하기 시작했다. 그해 스티브의 팀이 공격적 사업계획을 달성한 일이나, CEO가 그의 능력과 판단을 신뢰하게 된 일은 우연이 아니었다.

스티브의 이야기는 자신에 관한 진실과 직면하기가 얼마나 힘든 일인지, 왜 분명 노력할 가치가 있는 일인지를 잘 보여준다. 그 진실이 귀에 감미로운 음악 같든, 칠판에 손톱 긁는 소리 같든, 우리의 삶을 인도해줄 선택을 할 때 진실은 힘이 있다. 비구니인 페마 초드론Pema Chödrön이 지적하듯이 "우리가 자신에게 끼칠 수 있는 가장 중대한…… 손해는 자신을 정직하고 다정하게 바라볼 용기와 존중심을 갖지 못해서 무지의 상태로 머무는 것이다." 다행히 자기인식의 유니콘과 다른 사람들의 차이는 타고난 능력보다 의도 및 노력과 관계가 깊다. 이 책의 나머지 장들에서는 우리 자신을 정직하고 다정하게 바라볼 용기와 존중심을 찾음으로써 우리의 직업에서 더 큰 성공을 거두고, 인간관계와 삶에 더 큰 만족을 느끼게 해줄 전략들이 논의될 것이다. 하지만 그 전에 해야 할 중요한 일이 있다. 바로 자기인식을 막는 두 번째 큰 장애물, 내가 자기예찬 컬트라고 부르는 현상을 이해하고 그와 싸우는 것이다.

4장 자기예찬의 컬트

자기통찰을 가로막는 사회적 장애물

우리는 우리 자신의 이미지와 사랑에 빠졌다,
우리가 만들어낸 우리의 허상과.

대니얼 부어스틴

미네소타주 인터내셔널 폴즈—후반전에만 무려 5골이 터진 토요일 경기에서 아이스맨 팀이 페이슨Paycen의 두 골에 힘입어 드래곤즈 팀에게 4대 2로 승리를 거두며 이번 시즌의 막을 내렸다. 후반 1분 아이스맨의 라이트윙 로든Loeden이 드래곤즈의 골텐더 켈티Keltie의 블로킹을 뚫고 후반 첫 득점을 성공시켰다. 드래곤즈는 이후 케이든Kaeden과 케이든Caiden의 환상적인 파워플레이로 동점골을 터뜨렸다. 잭슨Jaxon이 브래콘Brecon의 코를 스틱으로 강타하는 파울을 범해 일시 퇴장 당한 상황에서 드래곤즈는 침착하게 파워플레이를 성공시킬 기회를 엿보았다. 케이든Kaeden은 골라인 후방에서 케이든Caiden에게 패스했고, 케이든Caiden은 골문 앞에서 대기하고 있던 콘스탄디노Constandino에게 퍽을 전달함으로써 드래곤즈는 손쉽게 득점에 성공할 수 있었다.

위의 하키 해설은 완벽한 허구다. 허구가 아닌 것은 선수들의 이름뿐이다. 눈치채지 못했다면 다시 한번 읽어보자. 페이슨, 켈티, 브래콘, 잭슨, 콘스탄디노, 그리고 케이든과 케이든(놀랍지 않은가?). 이 특이한 이름들은 미국과 캐나다의 고등학생 68명으로 구성된 2015 서부 하키 리그 드래프트에서 발췌한 것들이다. 내가 언급하지 않은 이름도 많다. 케일Kale(그렇다, 채소 이름과 철자가 같다), 라흐Lach, 그리고 무려 네 명의 도슨Dawson(〈도슨의 청춘일기〉의 제임슨 반 더 비크James Van Der Beek가 좋아할 듯하다).

소수의 하키 선수들 가운데 이런 특이한 이름이 많은 것은 이상하기는 해도 단순한 우연으로 보일 수 있다. 하지만 서부 하키 리그만의 특이한 상황은 아니다. 2012년 『페어런츠 매거진*Parents Magazine*』의 설문 결과에 따르면 최근 부모들이 남자아이 이름으로는 블레이드, 드레이븐, 이잔데르, 제이디엔, 제이든을, 여자아이 이름으로는 애니스턴, 브룩린, 럭스, 샤페이, 제리카 같은 이름을 많이 선택하고 있다고 한다. 여러분도 특이한 이름을 많이 접해봤으리라 믿는다.

미국 내의 작명 동향을 다룬 최대 규모의 연구에서 진 트웬지Jean Twenge와 키스 캠벨Keith Campbell은 1880년에서 2007년 사이에 태어난 무려 3억 2,500만여 명의 아이들에게 주어진 이름들을 분석했다. 그들의 연구에 따르면 20세기 초반에 부모들은 전통적인 이름을 선택했다. 예를 들어 1890년, 1900년, 1910년, 1920년에는 남자아이에게는 존, 여자아이에게는 메리란 이름이 가장 많이 사용되었다. 그 후에도 부모들은 제임스, 마이클, 메리, 린다 같은 고전적인 이름들을 선호했다.

그러나 트웬지와 캠벨은 1980년대부터 전통적인 이름을 선택하는 부모의 수가 점점 줄어드는 수상한 경향을 포착했다. 1983년에서 2007년 사이에 자녀에게 평범한 이름을 붙여주는 미국 부모들의 비율은 해마다 급격히 줄었다. 1990년대에 감소율이 가장 컸고, 2000년대까지 꾸준한 감소세를 보였다. 이를 가장 잘 보여주는 통계가 있다. 1880년대에는 남자아이의 40퍼센트와 여자아이의 25퍼센트가 가장 인기 있는 10개의 이름 중 하나를 갖고 있었다. 하지만 2010년에 들어와 이 수치는 남자아이는 10퍼센트, 여자아이는 8퍼센트 이하로 떨어졌다. 트웬지에 따르면 "부모들은 아이들이 튀지 않도록 흔히 쓰이는 이름으로 작명을 했었다. 하지만 이제는 눈에 띄는 스타가 될 수 있도록 독특한 이름을 지어준다."

평가하려는 마음으로 이 통계를 언급한 것은 아니다. 부모들은 아이에게 어떤 이름이든 지어줄 권리가 있다. 흥미로운 경향일 뿐 아니라 이제는 막을 수 없을 듯한 세계적인 현상을 보여주는 좋은 예이기 때문에 언급한 것이다. 그리고 그 현상은 자기인식을 가로막는 강력한 장애물이기도 하다.

당신이 자각하고 있을지 모르지만, 강력한 컬트cult가 당신을 끌어들이려 하고 있다. 컬트는 특정한 사람이나 사물을 부적절하고 과도하게 숭배하는 경향이 있는데, 이 컬트에서는 무척이나 매력적인 숭배 대상을 선택했다. 바로 당신이다! 자기예찬의 컬트cult of self가 약속하는 바를 거부하기 어려운 이유는 쉽게 이해된다. 자기예찬의 컬트는 우리 모두가 유일무이하고, 특별하고, 우월하다는 생각을 심어준다. 우리의 필요가 남들의 욕구보다 더 중요하다고 생각하게 한다. 우리가 남들과 같은 규칙을 따르지 않아도 된다고 생각하게 한다. 단순히 우리가 무언가를 원한다는 이유로 그것을 얻을 자격이 있다고 생각하게 한다. 자기예찬의 컬트가 당신의 이웃, 친구, 그리고 직장 동료를 성공적으로 포섭한 것은 어쩌면 당연한 일일 것이다. 당신까지 꾀어냈는지도 모른다. 3장에서는 자기인식을 막는 우리 내부의 장애물을 다뤘다. 이 장에서는 서서히 퍼지고 있는 사회적인 장애물에 대해 이야기하려고 한다. 더 중요하게는 그 유혹을 뿌리치는 방법, 그리고 만약 유혹에 이미 굴복했다면 그 구렁텅이에서 벗어나는 방법에 대해 알아볼 것이다.

노력에서 자존감으로 흐름을 바꾸다

불평꾼 베이비붐 세대 다수가 아주 작은 도발에도 지적하듯이, 항상 이랬던 것은 아니다. 인류 역사의 큰 흐름 속에서 보자면, 자기예찬의 컬트는 비교적 최근에 나타난 현상이다. 수천 년 동안 유대교와 기독교의 전통에서 겸손을 이상적인 삶을 평가하는 잣대로 삼아왔고, 이는 자기예찬의 컬트와 극명히 대비된다. 미국은 18세기에 노력과 투지, 정신적인 강인함의 원칙 위에 세워졌다(현재 자기예찬 컬트의 가장 열렬한 신도들이 미국에 많다는 사실은 아이러니이다). 노력의 시대age of effort는 수백 년간 이어져왔다. 1900년에서 1945년 사이에 태어난 침묵의 세대가 20세기 초의 제1차 세계대전, 세계 대공황, 제2차 세계대전을 극복해내면서 노력의 시대는 전성기를 구가했다. 이 시대는 집단을 우선시하는 사고방식을 길러주었으며, 개인의 예찬을 피했다.

하지만 20세기 중반에 시작된 자존감 운동을 기점으로 노력의 시대는 저물고 자존감의 시대age of esteem가 도래했다. 자존감 시대의 씨를 뿌린 것은 1950년대와 1960년대의 인본주의 심리학 운동이었다. 예를 들어 칼 로저스Carl Rogers는 자기 자신을 "무조건적인 긍정적 존중"의 눈으로 보아야만 각자의 잠재력을 실현할 수 있다고 주장했다. 더 유명한 예로 에이브러햄 매슬로Abraham Maslow는 인간의 욕구에는 단계가 있으며, 최상위 욕구는 완전한 행복과 성취감을 느끼게 해주는 자아실현 욕구라고 주장했다. 하지만 매슬로 자신도 인정했듯이 자아실현을 이루기는 매우 어렵다. 편리하게도 자존감은 자아실현 욕구의 바로 한 단계 아래이며 사고방식만 바꾸면 충족되는 욕구였다. 더 이상 우리는 위대해질 필요가 없었다. 단순히 위대하다고 '느끼기'만 하면 되었다.

아니나 다를까 자존감은 삽시간에 인기를 얻었다. 1969년 심리학자 너새니얼 브랜든Nathaniel Branden이 쓴 『자존감의 심리학*The Psychology of Self-Esteem*』은 출간되자마자 세계적인 베스트셀러로 등극했다. 이 책에서 브랜든은 자존감이 "우리 존재의 모든 면에 지대한 영향"을 끼친다고 주장하면서 "불안부터 우울, 친밀감과 성공에 대한 두려움, 가정폭력이나 아동 성추행에 이르기까지 모든 심리적인 문제의 원인은 낮은 자존감에서 찾을 수 있다"고 단언했다. 브랜든은 이만저만 과장된 주장을 한 것이 아니었다.

너새니얼 브랜든은 흔히 자존감의 아버지로 불리지만, 자존감 운동을 훨씬 큰 규모로 키운 사람은 존 바스콘셀로스John Vasconcellos였다. 어린 시절 우울증을 앓았던 그가 로스쿨을 거쳐 1966년 캘리포니아주 의회 하원의원으로 취임한 뒤에 처음으로 상정했던 법안은 '자존감과 개인적·사회적 책임감을 고양시키기 위한 캘리포니아 태스크포스' 설치를 위한 법률이었고, 이는 무려 73만 5,000달러(현재 가치로 약 170만 달러)의 예산을 필요로 했다.

태스크포스의 최우선 과제는 높은 자존감이 범죄, 마약과 알코올 남용, 십대의 임신, 아동과 배우자 학대, 복지 의존의 감소를 가져온다는 실증적 증거를 찾는 것이었다. 하지만 사소한 문제가 하나 있었으니, 이런 인과관계를 입증할 수 없다는 점이었다. 태스크포스는 "자존감과 그에 따를 것으로 예상되었던 결과들 사이의 연관성이 불확실하거나, 통계적 유의성을 찾을 수 없거나, 관계가 없었고", 또한 "자존감과 십대 임신, 자존감과 아동 학대, 자존감과 알코올 및 마약 남용" 간에는 상관관계가 없다고 결론 내린 보고서를 채택하지 않을 수 없었다. 아무도 인정하고 싶지 않았지만, 자존감이 인생의 성공을 예측해준다는 말은 직설적으로 표현하자면 완벽하게 웃음거리가 되었다. 하지만 바스콘셀로스는 과학적 방법마저 완전히 무시하는 다음과 같은 발언으로 태스크포스의 연구 결과를 거부했다. "우리 모두는 자존감이 중요하다는 진실을 가슴 깊이 알고 있다."

이때 심리학자 로이 바우마이스터Roy Baumeister가 등장했고, 윌 스토Will Storr 기자는 그에게 "미국의 자아를 파괴한 남자"라는 적절한 이름을 붙여주었다. 초기에 자존감을 주제로 연구한 바우마이스터는 자존감 운동의 가장 열렬한 신봉자들 중 한 사람이었다. 하지만 시간이 지나면서 점점 그의 믿음에 회의가 생겼다. 그는 바스콘셀로스와 같은 사람들이 왜 자존감이 낮은 사람들을 폭력적이며 공격적이라고 하는지 이해하지 못했다. 바우마이스터가 경험한 바에 따르면 정반대였기 때문이다. 하지만 본인의 경험만으로 결론을 내릴 사람이 결코 아니었던 바우마이스터는 이 문제를 과학적으로 파고들었고, 2003년 동료들과 함께 지난 30년간 축적된 1만 5,000여 건의 자존감 연구에 확실히 반기를 드는 논문을 발표하게 된다.

이들의 논문은 자존감과 성공 간에는 아무런 상관관계가 없다는 증거로 가득했다. 예를 들어 사관후보생들의 자존감은 추후 그들이 장교로서 보여준 객관적인 성과와 어떠한 상관관계도 없었다. 대학생들의 자존감은 더 뛰어난 사회성을 선사해주지 않았다. 자존감이 높은 회사원들이 동료들과의 관계가 더 원만하지도 않았다. 브랜든과 그의 추종자들에게 더욱 충격적이었을 연구 결과는 성과가 저조한 사람들의 자존감을 높여주면 성과가 향상되기는커녕 오히려 떨어진다는 것이었다. 바우마이스터와 동료 연구자들이 보기에 결론은 명백했다. 자존감은 "그 어떤 것을 예측해주는 주요 변인도, 원인도 아니며", 성공과 개인적 성취를 가져오는 것도 물론 아니었다.

정말로 놀라운 이야기가 아직 남아 있다. 바우마이스터의 연구는 자존감 운동이 근간으로 삼았던 가정들을 뒤흔드는 불편한 진실을 밝혀냈다. 우선 낮은 자존감은 대다수 미국인이 고통받고 있는 문제가 아니었다. 자존감 운동 지지자들이 "자기애의 부족을 한탄하고 있던" 그때에 자존감의 수준은 꾸준히, 그리고 거의 감당하기 힘들 만큼 증가하고 있었다. 진정한 사회 문제는 대부분의 사람들이 흔히 아무런 객관적인 이유도 없이 자기 자신에 대해 지나치게 긍정적으로 생각하는 현상이었다.

거기서 끝이 아니었다. 바우마이스터의 논문은 자존감이 높은 사람들이 더 폭력적이며 공격적이라고 주장했다. 연인과의 관계가 좋지 않을 때 그들은 관계를 외면하고 떠나거나, 외도를 하거나, 다른 파괴적 행동을 할 가능성이 더 높았다. 또한 그들은 부정을 저지르거나 술과 마약에 빠질 확률도 더 높았다. 이 모두가 캘리포니아 태스크포스에서 주장하던 바와는 정반대되는 이야기였다.

바우마이스터와 그의 연구진에서 자존감에 관한 주장들이 허위였다고 밝힌 지도 십여 년이 지났지만, 우리는 자존감을 높여야 한다는 집착에서 벗어나지 못한 것처럼 보인다. 왜일까? 기본적으로 멋지고 특별한 사람이 되기보다는 멋지고 특별하다는 느낌을 고수하기가 훨씬 쉽기 때문이라는 게 나의 판단이다. 그래서 개리슨 케일러의 대본에 등장하는 워비곤 호수 마을처럼 우리는 자녀들에게 멋지고 특별한 사람이라는 생각을 계속 주입시키고 있다.

• • •

잉글랜드의 북서쪽, 아주 오래된 두 강줄기가 만나는 곳에 마법의 마을 배로퍼드가 있다. 17세기에는 마녀들의 본거지로 알려져 있던 지역으로, 1612년 어느 따뜻한 여름날에는 이곳에서 무려 10명의 '펜들 마녀'들이 교수형에 처해지기도 했다. 하지만 오늘날 그곳의 푸르른 언덕과 계곡, 구불구불한 자갈길에서는 또 다른 마법이 행해지고 있다.

평범한 방문객에게 배로퍼드는 고급 식당과 골동품 가게가 많은, 특별할 것 없는 예스러운 주택지로 보일 것이다. 그들은 잘 모르겠지만 배로퍼드는 아주 흥미로운 특색을 자랑하는 곳이다. 이곳의 아이들은 절대 말썽을 일으키지 않는다. 믿기지 않는가? 그렇다면 "나쁜 아이란 없다"는 배로퍼드 초등학교 레이첼 톰린슨Rachel Tomlinson 교장의 주장을 어떻게 설명할 수 있을까? 그녀는 자기 학교의 350명 학생 모두가 "특별하다"고 말한다. 그 때문에 교사들은 언성을 높이거나 처벌을 하지 않는다. 톰린슨의 말에 따르면, 처벌은 "벌을 받는 사람과 주는 사람에게서 필요한 것을 빼앗아갈 뿐이다." 아이들에게서 최고의 모습을 이끌어내려면 처벌 대신에 그들이 특별한 존재라는 점을 무조건적으로, 자주 상기시켜주면 된다고 한다.

칭찬의 마법이 풀려 아동이 말썽을 부리는 아주 드문 경우 교사들이 취할 수 있는 조치는 오직 한 가지뿐이다. 그들은 학생을 다른 반으로 보낼 수 있다. 이때 그들이 학생에게 할 말도 정해져 있다. "나는 네가 정말 훌륭한 아이라고 생각하지만, 너의 잘못된 행동으로 판단하건대 아무래도 다른 반에 잠깐 가 있는 게 좋겠다. 그곳 친구들이 네가 같은 잘못을 저지르지 않게 도와줄 거야." 재미있게도 교사가 취할 수 있는 핵폭탄급 제재는 정색한 표정으로 이렇게 말하는 것이다. "선생님이 너 때문에 기력이 없다."*

배로퍼드 초등학교의 모든 학생은 교실에서의 학업 성취도와 무관하게 이런 무조건적인 칭찬을 받게 된다. 톰린슨의 학생들은 학교를 방문한 조사관들에게 "우리가 최선을 다해 공부하지 않아도 아무도

---

* 저널리스트 앨리슨 피어슨Allison Pearson은 영국이 제2차 세계대전 당시 이런 철학으로 외교 관계에 임했다면 다음과 같은 일이 생겼으리라는 재미있는 상상을 펼친다.

히틀러 씨에게
당신으로 인해 우리의 기력이 바닥났소. 부디 폴란드를 반환해주시오. 그러지 않으면 우리의 정서적 안녕을 크게 해치게 될 것이오.

영국에서

나무라지 않아요"라고 말한다. 어느 해인가 Key Stage 2 학업 성취도 평가 결과가 나오자, 학교의 학업 성취도 평가는 학생들의 특별하고 훌륭한 자질 전부를 결코 측정해주지 못한다고 하면서 톰린슨 교장은 점수와 상관없이 "힘겨운 한 주 동안 최선을 다해준" 학생 모두를 매우 자랑스럽게 생각한다는 내용의 편지를 성적표와 함께 가정으로 보냈다.

1612년 무고한 여성들의 처형이 마을에서 마녀를 퇴치해주지 못했듯이, 이런 자존감의 고취가 높은 학업 성취의 기적을 가져오지도 않았다. 2015년 9월 영국 정부의 조사관들은 배로퍼드 초등학교의 교육 수준을 '부적격' 판정에 해당하는 가장 낮은 등급을 주었다. 다른 전문가들은 배로퍼드의 교육 철학을 '몽상'으로 치부했다. 이런 비판에 대한 톰린슨 교장의 반응은 어처구니없이 깊은 그녀의 망상을 보여준다. 그녀는 이러한 평가가 실망스럽기는 하지만 자신은 "학교의 미래를 굉장히 긍정적으로 보고 있으며 기대가 된다"고 했다.

배로퍼드의 그릇된 교육 방식은 어떤 대가를 치르더라도 아이들의 자존감을 보호하는 데 중점을 두었다. 배로퍼드만 그런 접근을 하는 것은 아니다. 우리 모두가 이런 사례를 들어본 적이 있을 것이다. 1년에 약 3,500개의 상을 수여해 선수 한 명당 최소 1개의 상을 받게 하는 미국유소년축구협회의 사례가 보여주듯이, 스포츠 팀에서는 모두가 승자라고 한다. 미국과 유럽의 일부 학교에서는 아예 패자가 생길 수 없도록 모든 종류의 스포츠 경기를 금지한다. 일부 초등학교에서는 낙제점과 첨삭이 너무 '부정적'이라며 금지하고, 어떤 학교에서는 매일 학생들에게 '나는 나를 사랑해' 수업을 실시한다. 어떤 고등학교에서는 매년 무려 30명의 최우등 졸업생을 대학으로 보내고, 대학의 학점 인플레이션은 갈수록 심각한 문제가 되고 있다.

미국에서 학생 선발이 가장 까다로운 명망 있는 학교들도 어린 자아를 조심스럽게 다루는 데 동참하고 있다. 예를 들어 2001년 하버드 졸업생의 91퍼센트는 우등상을 받았으며, 2013년에는 학생들이 받은 학점의 절반 이상이 A였다. 그런데도 2015년의 설문조사에서 응답자의 72퍼센트가 학점 인플레이션이 문제라고 생각하지 않았다. 자랑스러운 예일 대학교 동문으로서 나는 이 이야기를 듣고 아주 기분이 좋았다. 하지만 그 후에 예일 대학교도 비슷한 문제를 겪고 있다는 이야기를 들었다. 2012년 특별위원회의 조사 결과에 따르면, 1963년에는 불과 10퍼센트의 학생에게만 주었던 A 또는 A-가 2012년에는 62퍼센트의 학생에게 주어졌다. 흥미롭게도 예일 대학교의 학생과 교수 다수는 이런 경향이 종전에 비해 "뛰어난 입학생들의 학습 능력" 덕이라고 믿었다.

나는 이런 모든 현상이 자기만족 효과feel good effect라고 내가 명명한 문제가 만연되어 있다는 증거라고 생각한다. 유쾌한 이름과는 달리 이 현상은 대단히 해로운 결과를 낳는다. 예를 들어 직장에서 본인이 특별하고 대단한 인물이라고 생각하는 사람들은 최상의 경우 그들과 함께 일해야 하는 동료들을 짜증나게 할 것이다. 최악의 경우 그들은 사소한 지적도 감당하지 못하며, 작은 실수 앞에서도 좌절하고, 그들의 운명으로 정해진 큰 성공으로 가는 길에 작은 걸림돌이라도 나타나는 날에는 비탄에 빠질 것이다. 코미디언 조지 칼린George Carlin은 이와 관련해 아주 재미있는 농담을 했었다. "인격 형성에 아주 중요한데도 요즘 아이들이 도통 듣지 못하는 말이 있다. '네가 졌다, 바비. 너는 패배자야, 바비.' 그들은 항상 아이처럼 부드럽게 대우받는 것에 익숙해져서 20대에 접어들 때까지 진정한 자신의 모습을 알지 못한다. 그러다 어느 날 직장 상사가 전화해서 소리친다. '바비, 당장 책상 빼고 여기서 썩 꺼져! 넌 실패작이야!'"

가혹하면서도 웃긴 이 유머를 통해서 칼린은 참으로 탁월한 지적을 하고 있다. 사회에 나와서까지 모두가 우등상을 받고 졸업할 수는 없다. 또한 본인의 기량과 능력에 대한 착각이 심할수록 성공할 가능성이 떨어진다. 자신의 학업 능력에 대해 과도한 자신감을 가진 대학 신입생들이 자신의 능력을 정확히 파악하고 있는 학생들보다 대학 생활 내내 덜 행복했으며, 학업에도 성실하지 못했다고 밝힌 연구 결과도 있다.

자기만족 효과는 우리의 인간관계에도 해롭다. 지금까지 수행된 연구들 중에서 연구비 대비 가장 포괄적인 한 연구에서는 연구진이 대학생 100명에게 자신의 성격을 평가하게 한 다음, 이를 심리학자들의 진단과 비교했다. 심리학자들은 자아에 대한 인식이 정확한 남학생들에게 정직하고 똑똑하다는 평가를 내렸다. 하지만 자신에 대해 비현실적으로 긍정적인 평가를 내린 남학생들에게는 "교활하고 기만적이며 사람을 잘 믿지 않고 자아 방어 체계가 아주 약하다"는 평가를 내렸다. 마찬가지로 자기에 대한 평가가 정확했던 여학생들은 "똑똑하고 흥미로우며 다차원적"이라고 평가했지만, 자신에게 지나치게 후한 평가를 내린 여학생들은 "방어적"이며 "비판에 민감"하다고 했다. 전문가인 심리학자들만 자기망상이 심한 사람과 자기인식이 정확한 사람의 차이를 인지한 것이 아니다. 자신감이 과한 학생들의 친구들에게 평가를 부탁했을 때 친구들에게서조차 "잘난 체하고", "적대적"이며, "자멸적"이라는 평가가 나왔다. 현실적이었던 학생들은 "매력적"이며 "침착"하다는 평가를 받았다.

자기만족 효과는 우리가 가진 능력과 기량에 대한 정확한 판단을 내리지 못하게 함으로써 단기적으로는 기분이 좋을지 몰라도 장기적인 관점에서 보았을 때 우리의 인생에 해로운 선택들을 하게 만든다. 리얼리티 쇼에 나올 법한 상투적인 장면을 생각해보자. 의예과 학생이 하필 기말고사와 겹친 오디션 프로그램에 참가하기 위해서 시험도 빼먹고 10시간을 운전해서 달려간다. 안타깝게도 그녀는 노래 실력이 형편없어서 1차 예선도 통과하지 못한다. 그녀의 과도한 자신감에서 비롯된 선택이 훨씬 안전한 장래 계획을 방해한 것이다.

하지만 당신이 자기망상에 빠진 것이 아니라 단지 긍정적인 사람이라면 어떤가? 장밋빛 안경을 쓰고 세상을 보는 그런 사람 말이다. 긍정적인 기질은 끈기로 이어질 수 있다. 그러므로 사업가나 창업자들이 평균적인 직장인보다 긍정적이라는 사실은 그다지 놀랍지 않다. 하지만 근거 없는 낙관론일 때는 장밋빛 안경이 통찰력을 크게 흐려놓을 수 있다. 예를 들면 소기업이 5년이 지나도 살아남을 확률은 35퍼센트이다. 하지만 사업가의 81퍼센트는 그들의 성공 확률을 70퍼센트 이상으로 보며, 놀랍게도 33퍼센트는 자신의 성공을 "절대적으로 확신한다."

안타깝게도 이런 근거 없는 긍정은 냉혹한 진실 앞에서도 흔들리지 않는다. 경영학 교수인 토머스 아스테브로Thomas Astebro와 사미르 엘헤드 흘리Samir Elhedhli는 창업을 돕는 비영리단체인 캐나다 혁신 센터에서 수집한 데이터를 분석했다. 이 단체에서는 새로운 사업계획서를 평가하고 A에서 F에 이르는 등급을 매긴다. 약 70퍼센트의 계획서들이 D나 F 등급을 받는데, 이는 실제로 사업 실패 확률과 비슷하다. 하지만 대부분의 사업가들은 낮은 등급을 받고도 창업을 했다. 다수는 가망 없는 사업도 노력하면 살아남을 가능성이 올라갈 거라는 잘못된 생각으로 노력을 배가했다. 하지만 생각했던 대로 된 경우는 단 한 번도 없었다.

• • •

우리는 결점에 대한 의도적인 외면이 실패를 야기할 수 있다는 것을 알게 되었다. 그러나 우리 연구에 참여했던 자기인식의 유니콘들이 보여준 행동 유형은 주목해볼 만하다. 소수의 특정 상황에서 그들은 전략적으로 상황을 긍정적으로 보기로 결정했고, 그럴 때마다 확실한 이득을 얻었다. 아주 뛰어난 프로젝트 팀장이자 최근에 큰 병을 진단받은 한 유니콘의 말을 인용하자면, "가끔 현실을 부인할 수 있지만, 그 상태에 계속 빠져 있을 수는 없다."* 그녀는 처음 진단을 받았을 때 새로운 현실과 마주할 힘을 축적하기 위해 며칠간은 일부러 병에 대해 생각하지 않았다고 한다. 하지만 그녀는 곧 툭툭 털고 일어나 용감하게, 그리고 현실을 직시하며 병마와의 싸움을 시작했다.

---

* 이 책 곳곳에서 유니콘들의 이야기가 그들이 말해준 거의 그대로 인용된다. 가독성을 높이기 위해 문장을 약간 바꿨을 때는 의미가 바뀌지 않도록 주의했다.

상황을 낙관적으로 봐야 할 때와 직시해야 할 때를 어떻게 아는가? 쓸 만한 경험 규칙 하나를 제시하자면, 끊임없이 닥쳐오는 난관들로부터 잠시 회복할 시간이 필요할 때나 순전히 끈기만으로도 성공할 수 있을 때는 자기만족 효과가 도움이 된다. 이는 배우처럼 거절이나 탈락이 일상인 직종의 종사자에게 특히 도움이 될 수 있다. 논문을 내놓지 못하면 학계에서 사라지는 과학계에도 도움이 된다. 대니얼 카너먼이 지적했듯이, "자기 연구의 중요성에 대한 과대망상이 없는 사람은 수많은 작은 실패를 겪으면서 극히 드문 성공을 맛보게 되는 학자의 삶을 살아갈 수 없을 것이다." 하지만 대단히 경계해야 할 점이 있다. 세상을 장밋빛으로 보고 끈기만으로 자신의 길을 개척하려 하기 전에 결실을 맺을 수 있는 길인지 알아야 한다는 것이다. 앞서의 예를 다시 인용하자면, 만약 당신이 연기에 전혀 재능이 없다면 아무리 끈질기게 노력해도 브로드웨이 무대에 설 수 없을 것이다. 당신이 가는 길이 막다른 길일지 모른다는 조짐들을 읽을 줄 알아야 하며, 전혀 진전이 없다면 진로를 바꿀 준비도 되어 있어야만 한다.

잠시 장밋빛 안경을 쓰는 것이 이로운 상황이 한 가지 더 있다. 내가 케이티를 만난 곳은 전문직 종사자들을 대상으로 하는 자기인식 워크숍이었다. 안경을 쓴 채 수업 내내 아주 진지하게 필기만 하던 그녀는 수줍음이 많은 회계사였다. 마지막 수업에서 그녀는 워크숍에서 배운 피드백 수집 방법을 연습할 때 주저하는 듯 보였다. 그게 문제의 전부가 아니라고 직감한 나는 수업이 끝난 뒤 그녀에게 말을 걸었다. 그녀는 전문 서비스 회사의 파트너로, 지난달을 특히 힘들게 보냈다고 했다. 파트너 한 명이 새로 채용되었는데, 그는 케이티의 권위를 약화시키는 데 모든 힘을 쏟아붓는 듯하다는 것이다. 게다가 얼마 전에는 유산 싸움이 치열한 와중에 케이티가 부모님 유산의 신탁 관리자로 임명되었다고 했다. 그녀의 인생에 너무 많은 일이 일어나고 있어 케이티는 자기계발에 집중할 여력이 없었다. 그저 아무 탈 없이 이 위기 상황을 타개하는 데 온 정신이 쏠려 있었다.

가끔은 인생이 우리에게 너무나 힘겨운 과제를 던져주어 그 난관을 극복하려면 장밋빛 안경이 필요할 때가 있다. 우리의 유니콘들도 이 점에 동의했다. 한 유니콘은 느닷없이 해고 통보를 받았을 때 자기인식의 여정을 잠시 멈췄다고 한다. 또 다른 유니콘은 이혼으로 피폐해졌을 때 전략적 외면으로 가장 힘든 시기를 넘겼다고 한다. 하지만 우리의 유니콘들은 때때로 자기망상에 의지하더라도 아주 잠시뿐이었다. 그들은 준비가 되었을 때 용감하게 현실과 대면하고 자기인식의 여행을 다시 시작했다.

마지막으로 자기만족에 빠져 있는 것과 우리 주변의 신호를 고의로 무시하는 것 간에는 미묘한 차이가 있음을 지적하고 넘어가야겠다. 낙관적 견해의 유지가 최선인 상황도 있지만 대부분의 상황, 특히 새로운 직장이나 승진, 급변하는 회사 사정, 합병이나 인수, 사랑하는 이와의 싸움과 같은 상황에서는 반드시 낙관적 견해를 버려야만 한다. 실패해서는 안 되는 상황에 놓였을 때, 행복한 무지는 허용되지 않는 사치다. 하지만 안타깝게도 미묘한 차이를 판단해야 할 상황에서 사리분별을 흐리는 전염병이 번지고 있는 실정이다.

나Me, 셀카, 그리고 나I

내가 기억할 수 있는 최고의 아침이었다. 6개월 동안 쉬지 못하고 일하던 나에게 남편은 생일 선물로 하와이 여행을 예약해주었다. 너무 바빠서 3일 일정밖에 못 잡은 여행이었지만, 우리가 예약한 아늑한 비치 빌라에 짐을 풀고 갓 구운 오믈렛을 챙겨왔을 때, 영원히 이 지상 낙원을 예약해놓은 것만 같았다. 하늘은 맑았고, 따뜻한 햇살은 온몸을 감싸주었으며, 바다 내음과 함께 치자꽃 향기가 실려왔다. 해야 할 일 하나 없이 편안히 앉아서 바로 앞의 백사장 위로 밀려오는 파란 바다만 지켜보았다.

점수를 많이 딴 남편을 향해 미소를 짓고 있을 때, 갑자기 우리 위로 그림자가 드리워졌다. '이상하네, 방금 전까지 구름 한 점 없었는데'라는 생각에 눈을 찡그리며 하늘을 올려다보려는 순간, 꺅 소리와 킥킥거리는 웃음소리가 들려왔다. 20대 초반쯤으로 보이는 매력적인 남녀 한 쌍이 우리 앞에 서 있었다. 남편과 내가 좀 전까지 평화롭게 즐기고 있던 풍경의 한가운데를 가로막으며 그들이 수건을 펼쳐놓았지만, 우리는 아무 말도 하지 않았다. 그들이 반바지와 티셔츠를 벗자 명품 수영복을 입은 탄탄하고 적당히 그을린 몸이 드러났고, 나는 그들이 장난하며 차올린 모래가 내 오믈렛 위로 떨어지는 바람에 살짝 짜증이 나서 고개를 저었다.

여자는 몇 분간 바다를 멍하게 보더니 벌떡 일어났다. 여러분도 익숙해할 행동을 할 때가 된 듯했다. 해변 셀카! 그녀가 머리를 격하게 쓸어 넘기고, 선글라스를 코끝으로 내리고, 입술을 삐죽 내밀 때, 남편과 나는 터져 나오는 웃음을 굳이 숨기지 않았다.

그런데 재미있었던 상황이 금세 짜증을 유발하는 상황으로 전개되었다. 그녀는 엉덩이를 뒤로 빼고 가슴을 한껏 내민 채 깡충깡충 뛰어다니며 포즈를 취했고, 30초마다 눈을 찡그리고 스마트폰 화면을 들여다보며 사진이 잘 나왔는지 확인했다. "곧 끝내겠지 뭐." 내가 오믈렛에 튄 모래알을 털어내면서 남편에게 속삭였다. "5분." 내 말에 "10분"이라고 남편이 응수했다. 우리 둘 다 틀렸다. 15분이 지난 뒤에야 그녀는 사진 찍기를 끝내고 아무 일도 없었다는 듯 수건 위에 앉더니, 입을 떡 벌린 채로 지켜봤던 주변 사람들의 눈길 같은 것은 전혀 개의치 않고 잠이 들었다.

해변 셀카의 주인공과 같은 행동은 특별할 것도 없다. 이 일화는 자기예찬의 컬트가 소셜 미디어의 폭발적 증가와 함께 얼마나 급속도로 퍼지고 있는지를 보여주는 단적인 예다. 우리의 유니콘들 중 한 사람이 하루에 40~50장가량의 셀카를 찍는 친구에 대한 이야기를 해주었다. 한 번은 식당에서 저녁 식사를 같이했는데, 식사 시간 내내 셀카만 찍었다고 했다. 심지어 식사 도중에 화장실을 다녀온다더니, 화장실에서까지 셀카를 찍어서 자리로 돌아오기 전에 이미 인스타그램에 그 사진을 올렸더라고 했다.

우리 모두는 셀카 증후군selfie syndrome에 걸린 사람을 알고 있다. 이 병의 대표적인 증상은 예전에는 상상하기도 힘들었을 정도의 자기몰두self-absorption이다. 이는 세상 모든 사람이 자신의 아침 식단, 꼭 6개월이 남은 자기 자녀의 생일, 생애 최고의 휴가를 즐기는 자기 모습 등등을 궁금해하리라는 망상으로 이어진다. 다수는 어느 모로 보나 셀카 증후군이 전반적인 경증의 나르시시즘으로 발전했다고 봐도 무방할 듯하다. 우리 거의 대부분이 개인적으로든 직장 생활 중에든 심각한 나르시시즘에 빠진 사람을 만난 적이 있을 것이다. 본인이 온 우주의 중심이라고 굳건히 믿고 자기 외의 사람은 안중에도 없는 그런 사람 말이다.

그런데 우리가 간과하는 점이 있다. 오로지 자기 자신에게만 집중하면 주위 사람들을 제대로 보지 못할 뿐만 아니라, 자기 자신을 있는 그대로 보는 눈도 왜곡되는 역설적 결과가 초래된다는 사실이다. 이는 연구로도 뒷받침되는데, 스스로를 특별하다고 느끼는 정도와 자기인식 능력은 반비례 관계라고 한다. 멀리서 예를 찾을 것도 없다. 페이스북에 셀카를 제일 많이 올리는 사람들은 바로 이런 행동이 다른 사람들을 얼마나 짜증나게 하는지 인식하지 못하는 듯하니 말이다.

소셜 미디어의 '비개인적인 개인성impersonally personal'을 검토해보면 나르시시즘이 만연해 있다는 견해가 납득이 된다. 온라인상의 의사소통에서는 대개 상대방의 반응과 표정을 볼 수 없으므로 상대에게 무심해지고, 자기중심적으로 생각하며, 자신의 말들을 점차 되돌아보지 않게 된다. 이처럼 온라인상의 대단히 짧은 형태의 소통이 신속하고 깊이 없는 사고로 이어져 우리 자신과 남들을 더 피상적으로 보게 되는 현상을 학자들은 '도덕성 피상화 가설moral shallowing hypothesis'이라고 명명했다.

물론 셀카를 찍거나 사회관계망 서비스를 이용하는 모두가 나르시시스트라는 의미는 아니다. 하지만 그 연관성은 과학적으로 부정할 수 없으며, 나르시시즘이 증가하고 있다는 증거 또한 적지 않다. 예를 들어 진 트웬지와 공동 연구자들이 수만 명의 미국 대학생을 대상으로 한 실험에서 "내가 세상을 지배한다면 더 나은 세상이 될 것이다", "나는 내가 하는 행동에 대해 항상 잘 안다", "나는 내가 받아 마땅한 모든 것을 받을 때까지 만족하지 않을 것이다"와 같은 질문으로 나르시시즘을 측정했을 때, 1980년대부터 2006년 사이에 나르시시즘에 빠진 학생 수가 30퍼센트 증가한 것으로 나타났다.

당신이 이런 경향을 밀레니얼 세대의 탓으로 돌리기 전에, 이런 행태를 보이는 사람들이 1980년부터 1999년 사이에 태어난 이들만은 아니라는 사실을 지적해야겠다. 또 다른 장기 연구에서는 "나는 중요한 사람이다"라는 질문에 대한 고등학생들의 반응을 측정해본 결과, 1950년대에는 12퍼센트만 "그렇다"고 대답했지만 1989년에는(X세대가 고등학생일 때) 거의 80퍼센트로 늘어났다. 3장에서 소개했던 연구에서 베이비붐 세대가 고등학생이었을 때 25퍼센트가 사회성 측면에서 상위 1퍼센트 안에 든다고 답변했다는 연구 결과를 기억하는가?

셀카 증후군은 특정 세대에 국한된 현상도 아니고, 자기중심적 성향이 더 뚜렷한 청소년층에 국한된 현상도 아니다. '나' 중심주의의 증가는 현대 문학에서부터 소셜 미디어, 심지어 백악관 대통령 집무실에서도 발견할 수 있다. 한 연구에 따르면, 1790년부터 2012년까지 미국 대통령의 연두교서를 분석해봤더니 '그/그녀', '이웃'처럼 타인을 지칭하는 단어의 사용은 줄어든 데 반해 '나', '나를', '나의' 같은 자기중심적인 단어의 사용은 증가했다고 한다. 이와 비슷하게 내가 구글 엔그램*으로 1,500만 권 이상의 책을 측정해봤더니 '나'라는 단어의 사용이 1900년에서 1974년 사이에는 약 50퍼센트 줄었지만, 1975년에

* 구글 엔그램Google Ngram은 1500년부터 2008년까지 8가지 언어로 출판된 책들에서 특정 단어나 관용구가 사용된 빈도를 측정하는 웹 기반의 검색 엔진이다.

서 2008년 사이에는 무려 87퍼센트나 증가했다!

아마도 지금 당신은 특히 자아도취가 심한 페이스북 친구나 자기밖에 모르는 연예인을 떠올리고 있을 것이다. 하지만 페이스북, 인스타그램, 링크드인, 트위터, 스냅챗이든, 이 책이 출판된 이후에 새롭게 개발된 서비스이든, 소셜 미디어를 어떻게 사용하고 있는지 되돌아보길 바란다. 스스로에게 이렇게 물어보라. '완벽했던 휴가 중에 찍은 사진을 올릴 때 나는 무슨 생각을 했는가? 나의 어떤 모습을 보여주고자 하는 것인가? 나는 이 사진으로 무엇을 얻고자 하는가?' 우리 가운데 자신의 소셜 미디어 사용 습관에 대해 이렇게 이성적이고 분석적으로 따져보는 사람은 거의 없다. 사실 너무 자연스러운 일로 생각되어 우리는 소셜 미디어 사용에 대해 생각이나 고민 자체를 하지 않는다. 바로 그것이 문제다.

이는 더 큰 질문으로 이어진다. 우리는 소셜 미디어를 왜 사용하는가? 소셜 미디어는 이름처럼 사회적인 활동일 듯하지만, 2015년에 발표한 한 연구에 따르면, 인간관계 유지는 우리가 이런 서비스를 이용하는 이유에서 하위를 차지한다. 가장 큰 이유는 자신에 관한 정보의 공유, 즉 자기제시self-presentation였다. 자기제시 자체가 반드시 나쁜 것은 아니다. 하지만 자기제시가 증가할수록 공감 능력이 떨어진다는 흥미로운 관계가 발견되었다. 페이스북 이전의 사회관계망 서비스인 마이스페이스, 프렌드스터 등이 크게 유행하기 시작한 2000년부터 사람들은 공감 능력이 떨어짐과 동시에 점점 더 자기중심적으로 바뀌었다. 요즘 대학생들은 1980년대 초의 대학생들에 비해서 "나는 어려운 처지에 놓인 사람을 보면 마음이 쓰이고 걱정될 때가 많다", "나는 친구를 더 잘 이해하기 위해 그들의 시각에서 상황을 보려는 노력을 종종 한다"는 질문에 동의하는 비율이 11퍼센트 감소했다는 연구 결과도 있다.

여기서 당신은 이것이 달걀이 먼저인지 닭이 먼저인지, 인과관계가 불분명한 상황이 아닌지 의아해할 것이다. 소셜 미디어가 나르시시즘의 '원인'이라고 어떻게 단정 지을 수 있는가? 나르시시즘과 자기인식이 부족한 사람들이 소셜 미디어를 사용할 가능성이 높은 것뿐일 수도 있지 않을까? 이는 중요한 질문들이고, 두 가지 의혹 모두 사실이라는 증거도 있다. 두 번째 질문부터 살펴보자. 나르시시스트들이 소셜 미디어를 더 많이 사용하는가? 동서양에서 수행된 연구들은 똑같이 나르시시스트가 지나치게 부풀려진 자기애를 발산하기 위한 수단으로 소셜 미디어를 사용하며, 셀카 같은 본인 홍보물을 올리는 데 쓰는 시간이 더 길다는 결과를 내놓았다.

이제 첫 번째 질문을 살펴보자. 소셜 미디어가 우리의 자기몰두의 실질적 '원인'인가? 이를 뒷받침하는 증거도 있다. 한 연구에서는 참가자들을 무작위로 두 집단으로 나누고 35분간 인터넷을 사용하게 했다. 첫 번째 집단은 마이스페이스를 편집하고(추억이 떠오르지 않는가?), 두 번째 집단은 구글 맵으로 각자의 등굣길을 찾아보도록 했다. 그런 다음 나르시시즘 수준을 측정해본 결과, 마이스페이스를 편집했던 참가자들이 훨씬 높게 나왔다. 이는 소셜 미디어가 나르시시즘을 심화시킬 뿐만 아니라, 그 효과가 '거의 즉각적'이라는 점을 암시한다.

물론 셀카와 특이한 아기 이름을 사랑하는 사람들 대부분은 나르시시즘으로 진단받을 정도는 아니다. 즉 자신의 중요성에 대한 과장된 믿음, 권력과 존경에 대한 욕구, 타인의 필요에 대한 인식 부재를 특징으로 하는 인격 장애 수준까지는 아닌 것이다. 연구 결과에 의하면 나르시시스트들은 강렬한 교우 관계나 연인 관계를 맺지만, 상대에 의해 실체가 파악되면 단절되곤 해서 관계가 짧게 끝나는 경향이 있다고 한다. 그들은 노력도 하지 않으면서 거저 받을 자격이 자기에게 있다고 믿으며, 어떤 비판도 참지 못하기 때문이다.

직업 세계에서 나르시시스트 리더들은 자신 있게 비전을 제시할 수 있지만, 자신의 능력을 과대평가하고, 단독으로 의사 결정을 하며, 과분한 인정을 받으려 하고, 공감 능력이 부족하며, 비도덕적인 행동을 할 가능성이 높다. 그들은 자기의 리더십 능력에 대해 스스로 후한 평가를 내리지만, 직원들에게 효과적이지 못한 리더십으로 평가받는 경우가 많다. 자기도취에 빠진 CEO들은 그렇지 않은 경영자들에 비해 객관적인 실적 피드백을 받았을 때 적절한 대응과 조치를 하지 않고 소홀히 넘기기 때문에 참혹한 결과를 초래하기도 한다. 찰스 햄Charles Ham과 그의 동료들은 S&P 500 기업이 미국증권거래위원회에 제출한 서류를 통해 CEO들의 서명을 비교해보았다. 그들은 서명이 클수록 자기도취에 빠진 것으로 간주했는데, 실제로 CEO의 서명이 큰 회사일수록 여러 지표에서 좋지 않은 결과를 확인할 수 있었다. 그 회사들은 특허와 인용된 연구의 수가 적고, 총자산이익률은 낮았으며, 과잉 투자가 이루어졌고, 미래 수익과 매출액 증가율도 낮았다.

나르시시즘으로 진단될 정도는 아닌 낮은 수준의 자기도취라도 업무와 개인적인 관계를 해칠 뿐 아니라 자신감에도 부정적인 영향을 끼칠 수 있다. 당신이 온라인상에서 보여주고자 하는 자신의 모습을 상상해보라. 당신이 대부분의 사람과 비슷하다면 당신의 삶이 좀 더 근사해 보이도록 약간의 보정을 거쳐 '희망하는' 모습을 게시할 것이다. 이런 행동양식은 페이스북의 상태 업데이트, 데이트 사이트의 자기소개란, 그리고 선거철 정치인들의 트위터 피드 등 어디에서나 찾아볼 수 있다. 예를 들어 우리는 다른 의사소통 방식보다 소셜 미디어를 쓸 때 부정적인 단어들을 덜 사용하며, 소셜 미디어로 공유하는 상태 메시지의 절반은 자신의 이미지 향상을 목적으로 한다.

역설적이게도 이렇게 끊임없이 자신이 희망하는 모습을 홍보하는 행태가 자아를 짓밟을 수도 있다. '실제' 자기와 '희망하는' 자기가 일치하지 않을 때는 더 그렇다("나의 파리 여행 사진은 완벽해 보이지만, 그 누구도 내가 여행 내내 남편과 싸웠으며 이혼하고 싶은 마음도 있다는 사실을 알지 못한다"). 남들에게 우리가 성공적인 인생을 살고, 행복하며, 매력적인 사람이라고 설득하려는 노력을 쏟아부을 때 우리는 그 누구도 속이지 못할 뿐 아니라, 실제로는 실패자 같고, 불행하며, 매력 없게 느껴지는 제 모습만 우리 자신에게 상기시킨다.

열여덟 살인 오스트레일리아의 모델 에세나 오닐Essena O'Neil의 경우만 봐도 소셜 미디어상에서 자신을 부풀려 보여주는 것이 자아상에 얼마나 해로운지 알 수 있다. 그녀는 인스타그램, 유튜브, 텀블러, 스냅챗 계정을 동시에 삭제하여 수백만 명의 팔로워를 놀라게 했을 뿐 아니라, 그 뒤로 반反자기예찬 컬트 운동의 간판스타가 되었다. 그녀는 팔로워들이 제공해준 유명세와 인정, 지위에 중독된 채 인생의 대부분을 살아왔으며, 끊임없이 남들의 동경을 추구하는 삶이 그녀의 자신감에 크나큰 타격을 입혔다고 고백했다. 소셜 미디어에 올리는 게시물이 늘어날수록 완벽에 대한 강박에 시달리게 되었고, 이상적 모습에 결코 도달할 수 없다는 생각에 점점 더 큰 좌절감을 느끼게 되었다고 한다. "인터넷에서 몇 시간이고 완벽한 여자들의 모습을 찾아보면서 내가 그들이었으면 좋겠다고 생각했다. 결국 '그들 중 하나'가 되었지만 나는 행복하지도, 만족스럽지도, 내 자신의 모습을 받아들이지도 못했다."

그 후 오닐은 'Let's be Game Changers(우리가 게임을 바꿔요)'라는 웹사이트를 만들어 소셜 미디어의 '허구'를 밝히는 자료들을 소개하고 있다. 이 책을 쓰고 있는 지금, 오닐의 웹사이트에는 그녀의 사진이 단 한 장도 없으며, 자기소개도 아주 짧다. 때론 자기예찬의 컬트를 뿌리치고 나오는 사람들은 정말 뜻밖의 인물이다. 우리 모두가 그렇게 할 수 있는 방법에 대해 이야기해보도록 하자.

자기몰두에서 자기인식으로: 자기예찬의 컬트에 저항하기

3장에서 읽은 내용을 고려하면 우리 대부분이 자신을 나르시시스트라고 생각하지 않는다는 사실이 놀랍지 않을 것이다. 좋은 소식은 전체 인구의 단 4퍼센트만 나르시시즘 진단을 받을 수준이라는 점이며, 나쁜 소식은 나머지 96퍼센트는 가끔씩이라도 자기도취에 빠진 듯한 행동을 할 때가 있다는 것이다. 이 책은 진정한 자기 모습과 마주하도록 용기 있는 결단을 내리게 하는 데 목적이 있기 때문에, '부록 H'에 현재 당신이 나르시시스트 같은 행동을 얼마나 하는지 측정할 수 있는 자가 진단법을 준비해두었다. 하지만 어떠한 점수를 받든, 자기몰두에서 벗어나 자기인식에 한 걸음 다가가고 싶다면 다음 세 가지 전략을 검토해봐야 한다. 그것은 바로 인포머가 되고, 겸손을 키우고, 자기수용의 자세를 키우는 것이다.

당신은 일상생활을 하면서 얼마나 많은 시간과 힘을 자신에게 쏟아붓고 있는가? 생각보다 많을 것이다. 한 연구에 의하면, 우리가 말하는 시간의 약 60퍼센트는 자신에 대한 이야기에 할애하며, 소셜 미디어에서는 이 수치가 무려 80퍼센트로 뛴다고 한다. 하지만 우리의 유니콘들은 다르다. 온라인상이든 오프라인상이든 그들의 대화는 친구, 직장 동료, 세상사 등 타인에게 초점을 맞춘 내용이 압도적으로 많았다. 한 유니콘은 "세상이 나를 중심으로 돌아가지는 않죠"라는 적절한 지적을 했다. 다른 유니콘은 남들과 소통할 때 "내 바깥의 일에 대해 호기심을 가지는" 자세로 임한다고 했다.

하지만 거의 모든 형태의 소셜 미디어가 자기 홍보를 위해 존재하는 듯 보이는데도 다른 사람에게 집중하는 게 가능할까? 큰 그림부터 보도록 하자. 학자들은 소셜 미디어 사용자들이 두 부류로 나뉜다는 사실을 알게 되었다. 약 80퍼센트는 '미포머Meformer'로, 자신의 신변잡기로 소셜 미디어를 가득 채운다. 나머지 20퍼센트는 '인포머Informer'로, 남들에게 도움이 될 법한 기사, 흥미로운 논평, 웃긴 동영상 등 자기와 관련이 없는 정보를 게시한다. 인포머들은 미포머들보다 친구가 많고, 더 깊이 있으며, 만족스러운 소통을 한다.

우리의 유니콘들이 모두 인포머였다는 사실은 놀랍게 다가오지 않을 것이다. 하지만 나는 이 주제에 대해 더 깊이 파고들면서, 그들이 자기인식이 부족한 사람들보다 더 장시간(거의 20퍼센트) 소셜 미디어를 사용한다는 사실을 알고 놀라움을 금치 못했다. 하지만 그들이 그 시간을 사용하는 방식은 달랐다. 그들은 셀카를 올리거나, 다가오는 자신의 휴가 계획에 대한 정보를 공유하거나, 직장에서의 업적에 대한 자랑을 늘어놓는 대신에 남들과 관계를 유지하고 의미 있는 소통을 하는 수단으로 사용했다. 50대 사업가인 한 유니콘은 "소셜 미디어는 내가 소중히 여기는 사람들이 무엇을 하는지 알 수 있게 해주죠. 페이스북에 글을 자주 올리는 편은 아니지만, 일주일에 몇 번은 기운을 북돋워주거나 웃기거나 신선한 내용의 글을 올리려고 합니다. 내가 사진을 올리면 아마 나무에 앉은 독수리나 석양 사진일 확률이 높습니다. 남들에게도 아름다운 것을 보여주려고요." 다른 유니콘들처럼 그녀는 '좋아요'를 많이 받기 위해 소셜 미디어를 사용하지 않는다. 정보를 공유하고, 즐거움과 영감을 주기 위해서 사용한다. 40대 중반의 관리직인 유니콘은 이렇게 표현했다. "이 세상의 많은 카녜이 웨스트들Kanye Wests은 때때로 '그래, 당신 대단해'라는 공개적인 인정을 필요로 합니다. 나는 그런 인정이 필요 없더라고요."

여기서의 교훈은 자명하다. 자기몰두에서 자기인식으로 가기 위해서는 인포머가 되어야 한다는 것이다. 즉 자신에게 덜 집중하고 남들과의 소통과 관계를 늘려야 한다. 지금부터 24시간 동안 당신이 온라인과 오프라인 모두에서 자기 이야기를 얼마나 하는지, 그에 반해 타인에게 관심을 집중하는 시간은 얼마나 되는지 가늠해보기를 권한다. '미포머' 대화 주제나 게시글의 유혹을 느낄 때 자문하라. "이것으로 무엇을 얻고 싶은가?" 미리 경고하지만 처음에는 쉽지 않을 것이다.

나는 이 책의 집필을 시작하면서부터 이 기법을 사용하고 있는데, 자기몰두에 빠지기가 얼마나 쉬운지 깨닫고는 놀랐다. 전에는 인지하지 못했던 많은 행동이 있는 그대로 드러났다. 그 후로 나는 소통방식을 고치려고 노력 중이며, 온라인상에서는 특히 주의하고 있다. 장담컨대 이 기법을 며칠만 시도해보아도 자신에 대해 놀라운 사실을 알게 될 것이다.

하지만 타인에 대한 관심과 집중만으로 자기예찬의 컬트와 싸워 이길 수는 없을 것이다. 스스로의 능력과 자질에 대해 더 현실적으로 보는 눈 역시 키워야 한다. 다른 말로 겸손해져야 한다는 것이다. 겸손은 우리의 약점을 인지하고 성공을 부풀리지 않게 해주기 때문에 정확한 자기인식에 요구되는 핵심 요소이다.

어렸을 적에 앤절라 아렌츠Angela Ahrendts는 패션 디자이너가 되고 싶었다. 그녀는 어머니가 보는 잡지 속의 아름다운 사진들을 몇 시간이고 들여다보며 옷을 만들기 시작했다. 그녀의 오랜 꿈을 이루게 해주리라고 기대했던 대학에 입학했을 때, 그녀는 왜 패션디자인과의 다른 학생들이 그녀보다 재능이 훨씬 뛰어나 보이는지 의문을 품기 시작했다. 어느 날 한 교수가 그녀를 한쪽으로 데려가 조언을 해주었다. 교수는 좋은 의도로 한 조언이었겠지만, 그녀가 듣기에는 힘든 이야기였다. 패션에 대해 이야기를 할 수 있지만 옷을 만들지 못하는 사람? "그런 사람을 머천다이저라고 부른다"라고 교수가 말해주었다.

야심만만한 대부분의 학생은 꿈을 이루기에는 재능이 부족하다는 이야기를 들으면 자기망상의 소용돌이에 빠지기 십상일 것이다. "교수가 뭘 알아? 처음부터 나를 별로 좋아하는 것 같지 않더라니"라고 이 사람 저 사람을 붙들고 이야기할 것이다. 하지만 아렌츠는 그러지 않았다. 인디애나주 뉴팔레스타인에서 다섯 형제자매와 자란 그녀는 어렸을 적부터 열심히 일하고 겸손해야 한다고 배웠다. 그 덕분에 그녀는 교수가 정말 유익한 조언을 해주고 있다는 사실을 인지할 정도의 자기인식 능력을 가지고 있었다.

그래서 그녀는 교수의 조언을 따랐고, 의류 머천다이저가 되었다. 2006년 아렌츠는 버버리의 CEO 자리에 올랐다. 그녀는 이 고급 브랜드의 디자인에 대한 온라인과 오프라인의 판매 및 홍보 전략을 전부 바꿔 세계적 불황 속에서도 침체되었던 회사를 회복세로 돌려놓는 인상적인 성과를 올렸다. 이런 성공을 일구면서 그녀는 『포브스*Forbes*』지가 선정한 '가장 영향력 있는 여성'에 5년 동안 네 번이나 이름을 올렸고, 『포춘』지의 '올해의 사업가'에 선정되었으며, 오라클 사가 수여하는 리더십 상을 받는 등 화려한 수상 경력을 자랑하게 되었다.

하지만 아렌츠는 이런 업적에 대해 자랑하는 부류의 사람이 아니다. 애플의 CEO 팀 쿡Tim Cook이 그녀를 애플의 온라인 및 리테일 사업부 상무로 채용하기 위해 인터뷰를 진행했을 때, 그녀는 자신이 기술을 잘 아는 사람도 아니고 가전제품 관련 업무 경험도 없다는 사실을 강조했다. 하지만 쿡은 고전 중인 리테일 사업부의 실적을 올리기 위해 필요한 사람은 기술이나 가전제품을 잘 아는 사람이 아니라는 것을 알고 있었다. 그에게 필요한 사람은 팀 플레이어였다. 즉 그는 직원들의 참여를 이끌어내고 영감을 불어넣을 수 있는 이타적인 리더를 원했다.

그렇다면 앤절라 아렌츠가 애플에서 보낸 처음 몇 달은 어땠을까? 자기도취에 빠진 리더였다면 회사에 적절한 결단이든 아니든, 일단 공격적인 비전을 제시하며 반향을 불러일으키려 했을 것이다. 하지만 아렌츠는 우선 100개에 이르는 매장, 콜센터, 그리고 비영업 부서를 방문했다. 방문 목적은 단 한 가지, 직원들의 이야기를 듣는 것이었다. 그런 다음에는 약 6만 명에 이르는 리테일 사업부 직원들에게 매주 메시지를 보내기 시작했다. 단순히 그녀 자신이나 그녀의 계획을 알리려는 목적이 아니라, 직원들의 삶에 영향을 미칠 회사의 의사결정에 그들의 참여를 높이기 위해서였다. 아렌츠는 직원들이 스스로를 '애플이 수년에 걸쳐 만든 제품을 고객들에게 소개해주는 경영자'로 여기도록 만들었다.

놀라우리만치 자신을 내세우지 않고 모두를 포용하는 그녀의 리더십 스타일에 일부 언론인은 혼란스러워했다. 『포춘』지의 제니퍼 라인골드Jennifer Reingold는 "앤절라 아렌츠는 애플에서 도대체 무슨 일을 하는 거지?"라고 말하기도 했다. 하지만 아렌츠는 결과로 보여주었다. 2015년은 애플 역사상 실적이 가장 좋았던 해로 기록되었다. 매출은 무려 28퍼센트나 증가해 2,340억 달러에 달했으며, 직원 유지율도 애플 역사상 최고치인 81퍼센트로 급증했다. 그리고 현재 그녀는 상징성과 가치가 높은 세계적 기업, 애플의 최고 연봉자이기도 하다. 그녀는 1년에 2,500만 달러 이상의 보수를 받는 것으로 추정된다.

앤절라 아렌츠처럼 겸손한 사람들이 객관적으로 더 성공한다는 사실은 의문의 여지가 없다. 그들의 성공 비결의 일부는, 겸손한 이들은 남들에게 관심을 쏟음으로써 더 많은 존경과 사랑을 받게 된다는 점이다. 또한 그들은 열심히 일하고 그 무엇도 당연하게 여기지 않는다. 그들은 답을 모를 때 이를 겸허히 인정한다. 그들은 자신의 견해만 고집하지 않고 남들에게서 배우려 한다. 그 결과 겸손한 리더와 일하는 직원들은 더 적극적인 자세로 업무에 임하며, 직업 만족도가 높고, 이직률은 낮다. 나르시시즘을 통제하지 못하면 재앙을 불러올 수 있는 고위 경영자에게 특히 중요한 덕목이다.

하지만 겸손은 자기예찬에 빠진 우리 사회에서는 비즈니스의 세계뿐 아니라 그 밖에서도 찾아보기 힘들다. 나는 이런 슬픈 사태를 설명하는 세 가지 이유를 찾아냈다. 첫째, 사람들은 겸손을 자기가치self-worth 하락과 혼돈하여 바람직하지 않다고 생각한다. 실은 그 반대이다. 겸손은 우리 스스로 약점을 파악하고 우리의 성공을 부풀려서 생각하지 않게 하므로, 자기인식에 꼭 필요한 요소이다. 겸손을 찾아보기 힘든 두 번째 이유는, 겸손하려면 자기예찬의 컬트 중심에 있는 힘센 야수를 다스려야 하기 때문이다. 바로 우리의 자아 말이다. 마지막으로 겸손은 어느 정도의 불완전성을 수용하도록 요구하는데, 이는 목적지향적인 A형 성격을 가진 이들이 스스로에게 허용하기 힘든 행동이다. (겸손의 수준을 간단히 측정하고 싶다면, '부록 I'를 참고하기 바란다.)

겸손은 존재할 수밖에 없는 우리의 결점 때문에 스스로를 미워해야 한다는 의미일까? 아니면 자만심에 빠지지 않기 위해서 우리의 결점들을 가지고 스스로를 끝없이 질타해야 한다는 뜻일까? 다행히도 하늘 높은 줄 모르는 자존감을 자기혐오가 아닌 자기수용self-acceptance으로 대체할 수 있다. 이것이 바로 자기예찬의 컬트와 싸우는 세 번째 방법이다. 자존감은 객관적 현실과 무관하게 자기가 우월하다고 생각한다는 의미지만, 일부 학자가 자기연민이라고도 부르는 자기수용은 우리의 객관적 실체를 이해하고 그 실체가 어떻든 스스로를 사랑하기로 선택한다는 뜻이다. 그러므로 자신을 수용하는 사람은 완벽하려 하거나 자신은 완벽하다는 망상에 빠지는 대신 스스로의 불완전성을 이해하고 용서해야 한다.

자기수용은 자존감의 이점을 모두 누릴 수 있으면서 지불해야 할 대가는 별로 없다는 점에서 고무적이다. 자기수용과 자존감은 둘 다 행복과 낙관적 태도를 예측해주는 변인이지만, 자기수용의 정도가 높은 사람들만 외부의 인정 없이도 자기에 대한 긍정적인 견해를 유지한다. (즉 그들은 자신과 자신의 일에 만족감을 느끼기 위해서 과한 칭찬, 페이스북의 '좋아요' 수백 개 혹은 칭찬 스티커 등을 필요로 하지 않는다.)

자기수용은 이론만 훌륭한 것이 아니라 성공과 행복에 실질적인 도움을 준다. 크리스틴 네프Kristin Kneff와 동료들은 취업 준비 중인 대학생들을 대상으로 그들이 '정말 진심으로 가고 싶은' 회사에 지원한다고 가정하고 모의 인터뷰에 임하게 하는 연구를 한 적이 있다. 면접관이 자신의 최대 약점을 말해보라고 했을 때, 자기수용의 정도가 높은 학생들은 훨씬 덜 불안하고 면접관을 덜 의식했다고 보고했다. 실제 인터뷰였다면 이런 차이 덕분에 그들은 높은 점수를 받았을 것이다.

그렇다면 어떻게 자기수용의 정도를 높일 수 있을까? 한 가지 방법은 내적 독백을 더 유심히 관찰하는 것이다. 조직심리학자 스티븐 로겔버그Steven Rogelberg와 동료들은 회사의 중역들을 대상으로 1주일간 진행된 리더십 프로그램에서 자기수용적인 자기대화self-talk가 얼마나 큰 도움이 될 수 있는지 보여주었다. 일주일이 끝나갈 때 참가자들은 리더십 프로그램을 통해서 얻은 교훈은 무엇이며 자기 자신을 어떻게 변화시키고 싶은지 미래의 자신에게 밝히는 편지를 썼다. 연구자들은 그

편지들을 자기수용적인 편지와(그들은 '건설적인 편지'라고 명명했다) 자기비판적인 편지로 분류했다. 자기수용적인 언어를 사용한 중역들은 업무 능력이 뛰어났고, 스트레스도 덜 받았다(신기하게도 자기비판적인 리더들은 자기수용적인 리더들에 비해 창의성도 부족했다).

다음 장에서 반추를 인지하고 멈추는 방법에 대해서 알아볼 때 더 자세히 살펴보겠지만, 우선은 당신의 모습이 유달리 만족스럽지 못할 때, 예컨대 죄책감이 들거나 두렵거나 속상하거나 더 이상 버틸 수 없을 것 같을 때 당신이 자기비판적인지("아, 또 알람을 안 맞췄네! 난 도대체 뭐가 문제일까? 왜 시간 약속을 지키는 것 같은 기본적인 일조차 못 할까?"), 자기수용적인지("그건 실수였어, 사람인 이상 그럴 때도 있지") 곰곰이 생각해보기를 권한다. 이렇게 질문해보면 판단하기 쉬울 것이다. "방금 나 스스로에게 한 말을 내가 좋아하고 존경하는 사람에게도 할 수 있을까?"*

겸허히, 하지만 연민 어린 마음으로 우리 스스로를 수용하기로 결심하는 데는 용기가 필요하다. 건축학 전공자로 세계적 회사의 기술부문 임원에 오른 자기인식의 유니콘들 중 한 사람은 "문제는 자신을 잘 아는 것이 아니라 그렇게 발견한 자신을 사랑하는 것이다"라고 말했다. 때로는 그 과정이 불편할 수도 있다. 하지만 일반적으로 불편은 진전이 있다는 뜻이다. 소비재 생산회사의 마케팅 부서 책임자인 유니콘은 이렇게 표현했다. "자기인식을 키우려는 노력을 할수록 자기 자신에게 공감과 관용을 더 베풀 수 있게 된다."

---

* 자기수용을 높일 방법을 더 배우고 싶다면 크리스틴 네프의 웹사이트 http://self-compassion.org/category/exercises/를 방문해보기를 적극 추천한다.

현대 역사상 가장 훌륭한 대통령 연설들 중 하나로 평가받는 조지 워싱턴의 퇴임사만큼 겸손과 자기수용을 잘 보여주는 예도 없을 것이다. 그는 인생 황혼기에 건국에 힘을 보탠 나라에 이렇게 작별을 고했다. "고의적인 과오는 생각나는 것이 없지만, 나는 나의 결함들을 너무나 잘 알고 있기 때문에 많은 과오를 범했을지 모른다고 생각합니다." 이어서 그가 스스로에게 관대함을 베풀 듯 미국 국민들도 그에게 관대함을 보여주기를 부탁했다. "나는 우리나라가 과오를 너그러이 봐주는 일을 언제까지라도 중단하지 않을 것이며…… 나 자신이 머지않아 휴식의 저택으로 넘겨져야 할 수밖에 없듯이, 무능에 연유한 과오들도 망각으로 넘겨질 것이라는 희망 또한 가지고 있습니다."

지금까지 우리는 드러나지 않을 때가 많은 자기통찰의 장애물들을 살펴보았다. 즉 스스로를 있는 그대로 보지 못하게 하는 맹점과, 자기망상이라는 야수를 키우는 사회적 요인 두 가지를 살펴보았다. 이제 이런 장애물을 뛰어넘는 방법을 알 수 있을 것이다. 곧 알게 되겠지만, 자기인식에 대해 가지고 있는 기존의 많은 통념을 버려야 가능한 일이다. 다음 장에서 우리는 내적 자기인식에 대한 흔한 오해들을 반박하고, 이를 극복할 방법들에 대해 알아볼 것이다.

| 2부 |

내적 자기인식에 관한 그릇된 통념과 진실

통찰력이 뛰어난 사람일수록
인생을 뜻대로 살고 있다고 느끼며, 인간적으로 크게 성장하고,
원만한 인간관계를 맺고, 평온함과 만족감을 느꼈다.

5장 생각한다고 아는 것은 아니다

자기성찰에 관한 어리석은 네 가지 생각

고요히 끈기 있게 우리의 생각들을 들여다보고 철저히 검토하여 진정한 우리 내면의 모습을 알아보지 않을 이유가 무엇인가?

플라톤

어느 화요일 밤 11시경이었다. 어두운 사무실을 밝히는 건 내 모니터 불빛뿐이었다. 나는 새롭게 분석한 데이터를 모니터에 띄워 놓고 뚫어져라 보고 있었다. 이만저만 당혹스러운 것이 아니었다. 몇 주 전 나와 연구진은 자기반성self-reflection과 행복, 스트레스, 그리고 직업 만족도 간의 관계를 분석하는 연구를 진행했다. 나는 몇 가지 놀라운 결과를 얻으리라고 확신하고 있었다. 자신을 검토하는 데 더 많은 시간과 에너지를 쏟아부은 사람들의 자기이해가 당연히 더 정확할 터였다.

하지만 놀랍게도 우리가 수집한 데이터는 정반대로 이야기하고 있었다. (사실, 그 결과를 처음 봤을 때 분석을 잘못한 줄 알았다.) 자기반성 지수가 높은 사람일수록 스트레스와 우울, 불안이 심했고, 직업과 인간관계에 대한 만족도는 낮았으며, 자기몰입이 심했고, 인생이 통제가 안 되는 듯하다고 느꼈다. 게다가 '자기반성을 많이 할수록' 이런 부정적 결과들이 심해졌다! 도대체 어떻게 된 일일까?

그때는 알지 못했지만, 나는 자기인식에 대한 근거 없는 통념과 마주했던 것이다. 학자들도 이제야 이해하기 시작한 현상이었다. 그보다 몇 년 전 시드니 대학교의 코칭 심리학자 앤서니 그랜트Anthony Grant가 똑같은 현상에 대해 연구했었다. 자기통찰을 자신에 대한 직감적 이해로 정의한 그는 자기통찰이 뛰어난 사람일수록 더 깊은 인간관계를 맺고, 목적의식이 뚜렷하며, 심신이 건강하고, 자신을 수용하며, 행복하다는 사실을 발견했다. 다른 연구 결과들도 비슷했다. 통찰력이 뛰어난 사람일수록 인생을 뜻대로 살고 있다고 느끼며, 인간적으로 크게 성장하고, 원만한 인간관계를 맺고, 평온함과 만족감을 느꼈다. 여기까지는 예상대로일 것이다.

하지만 그랜트는 자기성찰과 자기통찰 사이에 아무런 상관관계가 없다는 사실도 밝혀냈다. 자신에 대해 '생각하는 것'과 자신에 대해 '아는 것'은 상관관계가 없었다. 심지어 그 반대인 경우도 있었다. 연구 참가자가 자기성찰에 투자한 시간이 많을수록 자기이해는 부족했다(제대로 본 게 맞다). 다시 말해서 무수히 많은 시간을 자기성찰에 써도 자기통찰이 전보다 향상되지 않을 수도 있다는 이야기였다.

자기검토self-examination 능력은 인간에게서만 찾아볼 수 있다. 침팬지, 돌고래, 코끼리, 심지어 비둘기까지도 거울 속에 비친 자신의 모습을 인지할 수 있지만 자기성찰 능력, 즉 자신의 생각, 감정, 동기, 행동을 의식적으로 검토하는 능력이 있는 종은 오직 인간뿐이다.* 수천 년 동

* 나는 '자기성찰introspection'을 '자기반성self-reflection' 또는 '자기검토self-examination'와 동의어로 사용한다.

안 자기성찰은 유익하며 오류가 있을 수 없는 행동으로 여겨졌다. 예를 들어 17세기 철학자 르네 데카르트René Descartes는 모든 가치 있는 지식은 우리의 내면을 들여다보는 데에서 나온다고 주장했다. 20세기 초 선구적인 심리학자 빌헬름 분트Wilhelm Wundt는 내성(자기성찰)을 지각과 의식 연구의 핵심적 방법으로 사용했다. 덜 과학적이지만 더 근래의 예를 들면, 최근 내가 포장해온 중국 음식에 딸려온 포춘 쿠키에서 이런 조언이 나왔다. "생각을 내면으로 돌려라. 당신 자신을 찾아라."

포춘 쿠키의 지혜는 접어두더라도 자기성찰은 자기인식, 적어도 이 장의 주제인 내적 자기인식에 이르는 길 중에서 가장 보편적으로 인정받는 경로로 여겨진다. 내면을 들여다보고, 우리의 경험과 감정에 대해 깊이 고민하며, 왜 우리가 현재의 모습을 갖게 되었는지 이해하는 것만큼 자기이해를 높이기에 좋은 방법이 어디 있겠는가? 우리는 감정을 이해하려 하거나('그 회의 후에 왜 이렇게 마음이 어지럽지?'), 자신의 믿음에 의문을 던지거나('내가 믿는다고 생각하는 것을 나는 진짜로 믿는 걸까?'), 미래를 설계하려 하거나('나는 어떤 직업을 가져야 진정으로 행복할까?'), 좋지 않은 결과나 패턴을 이해하려고 시도할 수 있다('나는 조그만 실수에도 왜 이렇게 심하게 자책할까?').

하지만 그랜트와 다른 학자들, 그리고 나의 연구 결과는 이런 종류의 자기반성이 자기인식에 도움이 되지 않는다는 사실을 분명히 보여주었다. 자기성찰과 관련된 문헌들을 파고들기로 결정했을 때, 내 연구 결과는 빙산의 일각일 뿐임을 알게 되었다. 어느 연구에서, 반려자를 에이즈로 잃은 남성들이 상실에 대처하는 방법과 그 후의 삶에 어떻게 적응했는지를 살펴보았다. 반려자 없는 삶을 살아갈 방법에 대한 고민 등의 자기성찰을 한 남성들은 반려자의 사망 후 한 달 동안은 좀 더 기운이 있었지만, 1년 뒤에는 더 우울해졌다. 1만 4,000명이 넘는 대학생들을 대상으로 실시한 연구에서는 자기성찰이 심신의 안녕과 부정적 상관관계가 있다는 결과가 나왔다. 또 다른 연구에서는 자기분석을 하는 사람들이 불안을 더 많이 느끼고, 긍정적인 사회적 경험이 적으며, 자신에 대해 더 부정적인 태도를 가지고 있다고 주장한다.

그 이유를 이해하기 위해 37세의 부동산 중개업자 캐런의 예를 살펴보자. 그녀는 성공적인 경력을 쌓아가고 있었지만 사생활은 힘겨웠다. 그녀는 열아홉이라는 어린 나이에 음악가와 사랑에 빠져 2주 만에 결혼했다. 하지만 결혼한 지 불과 1년 만에 그녀의 남편은 갑작스럽게 그녀를 떠났다. 시간이 지난 뒤에 캐런은 일을 하며 만나게 된 부동산 전문가와 재혼을 했다. 첫 번째 결혼 생활보다 오래가기는 했지만 결국 두 번째 결혼도 이혼으로 끝나게 되자, 그녀는 어디서부터 잘못된 건지 고민에 빠졌다.

캐런은 인생을 찬찬히 되돌아볼 때마다 아이 적의 심각한 트라우마가 번번이 생각났다. 그녀의 친부모는 생후 1주일된 그녀를 입양 보냈다. 그녀는 양부모를 소중히 여기고 사랑하지만, 자신은 버림받은 존재라는 감정을 완전히 극복하지 못했다. 그녀는 왜 친부모가 자기를 버렸는지 거듭거듭 자문한다. 무수히 많은 시간의 성찰 끝에 캐런은 자신의 인간관계와 인생 전반의 모든 문제가 친부모에게 버림받았기 때문이라고 믿게 되었다. 이 작은 믿음으로 인해서 그녀는 인간관계에서 겪는 문제들이 이런 개인사의 산물이므로 불가피하다는 결론을 내렸다.

캐런과 마찬가지로 많은 사람이 우리 내면의 수수께끼들에 대한 답은 마음속 깊은 곳에 자리하고 있으므로 우리는 혼자의 힘으로, 또는 사랑하는 사람이나 심리치료사의 도움을 받아서 그 답을 찾으면 된다고 믿는다. 하지만 내 연구에서 밝혀졌듯이, 자기성찰이 자기이해로 이어진다는 가정은 근거 없는 통념이다. 자기성찰은 오히려 자기지각을 흐려놓거나 왜곡시켜 뜻하지 않은 결과들을 유발할 수 있다. 캐런이 자기이해를 높여보려는 진지한 목적으로 자기성찰을 시작했다는 것은 분명하다. 하지만 그녀가 인식하지 못하는 사이에 자기인식의 연구자 티머시 윌슨Timothy Wilson이 '파괴적'이라고 묘사하는 행동이 되어버렸다. 그녀의 친부모가 왜 그녀를 버렸는지 끊임없이 자문하는 일은 잘못된 것이다. 집중을 방해할 뿐 아니라, 비생산적이고 속상한 감정들을 불러일으켜서 캐런이 건강한 방식으로 과거를 딛고 앞으로 나아가지 못하게 한다.

캐런의 경우에서 볼 수 있듯이, 자기성찰은 답을 찾았다는 허황된 확신을 심어줄 수 있다. 불교학자 티르탕 툴쿠Tirthang Tulku의 말에 따르면, 우리가 내면을 들여다볼 때 보이는 것들을 항상 곧이곧대로 믿을 수는 없다. "내면의 심상에 대한 믿음이 진정한 우리의 본성에서 멀어지게 하고……우리 자신을 명확히 보지 못하게 한다"라고 그는 지적한다. 우리가 성찰에 임하는 자세는 배고픈 고양이가 쥐를 봤을 때의 반응과 비슷하다는 적절한 비유를 들기도 한다. 다시 말해서 우리는 어떤 통찰이 생기든 그것의 타당성이나 가치를 의심하지 않고 잽싸게 물고 늘어진다. 그런 통찰이 도움이 될 것처럼 느껴질지 모르지만, 저절로 우리의 내적 자기인식을 향상시켜줄 가능성은 낮다.

심리치료사를 만나고 있다든지, 사색에 빠져 긴 산책을 즐긴다든지, 스스로를 잘 아는 것에 자부심을 느낀다든지, 자기성찰에 가치를 두는 사람이라면 이런 연구 결과들이 걱정스러울지도 모른다. 하지만 절망할 필요는 없다. 자기성찰의 문제는 그것이 절대적으로 효과가 없어서가 아니라, 많은 사람이 잘못 행하고 있기 때문인 것으로 밝혀졌다. 이 장에서는 자기성찰을 둘러싼 네 가지 오해에 대해 파헤침으로써 자기성찰에서 우리가 기대했던 효과를 얻지 못했던 이유와, 어떻게 접근해야 우리 자신에 대한 더 깊은 통찰을 얻을 수 있는지 알아볼 것이다.

오해 #1: 통찰은 잠긴 지하실에 있는 무의식을 캐는 과정인가

베티 드레이퍼는 정신분석가의 진료실로 들어가 스카프와 코트를 벗고 조심스럽게 검은 가죽 소파에 주저앉는다. 정신분석가는 말 한마디 없이 수첩 하나를 챙겨 들고 그녀 뒤에 있는 안락의자에 앉는다. 깊은 한숨을 내쉰 베티는 잠시 머뭇거리다가 추수감사절을 앞두고 얼마나 스트레스를 받고 있는지 이야기하기 시작한다. 베티의 시야 밖으로 앉은 정신분석가는 수첩만 바라보며 그녀가 이야기하는 내내 가끔씩 "네에"라고 호응해줄 뿐, 그녀의 독백에 끼어들지 않는다.

"좀 도움이 되었어요." 베티가 독백을 마무리하며 자신 있게 말한다. 하지만 실제로 도움이 되었을까? 이 장면은 1961년을 배경으로 한 드라마 〈매드맨Mad Men〉 시즌 1의 한 장면이다. 베티는 정신분석 상담을 통해 자신의 끊임없는 불안감을 해소하려 했다. 하지만 치료를 시작한 지 몇 개월이 지나도 진전이 없자, 그녀의 남편 돈은 점차 인내심을 잃어간다. "치료 과정입니다, 그 과정을 믿어야 합니다"라며 정신분석가는 그를 안심시키려 했다.

아마 정신분석의 아버지 지크문트 프로이트Sigmund Freud도 돈 드레이퍼에게 똑같은 말을 했을 것이다. 프로이트가 1896년에 개발하고 40년 동안 치료법으로 사용한 이 유명한 이론은, 인간에게는 의식 아래에 또 다른 정신 영역이 도사리고 있으며, 그것이 우리에 관한 중요한 정보들을 교묘히 억압하고 있다는 믿음을 기반으로 한다. 따라서 정신분석가는 심층적인 집중 분석을 통해서 고통스러울 수도 있는 통찰을 끄집어내야 하며, 이 과정은 흔히 몇 년이 걸리기도 한다고 주장한다. (베티 드레이퍼의 경우 정신분석가가 의사의 윤리강령을 어기고 자신의 상담 내용을 남편에게 보고하고 있다는 사실을 알지 못했다면 10년도 넘게 정신분석 상담을 받았을지 모른다.) 당신이 정신분석 상담을 받고 있을지 모르지만, 프로이트의 정신분석은 내적 자기인식과 관련된 가장 강력하고 가장 끈질긴 신화를 만들어냈다.

20세기에는 프로이트의 이론들이 널리 존경과 인정을 받았지만, 21세기에 들어와서는 분위기가 많이 바뀌었다. 예를 들어 심리학자 토드 뒤프렌Todd Dufresne은 "역사상 프로이트만큼 자신이 중요하다고 한 말 모두가 터무니없는 주장이었던 사람은 없다"며, 정신분석 이론에 전적으로 비판적 입장을 취했다. 프로이트가 과학적인 방법으로 이론을 검증하지 않았다는 타당한 비판과 함께, 심지어 그가 임상 기록들을 자신의 이론에 더 잘 들어맞게 조작하는 등 비윤리적인 행동까지 했다는 의심이 제기되었다. 많은 이가 프로이트의 방식이 잘해도 효과가 없었을 것이고, 사실상 일부 환자의 정신건강을 악화시켰을 거라고 주장한다. 유명한 사례인 '늑대인간' 세르기우스 판케예프Sergius Pankejeff의 경우를 살펴보자. 프로이트는 그의 심각한 불안증과 우울증을 치료해 주었다고 했다. 유감스럽게도 판케예프의 이야기는 달랐다. 무려 60년 동안이나 정신분석을 참아냈던 그는 프로이트가 자신의 인생에 '재앙'에 가까운 영향을 미쳤다고 했다.

프로이트의 이론 중 많은 부분이 신빙성을 잃었지만, 자기성찰에 대한 우리의 믿음에는 여전히 지대한 영향을 끼치고 있다. 이미 이러한 이론이 틀렸다는 것이 밝혀졌지만, 많은 사람이 여전히 심리치료든 다른 자기검토 기법이든 심리를 깊이 파헤침으로써 자기통찰을 끄집어낼 수 있다고 믿는다.* 프로이트가 무의식의 존재를 확인시켜준 점에서는 인정받을 만하지만, 무의식이 어떻게 작동하는지에 대한 그의 견해는 완전히 틀렸다. 특히 프로이트는 우리 무의식 속의 생각, 동기, 감정, 행동을 정신분석으로 이해할 수 있다고 했지만, 이후의 연구 결과들은 우리가 아무리 열심히 노력해도 무의식의 내용을 결코 밝혀내지 못한다는 사실을 명백히 보여주었다. 프로이트는 마치 무의식이 자물쇠가 채워진 지하실에 갇혀 있고, 그가 열쇠를 찾았다고 믿었던 듯하다. 하지만 현대의 과학자들은 열쇠가 없음을 입증했다(영화 〈매트릭스〉에서 숟가락이 없었던 것처럼 말이다). 다시 말해서 우리의 무의식은 잠긴 지하실 문 뒤편이 아니라 세상에서 보안이 가장 삼엄한 지하 금고 안에 있다.

하지만 프로이트의 기법이 통찰을 가져다주지 않는다면, 심리치료

* 공정을 기하기 위해 말하자면 정신분석도 진화했고, 21세기의 정신분석 기법은 잠긴 지하실 문을 열려고 하는 대신 자신에 대한 통합적 관점을 얻게 해주려고 노력한다. 이는 우리가 6장에서 배울 인생 이야기 쓰기 기법과 유사하다.

를 비롯해서 우리의 무의식 속을 들여다보려는 모든 기법이 통찰을 얻는 데 무용지물인 것일까?* 심리치료는 부부나 가족 간의 이해 증진이나 우울증과 불안증 같은 심리 장애 치료에 효과가 있음이 입증되었고, 실생활에서 사용되고 있다. 하지만 일부 연구 결과들을 고려하면 심리치료가 자기인식을 전반적으로 향상시킨다고 가정해서는 곤란하다. 첫째, 심리치료가 가져오는 효과의 절반은 플라세보 효과placebo effect로 설명할 수 있다. 즉 상담이 도움이 되리라는 '생각' 자체가 증상 개선에 일조한다. 더욱이 상담심리학자 제니퍼 라이크Jennifer Lyke의 지적처럼 심리치료의 성공을 예측하는 가장 중요한 변수는 상담자가 사용하는 기법이 아니라, 상담자와 내담자의 관계이다. 하지만 우리 유니콘의 20퍼센트를 포함한 다수의 사람은 심리치료를 통찰의 경로로 성공적으로 활용하고 있으므로, 이 방식을 완전히 무시해서는 안 된다.

그러므로 "심리치료가 효과가 있는가?"가 아니라, "심리치료를 어떻게 활용해야 통찰을 최대로 높일 수 있는가?"가 적절한 질문일 것이다.** 특정 조건하에서, 특히 현명한 자세로 심리치료에 접근하고 잠재적 한계를 인지할 때는 심리치료가 어느 정도 효과가 있을 수 있기 때문이다.

가장 중요한 것은 올바른 접근법의 선택이다. 자기성찰 과정보다는 통찰의 결과(예를 들어 우리의 가치, 반응, 행동양식 등을 포함한 통찰의 일곱 축)에 집중하는 접근법이어야 한다. 로스앤젤레스를 기반으로 활동

* 여기서 지적하고 넘어가야 할 중요한 사항이 있다. 내가 이야기하는 심리치료에는 6장에서 논의될 해법 중심의 접근법인 리더십 훈련과 경영자 코칭은 포함되지 않는다.

** 학대, 우울, 불안 등과 같은 심각한 문제가 아닌 일상적 문제와 일반적인 통찰을 위한 치료라는 가정하에서 하는 이야기이다.

하는 임상심리학자 라라 필딩Lara Fielding 박사는 "심리치료 과정에서 너무 많은 자기성찰을 하면 우리가 풀어놓은 이야기에 갇히게 될 위험이 있다"고 지적한다. 다시 말해서 얼마나 상처받았는지 계속 이야기하기보다는 무엇을 배울 수 있고, 어떻게 앞으로 나아가야 할지에 집중해야 한다. 이런 접근법의 하나가 인지행동치료CBT: Cognitive Behavioral Therapy이다. 인지행동치료 전문가인 필딩은 '숙련된 자기반성skillful self-reflection'을 통해 비생산적인 생각과 행동양식을 파악한 후에 장차 더 나은 선택을 할 수 있게 하는 것이 인지행동치료의 목적이라고 한다. 캐런의 예를 들면 인지행동치료는 입양으로 인한 트라우마의 잔재를 인식하고 거기에서 벗어나 그녀에게 도움이 되지 않는 행동양식을 바꾸고, 이러한 이해와 함께 확고한 목적의식을 가지고 앞으로 나아가는 데 집중하라고 했을 것이다.

또 한 가지는 유연한 사고방식의 채택으로, 이는 심리치료사의 진료실 안과 밖 모두에 해당하는 조언이다. 유연한 사고방식은 프로이트가 흔히 그랬듯이 광범위한 감정과 행동의 뿌리에 놓인 한 가지 이유를 찾는 대신, 다수의 진실과 설명에 열린 자세를 유지한다는 의미이다. 그러려면 터키의 심리학자 오메르 심섹Omer Simsek이 절대적 진실에 대한 욕구need for absolute truth라고 부르는 욕구를 버려야만 한다. 자기성찰을 하는 (혹은 이 책과 같은 서적을 사는) 공통적인 이유 중 하나가 우리 자신을 최종적으로 완전히 파악하기 위해서라는 것은 반문의 여지가 없다.

하지만 역설적이게도 마치 절대적인 정답이 있는 문제처럼 자기이해를 추구하는 행동은 내적 자기인식을 가로막는다. 왜일까? 우리가 생각하고, 느끼고, 행동하고, 세상과 상호작용하는 방식에서의 미묘한 차이들을 인지하지 못하게 하기 때문이다. 심섹은 이런 접근 자세가 "우리가 경험하는 문제들을 바라보는 다른 시각을 찾거나 만들지 못하게 함으로써 자기반성의 유용성을 감소시킨다"고 지적했다. 절대적 진실의 추구는 통찰을 가로막을 뿐 아니라 우울, 불안, 또는 잠시 후 살펴볼 반추 같은 뜻하지 않은 부정적인 결과를 가져오기도 한다. 또한 직관에 반하는 이야기이지만, 내 연구에서는 자기인식이 뛰어난 사람들이 절대적 진실 욕구를 버릴 때 심리치료를 받든 안 받든 자기인식이 증가하는 것으로 나타났다. (당신이 절대적 진실에 대한 욕구를 느끼는 정도를 측정할 수 있는 간단한 진단은 '부록 J'에서 찾아볼 수 있다.)

그렇다면 내적 자기인식에 이르는 데 심리치료가 할 수 있는 역할은 무엇인가? 새로운 시각을 찾아보고, 우리 자신의 시각을 분석하게 해주는 도구로 보는 것이 가장 좋을 듯하다. 한 유니콘이 말했듯이, 상담사의 가치는 "우리의 생각, 감정, 행동을 거울로 비춰주는 데 있다." 더 일반적인 이야기를 하자면 자기성찰은 정답 찾기가 아니라 모든 가능성에 마음을 열고 호기심을 가지고 임해야 하는 과정이 되어야 한다. 나중에 다시 등장할 중학교 과학 선생님이자 유니콘인 켈시는 자기이해로 가는 길을 우주 탐사에 비유하며 "우리가 아는 것이 너무 적어서 더더욱 흥미진진하다"고 이야기한다. 결론은, 뒤범벅인 우리의 생각, 감정, 행동은 말할 것도 없고, 복잡한 세상의 어떤 일도 단 하나의 원인을 찾기는 불가능하므로, 절대적 진실에 대한 욕구를 버려야 자기인식의 발판이 마련된다는 것이다.

오해 #2: '왜'라고 묻지 않아야 할 이유는 무엇인가

당신이 좋아하는 영화나 책, 텔레비전 프로그램을 생각해보라. 그 작품을 왜 좋아하는지 설명해달라고 하면 뭐라고 답하겠는가? 처음에는 말로 설명하기 어려울지 모른다. "잘 모르겠어. 『위대한 개츠비』는 그냥 진짜 좋은 책이야." 하지만 생각을 조금 더 해보면 몇 가지 이유를 댈 수 있을 것이다. "등장인물들이 흥미롭지. 피츠제럴드의 문체는 깔끔하고 지적이야. 나는 늘 롱아일랜드를 좋아하기도 했고." 이 이유들에 대해 얼마나 자신하는지 묻는다면, 꽤 자신 있다고 답할 것이다. 하지만 자신이 있는 만큼 틀릴 확률도 높다. 우리 대부분이 자신의 생각, 감정, 행동에 대해 잘 안다고 생각하지만 이런 믿음은 착각에 불과하다는 연구 결과가 놀라울 정도로 많다.

웃긴 동시에 많은 것을 알려주는 한 연구에서 하버드 경영대학원의 두 교수는 남자 대학생들에게 스포츠 잡지들을 보여주었다. 그들은 여성 수영복 화보가 실린 특집호와 '최고의 선수 10인' 특집호를 준비했고, 각 잡지에서 다른 스포츠의 가짓수와 특집 기사의 수도 다르도록 골랐다. 그리고 의도적으로 참가자의 절반에게는 더 많은 스포츠 종목을 다룬 수영복 특집호를, 나머지 절반에게는 특집 기사가 많은 수영복 특집호를 건넸다. 교수들은 열심인 참가자들에게 선호하는 잡지를 선택하고, 그런 결정을 내린 이유를 순서대로 고르라고 했다(예를 들어 다루는 스포츠의 가짓수, 특집 기사의 수 등등). '전혀 놀랍지 않은 연구 결과' 범주에 들어갈 법한 이 연구의 결과는 남학생들이 수영복 화보가 있는 호를 압도적으로 선호한다는 것이었다.

하지만 이유를 설명해달라고 했을 때 흥미로운 일이 일어났다. 그들은 호르몬의 작용이 분명한 자신들의 선택을 합리화하기 위해서 잡지의 다른 특성들을 이것저것 부풀려서 이야기했다. 수영복 특집호가 더 많은 스포츠를 다루었다면 그것을 이유로 댔고, 특집 기사가 더 많았다면 그것을 이유로 댔다. 자신의 선택을 합리화하려는 우리의 경향은 웃기지만 무해한 행동으로 볼 수 있으나, 이런 경향은 더 중대한 사안을 결정할 때에도 영향을 끼친다는 조사 결과들이 많다. 예를 들어 남자의 직업이라는 고정관념이 있는 직군에서는 여자보다 남자의 채용을 선호하는 경향이 있다.

하지만 수영복 화보를 좋아하거나 여자보다 남자의 채용을 선호할 때, 우리는 이렇게 행동하는 진짜 이유를 '알면서' 단지 남들에게 그것을 인정하기 싫어하는 것은 아닐까? 그 답을 찾기 위해서 심리학에서 가장 유명한 실험들 중 하나를 살펴보도록 하자. 당신이 이미 알고 있는 실험이라 할지라도 우리가 자신의 행동 동기에 대해 얼마나 무지한지 다시 한번 상기시켜줄 것이다. 1970년대에 심리학자 도널드 더턴Donald Dutton과 아서 애런Arthur Aron은 캐나다 밴쿠버에 있는 카필라노 공원에서 창의적인 연구를 진행했다. 그들의 연구 대상은 공원을 방문한 관광객들로 카필라노 강 위에 놓인 두 개의 다리 중 하나를 막 건넌 사람들이었다. 첫 번째 다리는 튼튼한 듯했고, 그리 무서워 보이지 않았다. 두 번째 다리는 73미터 공중에 매달린 현수교였다. 다음 사진에 보이는 다리를 건너며 느낄 감정을 상상해보라.

더턴과 애런은 아름다운 여성을 고용해 두 다리의 끝에 서서 다리를 건너온 남성들에게 짧은 설문조사를 실시하게 했다. 설문지 작성이 끝난 후에는 "더 이야기해줄 것이 있으면" 연락해달라며 전화번호를 건

네주도록 했다. 그리고 얼마나 많은 남자가 데이트를 신청하기 위해 전화하는지 살펴봤다. 그들은 현수교를 건너온 남자들이 다리를 건너면서 느낀 순간적인 흥분을 여성 때문인 것으로 착각해서 전화하는 비율이 더 높으리라고 예상했다. 그리고 결과는 예상대로였다. 튼튼한 다리를 건넌 참가자들 중 12퍼센트만 데이트를 신청한 반면, 현수교를 건넌 참가자들의 50퍼센트가 그녀에게 전화를 걸었다.

하지만 더턴과 애런이 남자들에게 '왜' 전화했는지 물었을 때 "위태로워 보이는 현수교를 건너니 자율적 각성 상태에 돌입하게 되었는데, 심장박동 수가 증가하고, 입이 마르며, 손바닥에 땀이 차는 상태를 다리에서 떨어져 수백 미터 아래로 추락해 죽음에 이르는 두려움 때문에 일어나는 반응이 아닌 다리 끝에 있는 여성을 보고 느낀 감정으로 잘못 생각했습니다"라고 답한 사람이 있었을까? 그들의 답은, "그녀가 예뻐서 전화했습니다"에 더 가까웠다. 하지만 이 여성의 외모는 어느 다리 끝에 서 있을 때든 같았기 때문에 그녀의 외모가 데이트 신청의 전적인 이유일 수 없다. 단지 가장 합리적이고 타당해 보이는 답이었을 것이고, 그렇기에 남자들은 더 의문을 품지 않고 이유로 내세웠을 것이다. 벤저민 프랭클린이 이야기했듯이, "합리적인 동물이 되는 것은 너무나 편리하다. 마음먹은 어떤 일이든 이유를 찾거나 만들 수 있게 해주기 때문이다."

'왜?'라고 물을 때, 즉 우리 생각, 감정, 행동의 원인을 검토할 때 우리는 결국 가장 쉽고 가장 타당할 듯한 답을 찾는다. 그런데 안타깝게도 하나의 답을 찾으면 우리는 그것이 맞는지 틀렸는지 알 길이 없음에도 불구하고 더 이상의 답을 찾기를 멈춘다. 이것이 기존의 믿음들을 뒷받침하는 증거만 보거나 만들어내는 '확증 편향confirmation bias'의 결과일 때도 있다. 우리가 손쉽게 찾는 답들은 이미 믿고 있는 우리의 자기인식을 반영하기 때문에 의심 없이 정답으로 받아들이기 쉽다. 예를 들어 자신을 문학적인 사람으로 생각한다면 『위대한 개츠비』를 좋아하는 이유로 피츠제럴드의 깔끔한 문체를 댈 것이고, 자신을 심리학을 꿰고 있는 사람으로 자부한다면 캐릭터들의 다면성을 이유로 내세울 것이다. 이 예가 보여주듯이 '왜'라는 질문이 통찰을 흐릴 수 있는 동시에 새롭게 얻은 '통찰'에 대한 지나친 자신감을 갖게 할 수 있다.

'왜'라는 질문을 던지면 우리의 게으른 뇌가 우리를 잘못 인도할 수도 있다. 내가 당신의 인간관계는 왜 지금과 같은 상태인지 질문한다고 생각해보자. 그리고 바로 전날 밤 당신의 배우자가 회식에서 예정보다 늦게 돌아온 탓에 당신 집을 방문한 시부모님이나 처부모님을 위해 당신 혼자 저녁 식사 준비를 해야 했다고 하자. '최신 효과recency effect' 때문에 배우자와의 관계를 생각할 때 이 사건이 두드러져 보일 수 있다. 그래서 왜 지금과 같은 인간관계를 갖게 되었느냐는 질문에, 당신의 뇌는 아주 게으르게도 제일 먼저 떠오르는 "남편은 집에서 충분한 시간을 보내지 않고 자기 부모님을 나 혼자서 상대하게 둔다"는 설명을 댈지도 모른다. 그런 일이 자주 일어나지 않고 당신의 배우자다운 행동이 아니라도 말이다. 마찬가지로 처부모님 혹은 시부모님과 혼자 남겨두는 상황이 아니라 평소에는 얼굴 보기도 힘든 배우자가 깜짝 주말 여행을 준비해준 일이 있었다면, 당신의 뇌는 배우자와의 관계를 실제보다 좋게 생각하도록 만들 수 있다.

또한 '왜'라는 질문은 우리 판단의 수준을 떨어뜨릴 수 있다. 한 연구에서는 자칭 농구 전문가들에게 전국농구대회의 경기 결과들을 예측하게 했다. 참가자의 반은 예측하기 전에 그 이유를 분석하게 했고, 나머지 반은 예상 결과만 말하게 했다. 놀랍게도 결정에 대해 고민을 더 많이 한 쪽의 승패 예측이 훨씬 부정확했다. 너무 많은 생각을 하기 시작한 순간, 그들의 전문지식은 쓸모가 없어졌다. 다른 연구들에서는 '왜'라는 질문이 우리가 내린 결정에 대한 만족도를 떨어뜨린다는 결과가 나왔다.

마지막으로 '왜'라는 질문은 우리의 전반적인 정신건강에 부정적인 영향을 끼치기도 한다. 한 연구에서는 영국 대학생들에게 지능검사라고 하면서 시험을 치르게 하고 점수가 나쁘다는 소식을 전한 뒤, 현재 그들이 느끼는 기분에 대해서 글을 쓰게 했다. 통제집단과 비교했을 때 그들은 실험 직후는 물론, 심지어 12시간 후까지 우울했다. 이 실험에서 '왜'라는 질문은 참가자들이 실망감을 털어내고 앞으로 나아가는 건강하고 생산적인 대응 대신, 문제를 되씹어 생각하고 책임을 따져보게 했다.

'왜'라는 질문이 우리의 생각과 감정에 대한 이해를 높이지 못한다면, 어떤 질문을 해야만 하는가? 심리학자 J. 그레고리 힉슨Gregory Hixon과 윌리엄 스완William Swann은 극히 간단한 답을 제시한다. 그들은 대학생들을 대상으로 하는 실험에서 학생들에게 학기 초에 실시한 '사회성, 호감도, 흥미도' 검사를 토대로 두 명의 채점자가 학생들의 성격을 평가한다고 알려준 후에 채점자들의 평가가 얼마나 정확한지 판단해 달라고 했다. (사실 모든 학생이 받은 결과는 똑같았다. 채점자 한 명은 긍정적인 평가를 내렸고, 다른 한 명은 부정적인 평가를 내렸다.) 정확성에 대한 평가를 내리기 전 일부 학생에게는 그들이 '왜' 현재와 같은 사람이 되었는지 생각하게 했고, 나머지 학생에게는 그들이 '어떤' 사람인지에 대해 생각하게 했다.

'왜'라는 질문을 받은 학생들은 부정적인 평가를 받아들이지 못했다. 그들은 부정적인 평가를 받아들일 생각이나 고려조차 하지 않았고, 그 대신에 '합리화하고, 정당화하고, 변명하는' 데 시간을 다 썼다. 반면에 '어떤' 사람이냐는 질문을 받은 학생들은 동일한 부정적인 평가를 더 열린 마음으로 받아들였고, 본인을 더 잘 이해하는 데 도움이 될지도 모른다고 수긍했다. 여기서 얻어야 할 교훈은 '어떤' 혹은 '무엇'을 묻는 질문은 우리에 관한 새로운 정보를 찾았을 때, 설령 그것이 부정적이거나 기존의 믿음에 반하더라도 우리가 열린 마음으로 받아들일 수 있게 해준다는 점이다. '왜'라는 질문은 기본적으로 정반대의 효과를 낳는다.

이 모든 사실에 비추어봤을 때 우리의 유니콘들이 '왜'라는 질문은 거의 하지 않는 반면, '무엇'에 대한 질문은 자주 했다고 보고한 것이 수긍이 된다. 우리가 인터뷰 전문을 분석해보니 '왜'라는 단어는 150번보다 적게 사용된 반면, '무엇'이라는 단어는 1,000번도 넘게 사용되었다! 42세 엄마로 변호사 일에서 행복을 찾지 못할 것이라고 자각한 뒤 과감히 일을 그만둔 유니콘이 이에 대해 아주 적절히 설명해주었다.

> '왜?'라고 묻기 시작하는 순간, 피해자의 사고방식으로 모든 것을 보게 됩니다. 그 때문에 사람들은 평생 심리치료를 받게 되죠. 마음이 평온하지 않을 때 나는 다음과 같은 질문들을 던져요. "무슨 일이 일어나고 있지?" "어떤 감정을 느끼는 거지?" "머릿속에서 어떤 생각들이 오가고 있지?" "어떤 다른 시각으로 이 상황을 바라볼 수 있지?" "더 나은 대응을 위해서 무엇을 할 수 있지?"

그러므로 내적 자기인식을 극적으로 향상시킬 수 있는 간단한 방안은 '왜'가 아닌 '무엇'을 묻는 것이다. 실생활에서 이 기법이 어떻게 활용될 수 있는지 알아보자. 최근에 나는 아주 가까운 친구인 댄과 이야기를 나누었다. 수년째 자신의 사업체를 운영하고 있는 댄은 멋진 인생을 살고 있다. 돈도 많이 벌고, 아주 큰 집에 살며, 일주일에 몇 시간씩만 재택근무를 하고 세계 각지를 누비고 다녔다. 그런 까닭에 그가 "난 전혀 행복하지 않아. 회사를 팔아야겠어. 하지만 그 뒤에 무엇을 하고 싶은지 모르겠어"라고 말했을 때 나는 깜짝 놀랐다.

이 상황이 나에게는 기회로 보였다. 나는 엽기적인 인간처럼 신이 나서 댄에게 나의 새로운 기법을 그에게 써봐도 되겠느냐고 물었다. 그는 승낙했다. 우선 "왜 하는 일을 바꾸고 싶어?"라고 묻자, 댄은 절망적인 한숨을 길게 내쉬며 자신의 결점들을 털어놓기 시작했다. "난 너무 쉽게 싫증을 내. 냉소적인 사람이 되었고. 내가 세상에 무슨 보탬이 되고 있는지 모르겠어." '왜'라는 질문은 내가 예상한 효과를 보였다. 도움이 될 만한 통찰을 가져오지도 못했을 뿐 아니라, 댄은 일에 흥미가 떨어진 이유를 찾으려 할수록 더 큰 혼란에 빠졌다. 그래서 나는 얼른 노선을 바꿨다. "자기 일의 어떤 부분이 싫어?" 그는 잠시 생각에 잠겼다. "나는 컴퓨터 앞에 앉아서 원격으로 회사를 이끌어가는 게 싫어. 시차는 또 어떻고. 너무 지치고 단절된 기분이야."

"좋아, 도움이 되는 대답이었어"라고 내가 말했다. "자기가 좋아하는 것들은 뭐야?" 댄이 주저 없이 대답했다. "말하기. 나는 말하는 것을 아주 좋아해." 청중 앞에 서면 그는 즉각적인 반응을 이끌어낼 수 있다고 말했다. 나는 그 기분을 아주 잘 알기 때문에 생기를 띠어가는 댄의 모습을 금방 알아차렸다. 댄도 이를 자각하고 생각을 집중시키며 냉철하게 판단했다. 그는 현재 회사에서 맡은 역할을 조정해서 강연에 시간을 더 할애할 수 있을지 고민하기 시작했다.

나는 댄에게 몇 시간이고 '왜'라는 질문을 할 수 있었을 것이고, 그랬다면 그는 새로운 통찰을 얻지도 못한 채 기분만 나빠졌을 것이다. 하지만 '무엇(어떤)'으로 질문하자 그는 5분도 안 되어 매우 중요한 발견을 할 수 있었고, 잠재적인 해결책까지 도출해냈다. 댄의 경험이 잘 보여주듯이 '왜'라고 물으면 한계가 보이지만, '무엇'이라고 물으면 가능성이 보인다. '왜'라는 질문은 부정적인 감정들을 불러일으키지만, '무엇'이라는 질문은 호기심을 불러일으킨다. '왜'는 과거에 갇히게 하지만, '무엇'은 더 좋은 미래를 설계할 수 있게 한다.

사실 '왜'에서 '무엇'으로 질문을 바꾸는 것이 피해의식에 사로잡혀 살지, 성장하게 될지 결정지을 수도 있다. 2장에서 소개했던 경영자이자 주민단체 활동가인 유니콘, 폴은 독일에서 잠시 일하다가 미국으로 돌아왔을 때 작은 도자기 제조업체를 인수하기로 결심했다. 폴이 조사해보니 비록 설비는 낙후되었지만 잠재성이 있는 회사 같았다. 불황도 이겨냈고 장기근속한 직원도 많았다. 하지만 폴이 회사에 이런저런 변화를 주려 하자 직원들은 당장 반발하며 나섰고, 작업 일정이 지체되는 바람에 이미 어려웠던 회사 사정은 더 나빠졌다. 폴은 예산과 현금준비금을 너무 낙관적으로 평가했음을 금방 알게 되었다.

이때 폴은 '왜'를 묻는 아주 위험한 길을 걸을 뻔했다. 왜 회사 수지를 회복시키지 못할까? 왜 재무계획을 더 잘 세우지 못했을까? 왜 직원들은 말을 안 들을까? 하지만 폴은 이런 질문들이 생산적이지 않다는 것을 알았다. 그래서 그 대신에 "이제 어떻게 하지?"라고 자문했다. 그는 똑같이 매력적이지 않은 세 가지 방안을 두고 고심했다. 그가 예금해둔 돈을 전부 쏟아부을 수도 있고, 거액을 대출받을 수도 있고, 폐업할 수도 있었다. 그는 폐업하기로 결정했다. 이때도 그는 '무엇'을 질문했다. "폐업하려면 무엇을 해야 하지? 고객들에게 주는 피해를 최소화할 방법은 뭐지? 회사의 가치를 최대로 인정받을 방법은 뭐지?"

이런 통찰로 무장한 폴은 계획을 세우고 실행에 옮기기 시작했다. 상황을 냉철하게 보고 있었기에 그는 회사를 정리하며 남들에게 도움을 줄 만한 창의적인 방법까지 찾아냈다. 예를 들어 미완성 제품 재고가 남자, 그는 제품들을 폐기하는 대신 도자기 공예 수업을 진행하는 여러 가게에 기부했고, 가게 주인들은 뜻밖의 횡재에 크게 기뻐했다. 장비 역시 학교와 비영리단체에 기부했다. 폴은 인생의 근간을 뒤흔들 수 있는 지진 같은 사건을 자신의 가치를 보여주고 좋은 일을 할 기회로 삼았다.

'왜가 아닌 무엇'은 문제에 대한 통찰을 키워줄 뿐만 아니라 우리의 감정을 더 잘 이해하고 관리할 수 있게 해준다. 17세기 철학자 베네딕트 드 스피노자Benedict de Spinoza의 말을 들어보자. "열정으로 다가왔던 감정도 우리가 그것에 대한 확실하고 뚜렷한 개념을 확립하는 순간 열정이 아니게 된다. 감정은 우리의 통제하에 놓이고, 우리의 정신은 감정 앞에서 덜 수동적이게 된다."

어느 날 퇴근 후에 아주 기분이 좋지 않다고 생각해보자. "기분이 왜 이렇지?"라고 묻지 않도록 경계해야 한다는 것을 우리는 이미 알고 있다. "나는 월요일을 끔찍이 싫어하니까!" 혹은 "나는 항상 부정적인 사람이야!"와 같이 도움이 되지 않는 답들만 이끌어낼 가능성이 크기 때문이다. 그 대신에 "나는 지금 어떤 감정을 느끼고 있는가?"라고 물으면 어떨까? 아마도 일이 너무 많았고, 지쳤고, 배가 고프다는 것을 깨닫게 될 것이다. 그러면 감정이 일어나는 대로 무턱대고 반응하는 대신 한 걸음 뒤로 물러서서 생각한 뒤, 저녁 식사를 준비하고, 직장 스트레스를 관리하는 방법에 대해 친구에게 조언을 구하고, 그날은 일찍 잠자리에 들 것이다.

'왜' 대신 '무엇'을 묻는 질문은 우리의 감정에 이름을 붙이게 한다.

이것에 대한 유용성은 많은 연구가 입증해주었다. 단순히 감정을 느끼는 대신 언어로 표현하는 행위는 투쟁 또는 도피 반응fight-or-flight response을 관장하는 편도체가 활성화되는 것을 막음으로써 우리로 하여금 감정을 다스릴 수 있게 해준다. 너무 단순한 방법이라서 믿기지 않는다면, 일단 일주일 동안 감정에 이름을 붙이는 훈련을 해본 뒤에 어떻게 달라지는지 관찰해보라.

지금까지의 설명에도 불구하고 '왜' 대신 '무엇'을 질문하라는 주장을 완전히 납득하기 힘든 사람이 있을 수 있다. 경영대학원을 다녔거나 근본 원인 분석 같은 기법을 훈련받은 사람이라면 더더욱 그럴 것이다. 짐 콜린스Jim Collins는 그의 저서 『위대한 기업은 다 어디로 갔을까 *How the Mighty Fall*』에서 기업이 '어떤' 회사라는 생각에만 빠져 있고 '왜' 지금에 이르렀는지 이해하지 못할 때 사라질 위기에 놓인다고 주장한다. 이 지적은 '왜가 아닌 무엇'을 질문하라는 규칙에 아주 중요한 예외가 있음을 보여준다. 비즈니스 문제 또는 팀이나 단체의 문제를 해결하려 할 때는 '왜'라는 질문이 대단히 중요하다. 예를 들어 한 직원이 중요한 고객과의 프로젝트에서 실수했을 때, 왜 실수를 했는지 분석하지 않는다면 그 실수가 재발할 위험을 그대로 안고 가는 것이다. 혹은 신제품이 실패했다면 그 이유를 알아야 더 좋은 제품을 만들 수 있다. '왜'라는 질문은 우리 주변 상황의 이해를 돕고 '무엇'이라는 질문은 우리 자신에 대한 이해를 돕는다고 이해하면 될 것이다.

오해 #3: 일기 쓰기가 무조건 도움이 될까

찰리 캠손Charley Kempthorne은 50년 넘게 일기를 써왔다. 교수에서 화가로 변신한 그는 매일 아침 해가 뜨기 전에 그의 과거, 신념, 가족, 심지어 그의 단점을 되돌아보는 글을 최소 1,000단어 이상 타자로 친다. (오랫동안 손으로 일기를 쓰다가 1980년대에 백화점에서 충동적으로 타자기를 구입한 뒤로는 쭉 타자기로 일기를 작성해왔다.) 그의 부지런한 글쓰기의 결실은 캔자스주 맨해튼 시에 위치한 인상적인 보관시설에서 찾아볼 수 있다. 그는 무려 1,000만 단어에 가까운 양의 글을 인쇄하고 제본해 정리해두었다. 캠손은 이 프로젝트가 그 자체로 중요하다고 말한다. "내 인생을 더 잘 이해할 수 있게 해주죠……또는 기분이 좋아져 하루를 활기차게 시작하도록 해주는 것도 같네요." 그러나 캠손이(그리고 다른 일기 중독자들도) 알면 실망하겠지만, 그의 오래된 습관이 사실 자기인식의 향상을 선사하지 않았을 수도 있다.

지금 당신은 내가 정신 나간 소리를 한다고 확신하고 있을 것이다. '일기가 내적 자아와 가까워질 수 있는 가장 효과적인 방법이라는 사실은 세상 사람 모두가 알고 있어!'라고 생각할지도 모른다. 하지만 점점 더 많은 연구가 일기 쓰기를 통한 자기성찰에는 경험에서 얻는 통찰을 바로 집어삼킬 수 있는 함정들이 숨어 있다고 암시한다. 내 연구의 경우만 해도 일기를 쓰는 참가자들의 내적(또는 외적) 자기인식이 일기를 쓰지 않는 참가자에 비해 뛰어나지 않다는 결과가 나왔다. 작지만 중요한 예외가 한 가지 있었는데, 이는 잠시 후에 살펴보도록 하겠다. 또 다른 연구에서는 일기를 쓰는 학생들이 자기반성은 더 많이 하지만 통찰은 부족하다는 결과를 내놓았다. 게다가 그들은 불안도 더 심했다.

하지만 유니콘의 35퍼센트는 일기를 쓴다. 모순 같은 이 기이한 사실을 어떻게 이해해야 할까? 이런 모순은 일기 쓰기가 도움이 되는지 묻는 대신에 일기를 효과적으로 쓰는 방법을 찾음으로써 해결할 수 있다.

심리학자 제임스 페니베이커James Pennebaker가 수십 년간 해온 표현적 글쓰기expressive writing 연구가 방향을 제시해준다. 표현적 글쓰기는 한 번에 20분에서 30분 동안 '우리 삶에 큰 영향을 끼치고 있는 사안들에 대한 매우 깊은 생각과 감정들'을 글로 옮기는 것이다. 페니베이커는 30년 넘게 표현적 글쓰기를 지도해오면서 이 방식이 중대한 문제를 경험한 거의 모든 사람에게 도움이 된다는 것을 확인했다. 자신의 문제를 글로 쓰기가 고통스럽다는 사람들도 있었으나, 이는 단기적인 문제였을 뿐 장기적으로는 거의 모든 사람의 기분과 심신의 건강이 좋아졌다.

페니베이커와 그의 동료들은 표현적 글쓰기를 하는 사람들은 기억력이 더 좋고, 더 좋은 성적을 받으며, 결근율이 낮고, 실직 후에도 더 빨리 재취업을 한다고 밝혔다. 표현적 글쓰기는 심지어 대학 테니스팀 선수들의 실력 향상에도 도움이 되는 것으로 입증되었다. 흥미롭게도 정신적인 효과만큼 신체적인 효과도 얻을 수 있는 듯하다. 한 연구에서는 단 4일간 표현적 글쓰기를 한 대학생들이 통제집단과 비교했을 때 면역력도 더 좋았고 병원에도 덜 갔다고 했다.

일기에 긍정적인 이야기를 많이 쓸수록 긍정의 심리적 효과가 커질 거라고 직감적으로 생각할 수 있다. 하지만 이 또한 오해다. 한 연구에서는 3일 동안 매일 8분씩 자기 인생에서 가장 행복했던 순간들 중 하나를 글로 쓰게 했다. 일부 참가자들은 그 순간을 상세히 분석하라는 지시를 받았고, 다른 참가자들은 회상해보라는 지시만 받았다. 분석을 한 참가자들은 회상만 한 참가자들에 비해 개인적인 성장, 자기수용, 행복에서 낮은 점수를 받았다. 왜 그랬을까? 체스터턴G. K. Chesterton이 "행복은 종교처럼 신비로운 것이라서 합리화하려 해서는 안 된다"고 예리하게 논평했듯이, 좋았던 순간을 따져서 생각하느라 그 순간의 기쁨을 되새겨보지 못했기 때문이다. 반면에 행복한 기억의 회상에만 집중한다면 이런 함정을 피하기는 비교적 쉽다. 그러므로 우리가 배울 수 있는 첫 번째 교훈은 일기 쓰기를 통해 통찰을 얻으려면 부정적인 일은 탐색하되 긍정적인 일은 너무 오래 붙들고 분석하지 말라는 것이다.

표현적 글쓰기를 통해 부정적인 사건들을 탐구할 때는 이를 배움과 성장의 기회로 생각하고 임해야 최고의 효과를 거둘 수 있다. 페니베이커는 이렇게 지적한다. "어떤 상황을 계속 같은 방식으로 거듭해서 일기에 쓰면 효과가 없다. 자신의 경험을 보는 견해가 성장하고, 변화하고, 정리되어야 한다." 캠손 씨의 경우 현명하게도 일기 쓰기 방식을 발전시켜나갔다. 스스로 "젠체했다"고 평하는 초기의 일기들은 자기성찰에 지나치게 초점이 맞춰져 있었지만, 이제는 "장면의 짧은 서술"에 그친다고 한다. 그는 이런 변화를 통해 자신의 감정과 경험에 대한 이해가 깊어졌다고 한다. 표현적 글쓰기를 통해 가장 큰 효과를 본 사람들은 문제를 지각한 대로 조리가 없고 정리가 안 되게 쓰기 시작했다가 일관성 있고 의미 있는 이야기로 마무리하는 경향이 있다(이 부분에 대해서는 다음 장에서 다시 설명할 것이다).* 그런 면에서 일기 쓰기

* 부정적인 사건을 이해하기 위해 일기를 쓰면서 '추론', '이유', '이해', '깨닫다'와 같이 인과관계나 통찰과 관련된 단어를 많이 쓸수록 일기의 효과는 배가되었다.

는 심리치료와 비슷하다. 거울을 비춰주듯이 탐사의 수단처럼 일기를 쓴다면 과거와 현재를 이해하고 더 건설적으로 미래로 나아갈 수 있게 해준다.

일기를 쓰면서 빠질 수 있는 또 다른 함정은 일기를 감정의 배출구로만 쓰는 것이다. 흥미롭게도 표현적 글쓰기의 다양한 혜택은 기술하려는 사건의 사실적 측면과 감정적 측면 모두를 쓸 때만 나타나고, 한 가지만 포함된 일기 쓰기는 통찰을 이끌어내는 효과가 없다. 논리적으로 이해가 되는 부분이다. 감정을 탐구하지 않으면 우리의 경험을 완전히 체화하지 못하는 것이고, 사실을 탐구하지 않으면 비생산적인 감정의 소용돌이에 빨려 들어갈 위험이 높다. 진정한 통찰은 우리의 생각과 감정 모두가 정리될 때만 얻을 수 있다.

하지만 일기를 쓰다가 자기몰두에 빠지지 않도록 항상 경계해야 한다. 유니콘들은 소셜 미디어를 쓸 때도, 얼굴을 맞대고 대화할 때도 자신 이외의 일들에 집중하는 시간이 길다는 사실을 기억할 것이다. 일기 쓰기에서도 마찬가지였다. 앞에서 언급했던 내 연구에서도 일기를 쓰는 사람들이 쓰지 않는 사람들에 비해 한 가지를 제외한 모든 영역에서 내적 자기인식이 뛰어나지는 않았다. 많은 사람이 일기 쓰기를 자신의 내면세계를 탐색할 기회로만 보는 반면, 자기인식이 뛰어난 사람들은 일기 쓰기가 자신이 남에게 미치는 영향을 이해하게 해주는 수단이 될 수도 있음을 알고 있다. 그런 까닭에 일기를 자주 쓰는 유니콘들은 다른 사람들의 시각을 고려해보는 글을 종종 쓴다고 보고했다. 한 유니콘은 친구와 곤란한 이야기를 나누던 중 결국 친구가 울음을 터뜨렸는데, 왜 우는지 도저히 이해를 못 했던 일화를 들려주었다. 그녀는 그 일을 한동안 그냥 내버려뒀다가 충분한 준비가 되었을 때, 친구의 관점에서 그 대화가 어떠했을지 일기로 썼다고 했다. 그렇게 일기를 써보니 친구의 반응이 바로 이해되었고, 자신의 반응도 보다 객관적인 관점에서 볼 수 있었다고 한다.

일기를 쓸 때 신경 써야 할 마지막 한 가지는 캠손 씨를 제외한 모든 이에게 희소식일 것이다. 최대의 효과를 얻으려면 매일 일기를 쓰지 않는 것이 최선이다. 사실이다. 페니베이커와 그의 동료들은 며칠에 한 번씩 일기를 쓰는 것이 며칠씩 연속으로 일기를 쓰는 것보다 낫다고 밝혔다. "사람들이 끔찍한 사건에 대해서 몇 주씩 글을 써야 한다고 생각하지 않는다. 그럴 경우 한 가지 생각에만 잠겨 있거나 자기연민에 빠져버릴 위험이 있다. 이따금씩 한 걸음 물러서서 자기 인생의 현주소를 평가하는 것이 매우 중요하다." 아니나 다를까 소수의 유니콘만이 매일 일기를 쓴다고 했다. 2장에 등장했던 건축가에서 사업가로 변신한 제프는 어려운 결정을 내려야 할 때만 일기를 쓴다고 했다. 그는 다른 유니콘들처럼 일상의 심리 탐구 수단이 아니라 자기 인생의 큰 그림을 보는 수단으로 일기를 썼다.

일기를 자주 쓰는 사람이라면 당연히 어느 정도의 제한을 두는 것이 옳은 자세일 것이다. 약간의 자제력만 발휘하면 약간의 연습으로 일기를 덜 쓰면서도 더 많은 것을 배울 수 있게 된다. 현재 매일 일기를 쓰는 사람은 처음에는 이틀에 한 번으로 줄이고, 그다음에는 3일에 한 번, 그다음에는 일주일에 한 번씩만 쓰는 연습을 하라. 일기 쓰는 날들을 달력에 표시해놓고 포스트잇도 가까이에 두어 일기에 쓰고 싶은 주제가 떠오르면 그때그때 메모하도록 하자.

오해 #4: 자기성찰의 사악한 쌍둥이

마샤 돈지거Marcia Donziger에게 일어난 최악의 일이 스물일곱이라는 한창 나이에 난소암 3기 판정을 받은 것이었다면, 그녀에게 일어난 최상의 일들 중 하나는 수술과 화학요법 항암치료를 받고 회복하는 동안에 가족과 친구들에게서 받은 넘치는 사랑과 친절일 것이다. 마샤는 더할 나위 없는 고마움을 느꼈지만, 그런 사랑과 관심에는 놀라운 이면이 있다는 사실을 알게 되었다. 마샤는 친절을 베풀어준 모든 이에게 직접 감사를 표하고 근황을 알려줘야 한다는 부담을 느꼈다. 그녀는 그저 쉬고 싶었지만 같은 이야기를 반복하며 전화를 계속 돌려야만 했고, 금세 지쳐버렸다. 다행히도 마샤는 완치되었다. 하지만 사랑하는 이들에게 근황을 전하며 느꼈던 뜻밖의 부담이 도무지 잊혀지지 않았다.

몇 년 뒤에 마샤의 친한 친구들 중 한 명이 암 진단을 받았을 때, 그 친구는 가족 및 친구들과 소통할 수 있는 단순하지만 효과적인 웹사이트를 만들었다. 그것을 본 마샤는 생각했다. 모든 암 환자가 한 곳에서 자신의 근황을 알리고, 메시지를 주고받고, 자료를 찾고, 치료를 계획할 수 있는 무료 개인 맞춤 서비스가 있다면 어떨까? 이러한 서비스가 있다면 환자의 친구들과 가족들이 힘을 합치기가 용이해질 뿐 아니라, 환자는 모든 시간과 힘을 치료에만 쏟아부을 수 있을 듯했다.

마샤는 아이디어를 실행에 옮겨 비영리단체 MyLifeLine.org를 설립했다. 현재 이 사이트의 이용자는 수십만 명에 이른다. 그녀는 비영리단체를 계속 유지하기 위해서는 열심히 모금을 해야 하고, 그러려면 잠재적 기부자들을 대상으로 하는 연설이 대단히 중요하다는 것을 금방 알게 되었다. 운 좋게도 마샤는 자신에게도 절실했던 이 일에 대해서만큼은 항상 감동적으로 말을 잘했다. 어느 더운 봄날 켄터키 더비 경마장에서 벌인 MyLifeLine.org의 연례 모금 행사 전까지는 그랬다. 바로 전해만 해도 그녀는 연설을 마친 후 기립 박수를 받았다. 하지만 그날따라 마샤는 말이 잘 풀리지 않았고, 극심한 편두통까지 그녀를 괴롭혔다. 칵테일을 홀짝이며 자신의 연설을 기다리는 초대 손님 400명을 강단에 서서 바라보자니 입이 바짝바짝 마르고 머릿속은 텅 비어 갔다.

그랬지만 그녀가 결국에는 연설을 훌륭히 끝냈다고 내가 말해줄 줄 알았다면 안타깝게도 당신의 예상이 빗나갔다. 그녀의 연설은 엉망진창이었다. 말하는 속도는 너무 빨랐고, 발음은 꼬였으며, 중간에 무슨 말을 하는 중이었는지 완전히 잊어버리기도 했다. 드디어 연설을 끝냈을 때 예의상 치는 박수 소리가 약하게 들려왔지만 그녀에게는 야유로밖에 들리지 않았다. 연설 후에 마샤가 손님들과 어울릴 때도 연설에 대해 언급하는 사람은 아무도 없었다(전해에는 모두가 그녀에게 축하의 말을 건넸었다). 그녀는 MyLifeLine.org의 기대를 저버렸다는 생각에 마음이 무거웠다.

그날 밤 마샤는 가족에게 어떤 일이 있었는지 설명하면서 눈물을 흘렸다. 그리고 몇 주 동안 공개적으로 망신당했다는 생각을 떨쳐내지 못했다. 매일 아침 그녀는 부끄러운 기분으로 잠에서 깨어 자신의 연설과 청중들의 불편해하는 반응을 머릿속으로 재생했다. 그녀의 남자친구는 그렇게 나쁘지 않았다며 그녀를 다독였지만, 마샤는 한없이 자책했다.

존 밀턴John Milton은 정신이 "지옥을 천국으로, 천국을 지옥으로 만들 수 있다"고 말한 적이 있다. 인생을 살면서 당신도 한 번쯤은 끝없이 자기반성을 되풀이한 적이 있을 것이다. 그런 경험은 거의 모두에게 있다. 머릿속으로 특정 대화를 되돌리거나, 우리가 한(혹은 하지 않은) 행동에 대해서 자책하거나, 왜 자신이 원하는 모습에 미치지 못하는지 고민하느라 생각이 뒤엉켜버릴 때가 있다. '어쩌자고 그렇게 많은 사람 앞에서 창피한 짓을 한 거야? 왜 나는 아직도 이 끔찍한 연애를 하고 있을까? 나는 왜 이 망할 쿠키 좀 그만 먹고 명절 때 찐 살을 빼지 못하는 거지?' 자기반성을 무한 반복해본 사람이라면 누구나 알겠지만 이런 질문을 한두 번 하는 게 아니라 스스로에게 끊임없이 되물어 다른 생각은 아예 할 수 없는 지경에 이르게 된다.

이처럼 우리의 두려움, 단점, 불안에 생각이 외곬으로 흐르는 상태를 반추rumination라고 부르는데, 이는 자기성찰의 사악한 쌍둥이다.* 이미 추측했겠지만 반추는 정신적 지옥으로 이끌 수 있을 뿐 아니라, 통찰을 막는 거대한 장애물이기도 하다. 또한 마샤가 알게 되었듯이, 일단 반추의 늪에 빠지면 헤어 나오기 어렵다. 때로는 반추를 멈추지 못한다는 반추로 이어지기도 한다!

나는 우리 각자의 마음 깊숙이에 그악스러운 반추 성향이 자리 잡고 있다고 믿는다. 반추 성향은 언제라도 우리가 내리는 결정들을 비판하고 우리의 부족한 점에 대해서 상기시켜줄 준비가 되어 있다. 가끔씩 반추 성향이 교활하게 기습적으로 우리를 넘어뜨릴 때, 우리는 어떤 일이 일어나는지 인지하고 있으면서도 멈추지 못하고 무력하게 당하

* 대부분의 연구자는 반추가 걱정과 다르다고 믿는다. 일반적으로 반추는 과거나 현재의 사건에 집중하는 데 반해, 걱정은 주로 미래에 대한 두려움 때문에 생긴다.

고 만다. 하지만 더 위험한 일은, 반추 성향이 우리가 생산적인 자기성찰을 하고 있다고 착각하게 만들 때도 있다는 사실이다. 통찰을 얻기 위함이 아니라면 스스로 그런 정신적 자학을 계속할 이유가 무엇이겠는가? 마샤의 경우도 반추가 유익한 목적에 보탬이 된다고 믿기 십상이었을 것이다. 무엇이 잘못이었는지 이해할 수 있다면 다음에는 연설을 더 잘할 수 있지 않을까라고 생각할 수 있다. 나는 가끔 '반추'를 '반성'의 동의어로 쓰는 사람들을 만나기도 한다(예를 들어 "흥미로운 질문이네요. 며칠간 반추해보죠"라고 한다). 이런 이유로 반추는 자기성찰에 관한 오해들 가운데서도 가장 해롭다. 반추는 사실상 통찰을 막을 뿐만 아니라 생산적 자기성찰의 가면을 쓴다.* 자기인식에서 자기성찰이 걸림돌이라면, 반추는 재앙이다.

지금까지 묘사한 반추의 모습이 자신의 행동과 많이 다르지 않다고 생각할지 모르겠다. 개인차가 있지만 우리 모두는 반추에 빠진다('부록 K'의 평가를 통해서 당신이 반추에 빠지는 빈도를 측정해볼 수 있다). 또한 어떤 문제로든 반추에 빠질 수 있지만, 우리가 특별히 중요하게 여기는 일에서 자신의 부족함을 느낄 때 반추에 가장 많이 빠진다는 사실이 연구를 통해 밝혀졌다. 항상 남의 비위를 맞춰주는 사람은 친한 친구를 화나게 했을 때, 일 중독자는 인사고과에서 낮은 점수를 받았을 때, 헌신적인 어머니는 사춘기에 접어든 무례한 자식에게 최악의

* 우리가 '정상적'인 자기성찰을 할 때, 우리 뇌의 디폴트 모드 네트워크가 활성화된다. 하지만 스탠퍼드 대학교 연구원 폴 해밀턴J. Paul Hamilton은 반추에 빠지면 슬픔을 처리하는 뇌의 전전두엽 피질 부분 또한 활성화된다는 사실을 최근에 발견했다. 이 두 곳 모두 활성화된다는 사실은 반추가 어떻게 자기성찰의 탈을 쓰고 통찰을 얻는 뇌의 능력을 막을 수 있는지 보여준다. 투박한 설명이기는 하지만, 당신이 반추에 빠지면 "전전두엽 피질이 또 내 기분을 망치고 통찰을 못 얻게 하네!"라고 말할 수 있을 것이다.

엄마라고 불렸을 때 반추에 빠지기 쉽다.

하지만 그것이 정상이든 아니든 반추는 당신이 생각하는 것보다 더 해로울지 모른다. 내 연구 결과에 의하면, 반추를 자주 하는 이들은 인생과 인간관계에 대한 만족도가 낮고, 자신의 미래에 대한 통제력이 약하다고 느끼며, 전반적으로 덜 행복했다. 다른 연구들에서는 성적, 문제 해결력, 기분, 수면의 질과 부정적 상관관계가 있는 것으로 나타났다.

반추는 정신건강에도 슬픈 악순환을 야기한다. 예를 들어 우울증을 앓고 있는 이들은 반추의 사고 유형에 빠져 있을 확률이 높기 때문에 본인의 우울감에 더 집중하게 되고, 그 결과 더 깊은 우울증에 빠진다. 우울증을 앓지 않는다고 해도 반추에 자주 빠지는 이들은 스트레스에 더 민감하고 불안을 더 느낀다. 역대 최대 규모의 스트레스 연구 중 하나로 172개국 3만 2,000명을 대상으로 설문조사를 실시한 결과, 정신건강 문제를 예측하는 가장 중요한 변수는 개인이 경험한 불행한 사건의 수와 심각성이었지만, 반추의 수준도 참가자들이 느끼는 스트레스와 불안에 지대한 영향을 끼치는 변인으로 나타났다.

앞에서 우리는 자기성찰이 통찰을 얻는 데 걸림돌이 될 수 있다고 배웠다. 자기성찰이 걸림돌이라면 반추는 15미터 높이의 철벽이나 다름없다. 우리가 반추에 빠졌을 때는 우리의 문제를 보는 데 너무 많은 힘을 쏟는 까닭에 통찰의 축을 살필 정신적 여력이 없다. 우리의 유니콘들 중 한 명의 말처럼 "백미러만 들여다보고 있으면 우리는 가로등을 들이받고 말 것이다." 이것이 반추에 자주 빠지는 이들이 감정을 끊임없이 처리하고 있으면서도 그 실체를 정확하게 파악하지 못한다는 연구 결과가 나온 이유일 것이다. 그들의 사고는 한 가지 사건이나 반응, 개인의 문제점에만 집중되어 있어서 큰 그림을 보지 못한다.

반추가 통찰의 적인 또 다른 이유는 그것이 실질적으로는 회피 전략이기 때문이다. 끝없이 문제를 곱씹어 생각하는 반추에 대해 이런 말을 하는 것이 적절치 않아 보일 수도 있다. 하지만 우리가 부정적인 사건의 이유와 의미에 집착할 때, 사실 그에 수반된 감정들은 저만치 떨어뜨려 둔다. 그 감정들은 반추보다 더 큰 고통일 수 있기 때문이다. 실제로 반추와 음주 같은 다른 회피성 대처 전략 간에는 상관관계가 존재한다. 알코올의존증 재활치료를 갓 마친 사람들을 대상으로 한 연구에서 반추에 빠지는 이들은 반추에 빠지지 않는 이들에 비해 다시 알코올의존증에 빠질 확률이 70퍼센트나 더 높았다. 또한 반추에 빠지는 이들은 반추의 원인을 제공하는 사람이나 상황에 직면하기보다 피하는 것으로 밝혀졌다.

이런 이유들 때문에 반추는 우리 내면의 자아를 정확하게 파악하는 능력을 떨어뜨린다. 하지만 주로 내면으로 파고드는 반추가 우리의 외적 자기인식에도 문제를 발생시킬 수 있다. 우선 반추에 빠진 이들은 자책하기에 바빠서 남들이 자신을 어떻게 보는지 생각조차 하지 않는다. 대개 그들은 자신을 끝없는 수렁으로 빠뜨려버릴세라 피드백을 무시하거나 피한다. 그래서 그들은 다양한 시각에서 보는 능력이 떨어질 뿐만 아니라, 반추에 빠지지 않는 이들보다 더 나르시시즘과 자기몰두가 심하다.

자기인식의 유니콘들은 유해한 반추에 빠지는 일 따위와는 거리가 멀다고 가정하기 쉽다. 그들은 자기인식의 유니콘이지 않은가? 그러나 우리보다 빈도가 훨씬 낮기는 하지만 그들도 반추를 아예 하지 않는 것은 아니다. 반추를 한 적이 없다고 보고한 이는 7퍼센트뿐이었다. 하지만 그들은 약간 다른 두 가지의 전략을 사용한다는 사실이 우리 연구에서 밝혀졌다.

첫째, 유니콘들은 반추 성향이 슬그머니 나오려고 할 때 이를 인식할 수 있었고, 따라서 반추에 빠지지 않고 멈추는 데 능했다. 유니콘의 4분의 3은 반추를 막기 위해 특정한 전략을 사용했는데, 이는 잠시 후에 살펴볼 것이다. 두 번째로 그들은 전반적으로 반추에 빠지는 자신을 수용하는 자세를 보였다. 교사 출신의 주부이며 네 아이의 어머니인 한 유니콘은 이렇게 말했다. "반추를 아예 하지 않기를 목표로 삼을 수는 없다. 반추는 인생의 일부다. 내 목표는 반추를 최대한 빨리 알아보고, 거기서 빠져나올 수 있는 전략을 세우며, 반추에 빠졌다고 스스로에게 실망하지 않는 것이다." 이렇게 이야기한 유니콘도 있었다(사실 다음 장에서 만나볼 내 여동생 애비의 이야기다). "반추는 폭풍과 같다. 폭풍이 비를 쏟아붓고 지나간 뒤에는 파란 하늘을 볼 수 있다. 웃기게도 내가 반추에 대처하는 방법은 그것에 대해서 너무 걱정하지 않는 것이다!"

연설을 망쳤던 마샤의 이야기를 다시 해보자. 앞에서는 밝히지 않은 사실이 있는데, 사실 마샤도 유니콘이고, 그녀의 재앙과 같았던 연설은 자기인식을 찾아가는 그녀의 여정에서 결정적인 이정표가 되었다. 마샤가 반추의 수렁에 깊이 빠져들고 있을 때, MyLifeLine.org에서는 켄터키 더비에서 모금한 액수를 분주히 계산하고 있었다. 계산을 마친 후에 CEO는 직원들을 회의실로 소집했다. 그녀의 발표는 불길하게 시작되었다. "음, 솔직하게 말씀드리겠습니다." 마샤는 토할 것 같았다. 모금액이 적었다고 발표되는 순간, 전 팀원 앞에서 그녀의 실수가 도마에 오를 것이라고 각오하고 있었다.

하지만 오히려 "우리가 진행한 모금 행사 중에서 가장 성공적이었습니다"라는 발표가 있었다. 그 순간 마샤는 큰 깨달음을 얻게 되었다. 그녀만 자기 연설에 집착하고 있었을 뿐 다른 사람들은 이미 잊었고, 사람들에게는 신경 써야 할 중요한 일이 많다는 것이었다. 더군다나 버벅거렸던 그녀의 연설은 행사의 성공에 아무런 지장도 주지 않았다.

이런 깨달음을 얻은 후 마샤는 반추에 빠지려 할 때마다 스스로에게 다음과 같이 질문하게 되었다. '이 문제에 대해서 나만큼 관심 있는 사람이 있는가?' 답이 '아니요'일 때 그녀는 반추에 빠지지 않고 넘어가려고 노력한다. 사실, 남들은 우리의 실수에 그다지 관심이 없다는 사실을 스스로에게 상기시키기는 유니콘들이 반추를 막기 위해 가장 흔히 쓰는 전략의 하나였다.

반추와의 싸움에 도움이 되는 또 다른 사고방식은 1980년대 아동심리학자 캐럴 드웩Carol Dweck과 캐럴 디너Carol Diener에 의해 최초로 발견되었다. 드웩과 디너는 5학년 학생이 문제를 푸는 과정을 관찰한 결과, 아이들이 과제에 접근하는 두 가지 사고방식이 있다는 사실을 알게 되었다. 어떤 아이들은 점수에 관심이 더 많았고('결과 중심' 집단), 어떤 아이들은 배움과 발전을 더 중요시했다('학습 중심' 집단). 문제를 성공적으로 풀었을 때 두 집단 모두 몰두하고 기뻐했다. 여기까지는 놀라울 게 없다.

하지만 문제 풀이에 실패하면서 대단히 큰 차이가 나타나기 시작했다. '결과 중심' 집단의 아이들은 속상해하면서 실패를 자신의 단점 탓으로 돌렸다(즉 반추 성향이 작동되었다). 그들은 "하나도 재미없어. 내 장난감 갖고 집에 갈 테야"와 같은 종류의 반응을 보였다. 자신의 뛰어난 영역을 자랑하거나 연구원들에게 지루하다고 하는 등 다양한 핑계를 댔다. 우리가 반추에 대해서 배운 사실들에 비추어볼 때, '결과 중심' 집단의 3분의 2가 문제 해결력이 감소했다는 결과는 놀랍지 않을 것이다.

'학습 중심' 집단의 아이들은 실패에 완전히 다른 반응을 보였다. 사실 그들은 문제를 풀지 못해도 실패로 여기지 않았다. 한 아이는 두 손을 비비고 입맛을 다시며 "저는 이런 도전이 너무 좋아요!"라고 신나게 말했다(상상할 수 있는 가장 귀여운 반응이기도 할 것이다). '결과 중심' 집단이 자기혐오의 소용돌이에 빨려 들어간 반면, '학습 중심' 집단은 오히려 자신감이 커졌다. '학습 중심' 집단의 거의 모두가 문제 해결력을 유지했고, 그것이 상당히 증가한 아이도 적지 않았다.

결과보다 학습에 사고를 집중하는 성장형 사고방식은 반추를 물리치는 데 효과적일 뿐 아니라 성인들의 업무 성과도 향상시킨다고 한다. 예를 들어 한 연구에서는 의료용품 판매원들이 난관에 직면했을 때 성장형 사고방식이 버틸 수 있게 해주었음을 밝혀냈다. 3개월간의 판매 실적을 비교했을 때 성장형 사고방식을 가진 판매원들이 결과 중심의 사고방식을 가진 판매원들보다 실적이 좋았다.

일이 잘 풀리지 않을 때 당신은 '결과 중심' 사고방식을 보이는가, 아니면 '학습 중심' 사고방식을 보이는가? 당신은 고민의 늪에 빠지는가, 아니면 훌훌 털고 일어나서 다시 당면 과제를 해결하려고 하는가?

(만약 궁금하다면 '부록 L'의 평가지로 자가 진단을 할 수 있다.) 당신의 바람보다 당신이 결과에 지나치게 집중한다는 생각이 든다면 희소식이 있다. 우리에게 사고방식을 바꿀 수 있는 힘이 있다는 사실이 여러 연구에서 증명되었다는 것이다. 한 유니콘은 이런 변화를 이끌어낼 수 있는 방법에 대한 멋진 이야기를 해주었다. 오랫동안 제약회사 간부로 일해온 팀Tim은 충분한 검증 없이 고위 관리직 사원을 채용했다. 그 사원이 업무를 크게 망쳐버리자 팀은 며칠 동안 자책했다. 마침 팀은 그 다음 주에 고등학교 동창이었던 아내와 다 큰 두 아들과 함께 열흘 일정으로 크루즈 여행을 하려고 예약해둔 상태였다.

그림처럼 아름다웠던 아침, 가족보다 일찍 잠에서 깬 팀은 갑판 위에서 산책이나 하기로 했다. 하지만 상쾌한 바닷바람을 맞으면서도 그는 자신의 실수를 곱씹어 생각했다. 반추로 그날 하루가 통째로 날아가게 생긴 그때 바다를 바라보던 그는 문득 깨달았다. '내가 이번에는 실수를 했지만 세상은 끝나지 않을 것이고, 다시는 같은 실수를 하지 않도록 확실히 배웠잖아.' 그때 상황에 딱 들어맞는 비유가 떠올랐다. '이제 자책일랑 바다로 던져버리자!' 그리고 그는 실행에 옮겼다. 그 결과 팀은 남은 한 주 동안 가족과 휴가를 즐긴 후 더 똑똑하고 현명한 리더가 되어 출근했다.

세 번째 반추 대응 전략은 주의분산 기법이다. 내가 일시 정지hitting pause라고 이름 붙인 이 기법은 난관에 봉착했을 때 절대 해서는 안 될 일 같지만, 사실은 반추를 이겨내기 위해 우리가 쓸 수 있는 가장 간단한 방법들 중 하나이다. 우리는 자기회의self-doubt를 반복 재생하는 대신 다른 일을 하면서 그 생각에서 잠시 벗어날 수 있다. 가장 효과적인 주의분산 활동은 청소나 친구 만나기, 운동처럼 보상이 빠르게 주어지는 것들이라고 연구 결과들이 알려준다(내 개인적으로는 화창한 날 아름다운 콜로라도를 자전거로 달려주면 웬만한 반추는 이겨낼 수 있다). 힘든 일로부터 영원히 달아나도 된다는 이야기가 아니다. 일시 정지는 우리가 분별력을 회복하고 문제를 다시 들여다볼 수 있게 해준다. 일단 문제와 약간 거리를 두면 속은 덜 상하면서 해결 가능성이 더 잘 보이고, 가끔은 아예 문제로 보이지 않게 되기도 한다.

네 번째 반추 대응 전략은 사고 정지thought-stopping다. 이상하게도 효과적인 사고 정지는 일시 정지와 비슷하지만 능동적으로 다른 일을 하는 기법이 아니라 내면에서 정지하는 기법이다. 한 연구에서는 정신질환자들에게 어떤 생각이 떠오르든 그 생각을 반추하도록 했다(이 연구에서 실제로 보고된 반추 내용으로는 이가 썩고 있다, 토사물을 손으로 만졌다, 여자 엉덩이에 대한 생각을 멈추지 못하겠다 등 지극히 평범하고 일상적인 걱정거리들이었다). 그다음에는 치료사가 갑자기 "그만!"이라고 소리를 질렀다. 터무니없는 이야기처럼 들릴지 모르겠지만, 그 순간 모든 환자의 반추는 중단되었다. 당신을 따라다니며 소리를 질러줄 치료사가 없다면, 큰 정지 표지를 떠올리거나 '이래 봐야 내가 얻는 것은 없으니까 이제 이런 생각들을 멈춰야 해'라고 스스로에게 말하는 것이 도움이 될 수 있다.

사고 정지는 내가 결정 후 반추PDR: post-decision rumination라고 이름 붙인 반추와 싸우는 데 특히 큰 도움이 될 수 있다. 우리가 어려운 결정을 내린 뒤에는 때를 만난 듯 반추 성향이 드러나며 "옳은 결정이었다고 확신해?" 또는 "잘못된 결정이라면 얼마나 난리가 날지 알고 있지?" 같은 질문으로 우리를 괴롭힌다. 우리가 결정한 사항들을 성공적으로 실행에 옮기고 앞으로 나아가야 할 그때에 결정 후 반추는 온갖 자기회의를 부추겨 우리를 무력하게 만들 수 있다. 왜 결정 후 반추가 사업 부문의 매각, 진로 수정, 이혼과 같은 큰 결정을 내려야 할 때 특히 위험할 수 있는지 쉽게 이해될 것이다. 그러므로 어려운 결정을 내려야 할 때는 장단점을 저울질하고, 여러 시나리오를 비교하고, 조언을 구하는 등 모든 방법을 동원해 충분히 심사숙고하도록 하라. 하지만 일단 결정을 내린 뒤에는 선택을 믿고 앞으로 나아가야 한다. 결정의 결과를 무시하라는 뜻이 아니다. 그와 반대로 결정의 결과를 관리하려면 비생산적인 머릿속 잡음으로 방해받지 않도록 결정 후 반추를 중단할 필요가 있다는 말이다.

마지막 반추 대응 전략은 현실 확인reality checks이다. 속상하지만 나름대로 유익했던 내 개인적인 이야기를 예로 들어 이 기법을 소개하고자 한다. 나는 한 기업 고객을 위해서 1년 동안 리더십 개발 프로그램을 진행하고 있었다. 6개월쯤 지나서 우리는 프로그램의 어떤 부분이 좋았고 개선할 부분은 무엇인지 알아보기 위해 사람들에게 설문지를 돌렸다. 설문 결과는 긍정적 반응이 압도적으로 많았다. 하지만 고맙게도 사람들이 개선 방안도 주저 없이 말해주었고, 그 가운데는 건설적인 제안들도 적지 않았다. 나는 기분이 아주 좋았다. 그러다 다음 글을 보게 되었다.

> 내가 이 프로그램을 통해 가장 크게 배운 점은 진부하고 시시하며 기분만 좋게 해주는 통속 심리학과, 상식적인 개념들을 재활용하고 재포장해서 혁

신적인 리더십 연수랍시고 프로그램을 진행하면서 컨설턴트가 얼마나 많은 돈을 벌 수 있는가이다.

처음에는 웃어버렸다. 전혀 웃기지 않았는데도 말이다. 그런 뒤에는 누가 주먹으로 복부를 강타한 것 같았다. '그의 말이 맞을 수도 있을까?'라는 궁금증이 생겼다. '다들 이런 생각을 하고 있었지만 솔직하게 이야기하기 무서워서 못 했던 것일까?' 그리고 완전히 공황 상태에 빠졌다. '그동안 나는 쭉 무능했던 것일까?' 반추가 본격적으로 시작되더니 몇 주 동안 멈춰지지 않았다. 그 논평이 머릿속에서 거듭거듭 재생되었다. 고객을 만나거나 강연을 할 때마다 이런 생각이 머리를 들었다. '당신 생각들은 진부하고 시시해. 당장 컨설팅 일을 그만둬. 창피한 꼴 당하지 말고.'

늦은 감이 없지 않았지만, 나는 몇 주간의 정신적 괴로움에 시달리다가 결국 나보다 훨씬 뛰어난 컨설턴트인 친구에게 전화를 걸었다. "그런 말을 들었다니 정말 유감이네." 친구는 참을성 있게 내 이야기를 끝까지 들어준 뒤에 말을 시작했다. "우선 나는 그런 피드백을 준 사람이 너무 안타깝네. 너는 아주 대단한 컨설턴트야. 그 피드백은 너에 대한 평가라기보다는 그 사람 자신에 대한 평가로 추측돼." 나는 너무 속상해서 그런 생각은 떠오르지도 않았었다. "그래도 일단 건설적인 피드백이라고 가정해보자. 너의 생각들이 독창적이지 않다는 객관적인 증거라도 있어?" (참고로 이 질문도 반추를 물리치는 데 아주 효과적이다.)

그녀의 질문은 즉시 나의 사고방식을 '나는 일을 지지리도 못 해'에서 '이 일을 통해서 배울 점이 있을지도 모르겠다'로 바꿔놓았다. "리더십에 관한 새로운 논의는 이 세상에 많지 않고 내가 세상에서 제일 창의적인 사람도 분명 아니야. 하지만 사람들은 내 장점 가운데 하나가 추상적인 개념들을 이해하기 쉽게 설명하고 행동으로 옮길 수 있게 해주는 것이라고 해. 내가 늘 리더십에 관해 그들이 몰랐던 새로운 내용을 가르쳐주는 것은 아니지만 말이야." 그 순간 분명한 대응 방법이 눈부신 섬광처럼 떠올랐다. "프로그램을 시작하면서 그 말을 해야겠다." 그리고 그 이후로 쭉 그 말을 해오고 있다.

그 고약한 피드백이 나를 돕기 위한 것은 아니었지만, 친구의 현실 확인 덕에 나는 배운 점이 있었다. 우리 유니콘들은 거의 한 명도 빠짐없이 반추에 빠졌을 때 할 수 있는 가장 좋은 대응 방법들 중 하나가 믿는 사람에게 현실 확인을 부탁하는 것이라고 했다. 이는 대체로 희망과 배움을 얻을 기회가 된다.

이제 당신은 자기성찰과 관련된 네 가지 오해를 이해하게 되었다. 열쇠로 자물쇠를 따고 들어가야 할 지하실은 없다. '왜'라는 질문은 도움이 되지 않을 뿐만 아니라 위험할 수 있다. 일기 쓰기가 항상 자기이해를 높여주지는 않는다. 자기성찰의 탈을 쓴 반추는 우리가 생각하는 것보다 더 해로울 수 있다. 또한 이 네 가지 오해에 수반된 함정들을 피하는 방법과 즉시 활용할 수 있는 다섯 가지의 반추 대응 전략도 배웠다. 우리가 생각하는 것만큼 우리의 실수에 신경을 쓰는 사람은 아무도 없다는 점을 기억하기, 학습 중심의 성장형 사고방식 기르기, 일시 정지, 사고 정지, 현실 확인이 그 전략들이다. 다음 장에서는 더 강력하며 검증까지 끝난 세 가지의 내적 자기인식 향상 방안을 배우게 될 것이다.

6장 내적 자기인식 향상에 효과적인 수단들

우리 가운데 항상 현재를 사는 사람은 거의 없다.
우리는 언제나 다가올 일을 기대하거나 지나간 일을 기억한다.
루이 라무르

덴버의 내 집에서 자동차로 세 시간을 달려온 나와 여동생 애비는 루스벨트 국립공원의 좁은 흙길로 접어들었다. 샴발라Shambhala 명상 센터로 가는 길이었다.

마침내 먼지가 풀풀 날리는 주차장으로 진입하면서 나는 투덜거렸다. "집에 가고 싶다."

뚱한 내게 애비는 환한 미소로 답했다. "난 얼른 시작하고 싶어." 그녀가 산속 공기를 들이마시며 말했다. "콜로라도 로키산맥에서 주말 내내 다른 일 없이 언니와 시간을 보내고 마음챙김 명상도 하게 되다니!"

"나는 집에 가고 싶다니까." 이번에는 한층 앓는 소리를 하며 내가 같은 말을 반복했다.

"언니, 세계 각지의 사람들이 찾아오는 명상 센터에 와서 왜 그래."

"그리고 그레이트 스투피드도 만나고." 나는 썰렁하고 이상하게 적대적인 농담을 하며 낄낄거렸다.

"그레이트 스투파great stupa라니까. 법신(보신, 응신과 더불어 불교의 삼신불 중 하나로 진리를 인격화한 불신_옮긴이)의 대사리탑." 동생이 말했다. 동생이 자동차 손잡이로 손을 뻗으면서 진지하게 말했다. "내가 몇 년째 벼르기만 했던 마음챙김 명상 센터에 온 건데, 언니 때문에 기분을 망칠 수는 없지."

하이브리드 차와 진흙 범벅인 스마트카들 사이에서 유일하게 기름을 잡아먹는 차인 내 승용차 트렁크에서 둘이 짐을 내리는 동안 나는 하고픈 말을 참고 비상시에 쓰려고 뒷주머니에 숨겨온 자낙스(신경안정제)를 믿기로 했다.

나는 동생을 깊이 사랑하지만 우리 둘은 매우 다른 영혼의 소유자이다. 한마디로 애비가 따듯한 여름날이라면, 나는 눈보라가 휘몰아치는 겨울이다. 정말이지 내가 부정적 태도를 보이려 했던 것은 아니었다. 다만 마음챙김과 명상에 대한 나의 심한 고정관념을 극복하려고 애쓰고 있었을 따름이다. 요즘에는 명상을 하지 않는 미국인이 거의 없는 듯하지만, 냉철한 과학자인 나는 명상이 늘 좀 허황되어 보였다. 과학적 증거가 부족한 거창한 주장을 근거로 하는 짓들 같았다.

하지만 우리 유니콘의 70퍼센트가 어떤 형태로든 마음챙김 수련을 한다는 사실을 발견한 나는 억지로라도 확인해보지 않을 수 없었다. 그러기에는 샴발라 명상 센터보다 나은 곳이 어디 있겠는가? 1971년 불교 명상의 대가 쵸감 트룽파 린포체Chögyam Trungpa Rinpoche에 의해 설립되었고, 그를 기리기 위해 세워진 33미터 높이의 스투파로도 유명한 센터는 "사색을 위한 쉼터이며…… 편안히 우리의 기본 선善을 되찾고 균형감을 재발견하며 이승의 신성을 인식할 수 있는 오아시스"라고 홈페이지에 설명되어 있다.

애비와 내가 쌀쌀한 날씨에 가방을 끌고 등록 센터를 향해 한참을 걸어가던 도중에 검은색 요가 바지를 입은 건강미 넘치는 매력적인 아가씨 무리와 마주쳤다. 보아하니 그들은 이번이 첫 방문이 아니었다. 그들은 우리를 지나쳐 가면서 나와 내 디자이너 여행 가방을 못마땅하게 바라보았다. 내 가방에는 삼베옷 같은 것은 들어 있지 않다는 게 그들의 눈에는 훤히 보이는 듯했고, 그들이 옳았다. 평소의 애비답게 내 감정을 예민하게 알아차린 동생은 열 살 위인 나를 달랬다. "싹수없는 여자애들을 보더라도 무시해." 그러고는 덧붙였다. "일단 시도해봐. 정말 근사한 주말이 될 테니까. 언니에게 꼭 필요한 거거든."

"네 말이 맞아." 마침내 내가 수긍했다. "신경이 좀 곤두서 있나봐. 내가 극복해야지 뭐."

"24시간만 참아봐." 동생이 낙천적인 미소를 지으며 말했다. "내가 장담하는데 언니도 좋아하게 될 거야."

5장에서 우리는 자기성찰의 함정과 내적 자기인식을 증대시키기 위해 그것들을 어떻게 피해야 할지 알아보았다. 고맙게도 함정을 피할 효과적인 기법들은 대단히 많다. 불교만 해도 수천 년 동안 명상 수행을 권해왔고, 명상은 자기인식을 크게 향상시킨다는 것이 입증되었다. 당신이 세상을 등지고 사는 사람이 아니라면, 요즘 명상이 르네상스를 맞고 있음을 알아챘을 것이다. 명상이 내적 자기인식에 도달하게 하는 방법으로 아주 오래전부터 쓰이기는 했지만 유일한 방도는 아니다. 이 장에서 우리는 우리의 내적 통찰을 대폭 향상시켜주는 세 가지 전략을 배울 것이다. 이 전략들은 별개의 것이지만 상호보완적이다. 하나는 '현재'의 자기 모습을 검토하게 하며, 또 하나는 '과거'부터 뿌리 깊은 행동양식을 탐색하게 하고, 나머지 하나는 '미래'에 자기검토의 보상을 반드시 거둘 수 있도록 한다. 우리가 현재를 이해하게 해주는 수단으로 널리 쓰이는 마음챙김으로 살펴보도록 하자. 여기에는 명상과 관련된 방법도 있고, 명상과 무관한 방법도 있다.

• • •

자기성찰이 우리의 사고, 감정, 행동에 대한 분석을 의미하고, 반추가 비생산적으로 그것들을 되씹는 것을 의미한다면 마음챙김mindfulness은 그와 반대로 판단이나 반응을 배제하고 단순히 우리의 사고와 감정을 알아차리는 것이다. 그러나 대중적인 믿음과는 달리 마음챙김과 명상이 동의어는 아니다. 사람들은 마음챙김을 요가 수행자나 아시람ashram(힌두교도들이 수행하며 거주하는 곳_옮긴이), 묵언 수행과 연관 짓는 경향이 있지만, 최근 몇 년간 마음챙김은 훨씬 광범위한(그리고 고맙게도 훨씬 다양한) 활동을 포괄하는 용어가 되었다. 여기에는 1970년대부터 마음챙김에 대한 연구를 해온 하버드 대학교 심리학자 엘렌 랭어Ellen Langer가 큰 몫을 했다고 볼 수 있다. 그녀의 연구 덕에 마음챙김은 "동굴 속의 선 수련에서 일상생활의 밝은 빛 속으로 나오게 되었다."

대부분의 사람이 마음챙김을 곧 명상이라고 간주하는 반면, 랭어는 마음챙김을 "새로운 상황을 능동적으로 알아채고 이전에 형성되어 있던 사고방식을 버린 다음, (우리의) 새로운 관찰을 토대로 행동하는 것"이라며 훨씬 광범위하고 실용적인 정의를 제공한다. 따라서 명상이 마음챙김을 실천하는 '한 가지' 방법이기는 하지만 '유일한' 방법은 아니며, 모두에게 맞는 방법도 아니다. 사실 랭어는 인터뷰에서 명상에 관한 질문을 받고 이런 우스갯소리로 대답한 적도 있다. "내가 아는 사람들은 40분은 고사하고 5분도 가만히 앉아 있지 않을 거예요."

나도 그 느낌을 안다. 솔직히 말해서 마음을 지금 순간으로 고요히 모은다는 생각은 내게 항상 스트레스를 주었다. 많은 A 유형의 동지들처럼 나는 매일 해야 할 일들을 전부 해냈을 때 열반에 이른다. 나는 생산성과 활동에 너무 중독되어 있어서 실제로 신혼여행 중에 남편이 내 손에서 블랙베리 폰을 빼앗아 호텔 금고에 넣어두어야만 했을 정도였다.

물론 그런 중독자는 나뿐만이 아니다. 티머시 윌슨과 동료들은 참가자들에게 생각 외에는 달리 할 일도 없는 방 안에서 휴대폰도 없이 혼자 6분에서 15분 동안 있게 하는 실험을 11차례 진행했었다. 놀랄 것 없이 참가자들은 그 경험을 즐겼다고 할 수 없었고, 다수는 정말로 불쾌했다고 보고했다.* 윌슨은 이런 결과를 얻은 즉시 사람들이 혼자 생각만 할 수 있는 상황을 어느 정도로 피하려 하는지 궁금해졌다. 그래서 그는 후속 실험에서 정신적인 고요의 시간과 객관적으로는 그보다 덜 유쾌하다고 할 수 있는 가벼운 전기 충격 중에서 참가자들이 선택할 수 있게 했다. 절반 이상의 참가자가 5분간의 외로운 시간을 견디기보다는 '스스로 전기 충격을 가하는' 쪽을 선택하는 믿기지 않는 결과

* 나이, 교육, 수입, 소셜 미디어 사용 여부와 상관없이 참가자들이 모두 불쾌해했다는 사실을 지적하는 것이 도움이 될지도 모르겠다.

가 나왔다. 윌슨과 연구진은 "사람들은 아무 일도 안 하기보다는 (불편하거나 전적으로 고통스러운 일이라고 해도) 무슨 일이든 하기를 선호한다"는 결론을 내려 사람들의 이목을 끌었다.

하지만 우리가 늘 산만한 상태로 있음에도 불구하고, 아니면 그에 대한 반동일지도 모르지만, 요즘 마음챙김(특히 마음챙김 명상)이 일종의 문화처럼 되었다. 앤젤리나 졸리Angelina Jolie, 앤더슨 쿠퍼Anderson Cooper, 엘런 디제너러스Ellen DeGeneres 같은 유명인사들이 유익함을 홍보(트위터)해주니 대중화는 시간문제일 뿐이다. 마음챙김도 그렇게 유행이 되었다. 유명 연예인들만 마음챙김에 열광한 것은 아니었다. 구글, 맥킨지, 나이키, 제너럴 밀스, 타겟, 애트나 같은 회사들도 마음챙김을 활용해 생산성은 물론 심신의 안녕까지 높이려고 한다. 마음챙김은 교실에도 도입되어 동부의 명문 사립 고등학교부터 도시 빈민가의 공립 고등학교에 이르기까지 30만이 넘는 학생이 프로그램을 수강하고 있다. 심지어 미 해병대와 보스턴 레드삭스 같은 프로 스포츠 팀까지 명상 및 여러 마음챙김 수련 기법을 도입하고 있다. 그 결과 마음챙김은 시장 규모가 거의 10억 달러에 이르는 하나의 산업이 되었고, 그 규모는 계속 커지는 듯하다.

역설적으로 들릴지도 모르지만, 마음챙김이 최신 유행이 되었음에도 불구하고 요즘 들어 우리가 마음을 더 챙기게 되었다는 데 동의하는 사람은 많지 않으리라고 생각한다. 오히려 반대 방향으로 가고 있는 듯하다. 많은 일화가 있지만, 내가 최근에 공항에서 줄을 서서 기다리며 관찰한 내용을 예로 들어보겠다. 지루함이나 달랠 겸 나는 재미로 우리 탑승구에 줄을 선 여행객들 중 몇 명이나 스마트폰을 사용하고 있는지 세어봤다. '단 한 사람도 빠짐없이' 42명 모두가 작은 화면에 시선을 고정시키고 있더라고 이야기해도 당신은 충격을 받지 않을 것이다. 이는 엘렌 랭어가 마음놓침mindlessness이라고 하는 상태의 단적인 예이다. 우리는 현재 상황에 마음을 기울이는 대신 이메일, 문자, 페이스북, 인스타그램, 포켓몬 고 등 뭐가 되었든 현재 유행하는 활동에 빠져 있기가 훨씬 쉽다. 이를 뚜렷이 보여주는 통계를 하나 제시하자면, 미국인 3,800만 명 이상은 화장실에서 볼일을 보는 도중에 스마트폰으로 쇼핑을 한다고 인정했다. 나는 우리에게 문제가 있다고 본다.

게다가 우리 주머니 속의 컴퓨터만 우리의 마음챙김을 방해하는 것도 아니다. 우리 자신의 마음도 똑같이 일조하고 있다. 랭어의 하버드대학교 동료들인 매슈 킬링스워스Matthew Killingsworth와 대니얼 길버트Daniel Gilbert는 2,000명을 대상으로 일상생활을 하는 동안의 생각을 실시간으로 추적하는 연구를 했고, 참가자의 절반 가까이가 근무, 텔레비전 시청, 자녀 돌보기, 심부름 등 어떤 일을 하는 동안이든 그 순간에 하고 있는 일 이외의 생각을 했다는 보고를 받았다. 사실 그들이 추적한 22가지의 활동 가운데 21가지에서 참가자의 무려 30퍼센트가 과거와 미래의 일이나 '만약에 그때……' 같은 생각을 했다고 보고했다(놀라울 것 없이 한 가지 예외는 섹스였다).

그렇다면 마음놓침은 우리, 특히 우리의 자기인식 능력에 정확히 어떤 손실을 끼치는가? 우선 랭어의 연구에 의하면 주의분산은 행복감을 감소시킨다. 나아가 우리의 사고, 감정, 행동을 검열하고 통제할 능력을 앗아감으로써 자기인식을 사실상 불가능하게 만든다. 한 연구에서는 다이어트 중인 사람들에게 주의분산용 큰뿔야생양의 영상 또는 그들 자신을 촬영한 영상을 10분 동안 시청하게 했다. 그런 다음 원하는 만큼 아이스크림을 먹어도 좋다고 했다. 어느 집단이 흥분해서 아이스크림을 먹었겠는가? 물론 주의가 분산된 집단이었다. 자기 행동으로부터 주의를 분산시켰을 때 행동에 대한 의식과 통제력이 감소했다. 이 원리는 아이스크림을 먹는 일이든, 직장 동료 때문에 힘든 상황에 대처하는 일이든, 경력에 중요한 결정을 내리는 일이든 똑같이 적용된다. 다행히 올바르게 실행된 마음챙김은 이 문제를 개선해줄 간단한 해독제가 되어준다. 이 접근법에 대한 주류의 시각부터 살펴보도록 하자.

• • •

주의산만의 걸어다니는 전형인 나는 샴발라 명상 센터에서 물 밖에 나온 고기와 같은 느낌이 들었다. 우리 가족을 대표하는 자기인식의 유니콘인 여동생을 꾀여 같이 온 이유도 바로 그 때문이었다. 때마침 애비는 근래에 명상의 열성적인 지지자가 되었다.

동생은 나도 명상 강의에 반하게 될 거라고 장담했지만, 그로부터 24시간 후에 나는 히스테릭한 웃음을 터뜨려야 할지 또는 비명을 지르며 달아나야 할지 저울질하고 있었다. 성인 20명이 정적만이 흐르는 방에서 매우매우 천천히 원형으로 돌고 있는 광경을 그려보라. 우리는 어깨가 구부정한 자세로 한 손은 주먹을 쥔 상태에서 엄지를 들고, 다른 손으로 그 엄지를 말아 쥐고 배꼽 아래 복부에 갖다대는 자세를 정확히 취해야 했다(그러는 이유가 뭔지 제대로 설명을 듣지도 못했다).

모두가 극도로 진지한 자세로 걷기 명상에 임했다. 적어도 나를 제외한 모두는 그랬다. 우리는 뒤꿈치-발끝순으로 가만히 발을 내디디며 20분 동안 줄지어 걸어야만 했는데, 내게는 그 시간이 마치 두 시간처럼 느껴졌다. 그 20분 동안 떠오른 생각이라고는 내가 어릴 적에 보고 몰래 킥킥거렸던 사람들의 얼굴뿐이었다. 대개 콜로라도주 볼더 시에 살면서 대안적 생활방식을 대단히 진지하게, 대단히 짜증날 정도로 고집하는 사람들이었다. 나는 그런 사람들 가운데 한 명이 되고 싶지 않았다!

하지만 나는 주말을 버텨보리라 결심했다. 나는 결론이 어떻든 데이터를 따르도록 훈련된 과학자였고, 몹시 짜증스러운 일이지만 마음챙김 명상을 다룬 연구 결과들이 분명하고도 설득력이 있었기 때문이다. 마음챙김 명상을 하는 사람들이 행복, 건강, 창의력, 생산성, 진실성, 행동에 대한 통제력, 결혼 생활에 대한 만족감이 높고, 더 편안하고, 덜 공격적이고, 번아웃 증후군 발생률은 낮으며, 심지어 날씬하기까지 하다는 결과를 내놓은 연구들이 수두룩했다. 그러므로 아무리 우스워 보인다고 하더라도, 한 번도 시도해보지 않은 명상에 대한 내 견해에 내 편견이 비합리적으로 영향을 미치고 있다는 사실을 의식할 정도의 자기인식은 내게도 있었다.

게다가 나는 이 책을 완성할 날짜를 정해놓은 상태였고, 명상 체험은 자기인식에 관한 자료 조사에서 중요한 부분을 차지하고 있었다. 마음챙김 명상이 5장에서 읽었던 자기성찰과 반추의 함정으로부터 우리를 구해줄 수 있다는 증거가 점점 많아지고 있었기 때문이다. 한 연구에서는 한 번도 명상을 해보지 않은 사람들을 마음챙김 명상 센터의 10일간 집중 프로그램에 참가시키고 실험 직후와 몇 주 후에 측정해보았더니 실험집단이 통제집단에 비해 자기성찰 빈도가 감소했다고 주장했다. 반면에 통제집단의 자기성찰 수준은 사실상 증가한 것으로 보고되었다. 마음챙김 훈련을 받은 연구 참가자들은 우울감과 속상함도 덜 느꼈으며, 심지어 기억과 주의집중 시간도 증가했다고 한다.

마음챙김과 자기인식 간의 직접적인 상관관계는 이제 규명되기 시작한 단계이지만, 초기 연구들을 보면 상관관계가 존재한다. 정신건강 전문가들을 대상으로 진행했던 한 연구에서는 마음챙김 수준이 높은 전문가들이 자기통찰도 뛰어난 경향이 있다고 보고했다. 일부 연구자들은 마음챙김이 스트레스, 불안, 우울감을 감소시키는 이유가 통찰력을 증대시키기 때문이라는 주장을 내놓았다.

물론 완벽한 자기인식에 도달하려면 마음챙김만으로 충분하지 않지만(우리 자신을 정확히 알려면 그보다 깊이 탐구할 필요가 있다), 마음챙김은 어리석은 자기성찰을 피하게 하면서 우리의 반응을 알아채고 통제할 수 있게 해준다. 우리가 마음챙김 상태일 때 우리는 과도한 생각이나 반응을 하지 않고 감정을 경험할 수 있으며, 지금과 같은 감정이 영원히 지속되지 않는다는 사실을 기억하게 된다. 예일 의과대학 정신과 임상부교수인 메건 워너Megan Warner 박사의 설명처럼 "마음챙김은 우리가 사고, 감정, 고통에 한없이 끌려가지 않고 단절할 수 있는 전략을 제공한다."

마음챙김 명상은 냉철한 비즈니스 세계에도 상당한 영향을 미칠 수 있다. 마크 터섹Mark Tercek은 국제자연보호협회 회장 및 최고경영자로 임명된 직후에 그 힘을 직접 목격한 적이 있다. 골드만삭스의 상무이사

겸 파트너로 성공적인 경력을 쌓아온 그는 월스트리트를 떠나면서 스트레스가 심한 생활에서 벗어났다고 생각했다. 하지만 2008년 금융위기가 시작될 즈음에 옮겨간 새 직장에서도 처음 몇 달 동안은 힘든 결정들을 내려야만 했다. 그리고 국제자연보호협회가 폭풍우를 무사히 헤쳐 나온 후에도 마크는 여전히 직업적으로나 개인적으로 뭔가 어긋나 있다는 느낌을 받았다. 그래서 그는 우리 두 사람과 친구이며 세계 최고의 경영자 코치들 중 한 명인 마셜 골드스미스Marshall Goldsmith에게 도움을 청했다. 마셜은 마크의 경영진과 이사회는 물론 그의 가족까지 인터뷰했다. 마크는 저돌적인 스타일로 직장에서 성질을 낼 때가 있고, 그 상태로 집에 가기도 하는 듯했다.

마크는 놀랐다. 그동안 상황이 힘들기는 했지만, 그는 충동적으로 신속히 결단을 내리는 자신의 성향이 다른 사람에게 얼마나 영향을 미치는지 제대로 깨닫지 못하고 있었다. 마셜의 도움으로 마크는 세 가지를 고쳐보겠다고 약속했다. 그것은 바로 타인의 말을 더 잘 들어주기, 보다 긍정적인 사고방식을 수용하기, 사소한 일에 속 태우지 않기였다. 그 후 몇 달 동안 마크의 행동이 좀 나아지기는 했지만, 그가 바랐던 것만큼은 아니었다. 마셜의 지지와 마크의 노력에도 불구하고, 더는 진전이 없는 이 정체기를 어떻게 넘겨야 할지 마크는 확신이 서지 않았다.

바로 그 무렵에 마크는 마음챙김에 관심을 가지게 되었다. 그는 매일 아침 10분간의 명상으로 하루를 시작했다. 일찍 일어나지 못한 날은 사무실에서 짬을 내어 호흡에 집중하고 보다 긍정적인 기분을 가지려고 했다. 날이 갈수록 마크는 더 행복하고 차분하게 느껴지기 시작했을 뿐 아니라, 얼마 후부터 뜻밖의 효과를 눈치채게 되었다. 명상을 한 날은 마셜과 함께 세운 목표에 근접해가는 자신이 느껴졌던 것이다. 몇 주 전만 해도 극복할 수 없을 듯했던 정체기에서 벗어나고 있었다.

곧이어 마크는 직감을 무시하고 그와 다른 선택을 해야 될 때가 언제인지 분간하기도 더 쉬워졌음을 깨달았다. 그는 하던 일을 멈추고 상대에게 귀를 기울이는 것도 잘하게 되었다. 반발하고 비판하고 방어적 자세를 보이는 일은 줄었다. 마침내 그가 자기통찰의 축인 반응을 통제하게 된 것이다. 마크는 명상이라는 사소한 일상의 의식으로 가정에도 변화가 생긴 것이 느껴져 흐뭇했다. 그가 명상을 한 날은 자녀들이 "아빠, 어떻게 된 거예요? 요즘은 아빠 기분이 좋네요!"라는 말을 했다. "그래도 조심해." 그가 장난스럽게 농담으로 받아치면 아이들도 재치 있게 대답하곤 했다. "아뇨, 전에도 좋은 분이었지만 '지금'은 진짜로 다정해요."

마크는 연구자들의 말이 사실임을 깨달았다. 마음챙김이 자신의 생각과 감정을 더 잘 의식하게 해줌으로써 행동을 더 잘 통제하는 동시에 더 현명한 결정을 내릴 수 있었다. 마음챙김이 '내적' 자기인식을 추구하는 사람들에게 큰 사랑을 받지만, '외적' 자기인식에도 놀랍도록 유용하다. 우리의 자부심을 누그러뜨림으로써 남들로부터의 피드백에 더욱 열린 마음을 갖도록 하기 때문이다.

심리학 교수인 휘트니 헤프너Whitney Heppner와 그녀의 동료들은 상당히 창의적인 실험을 통해 그 효과를 확인해주었다. 그들은 학생들에게 자신에 관한 에세이를 쓰라고 요청하면서, 그 에세이는 다른 참가자들이 차후에 컴퓨터 과제를 같이할 짝을 선택하는 기준으로 쓰일 거라고 했다. 참가자의 3분의 1에게는 다른 참가자들에게 선택되었다고 이야기하고(수용집단), 다른 3분의 1에게는 아무에게도 선택받지 못했다고 이야기했으며(거부집단, 기본적으로 체육 시간에 마지막으로 선택되는 사람과 같다), 나머지 3분의 1에게는 마음을 집중해서 건포도 다섯 알을 먹게 한 다음에 다른 참가자에게 선택되지 않았다고 알려주었다(마음챙김-거부집단).*

그리고 이어지는 컴퓨터 과제에서 연구자들은 각 과제 후에 참가자들에게 전달되는 백색소음의 크기를 원하는 대로 선택할 수 있도록 했다. 연구자들은 거부집단의 참가자들이 더 화가 났을 것이고, 따라서 자신을 선택하지 않은 상대를 벌하기 위해 공격적으로 더 큰 소음을 선택하리라고 예측했다. 결과는 정확히 예측한 대로였다. 적어도 마음챙김이 없었던 거부집단의 결과는 그랬다. 마음챙김-거부집단도 다른 참가자들로부터 똑같이 기피당했지만 '공격성이 3분의 2 수준'에 머물렀다. 사실 그들의 반응은 수용집단과 통계적으로 의미 있는 차이가 없었다. 마음챙김이 비판적 피드백이나 실패의 지각에 수반될 수 있는 방어와 분노를 막아준 듯했다. 그러므로 다른 사람들이 우리를 어떻게 보는가를 이해하는 것이 중요하기는 하지만, 남들의 시선이 우리가 어떤 사람인지를 전적으로 규정하지는 않는다.

* 여러분이 궁금할까봐 설명을 하자면, 마음을 집중해서 건포도를 먹으라는 주문은 이런 식으로 진행되었다. "이전에 한 번도 건포도를 본 적이 없다고 상상하세요…… 그다음에는 건포도를 입술에 가볍게 문지르면서 느낌이 어떤지 주목하세요. 이제 건포도를 입 안에 집어넣고 혀 위에서 천천히 굴려주고…… 조금 베어 문 다음…… 천천히 건포도를 씹어주세요……."

비非명상 마음챙김 기법

지금까지 자기인식과 심신의 안녕을 상당히 극적으로 향상시킬 수 있는 마음챙김의 효과를 살펴보았다. 하지만 기억하다시피 마음챙김은 명상보다 포괄적인 개념이다. 따라서 당신이 나처럼 명상에 대해 양면적 태도를 가지고 있는 사람이라면, 단 한마디의 주문도 요구하지 않고 과학적으로 입증된 마음챙김 방법도 많다는 이야기를 들으면 반가울 것이다. 예를 들어 명상을 하지 않은 우리의 유니콘들 가운데 몇몇은 하이킹이나 달리기, 자전거 타기, 긴 산책 같은 야외 활동이 지금 이 순간에 집중하는 데 도움이 되었다고 보고했다. 심지어 몇몇은 그런 활동이 자기인식의 지속적 발전을 가져온 가장 중요한 수단의 하나였다고 믿었다. 때로는 단 몇 분간의 완전한 고요만으로도 우리의 생각과 감정에 다시 집중하게 되는 경이를 경험할 수 있다. 나는 이 예를 제시하는 것만으로도 불안하지만, 많은 유니콘은 하루 중 특정 시간(대부분이 저녁이나 이른 아침 시간)에는 휴대폰을 꺼버림으로써 그런 고요를 얻는다고 했다. 기도를 통해 비슷한 평화를 찾는다는 유니콘들도 있었다.

명상 외의 마음챙김 방안 몇 가지를 살펴보기 전에 중요한 점을 한 가지 지적하고 넘어가야겠다. 마음챙김은 긴장이완과 동일한 것이 아니다. 사실 이 두 가지 활동이 유사하기는 하지만 그 결과는 천지차이이다. 한 연구에서는 실직 상태의 남녀를 3일 동안 마음챙김 명상 프로그램이나 마음챙김 명상이라고 속인 긴장이완 프로그램을 수강하도록 했다. 두 집단은 동일한 활동도 많이 했지만, 오직 첫 번째 프로그램에서만 진짜 마음챙김 기법을 사용했다. 예를 들어 두 집단 모두 스트레칭을 했지만, 긴장이완 집단은 스트레칭 중에 다른 참가자와의 잡담이 장려된 반면, 마음챙김 집단은 유쾌한 감각부터 불쾌한 감각까지 모든 신체적인 감각에 주목하라는 지시를 받았다.

3일이 지났을 때 두 집단 참가자들은 똑같이 기분전환이 되었으며, 구직 과정에서의 스트레스를 보다 잘 관리할 수 있을 듯한 '느낌'이 든다고 했다. 하지만 연구자들이 그들의 뇌를 스캔한 MRI 결과는 그들의 이야기와 달랐다. 마음챙김 집단만 '실제로' 집중력이 향상되었고 더 차분해졌다. 또한 6개월 후에 연구자들이 참가자의 인터류킨 interleukin 6의 수준(염증을 알아보는 지표로 스트레스의 징후)을 측정했을 때, 긴장이완 집단은 인터류킨 6이 20퍼센트 증가한 반면에 마음챙김 집단은 20퍼센트 감소했다. 여기서 얻은 교훈은? 당신 자신에게 집중하기 위해 어떤 방법을 동원하든, 마음은 딴 데 있으면서 그 시간을 흘려보내지 말고 새로운 것들을 능동적으로 의식해야 한다는 것이다.

명상 외의 마음챙김 기법을 이해하기 위해서는 엘렌 랭어가 정의 내린 마음챙김을 다시 검토해보는 것이 도움이 될 수 있다. 랭어에 의하면 새로운 구분 짓기 과정이 "마음챙김의 본질이다." 그런데 새로운 구분 짓기란 무엇을 의미하는가? 간단히 말하면 우리 자신과 우리의 세계를 새로운 방식으로 보는 것이다. 랭어는 여행을 예로 든다. 우리는 낯선 곳에 있을 때 풍경, 소리, 사람 등 자신과 주변 세상의 새로운 점들을 알아차리는 경향이 있다. 반면에 일상생활에서는 익숙한 것에 집중하고 항상 갖고 있던 관점에 의존하는 경향이 있다. 하지만 이런 혜택을 경험하기 위해서 먼 나라까지 여행할 필요는 없다. 우리가 자신과 세상의 새로운 점들을 능동적으로 알아차리는 습관을 들인다면 자기에 대한 지식을 극적으로 향상시킬 수 있다.

새로운 구분 짓기를 위한 한 가지 방법은 재구성reframing이다. 이는 단순히 우리의 환경, 행동, 관계를 새로운 다른 각도로 보는 것이다. 자기인식의 유니콘인 아비아나의 이야기를 살펴보자. 두 아이의 엄마이며 무선통신 회사의 관리자인 그녀는 자신의 상황을 재구성하는 용기를 냈기에 자기이해를 높일 수 있었을 뿐 아니라, 경력도 유지할 수 있었다. 그녀는 막내아들을 출산하고 몇 주 뒤에 너무나도 충격적인 소식을 들었다. 그녀가 지난 11년 동안 일했던, 아니 사랑하는 일이었던 콜센터가 곧 문을 닫을 예정이라서 그녀를 포함한 모두가 일자리를 잃게 되었다는 소식이었다. 설상가상으로 그녀의 남편도 그곳에서 일하고 있었기 때문에, 그녀의 가정은 하룻밤 사이에 맞벌이 가정에서 소득이 없는 가정이 되게 생겼다.

아비아나는 당혹스럽고 두려웠다. 그녀는 밤에 잠을 이루지 못하고 천장을 응시하며 생각했다. '이제 어떻게 하지?' 그녀는 조금이라도 더 돈을 비축해둬야겠다는 생각에 출산휴가를 일찍 끝냈다. 하지만 사무실로 돌아갔을 때 직장 동료들의 반응은 그녀의 심리 상태에 도움이 되지 않았다. "끔찍한 일 아니야?" 그들은 우는 소리를 했다. 며칠 간 동료들 때문에 더 심란해진 아비아나는 상황을 달리 볼 길은 없는지 궁금해졌다. '내가 잃을 것에 집중하는 대신 얻을 것에 집중한다면 어떨까?' 그녀는 곰곰이 생각했다. 그렇다, 그녀는 일자리를 잃을 것이다. 하지만 이 또한 성장의 기회가 될 수 있고, 어쩌면 지금 직장보다 더 나은 직장에 취직할 수도 있었다.

이렇게 새로운 시각으로 무장한 아비아나는 이전에 분명히 보였어야 했던 사실을 바로 깨달았다. 그녀는 고등학교를 졸업한 후 몇 학기 동안 대학 강의를 수강했지만, 강좌들에 그다지 관심을 가지지 못했다. 그리고 직장은 어떤지 맛보려고 취직을 했고, 그것으로 학업이 중단되었다. 그녀는 그 결정이 실수였으며, 이번이 실수를 바로잡을 기회임을 깨달았다. 사실 학교로 돌아가지 않는다면, 장기적으로 볼 때 취업 전망이 대단히 어두워질 터였다. 그래서 아비아나는 11년 만에 다시 사이버 대학 과정에 등록했고, 동시에 회사 내 다른 자리에 지원했다.

어느새 그녀의 마지막 근무일이 닥쳐왔다. 그날 오후 동료들이 회식을 하자고 했다. 회식이 재미는 있겠지만 모두 퇴직금을 받아든 상황이라서 위험할 듯도 싶었다. 그녀가 사원증을 반납하고 술집으로 향하려던 순간, 전화가 울렸다. 회사에 빈자리가 하나 생겼다고 알려주는 인사부장의 전화였다! 그녀의 의향을 묻는 인사부장의 말이 끝나기도 전에 아비아나가 외쳤다. "하겠습니다! 월요일부터 시작할 수 있습니다!"

새로운 일자리는 신선한 공기와도 같았고, 그녀의 경력에 온전한 이익이 되었다. 그 후로 아비아나는 두 차례 승진했다. 그리고 회사의 학자금 지원 프로그램 덕분에 그녀는 조직리더십 학위 과정을 마쳐가고 있다.

아비아나가 실직을 수렁에 빠진 상황으로 무력하게 바라보는 사고방식 대신 기회로 보는 사고방식으로 유연하게 재구성한 덕분에 그녀의 경력과 인생 모두가 극적으로 나아졌다. 하지만 흥미롭게도 사고의 재구성은 일이 꼬였을 때만 도움이 되는 것은 아니다. 순조로운 상황에서도 재구성을 통해 귀중한 관점을 얻을 때가 상당히 많다. 아닌 밤중에 홍두깨처럼 남편에게 이혼을 통고받은 내 친구 이야기를 앞에서 간단히 했었다. 만약 친구가 '지금 결혼 생활이 아주 좋은 듯한데 만약 아니라면 어쩌지?'라는 생각을 해봤더라면 너무 늦기 전에 우연히 문제를 발견했을지도 모른다. 당신이나 타인에게 불쾌한 질문을 일삼으라는 이야기는 결코 아니다. 다양한 각도에서 좋은 점과 나쁜 점 모두를 볼 때 당신의 통찰과 성공이 극대화된다는 주장을 하려는 것이다.

어려운 상황에 놓였을 때 이렇게 질문하라. 여기서 어떤 기회를 찾을 수 있는가? 내 약점을 장점으로 만든다면 어떨까? 내 인생과 경력을 되돌아봤을 때 가장 힘들었던 상황에서 거둔 성공에는 어떤 것들이 있는가? 가장 까다로웠던 개인적 또는 직업적 인간관계에서 얻은 한 가지 선물이 있다면 그것은 무엇인가?

마찬가지로 모든 것이 순조로울 때도 이렇게 물을 수 있다. 잠재적 위험은 무엇이며, 그것들을 어떻게 피할 수 있는가? 내 장점의 어떤 측면이 약점이 될 수 있는가? 과거의 성공에서 문제가 되었을 만한 요소를 찾을 수 있는가? 최상의 개인적 또는 직업적 인간관계에서 위험 요인을 한 가지 꼽자면 무엇이며, 그것을 어떻게 줄일 수 있는가?

당신이 나처럼 연극광이라면 때로는 연극 속 인물이 극에서 빠져나와 관객에게 직접 이야기하거나 장면을 관찰하는 듯이 대사를 하는 기법에 대해 알 것이다. 우리의 유니콘 다수가 우리에게 보여주었듯이, 우리도 그 연극 기법처럼 우리의 경험을 보다 객관적인 각도에서 재구성함으로써 귀중한 통찰을 얻을 수 있다. 한 유니콘은 남편과 의견 차이가 있을 때 자신의 몸에서 빠져나와 지금의 상황을 '관찰'하는 것처럼 상상한다고 했다. 그러니까 그녀는 화난 아내가 되는 대신 관찰자가 된다는 것이다(이는 조망수용을 상기시킬 것이다. 그러나 조망수용이 상대방의 입장에서 생각하는 것이라면 이것은 상황과 거리를 두고 객관적인 시각에서 관찰하는 것이다). 협상 전문가인 윌리엄 유리William Ury는 이 기법에 '발코니 가기'라는 적절한 이름을 붙였는데, 어떤 이름으로 불리든 이런 종류의 재구성은 대단히 유용할 수 있다.

명상 외의 마음챙김 기법으로 두 번째로 소개할 방법은 비교하기와 대조하기comparing and contrasting이다. 우리는 비교하고 대조할 때 지나간 경험, 생각, 감정, 행동 간의 유사점과 차이점을 찾는다. 특히 이 기법은 과거에는 알아차리지 못했을지도 모를 행동양식(자기통찰의 일곱 축 가운데 하나)들을 알아보는 훌륭한 방법이 될 수 있다. 하지만 현재 순간에 주목하기를 강조하는 마음챙김에 과거에 대한 검토가 어떻게 도움이 되는지 의아해할지도 모르겠다. 과거의 경험들과 '지금 이 순간에 일어나는 상황'을 비교하고 대조할 때 현재가 아주 명료하게 보이기 때문이다. "지난주에는 내 직업이 너무 만족스러웠는데 이번 주는 어떤 차이가 있기에 이렇게 비참하지?", "대학에서 전공을 선택할 때는 경영 관련 수업이 다른 어떤 수업보다 신이 났던 것 같아. 현재의 직장에서도 그런 열정을 살릴 수 있을까?", "여러 직장에서 같은 문제를 겪었다면 이는 무슨 뜻일까?"

나 개인적으로도 비교와 대조 기법 덕분에 내 경력에서 가장 중요한 깨달음을 얻을 수 있었다. 대학을 졸업하고 박사과정을 밟는 5년 동안 나는 학교에서 연구원 겸 시간강사로 일했다. 하지만 경영자의 심장을 가진 나는 기회가 닿는 대로 컨설팅 일도 했다. 처음에는 대학원 교수님들 밑에서 일하다가 나중에는 덴버에 있는 작은 회사의 컨설턴트 자격으로 일했다. 학위 과정을 마친 후에 나는 비즈니스 세계와 사랑에 빠져서 회사 소속 조직심리학자로 일했고, 몇몇 회사를 거쳐 결국에는 꿈의 직장이라고 생각했던 회사로 들어가게 되었다. 나는 대단한 회사에서 존경하던 팀원들과 일했으며, 내가 회사에 가장 유익하다고 판단한 방안대로 할 수 있는 전권을 부여해준 상사를 모시는 행운을 누렸다.

하지만 2년도 채 지나지 않아서 마음이 들썩이기 시작했다. 처음에는 기회에 감사할 줄 모르는 짓이라고 스스로를 타이르며 이런 느낌을 밀어냈다. 하지만 최선의 노력을 했음에도 불구하고 더 이상 무시할 수 없을 정도로 마음의 동요가 커졌다.

어느 날 저녁, 나는 남편에게 내 곤란한 입장에 대해 의논했다. "내 기억이 맞는다면 당신은 지난번 직장에서도 2년 차쯤에 똑같은 기분을 느꼈던 것 같은데." 남편이 지적했다. 나 스스로는 알아채지 못했지만 남편 말이 옳았다. 내가 경험하고 있던 감정은 불행감이 아니라 사람도, 프로젝트도, 사내 정치도 너무 뻔한 일상에 갇힌 느낌으로 인한 것이었다. 출근을 하는 동안 전날과 똑같은 길을 달려서 똑같은 시각에 똑같은 사무실로 가는 일이 끔찍하다는 느낌이 자주 엄습하고는 했다.

'내가 직장 생활 초반에도 이런 느낌을 경험했던가?' 학생을 가르치거나 컨설팅 일을 했을 때는 그런 느낌이 들지 않았던 것 같았다. 늘 새로운 학기, 새로운 수업, 새로운 고객과 함께 새롭게 시작했으므로 타성에 젖을 수가 없었기 때문이다. 내가 고용자로 일할 때보다 독립적으로 일할 때 더 행복했다는 사실도 꽤나 분명하게 다가왔다. (지나고 보니 완벽하게 수긍이 되었다. 나는 남에게 지시받는 일을 좋아하지 않는 사업가 집안 출신이었던 것이다.) 하지만 나는 이런 식의 질문을 스스로에게 한 번도 해본 적이 없었다. 그에 대한 답변들이 내 바람만큼 간편한 해결 방법을 제시하지는 않았지만, 그전보다 아주 명료하게 문제를 이해시켜주었다.

결코 충동적으로 행동하는 사람이 아닌 나는 몇 주 동안 다소 심란한 결론을 이리저리 궁리해봤다. 그러던 어느 날 밤 사무실에서 나와 차로 걸어가는 길에, 급소로 주먹이 훅 들어오듯이 해결 방법이 떠올랐다. 내 회사를 차려야만 했다. 결론은 났다. 50대가 되어서까지 왜 사업을 시작할 용기를 내지 못할까 끙끙대며 고민하지 않으려면 조만간 시작해야 했다. 이런 깨달음이란 다소 불편할 수밖에 없지만, 나는 큰 안도감과 목적의식을 느꼈다. 수월한 회사원 생활을 떠나기가 쉽지는 않았지만, 솔직히 말하건대 회사에 남았다면 결코 지금처럼 즐겁게 일하지 못했을 것이다. 몇 주에 걸쳐 직장 생활을 하는 동안 가장 좋았을 때와 가장 나빴을 때를 비교하고 대조하면서 나는 바로 이런 전망을 할 수 있었다.

비교와 대조 기법이 직업과 관련된 통찰에만 적합한 것은 아니다. 이는 개인적 삶에서 우리를 저지하는 행동양식들을 발견하는 데도 도움이 된다. 66세의 독신 컴퓨터 프로그래머이자 유니콘으로 '아주 긴 유급휴가'를 막 받았다고 스스로를 소개했던 제드의 예를 보자. 회사에서 대규모 감원을 단행하면서 퇴직연금을 지급해준 데다 사회보장연금을 수령할 수 있는 나이도 넘었기 때문에, 그는 드디어 한가하게 쉴 수 있게 되었다. 휴가에 들어간 지 몇 달째인 어느 날 아침, 그는 일찍 잠이 깨어 게슴츠레한 눈으로 천장을 바라보고 있었다. 제드의 새 인생에는 불쾌한(결국에는 긍정적이 되었지만) 부작용도 따라온 듯했다. 자유 시간이 많아지자 그의 인생에서 불만족스러웠던 점들이 자꾸 생각났던 것이다. 우선 그가 여전히 독신이라는 점부터 불만이었다. 하지만 불만을 되새기는 대신에 그는 실패로 끝났던 연애에서 공통 요소를 찾을 수 있을지 자문하기 시작했다.

그때 제드는 플로베르Flaubert의 『보바리 부인*Madame Bovary*』을 막 읽은 참이었다(그는 안식년을 젊어서 간과했던 고전 소설을 읽을 기회로 삼겠다고 결심했다). 『보바리 부인』에서 샤를 보바리 박사는 담당 환자들 가운데 한 사람의 딸이었던 엠마와 결혼한다. 엠마는 처음에는 샤를과의 결혼에 가슴이 설렜지만 금방 그에게 싫증이 났고, 자신이 사실상 죽어간다는 느낌이 들어 속상했다(스포일러 주의). 이 단락은 특히 제드의 시선을 끌었다.

> 하지만 구름의 모양처럼, 바람의 방향처럼 계속 바뀌는 이 종잡을 수 없는 병을 어떻게 이야기해야 할까? 그녀는 적당한 단어를 찾을 수 없었다. 그래서 말을 꺼낼 기회를 찾지도, 용기를 내지도 못했다……샤를과의 대화는 보도블록처럼 단조롭고 평범한 생각들만 담고 있었다……평상복처럼 칙칙했고 웃음도, 꿈도 주지 못했다.

그는 이 단락을 읽으면서 문득 생각했다. '연애의 실패를 초래한 공통 요인이 나였을 수도 있을까?' 제드는 의문이 들었다. '내가 보도블록처럼 단조로웠을 수도 있을까?' 답을 구하기 위해서 그는 과거의 연애에서 줄곧 나타났던 자기 행동의 유사점(구체적으로 말하면 자기통찰의 축들 중 행동양식, 반응, 영향력)들을 찾기 시작했다. 제드는 순간적인 통찰을 통해 연애할 때마다 감정을 너무 억눌렀다는 깨달음을 얻었다. 속상한 일이 있을 때 그는 아무 말도, 행동도 하지 않고 마음을 닫았다. 이런 거부의 몸짓에 상대는 맥이 빠졌고, 깊은 관계로 진전되지 않았던 것이었다.

마침 그 무렵에 그는 20년간 알고 지냈지만 지난 10년 동안 소식이 끊겼던 옛 친구와 다시 연락을 주고받게 되었다. 그들은 함께 댄스 수업을 듣기 시작했고, 놀랍게도 사랑을 꽃피웠다. 두 사람은 1년 뒤에 결혼했고, 제드는 아내에게 표현을 많이 하기 위해 노력하고 있다. 가령 그리 신나지 않은 일이 발생한다면 예전의 제드는 조용히 앉아 있었겠지만, 새로운 제드는 설령 그것이 어렵고 불편하더라도 감정을 좀 더 내보여야만 한다는 것을 알았다. 제드의 결혼 생활이 완벽하지는 않았지만(누군들 완벽하겠는가?), 그는 더할 수 없이 행복했다.

당신 스스로가 비교와 대조 기법을 시도해보고 싶다면, 다음과 같은 질문들로 시작할 수 있다. 직장이나 경력, 인간관계, 당신이 더 잘 이해하고 싶은 거의 어떤 일에도 각각의 질문을 적용할 수 있다. 현재의 X가 과거와 동일한 점은 무엇이며, 달라진 점은 무엇인가? X의 변화와 함께 일어나는 내 기분의 긍정적 또는 부정적 변화가 있었는가? X에 대한 느낌이 과거에 비슷한 느낌을 받았던 상황을 떠오르게 하는가? 과거 X에 대해 느꼈던 감정에 비해 오늘은 X로 인해 얼마나 행복하고 만족스러웠는가? 지금까지 살아오면서 X를 생각하면 상황이 나아졌는가, 나빠졌는가?

다시 마음챙김 기법에 대한 논의로 돌아가서 마지막 기법을 알아보자. 연구들에 의하면 우리가 경험을 통해 배우지 못하는 이유 중 하나는 우리가 발견한 것들을 곰곰이 생각해볼 시간을 좀처럼 갖지 않기 때문이다. 바쁘고 정신없는 세상에서 정기적으로 자신을 돌아볼 시간을 내기가 대단히 어렵게 느껴질 수 있다. 하지만 일일 점검daily check-in에 시간을 많이 들일 필요는 없다(일기 쓰기에서 이야기했듯이 많이 쓴다고 좋은 것은 아니다). 사실 우리의 유니콘 대다수는 (벤저민 프랭클린과 마찬가지로) 짧고 집중적인 일일 점검의 습관을 가지고 있다고 했다. 건축가에서 사업가로 변신한 제프는 이렇게 설명했다. "나는 아주 중요한 외부자의 시각에서 '나는 오늘 어떻게 지냈고, 오늘 있었던 일들에 대해 어떤 느낌이 드는가?'라고 질문합니다."

자기성찰 또는 더 나쁘게는 반추에 시간을 쓰는 대신 우리는 일일 점검 시간을 정해둔 채 그날 선택한 일들을 검토하고, 행동양식을 찾아보고, 어떤 선택은 괜찮았고 어떤 선택은 문제였는지 관찰해야만 한다. 이 작은 의식이 우리의 기분이나 자신감뿐 아니라 행동과 결과에도 큰 영향을 미칠 수 있다. 예를 들어 한 연구에서는 콜센터 수습사원에게 매일 일과 후에 몇 분씩 생각할 시간을 갖게 했더니 실적이 평균 23퍼센트 향상되었다고 했다.

그러므로 집으로 돌아가는 차 안에서건, 저녁 식사 후 느긋이 쉬는 동안이건, 침대에 누워서건 매일 저녁 5분씩만 마음을 기울여 자신에게 이렇게 질문해보라. 오늘 좋았던 일은 무엇인가? 오늘 좋지 않았던 일은 무엇인가? 오늘 배운 점은 무엇이며, 내일은 어떻게 더 현명해질 수 있을까? 인생을 바꿀 만한 대답들을 찾아내야 한다고 생각할 필요는 없다. 당시에는 대수롭지 않아 보였던 통찰이 우리를 크게 발전시켜주는 경우가 상당히 많다. 하지만 우리가 매일 좀 더 마음을 들여다보고 자신을 알아간다면, 그 통찰들이 합쳐진 효과는 믿기 힘들 만큼 클 수 있다.

당신의 인생 이야기:
별을 바라보지만 말고 별자리를 그려라

내 남편은 자기 일밖에 모르는 사람으로, 나는 바로 그 점에 반해서 결혼하게 되었다. 그는 낮에는 토건회사의 IT 시스템 아키텍처에, 밤에는 천문학에 빠져서 산다. 몇 년 전 그는 자신의 취미가 상당한 수준에 이르렀으므로 그에 걸맞는 고품질의 망원경이 필요하다고 판단했다. 고급 망원경에는 거액의 가격표가 붙으므로 남편은 여덟 명쯤의 가족에게 돈을 모아서 역대 최고의 생일선물을 해달라고 부탁했다. 그는 자신이 좋아하는 장비를 사용할 때마다 의식이라도 치르듯이 저녁 내내 장비를 설치하고 설정하며, 때로는 카메라까지 장착하고 언제 어떤 천체가 나타날지 확인한다. 그런 다음 아이처럼 즐거워하며 우리 집 옥상에서 몇 시간이고 목성의 붉은 점이나 달의 특정 크레이터, 토성의 고리를 관찰한다.

어느 주말, 우리는 콜로라도산맥에 있는 산장에 올라가 있었다. 맑고 상쾌한 밤이었으므로 곧 망원경이 나오려니 했다. 뒷문이 쾅 닫히는 소리가 들려왔을 때 나는 곧 뒤쪽 데크에서 "여보, 와서 이것 좀

봐!"라는 외침이 들려오리라 생각하며 기다렸다. 그런데 시간이 지나도 그런 외침이 들려오지 않기에 남편에게 가보았다. 망원경은 여전히 휴대용 케이스에 담겨 있고, 남편은 데크에 앉아 하늘만 쳐다보고 있어 가슴이 철렁했다.

"망원경이 깨졌어?" 나는 겁이 나서 물었다.

남편은 싱긋이 웃으며 아니라고 나를 안심시켰다. "밖으로 나와서 눈이 어둠에 적응하기를 기다렸다가 별자리를 찾기 시작했는데…… 오늘 밤 은하수가 얼마나 아름다운지 보이지?" 남편이 설명했다. 여전히 어리둥절해 있는 나를 감지하고 그가 덧붙였다. "때로는 한 걸음 물러서서 큰 그림을 봐도 정말로 근사하거든."

자기검토도 마찬가지이다. 방금 읽었던 마음챙김 기법들이 현재의 당신 자신을 이해하도록 도와준다면, 인생 이야기 쓰기Life Story 기법은 인생을 뒤돌아보며 어떻게 당신의 과거가 전부 모여서 당신을 형성해왔는지 알 수 있도록 해준다. 인생의 각 사건이 별이라면 우리의 인생 이야기는 별자리이다. 우리가 망원경의 렌즈를 통해서 각각의 별만 내내 바라본다면 하늘을 수놓은 별자리가 얼마나 크고 아름다운지 알아차릴 수 없을 것이다. 그 목적을 달성하려면 티머시 윌슨이 설명한 대로 '우리 인생의 전기 작가'가 되어봐야 한다. 이는 우리가 어떤 사람이고, 어떤 사람이 될 것이며, 어떤 사람이 될 수 있는지 이해를 높이는 데 대단히 효과적인 방법이지만, 의외로 널리 활용되고 있지는 않다.

심리학 교수인 댄 매캐덤스Dan McAdams는 30년 이상 인생 이야기 쓰기에 대해 왕성하게 연구를 진행해왔다. 매캐덤스와 그의 동료들은 다음과 같은 지침을 제시하며 사람들로 하여금 인생 이야기를 쓰도록 유도한다.

당신의 인생을 책이라고 생각해보세요. 그 책의 장을 당신 삶의 중요한 시기별로 나누세요. 그리고 각 시기별로 5~10개의 장면들을 생각하세요. 가장 좋았던 때, 가장 나빴던 때, 어릴 적 기억, 아동기의 중요한 사건들, 성인기의 중요한 사건들, 또는 당신 자신을 만들어준 사건들을 생각하면 됩니다. 각각의 장면을 최소 한 단락 길이로 설명하세요.

1. 언제 무슨 일이 있었습니까? 이 일에 관련된 사람들은 누구입니까?
2. 이 사건에 대해 당신과 다른 사람들은 무엇을 생각하고 느꼈으며, 이 사건의 어떤 점이 당신에게 특히 중요했나요?
3. 이 사건은 당신이 어떤 사람이고, 시간이 흐르면서 어떻게 성장했으며, 어떤 사람이 될 수 있었다고 말해주나요?

각 장면의 설명을 다 쓴 다음에는 한 걸음 물러나서 당신의 인생 이야기 전체를 바라보세요.

1. 당신의 이야기에서 어떤 중요한 주제, 감정, 교훈이 보이나요?
2. 당신의 인생 이야기는 당신이 어떤 유형의 사람이고, 어떤 유형의 사람이 될 수 있었다고 말해주나요?
3. 당신의 이야기는 당신의 가치, 열정, 포부, 적합한 환경, 행동양식, 반응, 타인에게 미치는 영향력에 대해 무엇을 말해주나요?

매캐덤스 교수와 동료들은 수만 명의 인생 이야기를 수집한 후에 그 속에는 대체로 이야기를 아우르는 주제가 있다는 사실을 발견했다. 그리고 그 주제의 발견은 모순처럼 보이는 우리의 면모를 이해하는 데 도움이 될 수 있다. 내향적인 비영리단체의 기금모금 활동 전문가이자 자기 일을 사랑하는 체이스의 예를 보자. 그의 내향적 성향과 말을 많이 해야 하는 직업에 대한 열정이 처음에는 어울리지 않아 보일 수 있다. 하지만 체이스는 자기 인생 이야기를 검토하는 동안 자신이 좋았던 기억으로 꼽은 사건이 전부 불우한 사람을 위해 '선행'을 베풀 때였음을 알아차렸다. 그러니까 그의 직업은 내향적인 사람들이 일반적으로 선호하는 이상으로 사람들과 어울리기를 요구하기는 해도, 그가 가장 중시하는 가치대로 남을 도우며 살게 해주는 일이었던 것이다. 그래서 체이스는 사교성이 필요한 일이지만 기쁜 마음으로 할 수 있었다.

진정한 통찰을 얻을 수 있도록 인생 이야기를 쓸 수 있는 구체적인 방안을 몇 가지 살펴보도록 하자. 연구에 의하면 자신을 잘 아는 사람들은 중요한 인생 사건들을 보다 복잡한 이야기complex narrative로 풀어내는 경향이 있다고 한다. 그들은 각 사건을 다른 시각으로 묘사하고, 다수의 설명을 포함시키며, 복잡하고 심지어 모순되기까지 하는 감정들을 파고들 확률이 높다. 이 복잡성은 앞장에서 살펴본 절대적 진실에 대한 욕구와는 여러모로 상반된다. 자신을 잘 아는 사람들은 단순하고 일반화된 사실을 추구하는 대신, 그들의 인생에서 중대한 사건들이 본질적으로 복잡할 수밖에 없다는 것을 인정한다. 아마도 이런 이유 때문에 복잡한 인생 이야기가 개인의 지속적 발전 및 성숙과 연관이 있을 것이다.

동시에 이른바 주제의 일관성thematic coherence이 있어야 한다. 체이스가 선행이라는 주제를 발견했던 것처럼, 우리도 인생의 중요한 사건 다수를 관통하는 일관된 주제를 발견할 수 있을 때 놀라운 자기통찰을 얻을 수 있다. 사람들의 인생 이야기에 흔히 나타나는 주제로는 성취(개인의 성공), 관계(타인과 교제를 맺고 유지하기), 성장(인생을 발전하고 개선할 기회로 보기) 등이 있다. 또 한 가지 특별히 흥미로운 인생 이야기의 주제는 구원으로, 이는 매캐덤스가 집중해온 연구 주제이기도 하다. 인생 이야기에 '타락의 결말'을 담은 사람들은 복福이 화禍가 될 수도 있다고 생각하지만, '구원의 결말'로 마무리 짓는 사람들은 전화위복을 믿는다.

자기인식을 연구하는 티머시 윌슨과 동료들은 낮은 학점 때문에 고전 중인 듀크 대학교의 신입생들을 대상으로 진행한 연구에서 구원의 결말이 갖는 힘을 입증해 보였다. 낮은 학점은 분명히 "훌륭한 학생, 위대한 학교, 밝은 미래"라는 내러티브에 강력히 도전하는 사건이었다. 윌슨과 연구진은 학생들을 두 집단으로 나누었다. 한 집단에게는 상급생이 등장해 대학 생활에 적응하고 나니 학점이 향상되더라고 설명하는 영상을 보여주었다. 즉 이 신입생들에게는 학점이 낮아 고전하는 그들의 상황을 달리 설명해주는 내러티브를 들려준 것이다. 두 번째 집단에게는 새로운 이야기가 제공되지 않았다. 효과는 극적이었다. '새로운 내러티브'를 들은 학생들은 1년 뒤에 학점이 평균 0.11 증가했고(그에 반해 '예전 내러티브' 집단 학생들은 평점이 약간 하락했다), 중퇴할 확률도 훨씬 감소했다('새로운 내러티브' 집단 학생들은 단 5퍼센트만 중퇴한 반면, '예전 내러티브' 집단 학생들은 25퍼센트가 중퇴했다).

매캐덤스가 수집한 인생 이야기 중에서 특히 감동적인 구원의 결말을 담았던 사례는 한 청년의 이야기였다. 제임스(가명)의 삶은 고난으로 가득했다. 강간의 산물로 세상에 태어난 제임스는 칼에 찔려서 죽을 뻔했던 사건을 비롯해 시련의 연속인 삶을 살아왔다. 하지만 그는 많은 이가 어둠과 절망뿐이라고 할 인생에서 희망을 보았다. "죽었던 저를 의사 선생님들이 다시 살려냈죠……. 제 인생철학은 어떤 상황이 닥쳐도 부정적으로 살지 말고 항상 긍정적으로 살자는 거예요. 긍정적인 생각을 갖고 지내면 발전이 있습니다. 부정적인 생각에 사로잡히면 거기 빠져버리게 되는 거고요." 제임스에게 지나친 낙관주의자란 꼬리표를 붙이기 쉬울 것이다. 하지만 제임스 같은 사람들을 연구한 결과가 분명하게 보여준 사실이 있다. 우리가 난관을 정확하게, 그리고 구원의 기회로 본다면 가장 끔찍한 경험까지도 우리가 배우고, 성장하고, 발전하는 데 도움이 될 수 있다는 것이다.

그러므로 당신이 적당한 때에 인생 이야기를 쓰게 된다면 깔끔하게 정리된 할리우드식 이야기처럼 인생을 바라보지 말기 바란다. 당신 인생의 복잡한 줄거리, 미묘한 뉘앙스, 모순까지 수용할 때 아름다운 혼란 속에서 내면의 진실을 알아보게 될 것이다.

솔루션 마이닝: 문제에서 성장 목표에 이르기

이 장에서는 우리의 '현재'에 대한 이해를 높여주는 방안으로 명상 및 비명상 마음챙김 기법들을, '과거'에 대한 이해를 높여주는 방안으로 인생 이야기 쓰기 기법을 살펴보았다. 이제 한 가지 중요한 주제가 남았다. 어떻게 하면 우리의 내적 자기인식을 향상시켜 '미래'에 성공적인 삶을 살 수 있을까? 한 유니콘이 지적했듯이 "당신 자신을 아는 것으로는 충분하지 않다. 정말로 당신이 원하는 삶을 살려면 목표를 설정하고 변화해야 한다." 자신을 발견하려고 노력하는 과정에서 현재 우리의 위치와 우리가 원하는 위치 또는 미래에 있어야 할 위치 사이의 간극이 밝혀지는 경우가 상당히 많다. 가령 당신이 마음을 들여다보며 비교하고 대조한 후에 현재 일하고 있는 회사가 당신에게 잘 맞지 않는다는 것을 깨달았다고 하자. 또는 당신의 인생 이야기를 기록하면서 당신 인생에서 가족이 중요하다는 사실이 밝혀졌지만, 일주일에 80시간이나 일하고 있는 현재의 생활은 그 가치와 조화를 이루지 않는다고 하자. 많은 경우 우리가 새로 발견한 자기통찰에 따라 행동하는가, 행동하지 않는가가 성공과 정체를 가름한다.

똑똑하고 야심 있는 금융 전문가 매트의 예를 들어보자. 그는 풍부한 금융 지식을 갖추고 있을 뿐 아니라 직장 생활을 하는 내내 근면하고 절제된 태도로 상사와 동료, 고객들에게 칭찬을 받아왔다. 내가 그의 회사에서 실시하는 인재 교육 프로그램을 맡은 후 그가 프로그램 이수자로 선발되면서 우리는 처음 만났다. 나는 그의 잠재력을 즉시 알아볼 수 있었다.

매트는 장차 사업본부장 후보감으로 최근에 고용된 상태였다. 회사의 CEO는 앞으로 3년간 현재 본부장이 매트에게 업무를 가르치고, 그가 퇴직하면 매트를 본부장으로 승진시켜 회사가 공백 없이 원활하게 돌아가게 할 계획이라고 내게 알려주었다. 하지만 종종 그렇듯이 상황이 계획대로 흘러가지 않았다. 매트가 고용된 지 1년이 되어갈 즈음, 갑자기 본부장의 건강에 이상이 생겨 그 자리가 공석이 되었다. CEO는 적어도 당분간은 본부장 자리에 외부 인사를 영입하지 않는다는 결정을 내렸는데, 이는 매트에게 아직 기회가 열려 있다는 의미이기도 했다.

CEO는 애초에 본부장 후보로 데려온 매트를 즉시 임명하고 싶었지만, 그가 준비가 되었는지 확신할 수 없었다. 매트의 입장이 난처해졌다. 그의 멘토는 그만뒀고 사업 부문을 이끌 사람은 임명되지 않았으므로, 누군가는 나서서 리더십 공백을 메워야 했다. 매트는 CEO를 찾아가서 정식 인사 발령이 있을 때까지 그가 본부장직을 대신 수행하겠다고 제안했고, 동의를 받아냈다. 매트는 성장통을 겪게 되리란 것을 알았다. 팀원들에게 동기를 부여하고, 실적을 관리하고, 목표한 성과를 도출하는 등 모든 리더가 직면하는 도전 과제를 극복해야 할 뿐 아니라, 현재의 동료 일부에게 비공식적인 상사 노릇을 해야 하는 복잡한 상황에도 잘 대응해야 했다. 하지만 매트는 기가 죽는 대신에 이것이 문제를 해법으로 바꿀 완벽한 기회라고 판단했다. 그는 공식적인 본부장직을 얻는 데 필요한 기술을 개발하겠다는 목표를 세웠다.

대부분의 사람은 도전에 직면했을 때 해법을 찾는 것이 가장 생산적인 선택임을 직감적으로 안다. 상사들이 "문제를 가져오지 말고 해법을 가져와!"라고 호통을 치는 이유가 그 때문일 것이다. 하지만 유독 비즈니스 세계만 문제 파악에 너무 오랜 시간을 할애하고, 해결책 모색에는 상대적으로 적은 시간을 할애한다. 하지만 해법에 집중하는 솔루션 마이닝solution-mining 기법은 기록적인 시간 내에 목표에 이르게 해준다. 또한 생각하는 시간을 줄이면서 이해를 높여주는 큰 이점이 있다.

예를 들어 한 연구에서는 참가자들에게 목표를 설정하고, 그 목표를 얼마나 달성했는지 중간중간 측정하는 데 집중케 하는 인생 코칭 프로그램을 3개월간 이수하게 했다. 코칭 프로그램은 참가자들이 기록적인 시간 내에 목표를 달성하게 해주었을 뿐 아니라, 그들의 자기성찰은 감소시키고 자기인식은 증가시켰다. 또 다른 연구에서는 이런 발전이 거의 8개월 뒤까지 유지된다는 사실이 입증되었다. 게다가 솔루션 마이닝은 반추에 대한 강력한 해독제 역할까지 해주었다.

솔루션 마이닝을 지지하는 데이터가 대단히 설득력이 있었기 때문에, 심리학 내에서도 해결책 중심으로 접근해야 통찰과 심신의 안녕, 그리고 성공을 가져올 수 있다는 가정에서 출발하는 분야가 등장하게 되었다. 1980년대에 스티브 드 세이저Steve de Shazer와 인수 김 버그Insoo Kim Berg 부부에 의해 개발된 해결 중심 단기 치료Solution Focused Brief Therapy는 부모, 재소자, 행동 장애가 있는 청소년, 의료계 종사자, 결혼 생활에 문제가 있는 커플 등을 대상으로 우울증, 상습적 범죄, 스트레스와 위기 관리, 심리적 기능 및 사회적 기능 등에서 극적인 개선 효과를 이끌어냈다. 또한 이 치료법은 우리의 관심인 통찰력의 향상 및 심리적 성장과도 연관이 있음이 입증되었다.

당신이 문제를 파헤쳐 해결책을 찾는 능력을 키우고 싶다면, 기적의 질문법Miracle Question이라는 간단하지만 강력한 기법이 있다(칩Chip과 댄 히스Dan Heath 형제의 책 『스위치*Switch*』에서도 소개하고 있다). 세이저와 버그에 의해 개발된 기적의 질문법은 직장에서부터 가정생활, 심리치료까지 어디에서나 통찰을 가져다준다. 심지어 골프선수의 퍼팅 입스putting yips(퍼팅 시의 불안 증세)를 줄이는 데도 도움이 되는 것으로 나타났다.

그렇다면 기적의 질문이란 정확히 무엇인가?

> 오늘 밤 당신이 자고 있는 동안 당신 인생에 기적이 일어났다고 상상해보라. 기적의 힘에 의해 이 문제가 완전히 해결되고, 어쩌면 그 파급효과로 당신 인생의 다른 영역까지 크게 향상되었을 것이다……잠시 상상의 시간을 가져라……삶이 지금과는 어떻게 다를 것 같은가? 이제 자세히 기술하라. 아침에 일어났을 때 가장 먼저 무엇을 알아채겠는가?

다시 매트의 이야기로 돌아가보자. 팀원으로부터 그의 가장 큰 문제는 대표성이라는 피드백을 받은 후에 그는 기적의 질문법을 사용하여 어떤 해결책이 있을지 탐색했다. 매트는 기적처럼 그의 문제가 해결된다면 도움을 청하면서 약점을 보이는 게 아닐까 걱정하는 일부터 없어질 거라고 생각했다. 그러기는커녕 도움을 청하는 것이 팀원들의 참여를 높이고 개선과 발전을 가져오는 방안이라 여기고 적극적으로 도움을 청할 것 같았다.

매트는 문제가 해결된 바람직한 미래라는 감동적인 그림(또는 히스 형제가 『스위치』에서 붙인 이름처럼 '목적지 그림엽서')을 계속 그려나갔다. 팀의 참여와 실적의 향상을 이끌어내면서도 그의 부담감은 줄어들고 효율은 높아진 그림이었다. 그런데 매트가 "대표성을 높여보겠다"는 지나치게 단순화된 한 가지 해결책만 찾아내지 않았다는 점에 주목해야 한다. 그는 그와 팀원들 양측에 정확히 어떤 변화가 필요한지 보다 심도 깊은 수준에서 구상해나갔다.

사실 기적의 질문법이 대단히 큰 효과를 볼 수 있었던 이유들 중 하나는 그것이 우리로 하여금 자기인식의 축 가운데 하나인 포부를 폭넓게 생각하도록 만든다는 점이다. 한 유니콘의 이야기는 이 점을 잘 보여준다. 에밀리는 가난한 집안의 8남매 중 하나로 성장했다. 가족의 실수를 반복하지 않겠다고 결심한 그녀는 힘들었던 어린 시절의 기억을 떠올리며 직장에서 성공해야겠다는 의욕을 불태웠다.

> 자기인식은 목표 없이 생기지 않습니다. 나는 성취해야 할 것들부터 정했습니다. 예를 들어 신입사원이었을 때는 돈독한 인간관계와 신뢰를 쌓아야만 하겠더라고요. 그러려면 팀의 신임을 얻고 저를 믿도록 만드는 수밖에 없었어요. 약간의 실수라도 저지르면 곤란했습니다. 그래서 '이 행동이 내 목표에 어떤 영향을 미치게 될까?'를 끊임없이 자문해야만 했습니다.

하지만 내적 자기인식을 향상시키는 데 모든 목표가 똑같은 영향을 미치지는 않는다. 마치 캐럴 드웩과 캐럴 디너가 말하는 학습 중심 사고방식을 가진 아이처럼 우리가 학습과 성장의 측면에서 목표를 기술할 때, 그 목표는 우리로 하여금 완전히 새로운 수준의 통찰과 성취를 달성할 수 있게 해준다. 한 연구에서는 대학생들에게 주요 인생 목표와 그것을 어떻게 달성할지에 대해 두 단락으로 써보라고 요청했다. 흥미롭게도 학생들이 기술한 목표에 학습과 성장이 포함되어 있었을 때 자기인식과 성장, 심신의 안녕의 향상이 거의 '4년 뒤까지' 이어졌다.*

매트의 경우 단순히 보다 실질적인 대표 노릇을 하겠다고 나서는 대

* 당신이 드라마 〈24〉의 팬이라면 이 논문의 제1 저자가…… 잭 바우어Jack Bauer라는 사실에 흥미를 느낄지 모르겠다.

신, 도움을 청하는 데 대한 두려움을 떨치고 팀에게 분발을 촉구하며 권한을 위임해줌으로써 그의 경영 방식에 더 중대한 변화를 가져올 수 있었다. 그 후 몇 개월간 매트는 자신에게 기회가 주어진다면 본부장직을 승계하는 데 필요한 역량을 기르기 위해 계속 노력했다. 결국 CEO는 그를 공식적으로 본부장으로 임명했다. 그로부터 1년여가 지난 지금 매트는 기대 이상의 성과를 보여주고 있다. 매트의 사례가 분명하게 상기시켜주듯이, 우리가 난제에 부딪혔을 때 어떻게 하면 이를 통해 성장할 수 있을지 빨리 탐색에 들어갈수록 상황을 장악하고 인생에서 이루고 싶은 것들을 얻기가 쉬워진다.

• • •

지금쯤 당신은 마음챙김의 세계를 향한 내 첫 여행이 어땠는지, 내가 잘 견뎌냈는지 궁금할지 모르겠다. 명상 강의의 마지막 날 우리 그룹은 다르마카야 대탑Great Stupa of Dharmakaya을 향해 눈길을 걸어가고 있었다. 다채로운 색깔의 기도 깃발이 매달린 우아한 나무다리를 건너는 동안 나는 우뚝 솟은 탑을 올려다보았다. 2단으로 된 거대한 아치형 흰색 몸체에 황금빛 원뿔을 올려놓은 모양의 탑이 원형극장처럼 늘어선 눈 덮인 소나무를 배경으로 서 있었다. 놀랍게도 나는 감동을 받았다.

멀리서 장엄한 탑을 몇 분간 넋을 놓고 바라본 후에 우리는 신발과 겨울 재킷을 벗고 탑 내부의 법당으로 들어갔다. 복잡한 문양이 그려진 하늘색 천장 아래에 우뚝 세워진 황금색 불상을 목을 빼고 바라보면서 걸어가는 동안 나는 "와우!" 하고 애비에게 소곤거렸다.

어느새 '여기서 명상을 하면 진짜 좋겠다'라는 생각을 하고 있는 나 자신이 놀라웠다.

그리고 거기서 명상을 하게 되었을 때, '드디어' 나도 명상에 성공했다. 누구보다 놀란 사람은 나였다. 주말 내내 내 마음은 흙탕물이 소용돌이치는 물컵 같았는데, 몇 분 동안은 놀랍게도 투명해졌다. A 유형인 탓에 불안하고 과도하게 생각이 많은 내 뇌가 시속 백만 킬로미터로 달리기를 멈추고 완벽하게 고요해졌다. 그 순간 명상에 대한 사람들의 호들갑이 이해가 되었다.

샴발라에서 집으로 돌아오는 차 안에서 나는 동생과 함께 평화로운 침묵 속에 잠겨 있는 것만으로 행복했다. 한 번도 경험하지 못했던 일이었다. 모든 순간을 수다나 음악으로 끊임없이 채울 필요가 없다는 깨달음을 얻으며 신기하기도 하고 기쁘기도 했다. 애비와 함께 마법 같은 공간에서 도시로 돌아오는 동안, 나는 명상용 쿠션을 사고 내 사무실의 절반을 마음챙김의 메카로 꾸밀 생각까지 해봤다.

명상 센터에서 돌아온 다음 날, 나는 대단한 열의에 차서 자리를 잡고 앉아 명상을 했다. 그다음 날도 나는 앉아서 명상을 했다(내가 입양한 2.2킬로그램의 푸들이 애정에 굶주린 녀석이라 명상하는 내내 방해했는데도 불구하고 말이다). 하지만 그다음 날은 앉아서 명상을 하지 않았다. 그리고 그다음 날도 하지 않았다. 그다음 날은 사무실에 명상 공간을 두는 일은 당분간 미뤄야겠다는 생각이 들었다. 그 후로 내가 명상을 하지 않은 것은 인정하겠지만, 명상이 효과가 있을 수도 있다는 사실을 인정하지 않아서가 아니라 내게는 비명상 기법이 더 효과적이라는 사실을 발견했기 때문이었다.

중요한 점은 내적 자기인식에 이르는 방법은 많다는 것이다. 이 장에서는 우리의 과거를 캐어보는 인생 이야기 쓰기, 우리의 현재에 주목하기 위한 명상 및 비명상 마음챙김 기법, 우리의 미래를 설계하는 솔루션 마이닝에 대해 알아보았다. 한 번쯤은 각 기법을 시도해볼 가치가 있겠지만, 당신은 특정 기법이 다른 기법보다 자신에게 효과적이라는 사실을 발견하게 될 것이다. 통찰을 키워나가는 과정에는 자신에게 가장 효과적인 자기탐색 기법을 알아가는 것도 포함되니 말이다.

| 3부 |

외적 자기인식에 관한 그릇된 통념과 진실

우리가 남들에게 어떻게 보이는지 알아가는 과정에서 우리는
불쾌한 의외의 진실만큼이나
유쾌한 의외의 진실과 마주칠 가능성도 있다.

7장 우리가 듣기 힘든 진실

거울에서 프리즘으로 보기

거리에서 당신 쪽으로 걸어오는 낯선 이는 두 번째 눈길에서
당신의 전부를 파악하고, 당신을 평가하고,
평생 당신 자신과 함께해온 당신도 정하지 못했고,
정할 수 없을 당신의 위치를 정해줌으로써……
당신을 가장 잘 아는 사람이 될 것이다.

워커 퍼시

사람들이 흔히 쓰는 '취중진담'이라는 말은 과학적으로도 근거가 있다. 근래 어느 토요일 늦은 밤, 붐비는 고향 술집에서 나는 이 말이 참이란 것을 실감했다.

사건은 덴버 도심에 있는 최신 유행 식당에서 별스럽지 않게 시작되었다. 남편과 나는 그의 오랜 친구 여섯 명과 함께 기분 좋게 먹고 마시며 자리를 파해가던 참이었다. 그날 운전을 맡기로 했던 나는 소다수만 홀짝였으나 기분이 대단히 좋았다. 모두가 알고 지낸 지 10년이 넘은 사람들이었고, 모든 상황이 기분 좋게 흘러가는 그런 밤이었다. 친구들이 최고의 입담을 발휘해준 덕분에 나는 배가 땅길 정도로 웃어댔다. 계산서를 받아든 우리는 이렇게 재미있는데 그냥 집에 가기는 아쉽다고 입을 모아 말했다.

"셀틱은 어때?" 테리사가 물었다. "우리 거기 안 간 지 진짜 오래됐

잖아!"

"그 낡은 아일랜드 술집?" 남편이 눈을 둥그렇게 뜨고 말했다. "나는 좋아!"

한 시간 뒤, 이미 술이 취해 있던 친구들은 향수에 더 취해버렸다. (알고 보니 셀틱은 그들이 20년도 더 전에 어울리곤 했던 곳이었다.) 우리는 높은 술집 탁자를 몇 개 붙여서 함께 앉았고, 술집을 가득 메운 시끄러운 음악을 배경으로 추억에 잠기기 시작했다. 나는 지금은 과묵하기만 한 중년의 전문직 종사자들이 젊은 시절에 장난치고 다녔을 모습을 상상하며 혼자 킥킥거렸다.

옆 사람들과 끼리끼리 대화를 나누던 도중에 테리사가 내 쪽으로 의자를 붙여 앉았다. "타샤, 데이브 덕에 당신을 알게 되어 우리가 얼마나 기쁜지 몰라요!" 그녀가 몽롱한 표정으로 말했다. '말도 예쁘게 하네!' 나도 내 인생에 그들을 데려와준 남편에게 똑같이 고마움을 느끼면서 생각했다. 하지만 내가 뭐라고 대답할 새도 없이 그녀가 말을 이었다. "그런데 처음 만났을 때에 비하면 정말 사람 됐네요."

나는 얼떨떨해서 멈칫거렸다. "그게…… 그게 무슨 말이에요?"

그다음에 일어난 일을 나는 결코 잊지 못할 것이다. 시끌벅적하고 야단법석인 혼잡한 술집에서 일어선 테리사가 두 손으로 와락 내 머리통을 움켜쥐더니 괴로울 정도로 머리를 꺾었다. 물론 그녀가 그런 행동을 하지는 않았다. 하지만 내 느낌은 그랬다. 세세하게 다 이야기하지는 않겠지만, 막 박사학위를 딴 26세의 나는 모르는 게 없는 사람처럼 건방지게 굴며 신경 쓰이게 했던 모양이었다.

"고마워요." 내가 더듬거리며 대답했다. "솔직히 말해줘서 고마워요, 테리사. 앞으로 참고할게요."

"뭐 그런 인사를." 그녀가 환한 얼굴로 대답했다.

나는 그녀를 의자에서 넘어뜨리고 싶은 충동을 간신히 참아내며 대화를 마무리했다.

좀 진정이 되자, 나는 이 일이 실은 소중한 기회를 선사하는 진정한 자명종 순간임을 알아챘다. 그리고 테리사가 뭘 모르고 한 이야기로 밝혀지기를 희망했다. 하지만 어느 쪽이든 나는 좀 더 캐봐야 했다.

그래서 집으로 돌아가는 차 안에서 기분 좋게 취한 상태로 조수석에 앉아 있던 남편에게 테리사와의 대화 내용을 들려주었다.

"당신은 어떻게 생각해?" 남편에게 물었다.

"무슨 뜻이야?"

"테리사 말이 맞아?"

"음, 이거 나를 떠보는 질문이야?"

"아니니까 말해봐." 나는 최대한 무덤덤한 어조를 가장하며 남편을 안심시켰다. "테리사가 내게서 본 모습을 당신도 봤는지 진짜 궁금해서 그래."

남편이 잠시 뜸을 들였다가 이야기를 시작했다. "어…… 테리사가 왜 그런 말을 했는지 알 듯해." 나는 하고 싶은 말을 꾹 참고 심호흡을 하며 남편의 말을 기다렸다. "그때 있잖아, 당신이 취직한 지 6개월도 안 되어 개인 사무실을 요청했던 일 기억나?"

"내가 그랬었나?" 나는 모른 체하면서 물었다.

"아니, 사실 요청이 아니라 요구를 했지. 내가 보기에는 지나친 행동 같았거든."

당시의 나는 모든 동료에게 개별 사무실을 주면서 내게만 주지 않은 상황이 전적으로 불공평하다는 견해를 강력히 피력했다. 하지만 갑자기 상황이 다른 시각에서 보였다. 새로 고용된 주제에 잘난 척하며 심통 사나운 아이처럼 사무실을 요구하는 직원이 나였던 것이다. 지금 돌이켜 생각해보니 그 일이 어떤 인상을 남겼을지 알 수 있었다. 나는 무참했다.

몇 주 동안 내 마음속에서 온갖 감정이 소용돌이쳤다. 더 젊었을 적의 나에 관한 진실을 듣고 내가 놀랐을까? 물론이다. 내 행동이 겸연쩍었던가? 당연히 그랬다. 하지만 무엇보다 아무도(단 한 사람도!) 거의 10년 동안 내게 그 일에 대해 아무 말도 해주지 않았다는 데 실망했다. 다행히도 10년 사이에 나아진 것 같기는 하지만, 스물여섯 살 때의 내게 그런 성향이 있었다는 사실은 현재의 나에게도 경고 신호였다. 그래서 이 소중한 통찰을 얻은 후로는 그 점을 마음 한편에 새겨두고 행동할 때마다 다른 사람에게 어떻게 보일지 좀 더 객관적으로 생각하기 위해 노력하고 있다. 취중진담을 통해서 나에 관한 가장 냉정한 진실을 들었던 것이다.

내적 자기인식이 내면을 들여다봄으로써 통찰을 얻는 것이라면, 외적 자기인식은 우리가 남들에게 어떻게 보이는지 시선을 밖으로 돌리는 것이다. 외적 자기인식은 우리가 아무리 노력해도 혼자서는 할 수 없다. 하지만 유감스럽게도 남들이 우리를 어떻게 보는지 알아내려는 시도는 대개 좌절된다. 그 이유는 단순하다. 우리와 가장 가까운 사람들조차도 그런 정보를 알려주기를 망설이기 때문이다. 여기저기서 약간의 의견을 수집할 수는 있지만(입을 열게 해주는 술의 도움을 받거나 술의 도움 없이), 이를 밝히려는 결연한 노력 없이는 법정에서의 서약처럼 모든 진실을, 오로지 진실만을 알아내지 못하는 것이 일반적이다.

사실 우리는 진실을 당사자에게는 대체로 알려주지 않는 세상에서 살고 있다. 거기에 진실을 묻는 것이 불편하고 망설여지는 마음까지 더해져서 모르는 게 약이라고 넘어간다. 사실 남들이 자신을 어떻게 보는지 한번 알아볼까 생각만 해도 두렵고 자신이 없어지는 사람이 적지 않다("넌 그 진 바지를 입으면 정말 뚱뚱해 보여", "당신의 프레젠테이션은 조리도 없고 감동도 전혀 주지 못했어", "당신은 스물여섯 살 때 참을 수 없을 만큼 건방졌어"). 남들이 우리를 어떻게 볼지 알아보기가 무섭고, 겁나고, 몹시 고통스러울 수도 있지만, 진실을 모르고 넘어가는 것보다는 훨씬 낫다.

월요일 아침, 당신의 사무실이라고 잠시 상상해보라. 아침나절에 잠시 화장실에 다녀오면서 신발 바닥에 화장지를 길게 붙이고 돌아온다. 당신은 그 사실을 까마득히 모른다. 당신이 사무실까지 한참을 걸어오는 동안 동료들은 실실 웃는다. "저거 봤어?" 자기들끼리는 물어보면서 당신에게는 아무 말도 해주지 않는다. 게다가 당신이 중요한 고객을 만나러 가는 중이라는 사실을 그들은 모르고 있다.

당신이 의도하지 않았던 액세서리를 달고 회의실로 들어설 때 당신의 고객 역시 어정쩡한 미소만 보낼 뿐 그 사실에 대해서는 입을 다문다. 그 일만 아니면 성공적인 만남이었음에도 불구하고, 고객은 당신이 덜렁대고 지저분한 사람이라는 결론을 내리고 당신에게 일을 더 맡기지 않기로 결정한다. 당신의 동료들 가운데 한 명이라도 다가와서 살짝 알려주었더라면 당신은 부끄러운 경험을 하지도, 큰 손해를 보지도 않았을 것이다.

물론 일부러 우스꽝스러운 사례를 들어 이야기했지만, 거친 경영 기술, 서툰 대인관계 기술, 긴장하면 말을 더듬는 경향 등, 우리 모두에게는 신발에 화장지를 붙이고 돌아다니는 행동에 비유할 수 있는 경험이 있다. 그리고 대개는 우리가 그 사실을 가장 마지막에 알게 된다.

내가 방을 나가면 사람들이 나에 대해 뭐라고 할지 궁금해한 적이 없었던 사람은 드물 것이다. 하지만 대부분의 사람은 이 욕구를 충족시키기보다는 모르는 게 약이라고 생각하고 넘어간다. '아무도 달리 이야기해주지 않는 걸 보면 내가 (업무 능력/결혼 생활/리더십 능력에 대해) 알아야 할 전부를 아는 거겠지.' 우리는 이렇게 판단한다. 물론 이런 본능적 반응이 이해는 된다. 우리는 냉혹한 진실이 듣기 힘들 수 있다는 것을 봐왔기 때문이다. 하지만 진실을 피함으로써 우리는 그 진실만큼이나 유쾌하지 못한 두 가지 결과를 초래할 위험이 있다. 첫째, 우리를 방해하는 행동들을 제대로 알지 못하면 사람들이 뒤에서 킬킬거리는데도 신발에 휴지를 붙이고 돌아다니는 것에 버금가는 상황이 벌어지게 되어 있다. 둘째, 결국에는 우리도 진실을 알게 되지만, 우연히 엿들은 대화, 문득 찾아온 깨달음, 허름한 술집에서 취한 김에 털어놓은 이야기 등을 통해서 불시에 알게 되거나, 진실을 알아도 손을 쓰기에는 너무 늦어질 수 있다.

"피드백은 선물이다"라는 말은 너무 상투적이어서 얼마나 옳은 말인지 우리는 자주 잊어버린다. 우리에게 이 선물이 필요한 이유는 단순하다. 일반적으로 우리가 자신을 보는 것보다 다른 사람들이 더 객관적으로 우리를 보기 때문이다. 심리학자 티머시 스미스Timothy Smith와 그의 동료들이 300쌍의 부부에게 심장질환 검사를 받게 한 연구에서 이 사실이 확실하게 입증되었다. 그들은 각 참가자에게 자신과 배우자의 분노, 적대감, 시비를 거는 수준(심장질환의 강력한 예측 변인들)을 평가하도록 부탁한 결과, 자신에 대한 평가가 배우자에 대한 평가에 비해 대단히 부정확하다는 사실을 알게 되었다. 해군 장교와 그들의 하급자 150명에게 장교의 리더십 유형을 평가하도록 요청한 또 다른 연구에서는 오직 하급자들만 상관의 성과와 진급 가능성을 정확히 평가할 수 있다는 결과가 나왔다. 미래의 우리 행동을 예측하는 데도 타인들이 우리보다 정확했다(친구의 새 연애 상대를 소개받았는데, 아무리 봐도 둘이 어울리지 않아 오래가지는 못하겠다고 정확히 예견한 적이 있는 사람이라면 이 사실을 증언해줄 수 있을 것이다).

사실 완전히 낯선 사람, 즉 우리를 한 번도 직접 만난 적이 없는 사람조차도 당황스러우리만치 우리를 정확히 알 수 있다. 데이비드 펀더 David Funder와 그의 동료들은 대학생들이 그들을 잘 아는 사람들(부모, 친구, 룸메이트), 그들을 조금 아는 사람들(대학과 고향의 지인들), 그들을 한 번도 만난 적이 없는 사람들(그들의 영상을 5분간 본 낯선 사람들)에게 약 70가지 성격 특질에서 어떤 평가를 받는지 비교했다. 세 집단의 평가는 놀랍도록 정확해서 세 가지 특질 외에는 전부 일치했다! 세 집단은 참가자들을 얼마나 잘 아는가와 상관없이 참가자들에게서 비슷한 특성을 알아차리는 경향이 있었다. 여기서 우리는 당신이 잘 모르는 사람도 소중한 피드백을 줄 수 있다는 사실을 알 수 있다.

하지만 이 모든 연구 결과를 고려하더라도, '우리'는 여전히 타인이 알 수 없는 우리의 면면을 안다고 생각하고 싶은 유혹을 느낀다(어쨌든 우리는 매일 밤낮으로 우리 자신과 살고 있지 않은가?). 이 책 초반에 등장했던 비유를 사용하자면, 우리는 거울에 비친 우리의 모습을 보고 그것이 유일하고, 따라서 가장 정확한 우리의 모습이라고 결론을 내리기 쉽다. 남들은 우리를 똑같이 보지 않을 수도 있다는 가능성과 대면하기보다는 우리의 거울상을 응시하기가 훨씬 쉽고 안전하다. 하지만 내면의 응시가 진정한 통찰에 필요조건이기는 하지만 충분조건은 아니다.

내가 조직의 부서장들에게 강연할 때 자주 하는 질문이 있다. "부하직원들도 본인의 리더십에 대해 본인과 같은 견해를 갖고 있다고 자신하는 분이 있습니까?" 그러면 절반쯤의 손이 올라간다. 그러면 내가 좀 더 센 질문을 한다. "거기에 당신의 노후 자금을 걸 수 있는 사람만 손을 계속 드세요." 그러면 다수가 생각이 많은 표정을 짓고 있고, 대부분이 망설이다 손을 내리는 게 보통이다. 그리고 내가 그들의 의견과 직원들의 의견 중 누구의 의견이 옳겠는지 질문하면, 아마 자기인식이 뛰어난 사람으로 보이고 싶은 때문일 테지만 다수가 자신 있게 "직원들이요!"라고 외친다. 유감스럽게도 그렇게 단순하게 답할 수 있는 문제가 아니다. 우리의 거울상을 응시하는 것만으로는 완전한 통찰을 얻을 수 없는 것처럼, 오로지 '타인'의 눈으로만 우리를 봐서도 우리의 완전한 그림을 볼 수 없다.

그러므로 완전한 자기인식은 거울보다는 프리즘에 비유하는 것이 적절할 것이다. 초등학교 과학 시간에 배운 내용을 기억할지 모르겠지만, 백색광을 프리즘에 통과시키면 반대쪽에서 무지개 색으로 분리된다. 사실 누군가가 우리를 어떻게 보는지 새로운 시각을 구할 때마다 우리의 자기상에 또 다른 색깔이 추가된다. 그냥 밋밋한 백색광을 보는 대신에 우리는 자신을 보다 풍부하고 완전하며 다면적으로 보게 된다.

자기인식의 유니콘들 중 한 명인 제레마이아는 사실 그 다양한 색깔이 얼마나 중요한지 최근에 깨달았다. 그가 이전에 경험했던 자기인식의 이정표는 내적 자기인식과 관련된 것이 많았다. 그가 첫 직장을 그만두고 브랜드 매니저에 대한 열정을 추구하기 위해 학교로 돌아갔을 때만 해도 자신에게 맞지 않는 일임을 깨달았기 때문이었다. 제레마이아는 자신을 꽤 잘 안다고 믿었지만, 외부인의 시각도 가치가 있다는 점을 회사의 코칭 인증 프로그램에 참석할 기회를 얻기 전까지는 몰랐다.

지금까지 직장 생활을 해오면서 제레마이아는 사업상의 결정이든 진로 선택이나 동료와의 대화든 '옳은 방식'이 아니면 전부 '틀린 방식'이라는 사고방식으로 항상 상황에 접근했다. 하지만 다른 사람들을 코치하는 동안 그는 옳은 답이 하나일 경우는 드물다는 사실을 알게 되었다. 고객이 최적 경로를 찾도록 도와줄 때 가장 중요한 점은 자신이 그 과정에 어떤 영향을 미치고 있는지 이해하는 것이었다. 가령 그가 같은 말을 되풀이하는 고객 때문에 짜증이 나서 무심코 그 짜증을 표현한다면, 고객의 태도가 소극적으로 바뀌고 최선의 사고를 하지 못할 수도 있다. 더 전반적으로 그가 어떻게 보이는지 정확히 이해하려면 타인으로부터의 의견을 구하고 존중해야 한다는 것을 제레마이아는 깨달았다. 그는 우리에게 이렇게 말했다.

> 다른 사람에게 당신을 어떻게 생각하는지 물어보면 그들은 자기 거울을 들어 보여줄 텐데, 그 거울에 반사된 당신의 상은 당신의 거울에 반사된 상과

다를 수 있습니다. 우리의 실체가 전부 약간씩 다르지만, 그중 어느 하나만 실체라는 의미는 아니죠.

간단히 말해서 자기인식은 하나의 진실이 아니다. 거기에는 우리에 대한 우리의 관점과 타인들의 관점이 복잡하게 엮여 있다. 사실 이 주제를 다룬 연구들에 의하면, 그 두 종류의 관점은 중복된 불필요한 정보를 담은 것이라기보다 우리라는 사람의 다른 면들을 포착한 것으로 봐도 좋다. 앞에서 배웠듯이, 우리가 오직 내적 또는 외적 자기인식만 갖고 있다면 우리는 큰 퍼즐 조각을 놓칠 것이다. 따라서 남들의 의견을 진지하게 받아들여야 하지만, 그 의견들이 우리를 규정하거나 우리의 자기상을 완전히 무시하도록 허용해서는 안 된다. 곧 살펴볼 내용처럼 우리가 받은 피드백을 평가하고, 그에 따라 어떤 조치를 취할지 또는 과연 조치를 취해야 할지 판단하는 법을 배우는 것이 중요하다.

이 장에서는 당신이 정직하고 실용적인 피드백을 얻어서, 남들에게 보이는 당신이라는 다채로운 그림을 완성해가는 데 도움이 될 몇 가지 방법을 배우게 될 것이다. 첫째, 우리는 외적 자기인식을 막는 가장 큰 장벽 두 가지를 살펴보려고 한다. 그런 다음 직장에서든 개인적으로든 그 장벽을 깨뜨리는 데 필요한 올바른 피드백을 얻게 해줄 세 가지 방법을 소개할 것이다.

침묵 효과: 왜 글렌 레스터는 사실을 알 수 없었는가

당신이 소비자 선호도 조사의 참가자로 뽑혔다고 상상해보라. 실험실에 도착했을 때, 당신은 남성용 데오드란트(체취 제거제)에 대한 의견을 제공하게 될 거라는 설명을 듣고 재미있겠다는 생각을 한다. 로젠 박사라는 연구자가 다양한 브랜드의 제품이 놓인 탁자로 안내하며, 오늘 당신은 각 제품을 색깔이나 향 등 여러 요인별로 평가해줘야 한다고 호기롭게 알려준다. 로젠 박사는 설명을 마치고 감사의 인사를 한 뒤에 방을 나간다.

잠시 후, 그가 불쑥 다시 들어오더니 묻는다. "실례합니다…… 당신이 글렌 레스터인가요?"(당신이 여성이라면 '그웬 레스터'인지 묻는다.) 당신이 고개를 가로젓자 로젠 박사가 이야기한다. "음, 글렌이 곧 오기는 올 텐데요. 그를 찾는 전화가 와서요…… 메시지를 남기라고 해야겠군요." 몇 분 뒤에 로젠 박사가 돌아와서 엄숙하게 말한다. "글렌이 오면 바로 집으로 전화하라고 전해줘야만 합니다. 가족에게 몹시 안 좋은 일이 생겼는지 그가 바로 가봐야 할 것 같군요." 당신은 그 소식이 무엇일지 궁금해지면서 한 번도 만난 적 없는 글렌이라는 남자에게 연민을 느낌과 동시에 사람들 앞에서 느닷없이 참담한 소식을 듣게 되면 얼마나 끔찍할까 생각한다. 하지만 정말 어려운 질문이 남았다. 결국 글렌이 도착하면 당신은 어떻게 할 것인가? 중요한 메시지가 있다고 그에게 전해줄 것인가? 그 이야기를 하면서 실은 나쁜 소식 같더라고 말해줄 것인가?

이것은 1968년 조지아 대학교의 심리학자 시드니 로젠Sidney Rosen과

에이브러햄 테서Abraham Tesser가 고안한 기발한 실험으로, 당신도 추측했겠지만 사실 남성용 데오드란트 선호도 조사가 아니었다. 로젠과 테서가 정말 알고 싶었던 것은 사람들이 좋은 소식보다 나쁜 소식을 알려주기를 더 망설이는지 여부였다. 실험 결과는 예상대로였다. 글렌에게 전해줄 소식이 희소식이었을 때(두 번째 집단의 참가자에게는 글렌의 가족이 좋은 소식을 알려주려고 전화했다고 말해주었다), 절반 이상이 글렌이 방으로 들어오자마자 열심히 소식을 전했다. 하지만 나쁜 소식이었을 때는 5분의 1도 안 되는 사람만 소식을 전부 전해주었다. 사실 '글렌'(실은 연구자들의 동료)이 참가자들에게 어떤 소식인지 아느냐고 물었을 때조차도 무려 80퍼센트가 그의 질문에 대답해주지 않았다. 심지어 글렌이 여러 차례 묻는데도 대략 4분의 1은 어떤 종류의 소식인지 전혀 알려주지 않고, 불쌍한 글렌 레스터가 전혀 사실을 모르게 내버려두었다.

로젠과 테서는 이런 경향에, 달갑지 않은 소식에 대해 침묵 지키기keeping Mum about Undesirable Messages를 의미하는 침묵 효과MUM Effect라고 이름 붙였다. 많은 후속 연구에 의해 확증된 그들의 연구 결과는 우리가 누군가에게 불편할 수도 있는 정보를 가지고 있을 때 우리는 가장 쉬운 방법, 즉 그냥 아무 말도 하지 않는 쪽을 선택하는 경향이 있음을 보여준다.

그런데 침묵 효과는 사람들이 글렌에게 숨겼던 것과 같은 개인적 소식에만 적용되는 게 아니다. 우리의 실패나 약점에 관한 불편하고 반갑지 않은 정보를 전달해야 할 때도 마찬가지이다. 나는 최근에 과장이 갑자기 사직한 부서의 이야기를 들었다. 소식을 듣자마자 그 부서의 직원 다섯 명은 자신이 그 자리를 채우게 되리라고 기대하며 승진 발표가 나기만 목을 빼고 기다렸다. 하지만 아무도 승진하지 못했다. 부장은 외부 사람을 고용했다. 보아하니 당사자들만 모를 뿐 다섯 명의 직원은 승진 대상으로 고려되기는커녕 현재 업무도 고용주의 눈에는 흡족하지 못한 게 분명했다. 하지만 부장 또는 누구라도 그들에게 말해주었을까? 물론 아니었다! 직원들이 피드백을 받았더라면 고쳐나갈 기회를 얻었을 것이다. 사회적 불편을 회피한 부장의 행동은 그들의 승진 전망을 어둡게 했을 뿐 아니라, 팀 전체가 기능을 다하지 못하도록 만들었다.

설상가상으로 사람들은 우리를 어떻게 보고 있는지 우리에게는 사실대로 말해주기를 망설이면서, 다른 사람들과는 아무렇지 않게 그 견해를 교환하는 듯하다. 1972년 당시 존스홉킨스 대학교의 심리학과 대학원생이었던 허브 블럼버그Herb Blumberg는 이 현상에 대한 연구를 시작했다. 그는 여대생들에게 가장 친한 친구, 그다음으로 친한 두 친구, 그들이 싫어하는 사람, 이렇게 네 사람을 떠올리고 그들 각각의 긍정적인 특징과 부정적인 특징을 열거해보라고 요청했다. 그런 다음 블럼버그는 그들이 평가한 네 명 중 누군가에게 그 특징들을 언급한 적이 있는지 물었다(예를 들어 이렇게 묻는다. "당신은 친구 지나가 자만심이 강하다고 생각하네요. 당신이 관찰한 바를 지나와 함께 이야기한 적이 있나요?).

실험 결과는 아주 놀라웠다. 참가자들은 그들의 의견, 가령 지나가 자만심이 강하다는 의견을 다른 사람들과(심지어 그들이 싫어하는 사람에게까지) 거리낌 없이 털어놓지만 "당사자와 함께 이야기한 적은 거의 없다"고 보고했다. 블럼버그는 우리의 사회적 세계는 "남들이 자기를 어떻게 생각하는지 너무 많이 알 수 없도록 고안되었다"는 예리한 결론을 내렸다.

이 연구는 우리 다수가 남몰래 두려워하는 일을 입증해주는 증거이다. 아마 우리 직원, 직장 동료, 친구, 가족은 우리에 대해 어떻게 생각하는지 남들에게 이야기할 것이다. 단지 우리에게 이야기하지 않을 뿐이다!

그런데 이 냉혹한 현실은 직장에서 더욱 냉혹해진다. 상사가 당신을 불러 앉히고 당신이 개선할 점을 마지막으로 이야기해준 때가 언제인가? 당신의 동료들이 흔쾌히, 자발적으로 또는 주도적으로 모여서 모두의 발전을 위해 서로 비판해주는 시간을 마지막으로 가졌던 때가 언제인가? 인력개발부의 규정에 따른 인사고과 외에(때로는 인사고과에서도) 당신이 솔직하고 비판적인 피드백을 마지막으로 받은 때는 언제인가? 한 번도 그런 적이 없었던 듯한가? 당신 혼자만 그런 게 아니다.

아마도 다음 상황은 좀 더 익숙하게 여겨질 것이다. 바버라가 부서 회의에서 기획안을 발표하는데 내용이 별로이다. 그녀의 발표가 끝나자 "수고했어요", "좋은 계획이에요", "진행 사항도 얼른 듣고 싶네요" 같은 인사치레 몇 마디만 있을 뿐 회의실 안이 놀랍도록 조용하다. 그날 오후 바버라 없이 비공식 회의가 다시 열리고, 그 자리에서 팀원들은 종종 냉정한 표현까지 써가며 그녀의 기획안에 대한 그들의 '진짜' 의견을 털어놓는다. 이런 상황이 너무 흔하게 느껴지는 이유는 현대 조직이 피드백이나 실적 관리 등의 중요성을 늘 내세우지만, 사실은 매우 소수만 그들이 잘하고 있는지 시의적절하고 솔직한 의견을 듣기 때문이다.

침묵을 선호하는 우리의 성향은 진화론적 관점에서 보면 이해가 된다. 생존이 집단의 소속 여부에 달려 있던 인류 발생의 초창기에는 집단을 동요시킬 경우 대개 그곳에서 추방되어 홀로 살아야 했고, 이는 죽음을 의미했기 때문이다. 따라서 우리가 뜨거운 난로에서 본능적으로 손을 떼는 것처럼, 우리의 사회적 지위를 위협할 수 있는 어떤 일도 본능적으로 피하려 한다(사회적 거부를 경험할 때 실제로 신체적 고통을 느낄 때 작동하는 뇌 부분이 활성화된다).

사람들이 곤란한 정보를 알려주기보다는 침묵하기를 선호한다는 사실은 이미 살펴보았다. 하지만 거북함을 피하기 위해 새빨간 거짓말까지 할 것인가? 우리는 2장에서 사업소 팀장에서 비영리 국제기구의 CEO가 된 엘리너 앨런이 부팀장 이벨리오의 도움으로 자기인식을 높일 수 있었다는 이야기를 살펴보았다. 그러나 인상적인 경력에도 불구하고, 엘리너는 많은 공학자처럼 내향적인 사람이었고 직장 생활 중에는 내내 사람들 앞에서 말하는 것을 힘들어했다.* 특히 직장 생활 초반에 프레젠테이션을 앞두고 있을 때는 늘 전전긍긍했다. 그리고 프레젠테이션을 끝낸 뒤에는 자신이 어땠는지 끊임없이 반추했다.

푸에르토리코에서의 근무를 마친 엘리너와 그녀의 팀은 다른 대규모 상수도 관리업체 선정 입찰에 참가했다. 그녀의 팀이 최종 후보에 올랐다는 소식을 들었을 때, '어떡해……최종 면접에서는 프레젠테이션을 해야 될 텐데'라는 걱정부터 앞섰다. 하지만 그녀는 최선을 다해 준비해서 발표했고, 발표 후에는 그녀답지 않게 평온함까지 느꼈던 것으로 기억한다.

---

* 내향적인 사람은 당연히 공개 연설을 못 한다는 주장이 결코 아니며, 일부 내향적인 사람은 공개 연설에 특히 어려움을 겪을 수 있다.

그러나 대단히 실망스럽게도 엘리너의 팀은 탈락했다. 외적 자기인식을 굳건히 믿었던 그녀는 자신의 프레젠테이션이 탈락에 영향을 미쳤는지 알아보기 위해서 피드백을 받기로 결심했다. 어쩌면 그녀가 놓친 점이 있을 것이고, 그것이 무엇인지 동료들이 이해시켜줄 수도 있는 일이었다. 그래서 엘리너는 팀원인 필에게 그녀의 최종 프레젠테이션을 어떻게 봤는지 물었다. "프레젠테이션은 정말 '훌륭'했어요!" 필은 열성적으로 대답했다. "우리가 왜 떨어졌는지 모르겠어요." 엘리너는 안도의 한숨을 쉬었고, 큰 손실이 될 이번 탈락에 다른 이유가 있었을 거라고 결론지었다.

며칠 후, 한 동료가 느닷없이 전화를 걸어와 프로젝트에서 탈락한 그녀를 위로해주었을 때까지는 그랬다. 목소리를 낮추며 그녀가 엘리너에게 물었다. "그런데 면접에서 무슨 일이 있었던 거야?" 엘리너는 프레젠테이션은 잘했다고 그녀에게 말했다. 그러자 그녀가 이렇게 응수했다. "그래, 필에게 들은 이야기와 다르네. 그는 '엉망'이었다고 하던데!"

엘리너는 너무 놀라서 전화기를 떨어뜨릴 뻔했다. 그녀는 필을 지정해 의견을 물었는데, 그는 사실대로 알려주는 거북함을 피하기 위해서 '새빨간 거짓말'을 했던 것이다. 그리고 유감스럽게도 이것은 필에게 국한된 경향이 아니다. 사람들은 선의의 거짓말이 냉혹한 현실보다 손쉬울 때 아주 기꺼이 선의의 거짓말을 한다는 사실은 연구로도 확인되었다. 한 기발한 연구에서 벨라 드폴로Bella DePaulo와 캐시 벨Kathy Bell은 참가자들을 실험실로 불러서 여러 장의 그림을 보여주며 평가해달라고 요청했다. 그런 다음 그 그림들을 그린 화가들을 데려와서는 참가자들에게 좀 전의 피드백을 직접 들려달라고 했다. 그러자 놀랍게도 참가자들은 자신의 감상을 듣기 좋게 에둘러 말했고, 다수는 완전히 거짓말을 했다. 화가가 개인적으로 중요한 그림이라고 말했을 때는 더더욱 그랬다. 한 참가자는 연구자와 있을 때는 "추해요. 그냥 추해요!"라고 소리쳤으면서, 화가에게는 "마음에 들어요. 여기 있는 그림들 중에서 두 번째로 마음에 들어요"라고까지 말했다.

드폴로와 벨의 결론처럼 우리는 '예의상 거짓말'을 할 뿐 아니라, 상대가 중시하고 공을 들인 일에 피드백을 주어야 할 때는 특히 거짓말을 할 가능성이 높다. 그러므로 우리는 부족 생활을 했던 우리의 선조와 똑같은 이유로 거짓말을 한다. 즉 우리도 집단에 문제를 일으키고 싶지 않아서 거짓말을 한다. 그래서 우리는 사람들이 세상에 내놓는 '얼굴'(즉 '우리'가 판단하기에 '그들'이 생각하는 제 모습)을 예의 바르게 수용하고, 그에 대한 도전이 될 수 있는 정보를 내놓는 일은 설사 그것이 궁극적으로 도움이 된다고 해도 삼간다.

엘리너에게 필이 한 선의의 거짓말은 결정적 통찰을 얻는 데 촉매제가 된 자명종 사건이었다. 단순히 "나 어땠어?"라고 묻는 것으로는 충분하지 않음을 깨달은 그녀는 그 이후로 진실을 알려줄 용의가 있는 사람들에게서 구체적이고 초점이 있는 피드백을 적극적으로 구하기 위해 노력하고 있다. 그 결과 그녀는 비약적으로 발전했다. 하나만 예를 들면 엘리너는 최근에 비영리 국제기구인 워터 포 피플의 최고경영자로서 TEDx Mile High에서 경이로울 만큼 멋진 강연을 했다. 불쌍한 필이 봤다면 분명 어리둥절해했을 것이다! 남들이 우리를 어떻게 보는지 진실을 추구하는 것만큼 "구하지 않으면 얻을 수 없다"는 말이

들어맞는 상황도 없는 듯하다.

하지만 엘리너나 그녀와 유사한 위치의 사람들이 보통 발견하는 사실처럼, 당신이 상사일 때는 자기인식이 특히 중요하지만 훨씬 더 힘든 일이 된다. 자신을 잘 아는 리더가 더 크게 성공하고 더 높이 승진한다는 것은 연구 결과들이 보여주며, 일부 연구에서는 자기인식이 성공적인 리더십을 가장 잘 예측해주는 단일 변인이라고까지 주장한다. 문제는 당신이 회사의 먹이사슬에서 높이 올라갈수록 자신을 잘 알게 될 가능성은 낮아진다는 것으로, 그래서 최고경영자 병CEO Dieses이라는 이름까지 생겨났다. 사실 누가 상사에게 그의 경영 방식이 사람들한테 소외감을 느끼게 한다거나, 그녀의 최근 직원 채용이 갈등을 야기하고 있다거나, 고객이 그를 강압적이라고 생각한다는 말을 하고 싶겠는가? 게다가 3장에서 살펴본 스티브의 사례처럼, 리더들은 과거의 성공에서 기인한 과도한 자신감 때문에 괴로운 피드백을 듣고 수용하기가 대단히 어렵고, 그 결과 직원들은 피드백 주기를 더욱 망설이게 되므로 문제는 더 복잡해진다.

픽사Pixar 회장인 에드윈 캣멀Edwin Catmull은 권력자에게 사실대로 말하기를 꺼리는 현상을 직접 목격했다. 그가 픽사의 공동 설립자 및 디즈니 애니메이션 스튜디오의 회장이 되기 수년 전에는 유타 대학교의 신설 과정이었던 컴퓨터그래픽 프로그램의 박사과정 학생이었다. 그는 교수들과 대학원생 동료들 간의 동지애가 정말 좋았다. 그들은 엄격한 위계질서 없이 독립적으로 연구했고 너나없이 잘 어울렸다. 캣멀은 이런 환경이 너무 좋아서 대학원 졸업 후에 들어간 첫 번째 직장을 비슷한 구조의 조직으로 만들었다. 뉴욕 공과대학의 작은 컴퓨터 애니메이션 연구팀의 팀장이었던 그는 똑똑한 연구원들을 고용해 동등한 관계로 대했고, 각자 알아서 연구하도록 했다. 그 결과 연구원들은 무슨 일이든 전부 그에게 이야기했다. 그는 연구원들의 친목 활동에도 참여하면서 멤버로 인정받았고, 그 느낌을 좋아했다.

하지만 캣멀은 루카스 필름의 신설 부서인 컴퓨터 사업부의 수장으로 영입되었을 때, 자신이 사람들을 관리하는 방식을 재고해야 할 필요가 있음을 깨달았다. 그의 새 부서는 규모도 크고, 자금력도 막강하며, 세간의 주목도 훨씬 더 많이 받았다. 캣멀은 컴퓨터 기술을 할리우드에 도입하겠다는 조지 루카스George Lucas의 야심찬 구상을 실현하려면 그래픽, 비디오, 오디오 팀별로 팀장이 관리하는, 보다 형식적이고 위계적인 구조를 채택할 필요가 있다고 판단했다. 그런데 위계적인 구조를 채택하자, 거의 그 즉시 여러 가지가 달라졌다. 그가 사무실에 들어서면 직원들의 수다가 끊기고 침묵만 흘렀다. 그에게 보고되는 소식은 주로 좋은 내용이었고, 나쁜 내용은 거의 없었다. 그리고 그의 팀원들은 더 이상 직원 모임에 그를 초대하지 않았다.

캣멀은 이런 상황이 별로 마음에 들지도 않았고, 왜 이런 일이 일어나는지 이해도 되지 않았다. 자신은 유타 대학교 시절의 에드윈이나 뉴욕 공과대학 연구소 시절의 에드윈과 다른 사람처럼 느껴지지 않았는데 말이다. 하지만 수개월간 이 문제로 고심한 끝에 그는 마침내 깨달았다. 부사장이라는 그의 새로운 직함과 학계에서 높아진 그의 위상 때문에 사람들이 그를 인식하는 방식이 변했던 것이다. "내가 변하지 않았다고 해도 그럴 수밖에 없고, 앞으로 더 심해지리라는 것을 인정하게 되었죠." 캣멀의 경우에도 침묵 효과가 문제였고, 이는 그 자신의 성과뿐 아니라 팀의 집단적 자기인식에 거대한 장애물이 되고 있었다. 이 책에서 나중에 살펴볼 것처럼 캣멀은 침묵 효과와의 전쟁을 최우선 순위로 삼고, 리더로서의 자신에 대한 진실뿐 아니라 회사가 직면한 도전 과제와 쟁점에 대한 진실을 추구했다. 그리고 그의 노력은 큰 변화를 가져왔다. 하지만 우리가 곧 살펴볼 것처럼, 특히 리더에게 침묵 효과를 극복하려는 노력은 시작에 불과하다.

3대 타조 전략: 피드백을 회피하는 핑계들

외적 자기인식의 첫 번째 장벽이 진실을 말해주기를 꺼리는 타인들의 태도라면, 두 번째 장벽은 진실을 묻기를 주저하는 우리의 태도이다. 우리 대부분이 적어도 머리로는 현재보다 많은 피드백을 얻어야만 한다는 사실을 알고 있다. 하지만 우리의 합리적 이성이 조치를 취하려 할 때도 우리의 감정이 여전히 우리를 막아설 수 있다. 피드백을 요청하기가 불편해 일부러 외면하면서 정당화할 핑계를 찾는 경우를 말한다.

내 경험으로 볼 때 우리가 내세우는 주된 핑계는 세 가지이다. 마치 머리만 모래에 파묻고 있는 타조처럼 마음 편히 현실을 외면하도록 고안된 핑계들이므로 나는 3대 타조 전략Ostrich Trinity이라고 부른다. 하지만 다행히도 우리는 이 핑계들을 물리칠 수 있으며, 그러려면 한 가지 간단한 결심만 하면 된다. 바로 선의를 가진(하지만 침묵하는) 다른 사람의 손에 맡기지 말고 자기 방식으로 진실을 추구하겠다는 결심이다.

우선 피드백을 요청할 필요가 없다는 첫 번째 핑계부터 살펴보자. 우리는 침묵 효과에 대해 배웠으므로 이것이 완전히 틀린 핑계이며, 특히 리더의 경우 큰 잘못임을 이미 알고 있다. 멀리 갈 것도 없이 기업의 역사를 들여다보면 그 증거는 적지 않다. 1971년 페르 윌렌함마르Pehr Gyllenhammar가 볼보의 회장직을 승계했을 때, 이 자동차 회사의 미래는 갓 도색한 새 차처럼 밝게 빛나는 듯했다. 36세인 이 경영 귀재는 경영계의 왕족으로 태어났다. 그의 아버지 페르 윌렌함마르 시니어는 스칸디나비아 3국의 최대 보험회사인 스칸디아Skandia의 CEO였다. 스웨덴의 명문 룬드 대학교와 스위스의 산업연구소에서 교육받은 페르 윌렌함마르 주니어는 근면하고 자신만만하며 인맥을 활용하는 데도 능했다. 사실 그는 아버지의 뒤를 이어 스칸디아의 최고경영자 자리에 오른 지 몇 개월 후에 장인에게서 번창하던 스웨덴 자동차 회사의 CEO 자리를 넘겨받았다.

처음부터 윌렌함마르는 세간의 이목에는 신경도 쓰지 않았다. 그는 매일 아침 주문 제작한 1979년형 244 터보 또는 B21ET 엔진을 장착한 1980년형 240 시리즈나 1981년형 262 쿠페를 타고 위풍당당하게 출근했다. 모두 밝은 빨간색으로 도색하고 인테리어도 그에 맞춰 만들어진 차들이었다. 어떤 볼보 차든 밝은 빨간색으로 출시되지 않는데도 윌렌함마르는 그의 차를 "건방지고 도발적이며 배짱 있어 보이게" 만들라고 요구했다. 그는 회사 역시 그런 식으로 운영했다.

그리고 그의 방식이 통하는 듯했다. 장인주의 원리에 기초한 팀 생산방식이라는 혁신적인 모델을 제시한 취임 초반만 해도 그런 듯했다. 그러나 성공적으로 도입되었던 생산방식이 나중에는 그의 몰락의 씨앗이 되었다. 취임 후 수년 동안 회사의 수익 증가와 함께 윌렌함마르의 지위도 올라가서 '황제'라는 별명까지 얻었다. 오만과 과신에 찬 그는 누구의 조언도 수용하지 않고 거부했고, 그 결과 위험한 거래들을 밀어붙였으며, 그 거래들이 내는 수익이 변변찮음에도 불구하고 언론에 대고 허풍을 떠는 이해할 수 없는 행동을 자주 했다. 볼보가 적자를 내고 공장을 폐쇄하게 되는 재임 후반기에 윌렌함마르는 스칸디나비아반도에서 연봉이 가장 높은 경영자였다. 또한 그가 자신의 실수를 결코 따지지 않으리라고 확신하는 친구들을 볼보 이사회에 심어놓았기 때문에, 그의 결정들은 이의 없이 통과될 게 확실했다.

1993년 9월 볼보는 프랑스 국영 자동차 회사인 르노와의 합병 계획을 발표했다. 두 회사가 합병한다면 세계 6위의 자동차 회사로 부상하게 될 터였다. 그리고 대주주로 합병될 회사의 회장직에 오를 꿈을 꾼 사람이 누구겠는가? 물론 페르 윌렌함마르였다! 르노의 최고경영자 루이 슈바이처Louis Schweitzer와 그는 자랑스럽게 국경 없는 기업을 만든다는 구상을 내놓았다.

하지만 볼보의 중역과 직원들은 합병 소식을 듣는 순간부터 반대 의사를 확실하게 밝혔다. 합병 계획이 사업상으로도 잘못된 조치이며 직원들을 배신하려는 시도라고 확신한 한 직원은 익명으로 '불가해한 실책'이라고 주장했다. 하지만 윌렌함마르는 직원들의 간청을 무시하고 놀라운 자신감으로 합병안을 계속 밀어붙였다. 그는 비용 절감 추정액을 48억 달러에서 74억 달러로 올려 사업설명서를 다시 내놓기까지 했지만, 이런 추정액 인상을 뒷받침해줄 새로운 정보는 제시하지 않았다.

윌렌함마르가 직원들의 의견을 들을 마음이 없다는 사실이 너무나도 분명해지자, 그들은 이런 상황을 언론에 흘리기로 결정했다. 이제 소액 주주들도 합병에 반대하는 목소리를 높이기 시작했다. 이어서 스칸디아 보험회사(그렇다, 그의 아버지의 회사다) 같은 대주주들도 유사한 성명서를 발표했다. 한 대주주는 "우리는 윌렌함마르 회장에게 개인적인 적이 이렇게 많은 줄 미처 몰랐습니다"라고 말할 정도였다.

상황 인식이 부족했던 '황제'에게는 분명히 극심한 충격이었겠지만, 결국 볼보 투자자들이 연대하면서 이사회는 합병 계획을 철회했다. 윌렌함마르는 그날로 사임했다. 직원들의 피드백에 귀 기울이려 하지 않고, 가장 가까운 고문들의 조언도 구하지 않으며, 자신의 가정을 의심할 줄 몰랐던 윌렌함마르 때문에 결국 주주들의 재산 11억 달러가 날아갔다. 5년 뒤 볼보는 포드에 인수되었고, 윌렌함마르의 찬란했던 경력은 그가 잘못 경영한 회사와 함께 완전히 망가졌다.

이 정도 규모의 회사가 단 하나의 요인 때문에 망했다고 보기는 어렵지만, 윌렌함마르의 자만심과 자기인식의 부족도 중요한 요인으로 작용한 것은 확실하다. 몇 년 뒤 윌렌함마르는 합병 계획의 무산이 그에 대한 "시기심에서 나온 복수극" 때문이었다고 이야기함으로써, 그의 망상이 여전함을 희극적으로 보여주었다.

우리가 수십억 달러 규모에 달하는 회사의 운영자이든 아니든 상관없이 우리가 옳고 남들은 틀렸다고 치부함으로써 우리의 연약한 자아를 보호하는 것은 최상의 경우 위험할 수 있고, 최악의 경우 참사를 가져올 수 있다. 다행히 타조 전략의 첫 번째 핑계는 물리치기가 상당히 간단하다. 머리를 모래에서 꺼내고 남들의 의견이 우리 자신의 의견만큼 통찰에 중요하다는 점을 인정하면 된다.

때때로 우리는 피드백을 구하고 싶기는 한데, 그것이 우리의 약점을 드러내거나 그로 인해 대가를 치르게 되지 않을까 걱정한다. 하지만 피드백을 요청해서는 안 된다는 두 번째 핑계 역시 근거 없는 주장이다. 한 연구에 의하면, 정기적으로 피드백을 요청하는 비율은 실적이 최상위에 속하는 리더가 83퍼센트인 데 반해 실적이 최하위에 속하는 리더는 17퍼센트에 불과했다. 우리는 비판적 피드백을 추구함으로써 사회관계에서나 직장에서 보상을 받는다. 바로 상사뿐 아니라 동료와 부하 직원에게 인정받는 리더라는 보상을 받는다(흥미롭게도 주로 긍정적인 보상만 추구하는 리더는 능력이 떨어진다는 평가를 받는다). 우리 유니콘의 거의 4분의 3이 진실을 말해줄 용의가 있는 사람들에게서 정보를 적극적으로 얻어낼 전략을 갖고 있다고 보고한 것은 놀라운 일이 아니다. 그러므로 우리도 유니콘들의 선례에 따라 피드백을 추구할 용기를 낸다면 자기통찰, 그리고 우리의 발전 방안에 대한 새로운 시각으로 보상받게 될 것이다.

아마 가장 이해가 되는 변명은 타조 전략의 마지막인 피드백을 요청하고 싶지 않다는 핑계일 것이다. 피드백이 고통스러울 수 있다는 사실은 조직심리학 학위가 없어도 알 수 있다. 머리로는 피드백의 가치를 이해한다고 해도 쓴 약처럼 삼키기 힘들 수 있다는 단순한 이유 때문에 두려워한다. 나는 그동안 수백 번 발표를 하고 워크숍을 진행했지만, 지금까지도 청중이 남긴 평가를 읽기 위해서 자리에 앉을 때면 매번 엄청난 두려움에 떨곤 한다. 당신도 틀림없이 그 기분을 알 것이다. 상사의 사무실로 업적 평가를 들으러 갈 때, 부부 상담을 위해 자리에 앉을 때, 갈등을 겪은 뒤 처음으로 친구나 동료와 대화를 나눠보려

할 때 당신도 엄습하는 공포를 느꼈을 테니 말이다.

대부분의 사람이 피드백을 두려워하지만 분명히 수월하게 피드백을 수용한 유니콘의 이야기를 들어보면 우리에게도 자극이 되지 않겠는가? 하지만 알고 보니 그들도 우리와 같은 반응을 보였다(신화의 느낌이 나는 별명을 붙여주었지만 그들 역시 사람이었다). 한 영업사원은 단박에 이렇게 대꾸했다. "농담해요? 내가 완벽하지 않다는 이야기는 싫죠!" 하지만 유니콘들이 참으로 특별한 점은 이런 두려움과 방어벽, 취약함을 뚫고서 피드백을 추구한다는 사실이다. 미국의 대통령이었던 프랭클린 델러노 루스벨트Franklin Delano Roosevelt가 언젠가 피력했듯이, "용기란 두려움이 없는 것이 아니라 두려움보다 중요한 무언가가 있다는 판단이다." 우리의 경우 그 무언가는 통찰이다.

세 가지 타조 전략은 외적 자기인식을 가로막는 위험한 장벽임에 틀림없다. 하지만 극복할 수 있는 장벽이다. 피드백이 우리에게 주어지기를 기다리며 불시에 공격받을 위험을 감수하거나, 더 나쁘게는 머리를 모래 속에 묻고 현실을 외면하는 대신 우리 자신의 방식으로 진실을 알아가는 방향을 선택할 수 있다. 이제 스스로 피드백을 구하는 세 가지 전략을 살펴보도록 하자. (당신이 현재 얼마나 피드백을 요청하고 있는지 기준선을 알아보기 위해서 '부록 M'에 실린 간단한 평가를 해보기를 권한다.)

360도 피드백

첫 번째 방법인 360도 피드백은 현대 조직 어디에서나 쓰이는 것처럼 보인다. 1950년대로 거슬러 올라가는 긴 역사를 지닌 이 방법은 우리의 상사뿐 아니라 직속 부하 직원, 동료, 고객이나 임원 같은 다양한 집단이 우리를 어떻게 보고 있는지에 대한 통찰을 제공한다(이 방법은 전방위로 데이터를 수집하기 때문에 '360도 피드백'이라고 불린다). 최근의 기술 개발 덕분에 회사의 규모에 상관없이 직원들의 360도 평가를 시행하기가 수월해졌으며, 내 분야인 조직심리학의 성장은 360도 피드백을 더욱 대중화시켰다. 그래서 출처에 따라 차이는 있지만, 현재 30에서 90퍼센트의 조직이 어떤 식으로든 이를 활용하고 있다. 하지만 360도 피드백은 기업에서만 쓰이는 방법이 아니다. 가족, 학교, 지역사회 단체, 어디서든 대단히 성공적으로 사용될 수 있다. 한 연구에서는 친구, 부모, 교사 등으로부터 360도 피드백을 받은 과학 및 공학 전공 대학생들이 과제의 수준도 높았고, 학점까지 높았다고 보고되었다.

360도 피드백에 관한 글도 매우 많고, 직장 생활을 해본 사람이라면 적어도 한 번은 받아봤을 가능성이 크기 때문에, 이에 대한 기본 설명을 되풀이하지 않고 외적 자기인식을 증대하는 데 있어서 이 방법이 가진 장점과 단점만 간략히 언급하도록 하겠다. (360도 피드백을 받아본 적이 없는 독자를 위해서 무료로 자료를 얻을 수 있는 사이트를 '부록 N'에 제시해두었다.) 360도 피드백의 가장 큰 장점은 익명성이다. 응답자들의 대답을 가지고 평균을 내기 때문에, 사람들은 혹시 나중에 자신에게 문제가 생기지 않을까 두려워하지 않고 피드백을 제공할 수 있다.

리더들의 경우 부하 직원들이 인정사정없이 솔직한 답변을 했다가 후환이 생길까봐 두려워서 피드백 주기를 피하기 때문에 특히 장점이 된다. 다행스럽게도 피드백의 출처를 추적할 수 없을 때는 대개 침묵의 효과가 사라지기 때문이다.

두 번째 이점은 360도 피드백은 우리의 자기관과 우리를 보는 타인의 시각을 견주어 보여준다는 것이다. 가령 당신은 성실하고 근면한 사람으로 자처하는 반면, 당신 상사의 생각은 다르다는 사실을 발견하게 될 수도 있다. 또는 당신은 그렇게 생각하지 않지만 동료들은 당신을 소통에 능하고 인맥이 넓은 사람으로 여길 수도 있다. 하지만 우리가 알게 된 사실이 무엇이든 다수가 같은 이야기를 한다면, "내가 그보다 먼저 승진해서 질투하는 거야"라거나, "그녀는 눈앞에 디밀어도 원활한 소통 기술이 뭔지 모를 거야"라고 변명하고 넘기기는 힘들 것이다. 최근에 360도 피드백을 받은 한 과장의 말처럼 "360도 피드백에서 비판적인 내용이 나온다면…… 처음에는……'대체 무슨 소리를 하는 거야?'라고 반응하겠지만, 그런 내용이 반복되면……여러 명이 그렇게 말했다는 사실을 알게 되면 받아들여야죠. 그게 맞는 말이거나 사람들이 나를 그렇게 지각하고 있다는 이야기인데, 그 또한 중요하니까요."

360도 피드백의 명백한 이점에도 불구하고 몇 가지 단점 또한 있기 때문에 이 방법이 외적 자기인식에 이르는 단 하나의 경로가 될 수는 없다. 우선 무엇보다 360도 피드백의 결과는 숫자로 주어지므로 이를 의미 있게 또는 실행에 옮길 수 있도록 해석하기가 어려울 수 있다. 우리는 이런 생각을 할 수 있다. '좋아, 나는 관계 구축에서 5점 만점에 2점을 받았네. 그런데 그게 사실상 무엇을 의미하는 거지? 내가 달리 무엇을 해야 하는 거야?' 나만큼 데이터와 숫자를 사랑하는 사람도 없지만, 이런 종류의 정보를 통찰로 해석하기가 항상 쉽지는 않다. 이를 해결할 수 있는 한 가지 방법은 360도 피드백을 약간 보완해서 쓰는 것이다. 나는 '질적 360도 피드백'이라고 이름 붙인 이 방법을 경영진을 코칭할 때 즐겨 사용하고 있다. 사람들에게 설문지만 보내는 대신, 나는 그들을 찾아가서 이야기한다. 그래서 그 결과를 보고할 때 나는 의뢰인에게 구체적인 주제와 예를 제시해가며 풍부한 그림을 그려줄 수 있다.

이런 단점이 360도 피드백의 실시를 전면 중단해야 한다는 의미는 당연히 아니다. 그 대신에 다른 접근법들과 결합하여 사용해야 한다. 특히 360도 피드백은 우리의 행동양식, 반응, 타인에 대한 영향력 같은 자기통찰의 축에 관해 알아가는 첫걸음으로 대단히 유용할 수 있다. 이제 360도 피드백을 보완할 수 있는 기법을 살펴보도록 하자. 내가 사용해본 결과, 이것은 우리가 원하는 대로 피드백을 얻는 데 가장 효과적인 기법의 하나이다.

올바른 피드백

어느 추운 겨울날 오후, 나는 시끄러운 커피숍에서 새로운 고객인 킴이 나타나기를 기다리며 문 쪽을 향해 앉아 있었다. 그녀의 상사인 그렉은 좀 이상한 사건들이 이어지자 내게 그녀의 코칭을 부탁했다. 그렉에 따르면, 감사부에 근무하는 킴은 최근 실시한 360도 피드백에서 조금 불편한 내용이 나오자, 이를 받아들이기 힘들어한다고 했다. 그녀의 행동은 점점 걱정스러워지고 있었다. 지난달만 해도 그렉은 다른 부서의 부장들로부터 그녀에 관한 불만을 두 건이나 전달받았다고 했다.

모든 이야기에는 항상 양면이 있다는 것을 아는 나는 킴의 관점에서 상황을 듣고 싶었다. 문이 열리면서 찬바람이 훅 들이쳐 시선을 들었더니, 갈색 더벅머리 컷에 옷을 말끔히 차려입은 작은 체구의 여성이 초조하게 실내를 훑어보는 모습이 눈에 들어왔다. 열심히 실내를 살피던 그녀의 눈이 드디어 내 눈과 마주쳤다. "타샤?" 그녀가 입 모양만으로 물었다. 나는 고개를 끄덕이며 손짓으로 불렀다. 의례적인 인사 몇 마디가 오갔지만, 그녀는 이 자리가 그리 기쁘지 않아 보였다.

"본론으로 들어가죠." 내가 말을 시작했다. "내가 어떻게 해주면 가장 도움이 될지 간략히 이야기해볼까요?"

킴은 심호흡을 한 뒤 자신의 이야기를 털어놓았다. 그렉이 그녀가 속한 감사부의 부장으로 영입되고 몇 개월 후, 그는 팀 개발 연수를 실시하기로 했다. 연수 과정의 일부로 그는 모두에게 360도 평가를 통해 동료와 부하 직원들에게 어떻게 인식되는지 피드백을 받아보라고 요구했다. 거의 항상 그렇듯 놀라운 결과들이 속출했는데, 킴의 피드백 결과는 기분 좋은 놀라움이 아니었다. 사실 그녀가 받은 결과는 그녀의 세상, 그리고 그녀의 자기지각을 뒤집어놓았다. 그녀가 말했다. "실은 말이죠……나를 도와주기 위해 당신을 고용해준 그렉에게는 감사하지만 엄청난 충격이어서 어떻게 대처해야 할지 막막해요. 모든 사실을 이해하려고 노력하는 데서부터 시작할 수 있겠지요."

긍정적인 이야기로 시작하려고 나는 킴에게 그녀의 결과들 중에서 기분 좋았던 의외의 내용이 있었는지 물었다. 그녀는 우울한 표정이 풀어지더니 거의 미소 지은 표정이 되어서 말했다. "내가 자율을 보장해준다는 팀원들의 이야기는 기뻤어요. 내가 정말 중시하는 부분이거든요. 내가 회사를 위해 옳은 일을 하는 데 전념하는 전략가로 보인다는 이야기가 더 일반적이었고요."

"그 자질들 중에서 한 가지만이라도 갖기를 간절히 원하는 사람들도 있는걸요"라고 내가 대답해주었다. "이제 충격적이었던 피드백에 대해 이야기해볼까요?"

킴은 가방에 손을 넣어 '360도 평가 결과'라는 라벨이 붙은 깨끗한 마닐라 폴더를 꺼냈다. 그녀는 폴더에서 결과지를 꺼내어 조심스럽게 탁자 위에 올려놓고는 비난조의 눈길로 30초는 족히 노려보았다. 그녀가 결과지 표지를 넘기자 여백 곳곳에 그녀가 휘갈겨 쓴 메모들이 보였다. "나와 함께 일하는 사람들은 나를 신랄하고, 공격적이며, 자신감이 과도하다고 생각하는 것 같아요. 회의 중에 내가 회사에 손해가 되는 결정을 내린 직원을 몰아세운 적이 있나본데, 그걸 언급한 사람도 한 명 있었어요. 내가 사람을 몰아붙이는 질문을 퍼붓고, 성급한 판단을 내리며, 너무 직설적이라고 지적한 사람도 있었고요."

나는 그녀에게 이런 종류의 피드백을 받은 적이 있었는지 물었다. "한 번도 없었어요." 킴이 말했다. "나는 늘 자신감이 부족하다고 생각해왔는데, 이런 평가를 받으니 너무 충격이에요. '누군가' 나를 자기밖에 모르는 사람으로 인식할 수 있다는 사실이…… 그게 너무 상처가 되네요." 나는 그녀의 눈에 차오르는 눈물을 볼 수 있었다. "내가 무엇을 했기에 이런 인상을 주었는지 짐작이 안 가요." 그녀가 절망하며 말했다.

나는 진심으로 킴이 안쓰러웠다. 나는 그녀와 같은 입장에 처한 많은 고객과 함께 일해왔기에 남들이 '우리'가 생각하는 자신과 다르게 보기도 한다는 사실을 알았을 때 얼마나 힘든지 알고 있었다. 사실 그녀가 피드백을 느닷없는 공격처럼 느꼈던 이유는 올바른 유형의 피드백을 요청하지 않았기 때문이다. 솔직히 어떤 피드백도 요청하지 않았을 것이다. 우리가 해야 할 일이 아주 많을 듯했다. 하지만 나는 킴에게 아주 큰 걸음을 떼어놓았다고 칭찬했다. 머지않아 그녀가 이번 일을 자기 경력의 전환점으로 되돌아보게 되리라고 나는 확신했다.

킴에게 우리의 첫 번째 대화에 대해 생각해볼 시간을 조금 준 후에, 우리는 다시 만나서 그녀가 앞으로 몇 개월 동안 달성해야 할 목표를 몇 가지 정했다. 하지만 여전히 그녀를 괴롭히는 뭔가가 있는 듯이 보여서 나는 뭐가 문제인지 물었다. 그녀가 대답했다. "내가 결과를 만들어내는 데 너무 많은 시간을 할애해서 관계 부분을 소홀히 했다는 점은 이제 분명히 알겠어요. 하지만 나의 어떤 행동이 이런 인식을 심어주었는지 아직도 이해가 안 돼요. 무엇이 달라져야 하는지 이해를 못 한다면 제가 어떻게 개선해나갈 수 있겠어요?"

그것은 피드백에 관한 유감스러운 진실을 보여주는 예리한 질문이었다. 우리가 어떤 행동에 대해 피드백을 받았는지 이해하지 못한다면, 더 나은 선택을 할 힘이 우리에게는 아직 없다. 다행히 나는 해결책을 감춰두고 있었다. 다만 킴이 바로 거부하지 않을까 걱정되었다.

"당신에게 더 나은 자료를 구해줘야 할 것 같군요." 내가 말을 꺼냈다. "그런데 더 나은 자료를 구하려면 당신이 두어 사람에게 좀 더 직접적으로 묻는 수밖에 없어요." 내가 예상한 대로 킴은 그렇게 한다면 자신의 약점이 공개될 거라고 걱정했다(타조 전략의 두 번째 핑계가 기억나는가?). 하지만 좀 더 설득하자 그녀가 시도해보겠다고 약속했다.

자신이 어떤 사람으로 보이는지 그녀로 하여금 좀 더 통찰을 얻게 해주기 위해서 킴과 내가 사용한 방법은 올바른 피드백 절차RIGHT feedback process라고 부르는 기법이었다. 나는 모든 피드백(그리고 피드백의 모든 출처)이 같지는 않다고 생각한다. 실천 가능한 통찰을 제공하는 귀중한 정보를 얻으려면 '적절한 피드백 제공자'들을 선택해서, 그들에게 '적절한 질문'들을 하고, '적절한 절차'를 사용해야 한다.

내가 처음으로 자기인식의 유니콘을 연구하기 시작했을 때는 그들이 동료, 친구와 이웃, 마트에서 뒤에 줄을 선 사람 등 누구에게나 피드백을 구했다고 보고할 거라고 예상했다. 하지만 놀랍게도 그들은 정반대의 접근법을 쓴다고 했다. 필리핀의 똑똑하고 젊은 고객 서비스 담당 부장인 한 유니콘은 이렇게 언급했다. "저는 '늘' 피드백을 구하지만 '모든' 사람에게서 구하지는 않습니다. 제게 진실을 말해주리라고 믿는 몇몇 사람의 피드백만 필요하니까요." 그리고 앞으로 살펴볼 것처럼 그녀만 그런 게 아니었다. 사실 우리 유니콘 집단은 피드백을 받을 사람의 선택에 매우 까다롭다는 점에서 놀랄 만큼 똑같았다. 그들은 양보다 질이 중요하며, 모든 피드백이 진정한 통찰을 선사하지 않는다는 사실을 인식하고 있었다. 그렇기 때문에 그들은 항상 적절한 피드백 제공자를 선택하기 위해 노력한다.

우리가 어떤 사람에게 피드백을 부탁해야 할지 살펴보기 전에 피드백을 부탁해서는 안 될 사람부터 살펴보도록 하자. 첫 번째 범주인 애정 없는 비판자unloving critic는 우리의 모든 행동을 비판하는 유형의 사람들로 우리를 시기하는 직장 동료, 우리에게 유감이 많은 전 배우자나 옛 애인, 비이성적으로 초조해하는 상사를 예로 들 수 있다. 동기가 무엇이든 그들은 우리가 성공하기를 바라지 않거나 우리를 신뢰하지 않거나 그냥 부당하게 비판적인 사람들로서, 그들의 피드백이 현실을 객관적으로 반영하는 일은 드물다.

피드백을 구하지 않아야 할 두 번째 유형은 애정 없는 비판자의 반대편에 있는 무비판적인 찬미자uncritical lover이다. 애정 없는 비판자들은 우리가 하는 모든 행동을 싫어하는 반면, 무비판적인 찬미자들은 우리를 비판하지 않는 데 목숨을 걸기라도 한 듯하다. 이 집단에는 우리를 거의 신처럼 여기고 잘못을 저지를 수 없는 존재로 보는 이들(예를 들어 우리의 어머니들)과 우리에게 진실을 말하기를 두려워하는 사람들(예를 들어 비위를 맞추는 사람 또는 겁 많은 직원들), 두 부류도 포함될 수 있다. 무비판적인 찬미자들의 피드백은 언제나 듣기가 수월하겠지만 항상 믿을 수 있는 것은 아니다. 리더십 교수인 존 제이콥 가드너John Jacob Gardner가 관찰한 대로 "애정 없는 비판자들과 무비판적 찬미자들 사이에 끼인 리더는 가엾은 존재다."

애정 없는 비판자나 무비판적인 찬미자에게 피드백을 구해서는 안 된다면 '누구에게 피드백을 요청해야 하는가?' 정답은 애정 어린 비판자loving critic, 즉 우리에게 솔직하면서도 무엇이 우리에게 가장 이로운지 염두에 두는 사람들이다. 하지만 이 일에 이상적인 사람이 항상 분명하게 보이지는 않는다. 우리와 가장 가까운 배우자나 친구 등이 애정 어린 비판자로 최고라고 간주하기 쉽다. 하지만 우리를 가장 잘 아는 사람이라고 해서 이 역할을 잘 해줄 수 있는 것은 아니다. 우리가 고려할 요인이 몇 가지 더 있다.

첫째는 상호 신뢰의 수준이다. 애정 어린 비판자가 새벽 2시에 당신과 함께 시신을 묻어주거나 당신의 탈옥을 도와줄(당신에게 이런 유형의 친구가 필요한 일이 절대 없기를 바라지만) 사람일 필요는 없지만, 당신의 최고 이익을 진심으로 바라는 사람이라는 절대적인 믿음이 있어야 한다. '친밀감'과 '신뢰'가 항상 같지는 않다는 점을 기억하라. 오래 알고 지낸 사람일수록 관계가 복잡해지는 경우가 흔하며, 친척 관계라면 특히 그렇다(나는 '프레너미frenemy'라는 단어가 바로 이런 상황 때문에 나온 신조어라고 생각한다). 오래전부터 알고 지냈고 복잡한 역사가 있는 사람을 선택한다고 해서 반드시 유용한 피드백을 얻을 가능성이 없는 것은 아니지만, 필요 이상으로 대화가 복잡해지고 감정이 복받칠 수 있다.

같은 이유로 오랜 친구만큼 당신을 잘 알지는 못하지만 직장 동료나 안면 정도는 있는 지인들 중에서 당신이 성공하기를 진심으로 바라고, 당신의 성공에 일익을 담당하고 싶어 하는 사람이 있을 수 있다. 킴의 애정 어린 비판자들 중 한 명은 수년간 함께 일했지만 특별히 가깝지는 않았던 동료였는데, 내가 보기에 킴에게 가장 유용한 피드백을 준 사람은 그녀였다. 그들은 허물없이 어울리는 사이는 아니었지만, 킴이 성공을 위해 노력하고 있다는 것을 아는 정도의 사이였다.

애정 어린 비판자를 알아보기가 쉽지는 않지만, 말보다 행동을 보고 판단해야 한다. 그녀가 수고를 무릅쓰고 당신의 발전을 돕고 있는가? 그가 자기 시간과 에너지를 써가며 당신이 성장하고 성공하도록 돕고 있는가? 픽사 회장인 에드윈 캣멀이 직장 생활 초반에 겪었던 일은 애정 어린 비판자를 어떻게 찾아야 하는지를 보여주는 완벽한 사례이다.

앞에서 언급했듯이, 캣멀은 픽사를 창립하기 오래전에 유타 대학교 컴퓨터공학과의 박사과정 학생이었다. 박사학위 논문을 쓸 때가 되었을 당시 그는 불안했다. 그는 입체의 깊이 정보를 컴퓨터에 알려주는 Z 버퍼 알고리즘 개발이라는 획기적인 연구 성과를 내기는 했지만, 평생 논문 길이의 글을 써본 적이 없었다.

마침내 캣멀은 두꺼운 논문을 완성해서 심사위원들에게 제출하고, 그들의 논평을 목이 빠지게 기다렸다. 제일 먼저 회신을 보내온 심사위원의 논평은 칭찬 일색이었다. 캣멀은 '어쩌면 내 글솜씨가 그렇게 나쁘지 않았나봐'라고 판단했다. 그 주 후반에 다른 심사위원도 피드백을 보내왔다. 그 심사위원은 당시 학과장이기도 했다. 그런데 그의 피드백은 그리 친절하지 않았다. 사실 논문이 엉망으로 쓰였다고 분명하게 지적했다. 며칠 동안 캣멀은 상반되어 보이는 두 회신을 어떻게 받아들여야 할지를 놓고 고심했다.

그러던 어느 날 오후, 칭찬하는 피드백만 주었던 심사위원이 캣멀의 사무실로 갑자기 찾아와서 그의 논문을 혹평하며 잘못된 부분을 지적한 긴 목록을 건네주었다. 그의 피드백은 학과장에게서 들었던 피드백과 거의 일치했지만, 캣멀은 확연히 다른 반응을 보일 수밖에 없었다. '이 양반은 뭐야?' 그는 의아스럽고 화가 났다. 정확한 피드백임을 부인하는 게 아니라, 심사위원이 피드백을 준 동기가 문제였다. '내게 도움을 주고 싶은 게 아니군. 그는 단지 학과장에게 좋은 인상을 남기고 싶은 거야.' 그렇게 판단한 캣멀은 오래 고민할 것 없이 그를 심사위원에서 빼기로 결정했다.

심사위원에서 배제된 교수는 캣멀의 이익을 최우선시하지 않은 게 확실하지만, 학과장은 그와 다르리라고 짐작되었다. 학과장은 대단히 바쁜 중에도 그를 자기 집으로 불러, 어떻게 하면 논문 원고가 나아질 수 있는지 온종일 그와 함께 검토하고 수정함으로써 캣멀의 직감이 옳았음을 입증해주었다. 완성된 논문은 훌륭했다. 캣멀은 호평을 받으며 논문 심사를 통과했을 뿐 아니라, 컴퓨터 그래픽 분야의 발전에 큰 기여를 한 논문 중 하나로 널리 인정받고 있다. 하지만 캣멀은 그때의 경험으로 더 중요한 교훈을 얻었다. 그것은 바로 누구라도 결정적인 피드백을 훅 던져줄 수는 있지만, 당신이 정말 믿을 수 있는 사람은 당신이 피드백을 실행하도록 옆에서 지켜보고 도와주는 사람이라는 사실이다.

하지만 피드백이 늘 선한 의도만으로 충분한 것은 아니다(지옥으로 가는 길은 선의로 포장되어 있다는 말도 있지 않은가). 참으로 유용한 통찰로 이어질 피드백을 줄 수 있는 사람은 당신이 피드백을 얻고 싶은 행동을 충분히 보아왔고, 당신이 원하는 성공은 어떤 것인지 머리에 그릴 수 있어야 한다. 예를 들어 내 오랜 친구는 변호사이다. 나의 성공을 진심으로 바라는 모습을 그녀가 수차에 걸쳐 보여주었기 때문에 내게 애정 어린 비판자가 되어줄 수 있는 강력한 후보지만, 모든 종류의 피드백을 제공해줄 비판자는 아니다. 가령 내가 그녀에게 내 강연 기술에 대한 피드백을 달라고 부탁한다면, 우리는 두 가지 문제에 부딪칠 것이다. 첫째, 그녀는 내 강연을 들은 경험이 전무하기 때문에, 내가 어떻게 하고 있는지 제대로 논평해줄 충분한 데이터가 없다. 또한 그녀는 공개 강연의 세계(현재 동향, 따라야 할 규칙 등)를 그리 잘 알지 못하므로, 그녀가 내게 주는 피드백은 솔직하고 진실하기는 하겠지만 아마 특별한 도움이 되지는 않을 것이다. 그러나 그녀가 진가를 발휘해줄 영역은 사회적 상황에서 나를 돋보이게 하는 법을 가르쳐주는 것이다. 그녀는 그 방면의 내 행동을 아주 많이 봐왔을 뿐 아니라, 내가 아는 사람 중에서 가장 사회성이 풍부한 사람이므로 그녀의 관찰은 설득력이 클 것이다.

애정 어린 비판자를 선택할 때 고려해야 할 세 번째이자 마지막 요인은 그들이 당신에게 잔인하리만치 솔직할 용의와 능력이 있는지 여부이다. 여기서 가장 좋은 기준은 그들이 당신에게 힘든 진실을 말해준 적이 있는가이다. 하지만 그런 적이 없다고 해도 다른 상황에서 그들의 행동을 검토해볼 수 있다. 그로 인해 사회적 불편이 초래되더라도 자기 생각을 털어놓기를 두려워하지 않는 사람이라면 애정 어린 비판자 역할을 훌륭히 해줄 것이다. 킴이 앞서 언급한 동료를 선택한 이유의 일부는 회의에서 어려운 문제를 제기하는 그녀의 모습을 본 적이 있기 때문이었다.

하지만 이 모든 요인을 명심하는 동시에 당신의 직감에도 귀를 기울여야 한다. 말콤 글래드웰Malcolm Gladwell이 그의 책 『블링크*Blink*』에서 지적하듯이, 우리의 직감적 반응은 놀라우리만치 유용한 정보를 제공할 수 있다. 애정 어린 비판자 후보에 대한 당신의 '느낌'이 좋지 않다면, 아마 그 느낌이 맞을 것이다.

당신이 애정 어린 비판자를 선택했다면, 이제 그들에게 물을 적절한 질문을 정할 차례이다. 이때까지는 실제로 대화를 나누는 것이 아니라 (그것도 곧 다룰 것이다), 당신이 원하는 대화의 진행 방향과 당신이 세상에 내놓는 '당신'을 이해하기 위해 그 대화를 활용할 방안에 대해 생각을 정리하는 것이다.

적절한 질문을 정할 때 가장 중요한 점은 구체성이다. 구체성을 판단하는 데 가장 좋은 방법은 과학적 방법을 살펴보는 것이다. 화학자, 물리학자, 심지어 심리학자들까지도 이론을 세울 때, 그들이 조사하려는 현상에 관해 구체적 가설을 수립하고 시험한다. 마찬가지로 당신도 예컨대 "나는 고객을 만날 때 소심하고 권위가 없어 보이는 경향이 있다고 생각하는데, 너도 그렇게 느꼈어?"처럼 남들이 당신을 어떻게 보는지에 관한 작업가설working hypothesis 한두 개를 준비해둔다면, 그 가설이 대화의 초점을 유지해줄 틀이 되고, 당신의 의심을 확증 또는 기각하는 데 도움이 될 것이다.

많은 조직에서 채택하고 있는 피드백에 대한 개방형 기법, 예컨대 시작/중지/계속 모델Start/Stop/Continue Model*에 익숙해져 있다면, 구체성에 대한 강조가 직관에 어긋나는 주장처럼 들릴 것이다. 개방형 기법도 가치가 있지만, 우리의 목적을 위해서는 너무 광범위하다. 첫째, 당신의 애정 어린 비판자에게 아무런 특성이나 구체적 사항 없이 전반적 피드백을 요청한다면, 그들은 혼란스러워하며 당신에게 도움이 되지 않을 수도 있다. 가령 내가 고객에게 "제 코칭을 어떻게 보셨는지 무슨 이야기든 해주세요"라고 이야기한다면, 그 고객은 무슨 이야기를 해달라고 하는지 모를 것이다. 내가 코칭 과정에서 질문을 잘했는지 피

* 당신이 이 모델을 잘 모른다면, 당신이 실행하고 있지 않은 일 중에서 실행해야 할 일, 당신에게 도움이 되지 않으므로 중지해야 할 일, 성공을 거두기 위해 계속해야 할 일이 무엇인지 질문하는 것을 말한다.

드백을 달라는 것인가? 내 농담이 재미있었는지를 묻는 건가? 내 옷맵시가 좋았는지를 묻는 건가? 이런 모호함 때문에 피드백에 관한 대화가 우리 두 사람 모두에게 불편할 수 있다. 내가 프로젝트를 잘 진행하고 있는지 궁금해서 물었는데, 메이크업 색깔이 내게 어울리지 않는다는 피드백만 받았다고 상상해보라(내 친구가 대학원 교수 한 분과 대화하면서 실제로 발생했던 일이다). 요컨대 답을 듣고 싶은 질문을 준비하는 것은 당신이 할 일이다. 일반적으로 당신이 구체적으로 질문할수록 당신에게도, 당신의 애정 어린 비판자에게도 대화가 매끄럽게 느껴지고 성과도 있다.

적절한 질문은 구체적인 작업가설에서 나온다고 했는데, 작업가설은 어떻게 세워야 하는가? 한 가지 방법은 특정 자기인식의 축(당신의 포부, 행동양식, 타인에 대한 영향력 등)에 대한 당신의 생각을 고려하거나, 당신이 과거에 받았던 피드백을 기억하는 것이다. 킴은 어떻게 했는지 알아보도록 하자. 장차 더 책임 있는 자리에 오르고 싶은 포부를 가진 그녀는 퉁명스럽게 또는 공격적으로 보이면 성공할 수 없다는 것을 알았다. 그녀의 360도 평가 결과를 보면 확실히 그 부분을 개선하려고 노력해야 할 듯했지만, 그녀에게는 정보가 더 필요했다. 그래서 킴은 이런 작업가설을 세웠다. '나는 직장에서, 특히 회의 시간에 거칠게 행동한다.' 동료들이 그렇게 느꼈다는 내부 정보가 이미 있으므로 이 가설이 확증되리라고 예상했지만, 우리는 그녀의 '어떤' 행동이 그런 인상을 주었는지 정말로 알고 싶었다. (킴의 작업가설이 그녀의 성격에 대한 비난이 아니라, 그녀가 더 잘 이해하고 싶은 구체적 행동에 관한 것임을 알아차렸을 것이다.)

일반적으로 한 번에 한두 개의 작업가설에만 집중하는 것이 좋다. 대부분의 일처럼 한꺼번에 너무 많은 노력을 기울이면 금방 힘에 부치고 수동적으로 되기 때문이다("메이크업 색깔이 안 어울릴 뿐 아니라 회의 시간에 모두를 불편하게 만드는 인간 혐오자처럼 보인다는 말이야?"). 일반적으로 자기인식과 자기계발에 관한 한 나는 현실주의를 적극 지지한다. 당신은 하룻밤 사이에 자신을 변신시킬 수도 없고, 그래서도 안 된다. 실제로 내가 보아온 사람들 가운데 가장 극적인 발전을 이룬 사람들은 대개 한 번에 아주 작은 한 가지에만 집중한 사람들이다.

다시 킴의 이야기를 살펴보도록 하자. 그녀는 애정 어린 비판자 후보 명단(적절한 피드백 제공자)과 작업가설(적절한 질문)로 무장했으므로, 이제 적절한 절차를 마련할 차례였다. 먼저 킴은 애정 어린 비판자로 희망하는 세 사람인 나(쉽게 확보된)와 동료 두 명을 만났다. 그녀는 대화 시간을 15분씩으로 정해두고, 그들에게 전후 사정을 간략히 설명하기 위해서 360도 평가에서 어떤 결과를 받았으며 왜 피드백을 더 받고 싶은지 털어놓았다. 그녀는 구체적으로 회의 시간에 그녀의 모습(그리고 주목할 만한 상호작용)을 관찰해주고, 그녀가 거슬릴 때와 아닐 때를 알려달라고 그들에게 부탁했다. 그녀는 바로 대화를 시작하고 싶은 마음이 간절했지만, 간단한 부탁이 아닌 줄 알고 있으니 부탁을 들어주기 전에 충분히 생각해보라고 했다. 예의상 부탁을 들어주는 일을 방지하기 위한 절차였다. 킴의 두 동료는 생각해본 후에 바로 다음 날 동의해주는 열의를 보였다.

이 시점에서 남은 절차는 황금알, 즉 그들의 피드백을 확실히 빼내는 일뿐이었다. 첫 단계는 피드백 형성기였다. 킴의 애정 어린 비판자들은 몇 차례의 회의에서 그녀를 살펴보고 관찰한 내용을 기록할 시간이 필요했다. 그 기간은 한 달이면 충분할 듯했다. 두 번째 단계는 데이터의 수확기였다. 킴은 향후 3개월 동안 한 달에 한 번씩 애정 어린 비판자와 한 명당 30분씩 통화하기로 했다. 곧 알게 되겠지만 4시간 30분만으로도 대단히 귀중한 수확을 얻을 수 있었다.

킴은 3개월 동안 부지런히 동료들에게 피드백을 받았고, 그녀와 나도 매달 계속 만났다. 그녀가 매우 꼼꼼히 준비를 하고 시작했기 때문에 대화는 원활하게 이어졌다. 듣기 좋은 피드백이 많았다는 의미는 아니다. 킴은 충격적인 사실을 많이 발견했지만, 그것들을 개선해나가기로 마음먹었다는 점이 중요했다. 예를 들어 내가 처음으로 그들의 회의에 들어가 관찰했을 때 킴이 회의 시간 대부분을 부정적인 이야기(불평, 진행이 순조롭지 않은 일에 대한 지적 등)에 집중하는 모습이 눈에 띄었다. 나는 내가 주목한 구체적인 행동 사례를 읽어주면서 그녀에게 피드백을 주었다. 그녀는 해명을 하는 대신에 "내가 그러는 줄 전혀 몰랐어요"라고 말했다. 그다음에 내가 회의에 참석했을 때 그녀는 이미 자연스럽게 안건을 다루고 긍정적인 이야기를 해주고 있었다.

또 다른 애정 어린 비판자는 킴이 불필요하게 다른 직원에게 퉁명스러웠던 경우를 지적했고, 이는 또 다른 깨달음의 순간을 가져다주었다. 킴은 유별나게 직설적인 가족 틈에서 성장한 탓에 자신에게는 아무렇지 않은 일이 다른 사람에게는 종종 불편한 상황으로 느껴진다는 사실을 비로소 알게 되었다.

애정 어린 비판자들의 도움으로 킴은 자신의 행동이 어떻게 이해되는지 제대로 그림을 그릴 수 있게 되었다. 그녀는 행동을 달리하며 실험해가면서 좀 더 외교적으로 처신하면 인간관계가 좋아지며, 감정을 상하게 하는 부수적인 피해 없이 자신의 의사를 전달해야 일도 수월하게 끝낼 수 있다는 사실을 알아가고 있다. 사람들이 그녀를 두려워하지 않을 때 의사소통이 확실히 원활해질 수 있다는 것도 알게 되었다.

아마도 킴의 가장 큰 전환점은 자신의 지식이 의심받는다는 느낌이 그녀의 문제 행동을 야기하는 '방아쇠' 역할을 한다는 사실을 발견했을 때였을 것이다. 그리고 그 발견과 함께 행동을 통제할 수 있었다. 그녀는 예전이라면 직설적으로 반응했을 상황에서 반응을 자제할 방법들을 실험해보기 시작했고, 내면의 목소리를 표출할 기회만 줘도 도움이 된다는 사실을 알아차렸다. '지금 내가 공격받거나 비판받는다고 느끼고 있구나'라고 생각만 해도 즉각 감정대로 행동하고 싶은 유혹을 떨치는 데 도움이 되었다(감정에 이름 붙이기가 우리를 구해준다!). 그녀는 잠시 준비 시간만 가져도 마음이 차분해진다는 사실을 알게 되었다. 킴은 자신이 흥분할 수도 있을 듯한 회의에 들어가기 전에 '정신적 바륨'을 복용한다고 이야기한다. 약에 비유한 이 기법에 힘입어서 그녀는 평정을 유지하며 마음을 열고, 사람들의 발언을 막는 대신 질문을 통해서 그들의 입장을 더 이해하려 한다.

킴과 나의 작업을 마친 지 1개월쯤 후, 그녀의 상사가 의논할 것이 있다며 나를 그의 사무실로 불렀다. 나는 그녀가 예전 습관으로 되돌아간 것은 아닌지 걱정이 되었다. 하지만 내가 그렉의 사무실로 들어서자, 평소 무뚝뚝한 그가 나를 격하게 껴안았다. 그렉은 그가 개인적으로 알아챈 킴의 극적인 변화를 들려주었을 뿐 아니라, 다른 부서로부터의 불만 접수도 사라졌다고 알려주었다. (그로부터 2년이 훨씬 지난 지금까지 그는 단 한 통의 불만 전화도 받은 적이 없다.) 킴의 껄끄러웠던 인간관계도 부드러워지고 깊어지기 시작했다. 직장에서도, 가정에서도 그녀의 좌절감은 줄어들고, 자신감과 행복감은 커졌다. 그렉이 그녀를 신뢰하게 되면서 그녀에게 더 많은 기회와 더 많은 도전 과제를 주었고, 그녀는 그것들을 훌륭히 해내고 있다. 사실 그렉은 가장 높이 평가하는 팀원이 킴이라고 최근에 내게 알려왔다. 킴은 내가 봤던 가장 놀라운 변신 사례 가운데 하나였고, 통찰의 효과를 보여주는 고무적인 예였다.

진실 게임 만찬

내 경험으로 볼 때 적절한 피드백 절차는 외적 자기인식을 높이기 위해 당신이 쓸 수 있는 가장 강력한 추진 로켓 중 하나이며, 특히 직장에서 사용하기에 적합한 방법이다. 하지만 외적 자기인식이 직장에서만 중요한 것은 아니다. 우리가 사생활 영역에서 친구나 이웃사람, 공동체 구성원, 가족 등 남들에게 어떻게 보이는지도 대부분 궁금해하지 않는가? 피드백을 얻는 적절한 절차가 이런 피드백에도 당연히 적용될 수 있지만, 우리가 개인적 영역에서 어떻게 보이는지 알 수 있는 좀 더 간단한 방법이 있다. 내가 진실 게임 만찬dinner of truth이라고 부르는 방법이다. 약간 불길하게 들릴지 모르겠는데, 실제로 그렇다. 하지만 용감하게 이 방법을 시도한 사람에게는 진실 게임 만찬이 외적 자기인식뿐 아니라 가장 중요한 개인적 관계에도 놀라운 효과를 선사할 수 있다.

태평양 연안 북서부 날씨치고는 이례적으로 화창했던 어느 날 오후, 조시 마이즈너Josh Misner 교수는 아이들을 차에 태워 하교시키고 있었다. 낡은 포드 픽업 앞좌석에 다 함께 끼어 앉은 셋은 각자의 하루에 대한 이야기를 신나게 주고받았다. 마이즈너가 즐거움을 느끼는 일상적 순간의 하나가 이때였다. 굿 맨 프로젝트the Good Men Project(남자들이 인생의 중요한 순간에 대해 이야기할 통로를 열어주자는 취지로 2009년 미국에서 시작된 운동_옮긴이)의 유명한 구성원 중 한 명인 마이즈너는 자신의 감정에 대단히 솔직하고 근면하며 우수한 언론학 교수이지만, 일보다 자녀를 키우는 일을 훨씬 더 중시한다는 사실을 자랑스럽게 밝히는 특별한 부류의 현대적 아버지이다.

아이들이 이야기를 끝내자, 그는 언론학 강의 한 과목에서 시험적으로 내주고 있는 과제에 대해 아이들에게 말해주었다. 공교롭게도 과제의 주제는 자기인식이었다. 마이즈너는 자기인식 과제를 시험해볼 완벽한 기회가 눈앞에 있다는 생각이 퍼뜩 들었다. 게다가 그가 이 세상에서 누구보다 진솔한 소통을 하고 싶은 사람이 자녀였다. 아이들이 어리기는 하지만, 좋은 데이터를 많이 얻을 수 있을 거라고 생각했다. 아이들은 생각하는 대로 말하는 재주가 있으니까 말이다.

"얘들아, 아빠가 요즘 강의 시간에 새로 내주는 과제가 있는데 너희도 해볼래?" 그가 물었다.

"그래요, 아빠!" 일곱 살인 아들 파커와 열 살인 딸 벨라가 의욕적으로 대답했다.

"좋아!" 그가 미소 지으며 물었다. "그럼 말이야……아빠의 어떤 점이 가장 짜증나?"

아이들이 불편한 듯 좌석에서 몸을 꼼지락대기 시작하자 마이즈너는 걱정이 되었다. "아빠는 훌륭해요!" 벨라가 말했다. "네, 마음에 안 드는 거 없어요, 아빠!" 파커도 뒤따라 대답했다.

마이즈너는 자신이 아빠란 사실이 무척이나 좋았다. 그리고 아빠 노릇을 잘하고 있다고 믿었다. 아이들을 불편하게 만들 게 대체 뭐가 있겠는가? '심각한 일일 리 없어.' 그가 자신을 다독였다.

"얘들아, 아빠에게 안 좋은 이야기를 하기 싫은 마음은 이해하는데, 곤란해할 것 없어. 정말 너희들의 생각을 듣고 싶어서 그러니까 뭐든 이야기해봐."

의미심장한 긴 침묵이 차 안을 채웠다. "아빠." 일곱 살짜리가 조심스럽게 입을 열었다. "나는 아빠가 소리를 너무 많이 지를 때 싫어요."

파커의 목소리가 갈라졌다. 전방을 보며 운전 중이던 마이즈너가 아들에게로 눈길을 슬쩍 돌렸을 때 아이의 눈에 차오른 눈물이 보였다. "그럴 때는 아빠가 나를 더 이상 사랑하지 않는 것처럼 느껴져서 내 방에 숨고 싶어요." 아들이 말을 이었다.

마이즈너는 엄청난 충격을 받았다. 그가 표정을 관리하려고 필사적으로 노력하면서 딸을 쳐다보자, 딸이 이렇게 덧붙였다. "나는 아빠가 나한테 화낼 때도 싫어요. 그럼 마음이 아프고 울고 싶어져요."

내가 앞에서 언급했듯이, 우리와 가장 가까운 사람들, 우리의 배우자, 자녀, 부모, 친한 친구와의 관계는 직장 동료와의 관계보다 더 골치 아프고, 복잡하고, 감정도 더 개입되는 경향이 있다. 그리고 마이즈너가 실감했듯이, 사랑하는 사람들로부터 건설적인 피드백을 들었을 때 더 깊은 상처를 받을 가능성이 있다. 하지만 바로 그렇기 때문에 사랑하는 사람들에게서 받는 피드백이 대단히 중요하다. (이 이야기는 다음 장에서 호된 피드백에 대처하는 법을 다룰 때 다시 살펴볼 것이다.)

마음이 아프기는 하지만 마이즈너는 자신이 고안한 과제를 계속해 보기로 결심하고 질문을 이어갔다. 그는 심호흡을 한 번 하고서 질문했다. "아빠가 어떤 일에 가장 소리를 많이 쳐?", "그러면 너희에게 어떤 영향을 줘?", "이제 어떻게 달라지면 될까?" 그런 다음 당황하거나 변명하지 않고 아이들의 대답을 들었다. 하지만 쉽지 않은 일이었다고 그가 이야기해주었다.

그 대화는 먼저 그와 자녀들의 관계를 탈바꿈시키고, 이어서 그를 변화시킬 수밖에 없었던 새로운 여정의 출발점이 되었다. 아이들의 피드백은 경청과 인내심의 중요성을 깊이 일깨워주는 역할을 했다. 그는 아이들에게 한층 공감하게 되었다. 이제 아이들이 불만스러워도 그가 버럭 화를 내면 얼마나 상처가 된다고 했는지를 떠올린다. 그리고 그는 자신의 말과 행동을 한층 조심한다. 이 기발한 과제가 자극제가 되어 마이즈너의 삶에 많은 긍정적인 변화를 가져왔다. 진실 게임 만찬은 근본적인 자기통찰을 가져올 수 있다는 사실 또한 다시 한번 증명되었다.

그렇다면 진실 게임 만찬은 정확히 무엇을 하는 것인가? 다음의 지시 사항을 살펴보자.

친한 친구나 가족 구성원, 멘토 등 당신을 잘 알고 관계를 강화하고 싶은 사람에게 연락한다. 그 사람을 초대해서 식사를 함께한다. 식사 도중에 당신의 가장 짜증나는 점 한 가지만 말해달라고 한다. 하지만 먼저 왜 당신이 그 이야기를 해달라고 하는지 이유를 알려주고, 어떤 이야기를 해도 좋으며,

당신은 변명을 할 수 없고 열린 가슴과 머리로 듣기만 할 거라고 말한다.

실제로 이 방법을 시도해본 사람으로서(연구의 이름을 빌려 내가 하지 않을 일은 아무것도 없다는 증거로 봐주기 바란다) 말해줄 수 있는데, 답변을 듣고 있기가 쉽지는 않다. 나는 두 번 시도해봤는데, 두 번의 대화 모두 내가 너무너무 싫어하는 치과에 가기보다 더 두려웠다. 마이즈너의 학생들도 대체로 같은 반응을 보인다고 한다. "내가 과제를 제시하자마자 학생들의 얼굴에서 핏기가 가시고 입을 헤벌리고 있죠"라고 마이즈너는 이야기했다. 용기를 필요로 하는 과제임을 그도 충분히 알고 있다. 하지만 수천 명의 학생들은 무사히 과제를 해냈고, 그 덕분에 좀 더 현명해졌다.

이와 관련해서 한 가지 덧붙이자면 마이즈너가 식사(가능하면 저녁 식사)를 하면서 대화를 하라고 제안하는 데는 이유가 있다. "함께 식사를 하는 것은 마법 같은 작용을 합니다. 식사는 개인적인 행위이니까요. 신뢰가 수반되어야 하죠." 게다가 솔직히 말해서 아픈 진실도 신경을 풀어주는 성인의 음료와 함께라면 훨씬 쉽게 삼킬 수 있다.*

그리고 당신이 성공시키려고만 하면 대화는 생각보다 부드럽게 흘러갈 것이다. 마이즈너는 학생들이 이 과제를 수행할 때 해야 할 일과 해서는 안 될 일들의 목록을 수년에 걸쳐 정리해왔는데, 그것들이 소중한 지침이 될 것이다. 첫째, 마음의 준비가 핵심이라고 그는 주장한다. 무슨 피드백이 나올지 예상해보고 최악의 시나리오에 대비하는 시

* 〈뉴저지의 진짜 주부들Real Housewives of New Jersey〉(리얼리티 프로그램) 식으로 식탁이 뒤집어지는 사고가 일어날 가능성도 있기는 하다.

간을 가져라. 둘째, 얼마나 '깊이' 들어가고 싶은지 결정하라. 우리가 선택한 사람이 가까운 사이일수록 통찰을 얻을 가능성은 커지지만 대화가 더 두려울 수 있다.

셋째, 마이즈너는 당신이 부탁한 사람이 바로 당신에게 솔직해질 준비가 되어 있지 않을 수도 있다고 학생들에게 경고한다. 그럴 경우 그들에게 당신의 성장을 위해서 마련한 자리임을 상기시키고, 당신의 자기지각과 그들이 지각한 당신을 견주어보기를 원할 뿐이라고 이야기하라고 그는 제안한다. 그 말이 그들로 하여금 조심스럽게 예의를 차리는 대신, 정직하고 솔직할 수 있게 해준다. 그리고 당신의 식사 손님에게서 피드백이 나오는 순간부터 당신은 대화가 이어지도록 하면 된다고 마이즈너는 말한다. 인간적으로 이런 종류의 탐색은 가능한 빨리 끊어버리고 싶은 유혹을 느낄 것이다. 하지만 마이즈너는 이 과제를 최대한 활용하기 위해 필요한 경우 명료화를 위한 질문들을 하라고 권한다. 그가 처음으로 자녀와 이 과제를 시험해보았을 때 했던 것처럼 말이다.

처음에는 진실 게임 만찬이 겁이 났을지라도 당신을 진정으로 아끼는 사람이 실제로 당신을 어떻게 보는지 알게 되는 것이 얼마나 신나고 대단히 도움이 되는 일인지 놀라지 않을 수 없을 것이다. 덧붙일 필요도 없는 이야기겠지만, 이 장에서 살펴본 모든 기법이 마찬가지이다. 대개 내면을 응시하도록 하는 훈련이 더 안전하게 느껴지겠지만, 내적 통찰에만 매달릴 경우 우리는 고치 안에 있는지 깨닫지도 못한 채 안전하고 따뜻한 망상의 고치 안에서 편안히 안주할 수 있다. 바로 그 이유 때문에 우리에게는 피드백이 필요하다. 그러므로 당신의 애정 어린 비판자를 찾아서 계획을 세우고, 새로 발견한 통찰을 누릴 준비를 하라.

하지만 360도 피드백을 통해서든, 올바른 피드백 절차나 진실 게임 만찬을 통해서든 다른 사람이 우리를 어떻게 보는지 깨닫는 것은 외적 자기인식에 이르는 노정의 첫걸음일 뿐이다. 피드백이 우리의 눈을 뜨게 해줄 수 있을지라도, 이를 우리의 삶을 개선해줄 통찰로 바꾸기를 바란다면, 그 방법들만큼 결정적이고 유익한 기술을 몇 가지 더 개발해야 한다. 바로 피드백을 선선히 수용하고, 이를 되새겨보려 노력하며, 현명하게 대응하는 법이다. 이제 피드백을 어떻게 활용할지 알아보기로 하자.

8장 거북한 피드백 또는 의외의 피드백을 받아들이고, 숙고하고, 대응하기

타인의 지식에서 정보를 얻고 발전을 꾀하려고 하면서
현재 자신의 의견을 고수하려고 한다면,
논쟁을 싫어하는 겸손하고 분별력 있는 사람은
당신의 잘못을 알더라도 굳이 짚어주지 않을 것이다.
벤저민 프랭클린

세월이 흐르면서 내가 배운 한 가지 사실이 있다면, 훌륭한 심리학자도 때로는 심리학의 도움이 크게 필요하다는 것이다. 나는 한 학기 동안 존경받는 심리학 교수의 강의 조교로 일했던 적이 있다. 유감스럽게도 교수님과 수강생들의 관계가 썩 좋지 못했다. 학생들은 그분의 강의가 모호하고 혼란스러우며, 학생에게 무심한 태도도 공부에 방해가 된다고 생각했다. 나도 동의하지 않을 수 없었다. 학생들은 몇 번이나 그런 불만을 전달해달라고 부탁했지만, 그 이야기를 전할 생각만으로도 두드러기가 날 것 같았다. 게다가 이야기를 해도 소용없을 듯했고, 어쩌면 상황이 악화될 수도 있었다.

몇 주가 지나고 달도 넘기며 괴로운 시간이 느리게 흐르는 동안 나는 전개되는 상황을 무력하게 지켜보았다. 교수님은 별 생각 없이 강의를 이어갔고, 학생들은 점점 더 소외감과 환멸을 느꼈다. 그러다 어느 화창한 봄날, 조교실에 앉아 있던 나는 교수님으로부터 다음과 같은 이메일을 받았다.

> 학기도 끝나가고 있는 지금 나와 함께 일하는 핵심 인물들에게 피드백을 듣고 싶어서 연락했습니다. 내가 잘하고 있는 점과 개선해야 할 점에 대해서 여러분의 솔직한 의견을 듣고 싶습니다. 여러분의 피드백을 함께 검토할 수 있도록 약속을 잡아주세요.

나는 몹시 놀랐다. 그때까지 학생들이 자신을 어떻게 생각하는지 전혀 의식하지 못하는 듯했던 교수님이 피드백을 받겠다는 용감한 선택을 한 것이다. 놀란 마음이 어느 정도 진정되었을 때, 나는 정말로 기대에 차 있었다. 교수님이 기회를 주셨으니 내가 적절히 대답한다면 장차 수많은 학생이 훨씬 나은 학습 경험을 할 수 있으리라고 생각했다. 아마도 기회는 한 번뿐일 것이므로 나는 교수님을 만나기 전에 만반의 준비를 했다. 교수님과의 약속이 잡힌 주에 학생들에게 들은 이야기와 내가 관찰한 내용을 종합하는 데 적지 않은 시간을 들였다. 내 입으로 말하기는 좀 그렇지만, 마침내 '인쇄' 버튼을 눌렀을 때 내가 정리한 문서는 구체적이고 공정하며 정성이 들어가 있었다.

교수님과 만나기로 한 날 아침, 나는 명치가 묵직한 기분을 느끼며 잠에서 깼다. 보고서를 양손으로 꼭 잡고 교수님의 연구실 앞에서 들어오라는 목소리가 들려오기를 기다리는 동안, 내 흥분이 빠르게 공포로 변해가던 기억이 여전히 선하다. 손바닥이 땀으로 축축해진 채 나는 보고서를 교수님 쪽으로 밀면서 신중히 계획했던 독백을 시작했다.

"모든 학생이 교수님의 깊은 지식과 경험을 정말로 소중하게 생각하지만, 때때로 교수님이 다가가기 어려운 분처럼 여겨질 때가 있습니다."

그녀가 이맛살을 찌푸렸다. 내가 황급히 덧붙였다. "물론 저는 교수님이 하실 수 있는 모든 방법을 동원해 학생들을 가르치고 있다고 믿어 의심치 않습니다. 하지만 전달을 좀 더 잘 해주시면 학생들에게서 더 나은 결과를 이끌어낼 수 있지 않을까 싶습니다." 그녀의 이맛살 주름이 더 깊어지고 얼굴까지 찡그려졌다. "한 학생이 교수님께 강의하신 내용을 좀 더 명확히 설명해달라고 부탁드렸더니, 그 부분에 해당하는 교재의 쪽수만 알려주셨다고 제게 찾아온 적이 있었어요. 그는 교재를 다시 봐도 여전히 명확하지 않았지만, 다시 여쭤보기가 망설여졌다고 했어요. 결국 그냥 넘어갔고, 시험에서 두 문제를 틀렸다고 하더라고요."

그러자 교수님은 눈에 띄게 불편한 기색이었고, 고슴도치라도 깔고 앉은 듯 의자를 앞뒤로 흔들었다. 하지만 내 말을 소화시키느라 얼마나 애쓰는지를 보면서 그녀가 존경스러워졌다. 그래서 최대한 공손하면서도 진솔하게 내가 정리해온 사례들을 계속 말씀드렸다. 마침내 이야기를 끝마쳤을 때, 나는 안도의 한숨을 내쉬면서 틀림없이 감사의 말을 듣게 되리라고 예상하며 기다렸다.

하지만 교수님의 반응이 너무도 의외여서 지금까지도 생생히 기억난다. 그녀는 내가 드린 인쇄물을 도로 밀어주면서 심드렁하게 말했다. "그래, 잘 들었어. 하지만 이것들은 전부 '네 의견'이잖아?"

그때 나는 깨달았다. 애초에 그녀는 나의 솔직한 피드백을 원했던 것이 결코 아니었다. 그녀가 원했던 것은 가부키 화장처럼 두껍게 포장된 솔직한 피드백이었다. 객관적인 현실과는 거리가 멀다 하더라도 그녀가 강의를 잘하고 있고, 모든 학생이 그녀를 좋아한다는 말을 듣고 싶었던 것이다.

여기서 말하려는 요점은 외적 자기인식을 높이는 데 있어서 진실의 추구는 필요하지만 충분한 조치는 아니라는 것이다. 진정한 통찰을 얻기 위해서 우리는 진실에 귀를 기울이는 법 또한 배워야만 한다. 즉 그냥 듣는 것이 아니라 경청해야만 한다. 진실을 경청하기가 쉬울 거라고는 말할 수 없다. 사실 코칭을 해오면서 피드백에 대한 온갖 부정적인 반응을 목격했다. 소리를 지르기도 하고, 울거나 침묵을 지키거나 부인하는 등 별의별 반응이 다 있었다. 우리는 편안히 유지해왔던 자기상을 고수하고 싶다는 유혹에 빠져서 화를 내며 방어적 태도를 보이거나(스티브를 기억하는가?) 달아나는 식의(말 그대로 달아나거나 듣지 않고, 대수롭지 않게 취급하거나 전혀 없었던 일인 척하는) 그릇된 반응을 보인다. 우리의 유니콘들도 그런 실수를 했다. 하지만 우리가 핑계를 대고, 발뺌하며 해명하고, 불쾌한 기분이나 편견 탓으로 돌린다면, 우리 자신에게 손해일 뿐이다. 우리가 완강하게 우리의 시각만 고수하고, 프리즘으로 빛을 통과시키기보다 거울만 바라본다면, 결국에는 우리가 보는 것을 항상 신뢰할 수 없게 될 것이다.

이 장에서 우리는 피드백을 성공적으로 수용하고, 숙고하며, 이에 대응하는 법을 집중적으로 살펴보려고 한다. 3R 모델로 불리는 방법을 통해서 우리는 피드백을 부정하고 싶은 유혹을 뿌리치고, 거북하고 의외인 피드백을 귀와 마음을 열고 경청하는 법을 배울 것이다. 이 장에서 배울 것처럼 우리가 경청할 피드백은 몇 가지 형태를 띨 수 있다.

비판적이고 우리를 놀라게 하는 내용일 수도 있다. 혹은 비판적이지만 기존의 우리 신념을 지지하는 내용일 수도 있다. 혹은 우리의 장점을 확인해주거나 우리가 가지고 있는 줄도 몰랐던 장점에 눈을 뜨게 하는 긍정적인 내용일 수도 있다. 그리고 피드백을 받아들인 후에 진짜 도전이 시작된다. 피드백의 출처를 신중히 따져보고, 가치 있는 요소들을 찾아내며, 그것들을 어떻게 할지 결정해야 한다. (물론 어떤 피드백을 듣던 맹목적으로 수용하고, 조치를 취해야만 한다고 암시하는 거라면 지나치게 단순한 이야기일 것이다.) 하지만 어느 경우이든 피드백에 대한 성공적인 대응은 우리가 경청한 내용을 이해했는가, 그리고 우리 자신의 시각과 함께 다른 사람들의 시각을 우리의 통찰의 축으로 집결시켰는가에 달려 있다. 이제 거기서부터 논의를 시작해보자.

• • •

이 책의 1장에서 나이지리아의 회사원이자 정치운동가이며 우리의 유니콘인 플로렌스를 만나봤다. 나이지리아의 수도 아부자에 있는 석유가스 회사의 과장인 그녀는 운 좋게도 상사와의 관계가 돈독했고, 지지를 받았다. 하지만 그녀는 어느 날 상사가 무심코 던진 피드백에 근본부터 흔들리는 경험을 했다.

당시 플로렌스는 연수를 앞두고 있었고, 학교에서는 그녀의 업무 방식을 파악하기 위해 상사에게 설문지를 작성 받아서 미리 제출해달라고 했다. 설문지 제출 마감일에 그녀는 상사의 아늑한 사무실에서 그가 약속 시간에 맞춰 도착하기를 기다리고 있었다. 따뜻한 색상 계열로 칠해진 그의 책상 뒤쪽 벽에 신경 써서 걸어둔 가족사진을 들여다보던 플로렌스의 눈에 무언가가 들어왔다. 피드백 설문지였다. 설문지는 작성이 다 되어 있었다.

플로렌스가 읽어서는 안 될 설문지였기에 그녀는 억지로 상사의 가족사진으로 눈길을 되돌려 사랑스러운 그의 아이들의 모습을 하나하나 들여다보려고 애썼다. 그 방법이 통하지 않자 그녀는 휴대폰을 확인해봤다. 그 방법도 통하지 않자 그녀는 눈을 감고 혼자 콧노래를 불렀다. 하지만 그런 자기 모습이 지나가는 사람에게 얼마나 이상하게 보일지 걱정이 되어 다시 눈을 떴다. 그리고 결국 그녀와 같은 입장에 처한 사람이라면 누구라도 했을 법한 행동을 했다. 그녀는 피드백 설문지를 살짝 들여다보았다. "당신은 참가자를 어떻게 묘사하겠습니까?"라는 질문이 보였다. 그리고 그 아래에 상사가 기입한 답변은 "매우 야심차다"라는 단 두 단어였다. 그녀의 입이 떡 벌어졌다. 물론 좋아서가 아니었다.

평균적인 서구인에게 이 피드백은 문제가 되지 않을 것이다. 사실 칭찬일 가능성이 높다. 하지만 나이지리아에는 야심이 '허용되는' 대상을 규정하는 강력한 사회적 규범이 있으며, 그 규범에 따르면 야심찬 행동은 남자만 할 수 있다. 여성에게 기대되는 사회적 위치는 어머니, 아내, 주부이며, 직업상 성공과 자립, 스스로 돈을 버는 일과 같은 야심 있는 행동은 그런 사회적 기대에 어긋난다. 그러므로 야심 있는 여성은 건방지고, 오만하고, 고압적이며, 세상에서 기대하는 역할을 고의로 피하는 존재로 여겨진다.

플로렌스는 사무실로 돌아온 상사에게 피드백 설문지를 읽지 않은

척할 마음도 사라졌다. 그녀는 지금껏 살아오면서 자신을 건방지거나 고압적인 사람이라고 생각해본 적이 단 한 번도 없었다. 하지만 플로렌스는 이 자명종 순간이 선택의 순간임을 깨달았다. 그녀는 방어 태세에 들어갈 수도 있었고, 이를 통찰의 기회로 활용할 수도 있었다. 쉽지는 않았지만 플로렌스는 이 놀라운 새 데이터를 탐색하고, 이를 통해 더 용감하고 현명해지는 결과를 얻기로 결심했다. 항상 자기인식의 유니콘이었던 그녀가 피드백을 탐색한 과정은 3R 모델을 완벽하게 보여준다. 3R 모델은 사람들이(솔직히 말해서 나 자신도) 자신을 잘 다스리며 피드백을 수용Receive, 숙고Reflect on, 대응Respond할 수 있도록 내가 수년간 가르쳐온 방법이다. 이 모델은 우리의 자존심과 자신에 대한 선입견을 제쳐두고 오직 우리의 정면에 있는 정보에만 집중하도록 함으로써 '투쟁 또는 도피fight or flight' 본능에 저항하고, 피드백을 자기인식의 기회로 삼도록 해준다.

이 기법의 출발점은 피드백의 수용이다. 플로렌스는 원했든 원치 않았든 방금 그 선물을 받았다. 그리고 자신이 야심 있는 사람으로 보였다는 데 충격을 받기는 했지만, 그녀는 감정에 사로잡히지 않겠다고 결심했다. 잠시 심호흡을 하며 마음을 진정시킨 그녀는 기분이 어떤지 자문했다. '나는 속이 상해.' 그녀가 스스로에게 인정했다. '하지만 이 피드백 안에 내게 소중한 내용이 담겨 있을지도 몰라.' 상사의 피드백에서 통찰의 가능성을 캐내겠다는 플로렌스의 단순하지만 굳은 결심은 궁금증으로 이어졌다. '나의 어떤 행동 때문에 그는 나를 그렇게 보는 것일까?' 이 질문은 즉시 그녀를 조수석에서 운전석으로 이동시켰고, 대화의 성격도 매서운 시련에서 진상 조사로 바뀌놓았다.

하지만 피드백의 수용은 수동적인 듣기를 의미하지 않는다. 질문도 하고 능동적으로 이해하려고 노력해야 한다. 피드백의 수용은 더 나은 정보를 확보하게 해줄 뿐 아니라, 버럭 화를 내거나 무심코 부인하는 태도에 빠지지 않도록 해준다. 그래서 플로렌스는 자제력을 발휘해 진정한 후 상사에게 질문을 계속했다. "제가 '야심 있다'고 하신 말씀이 무슨 의미였는지 좀 더 설명해주시겠어요?", "몇 가지 사례를 들어주실 수 있어요?", "이런 행동을 언제 처음으로 알아차리셨어요?" 그가 대답하는 동안 그녀는 나중에 참고할 수 있도록 그가 한 말 그대로 메모해두었다. 그리고 그에게 감사 인사를 하고 자신의 사무실로 돌아왔다.

그 후 상사의 피드백이 불쑥불쑥 생각났지만 플로렌스는 며칠 동안 그냥 있었다. 어차피 그녀는 여전히 감정에 휘둘리고 있어서, 그의 말에 어떻게 대응할지는 고사하고 무슨 의미인지 파악할 수 있는 상태가 아니었다. 흥미롭게도 자기인식의 유니콘들은 피드백의 숙고 단계(3R 모델의 두 번째 단계)에서 즉시 반응하고 싶은 유혹에 빠지지 않는 현명함을 보였다. 대부분이 며칠, 심지어 몇 주 동안 참으로 놀랍거나 속상한 이야기를 들은 충격에서 회복할 시간을 가졌다고 보고했다.

며칠이 지나자 플로렌스는 이 이상한 피드백이 무슨 의미이며, 거기에 어떻게 대응해야 할지 생각해볼 마음의 준비가 되었다. 그녀는 스스로에게 세 가지 질문을 했다. 첫째, 내가 이 피드백을 이해하고 있는가? 피드백을 처음 봤을 때만큼 속상하지는 않았지만 당혹스럽기는 마찬가지였다. 그래서 플로렌스는 소수의 애정 어린 비판자와 이야기해보기로 했고, 그들과의 대화를 통해 그녀의 상사가 실질적으로 해주려고 했던 말이 이해가 될 때까지 통찰을 높여갔다. 플로렌스는 본능적 반응에 따라 상사의 피드백을 '부정적'인 것으로 간주하려고 했지만, 그녀의 애정 어린 비판자들의 견해에 미묘한 차이가 있음을 곧 알게 되었다. 초반에는 그녀의 자신감이 사람들과 마찰을 일으킬 때가 있을지라도 그녀를 좀 더 알게 되면 그녀가 권위적이거나 강요하려드는 사람이 아니라는 것을 깨닫게 되며, 그녀의 자신감은 그녀만의 이점이 된다고 했다.

이에 플로렌스는 다시 질문했다. 이것이 나의 장기적 성공과 심신의 안녕에 어떤 영향을 미칠 것인가? 모든 피드백이 정확하거나 중요하지는 않으며, 유니콘들은 어떤 피드백을 수용할지 까다롭게 판단한다는 점을 앞에서 언급했다. 요컨대 로마의 철학자 마르쿠스 아우렐리우스Marcus Aurelius가 우리에게 상기시켰듯이, "우리가 듣는 모든 것은 사실이 아니라 의견이다. 우리가 보는 모든 것은 진실이 아니라 관점이다." 귀를 기울일 가치가 있는 피드백인지 아닌지는 그 피드백이 등장하는 빈도를 대략적인 기준으로 삼으면 된다. 한 사람에게서 들은 피드백은 그 사람의 시각이다. 두 사람에게서 들은 피드백은 우연한 반복일 수 있다. 하지만 세 사람 이상에게서 들은 피드백은 사실에 가까울 가능성이 높다. 플로렌스는 확실히 아주 많은 사람에게서 "야심이 있다"는 말을 들었으므로 그 말을 경청해야만 했다. 하지만 은연중에 여성의 야심에 우호적이지 않은 문화에도 불구하고, 그녀는 야심이 있다는 특성이 사실 그녀의 장기적 성공에 부정적 영향을 미치지는 않았으며, 오히려 그녀의 목표를 달성하는 데 도움이 되었다는 사실을 깨달았다.

이런 깨달음을 얻은 플로렌스는 마지막 질문을 했다. 나는 이 피드백에 따라 조치를 취하기를 원하는가, 그렇다면 어떤 조치를 취해야 하는가? 우리가 피드백을 이해하고 그것이 중요하다고 판단했다 하더라도 때로는 즉시 그에 대응하지 않기로 결정할 수도 있다. 변화했을 때 거기에 들인 노력과 시간만큼 보답을 받게 될지는 우리가 판단해야 한다.

플로렌스는 피드백에 대응하기(3R 모델의 마지막 단계)로 결정했다. 하지만 당신이 예상했을 방식은 아니었다. 이 단계에서 그녀는 나이지리아 문화 속에서 사는 여성이라 해도 소심할 필요가 없다는 사실을 발견하게 되었다. 그녀는 겸손과 자신감이 독특하게 결합된 자신의 특성이 실은 약점이 아니라는 것을 깨닫기 시작했다. 바로 그런 특성이 그녀가 더 큰일을 성취하도록 해줄 것이다. 그러므로 그녀는 언제나 다른 사람들의 기분과 감정을 고려하겠지만, 자기 방식대로 삶을 살아가기로 했다.

그래서 플로렌스는 자신을 바꾸는 대신 자기 자신부터 시작해서 내러티브를 바꾸기로 결정했다. 그녀는 야심이 흠이 아니라고 새롭게 이해함으로써, 그 단어에 담긴 문화적 선입견을 버리고 피드백을 받아들였다. 그녀는 이제 이렇게 말한다. "'너무 높이 올라가지 마. 그러다 떨어질 거야'라고 말하는 사람은 항상 있을 겁니다. 하지만 나는 그들의 말을 더 이상 귀담아듣지 않을 것입니다."

플로렌스는 한 장의 종이에 쓰인 두 단어를 우연히 본 뒤로 새로운 시각을 가지게 되었고, 이는 그녀의 외적 자기인식을 높여주었을 뿐 아니라 그녀가 세상에 뚜렷한 흔적을 남길 수 있는 기반이 되어주었다. 그녀의 사례에는 우리가 피드백을 선선히 수용하고, 용기를 가지고 그것에 대해 숙고하며, 목적을 가지고 그에 대응한다면, 전혀 의외의 장소에서 상상도 할 수 없는 통찰을 얻을 수 있다는 중대한 교훈이 담겨 있다.

자기가치 확인은 스튜어트 스몰리에게만 필요한 게 아니다

당신은 체스 그랜드마스터를 상상할 때 어떤 이미지가 떠오르는가? 아마 조용하고 진지한 사람일 것이다. 보비 피셔Bobby Fischer처럼 구부정히 체스 판을 들여다보고 있는 모습이나, 터틀넥 스웨터와 트위드 재킷을 입고 슈퍼컴퓨터와 대결하는 학구파 유형을 연상하기 쉽다. 하지만 어떤 이미지를 떠올렸든 당신이 상상한 그랜드마스터는 여성이었는가, 남성이었는가? 십중팔구 당신의 그랜드마스터는 남성이었을 것이다. 당신만 그런 것이 아니다. 이는 생각이 트인 사람들조차 부지불식간에 가지고 있는 많은 무의식적 고정관념 가운데 하나일 뿐이다. 그런데 다수가 어느 정도는 타인에 대한 고정관념을 자각하는 반면, 더 놀라운 고정관념에 대해서는 대체로 통찰이 부족하다. 바로 자기 자신과 타인이 바라보는 자신에 대해 가지고 있는 자기제한self-limiting적 신념을 말한다. 우리가 알든 모르든, 우리 모두는 자기제한적 신념을 가지고 있다.

그런데 이 고정관념이 피드백에 대처하고 외적 자기인식을 향상시키는 것과 무슨 관계가 있는가? 간단히 설명하면, 우리가 이미 자신 없어 하는 영역에서 냉정한 피드백을 받는다면 그 피드백이 비수처럼 느껴질 수 있다. 플로렌스가 상사에게서 받은 피드백은 비판적이고 의외의 내용이었던(적어도 처음에는) 반면에 어떤 피드백은 비판적이고 확증적인 내용일 수 있다. 다시 말해서 우리가 이미 약점이라고 믿고 있는 바를 확인시켜줄 수 있다. 유감스럽게도 자신의 약점에 대한 믿음을 확인시켜주는 피드백은 우리를 폐쇄적으로 만들고, 무력감을 느끼게 하며, 전부 포기하도록 만들 수 있다. 잠시 후 우리는 이런 반응에 대해 예방주사가 되어줄 간단한 방법을 배우게 될 것이다. 하지만 먼저 자신의 제한적 믿음이 얼마나 해로울 수 있는지부터 살펴보도록 하자.

2014년 심리학자 행크 로스거버Hank Rothgerber와 케이티 월시퍼Katie Wolsiefer는 체스 선수는 남자란 고정관념이 여성 체스 선수들의 성적에 영향을 미치는지 알고 싶었다. 그들은 미국체스연맹에서 제공해준 데이터를 이용해 초중고등학생 체스 토너먼트 12회의 통계를 분석하여 상대 선수의 성별에 따라 남녀 학생의 성적이 달라지는지에 대한 패턴을 찾았다. 그들이 예측한 대로 남학생과 대결한 여학생들은 여학생과 대결한 여학생들에 비해 무려 20퍼센트나 성적이 저조해 의미 있는 차이를 보였다.* 그 이유는 우리가 자기 능력에 대해 부정적인 고정관념(이 사례에서는 남학생들이 체스를 더 잘한다는 여학생들의 믿음)을 가지고 있을 때, 고정관념이 확증될까봐 두려운 마음이 피드백을 받기도 전에 이미 자기충족적 예언self-fulfilling prophecy으로 작용하기 때문이다.

이 효과는 심리학자 클라우드 스틸Claude Steele과 조슈아 애런슨Joshua Aronson에 의해 고정관념의 위협stereotype threat으로 이름 붙여졌으며, 고정관념을 가진 다양한 집단과 광범위한 영역에서 확인되었다. 스틸과 애런슨이 흑인 학생에게 표준화 시험이 지능을 측정하는 것이라고 이야기했을 때, 즉 흑인 학생들이 백인 학생들에 비해 지능이 낮다는 일반화된 고정관념을 작동시켰을 때 실제로 흑인 학생의 점수가 낮았다.

---

* 실력이 중상인 남학생 선수(실력이 낮은 선수가 아니라)와 대결할 때 이런 차이가 나타났다.

하지만 학생들에게 지능을 측정하는 시험이라고 이야기하지 않았을 때는 흑인 학생들과 백인 학생들의 점수가 비슷했다. 다른 연구자들은 학업성적이 낮을 거라는 선입견의 대상인 대학 운동선수에게 '선수' 신분을 상기시켰더니 일반 학생들보다 GRE(대학원 입학 시험) 점수가 12퍼센트 낮게 나왔다는 연구 결과를 발표했다.

고정관념의 위협은 개별 시험이나 과제의 성적을 낮출 뿐만 아니라, 우리의 장기적 성공도 심각하게 제한할 수 있다. 여성들이 대거 노동시장에 진입한 지 수십 년이 흘렀지만 과학 분야의 성별 격차는 지속되고 있다(선천적인 능력 차이가 없음에도 불구하고 여성은 미국 내 과학과 공학 계통 일자리의 겨우 22퍼센트를 차지하고 있다). 많은 학자가 이를 문화적 기대나 규범 같은 요인에 초점을 맞추어 설명해왔다. 하지만 셰릴 샌드버그Sheryl Sandberg가 『린 인*Lean In*』을 출간하기 10년 전에 이미 조이스 얼링어Joyce Ehrlinger와 데이비드 더닝은 여기에 기여하는 또 다른 요인을 발견했다. 그들은 남녀 대학생들에게 자신의 과학 추론 능력이 어느 정도라고 생각하는지 평가해보라고 요청했다. 몇 주 후 그들은 같은 학생들에게 연구의 주제를 설명하지 않고 다른 연구에 참여해달라고 요청했다. 두 번째 연구에서는 학생들에게 과학 문제를 풀게 한 뒤 자신의 점수를 추정해보고 과학 추론 능력을 평가해보라고 했다. 그 결과 여학생들은 '실제 점수와 상관없이' 남학생들보다 자기 능력을 15퍼센트나 낮게 평가하는 것으로 나타났다. 이런 결과는 여성의 자기제한 신념과 장래 직종 선택이 과학계의 성별 격차에 기여하는 중요한 요인임을 암시한다.

다행히 이런 자기제한 효과를 예방할 수 있는 간단한 중재 기법이 있다. 클라우드 스틸이 자기가치 확인self-affirmation이라고 부르는 기법이다. 우리의 자기제한 신념이 작용하는 영역에서 피드백을 받게 되었을 때, 우리가 우려하는 측면이 아니라 우리의 정체성에 중요한 측면을 잠시 상기할 시간만 미리 가져도 우리의 '심리 면역 체계'가 강화된다. 가령 당신이 실적을 채우지 못해 힘들었던 한 해를 보낸 후에 업적 평가를 들으러 가는 길이라고 하자. 다가오는 위협으로부터 당신을 지킬 수 있는 한 가지 방법은, 당신이 다정한 부모라거나 헌신적인 지역사회 봉사자, 좋은 친구임을 기억하는 것이다.

너무 단순하거나 허황된 이야기로 들릴 수 있겠지만, 많은 연구 결과가 이를 뒷받침해준다. 예를 들어 심리학자 제프리 코헨Geoffrey Cohen은 고정관념 위협을 겪을 위험이 있는 흑인 7학년생들에게 학기 초반에 그들에게 가장 중요한 가치를 10분간 글로 써보라고 했다. 학기가 끝났을 때 그들의 70퍼센트는 자기가치에 관한 글을 쓰지 않았던 학생에 비해 높은 성적을 받음으로써 인종 간 학업 성취 격차를 40퍼센트나 줄였다. 자기가치 확인이 위협에 처한 우리의 '신체' 반응까지 완화시켜준다는 흥미로운 증거도 있다. 자기가치 확인이 스트레스 호르몬인 코티솔 분비 수준을 낮추어줌으로써 우리가 보다 합리적으로 사고할 수 있게 하고, 큰 그림을 놓치지 않도록 해준다는 것이다.*

당신이 〈새터데이 나이트 라이브Saturday Night Live〉에서 알 프랑켄Al Franken이 연기하는 스튜어트 스몰리를 본 적이 있다면, 자기가치 확인 기법에 관한 설명을 읽고 노란 스웨터를 입은 땅딸막한 스튜어트 스몰리가

* 유방암 1기와 2기 환자들 가운데서 자기가치 확인 훈련을 받은 사람은 3개월 후 확인했을 때 훈련을 받지 않은 환자에 비해 투병 스트레스를 더 잘 극복하고, 심지어 신체 증상도 적었다는 연구도 있다.

거울 앞에서 차분하고 단조로운 목소리로 "나는 충분히 좋은 사람이다. 나는 충분히 능력 있는 사람이다. 사람들은 나를 좋아해!"라고 반복하는 모습을 떠올릴지 모르겠다. 상황이야 어떻든 자기는 훌륭하다고 이야기하는 것은 언뜻 보기에 자기만족 효과와 같지 않는가? 자기가치 확인이 힘겨운 피드백을 사소하게 만들거나 해명하고 넘어가는 결과를 가져오지는 않을까?

전혀 그렇지 않다. 스튜어트 스몰리 캐릭터가 〈새터데이 나이트 라이브〉의 시청률에는 크게 도움이 되었겠지만, 자기가치 확인 효과를 대단히 희극적으로 묘사함으로써 학문적으로는 피해를 주었다. 자기가치 확인이 우리로 하여금 피드백을 듣고 대수롭지 않게 여기도록 만들기보다는 쓰라린 피드백에 더욱 열린 자세를 갖도록 만든다는 것은 엄격한 과학적 연구들을 통해 분명하게 확인되었다. 또한 자기가치 확인 자체가 자기만족 효과로 바뀔 수도 있겠지만, 전략적으로 이 기법을 활용해 우리의 사기를 높인다면 가혹한 진실을 듣는 데 도움이 될 수 있다. 연구자 데이비드 셔먼David Sherman에 의하면, 자기가치 확인은 우리가 "이 기법이 아니었다면 수용하기가 너무 괴로웠을 생각까지 열린 마음을 갖도록" 만들어준다. 요컨대 우리가 어떤 사람인지 큰 그림을 기억할 때, 우리는 위협적으로 보이는 정보도 적절한 관점에서 바라볼 수 있다.

나도 이 교훈을 몇 년 전에 배운 적이 있다. 내가 이 책을 쓰기 시작했던 바로 그 즈음 한 고등학교 동창이 연말 파티를 주최해서 나도 참석하려고 준비하고 있었다. 그날 나는 이만저만 힘든 하루를 보낸 게 아니었다. 내가 아는 많은 저자처럼 나도 책을 쓸 때면 흥분으로 희열에 찼다가 주체할 수 없는 자기회의로 빠지는 등 감정이 양극단을 오갔다(남편은 이런 나를 보고 '저자 양극성 정동장애'라고 이름 붙일 정도이다). 나는 책의 핵심 부분에 우리 연구 결과의 일부를 넣기 위해 종합해 보려고 했는데, 좀처럼 정리가 되지 않았다. 그 주 초반에 글을 썼다가 지우기를 수백만 번은 되풀이한 기분이었는데, 마침내 몇 가지 생각을 대충 꿰맞춰 원고를 완성했다. 하지만 나는 그대로 책에 넣어도 될지 걱정이 되어, 출판업계에서 일하는 친구에게 원고를 보낸 후 의견을 들려달라고 했다.

경악스럽게도 그는 내가 생각했던 것보다 훨씬 심드렁한 반응을 보였다. 나는 이미 몹시 불안정한 상태였기 때문에, 그의 논평으로 더욱 심각한 자기회의에 빠지게 되었다. 게다가 친구로부터 피드백을 받은 지 한 시간도 안 되어 파티에 참석하기 위해 집을 나서야만 했다. 당연히 나는 골이 나서 왔다 갔다 하면서 파티에 가야 할지 고민했다. 그러다 이런 생각이 들었다. '에라, 모르겠다. 파티에 가면 몇 시간은 책 생각을 안 해도 되잖아.'

막상 창문에 뽀얗게 김이 서린 따뜻하고 아늑한 식당에 도착해서, 주크박스에서 흘러나오는 크리스마스 캐럴을 들으며 몇 년간 못 봤던 익숙한 얼굴들을 보자 마냥 행복했다. 상황의 이해를 돕기 위해 말하자면, 나는 긍정적인 기억이 가득한 고등학교 시절을 보낸 흔치 않은 경우였다. (운 좋게도 성적이 좋거나 연극에 출연하게 되었다고 사물함에 갇히는 일도 없었다. 그렇지 않았다면 나는 아주 곤란했을 것이다.) 저녁 내내 옛 친구들과 추억에 잠겨 보내는 그런 시간이 내게 필요했던 모양이었다. 놀랍게도 나는 단 한 번도 책에 대해 생각하지 않았다.

그날 밤 늦게 집으로 돌아왔을 때 아련하고 달콤한 향수가 밀려왔다. '그때는 모든 게 아주 쉬웠는데.' 나는 애석해하며 생각했다. 그런데 반갑게도 고전하고 있던 집필과도 약간 거리가 생기는 느낌이 들었다. 고등학생 시절의 나는 도전 과제 앞에서 결코 위축되지 않았다. 현재의 나라고 다를 이유가 있겠는가? 그날 밤 나는 내일은 무슨 일이 있어도 책에서 성가신 부분을 해결하리라 결심하고 평온한 마음으로 잠이 들었고, 오랜만에 푹 잤다.

다음 날 아침, 나는 침대에서 겨우 몸을 일으켜 손에 커피를 들고 터벅터벅 서재로 걸어갔다. 그 주 아침마다 거의 그랬듯이 두려움을 느꼈다. '내가 해결하고 말 거야.' 나는 스스로에게 계속 되뇌었다. 그리고 다시 고민에 휩싸여 절망의 수렁에 빠지려던 순간 반짝 뭔가가 떠올랐다. 갑자기 원고를 다른 식으로 써볼 수 있겠다는 생각이 들었다. 그렇게 쓰면 훨씬 이해하기 쉬울 듯했다. 그날 밤 나는 수정한 원고를 친구에게 검토해달라고 보냈고, 마음에 든다는 그의 답변을 듣고는 한시름 놓을 수 있었다. 파티가 단지 옛 친구들과의 즐거운 시간 이상의 역할을 했다는 생각이 들었다. 파티가 자기가치 확인 기능을 해준 덕분에, 나의 가장 깊은 두려움과 불안을 건드린 내 친구의 피드백을 거리를 두고 볼 수 있었던 것이다. 그리고 자기가치 확인은 나의 자기제한 신념을 막아주고 도전 과제와 새롭게 씨름하도록 자극했다.

나만 그런 경험을 했던 것이 아니라 연구자들도 추억의 회상이 자기가치 확인을 위해 실제로 매우 효과적인 방법이 될 수 있다는 사실을 최근에 발견했다. 예를 들면 연구자 매슈 베스Matthew Vess와 그의 동료들은 심리학과 학생들에게 분석적 사고력 시험 점수에 관한 부정적 피드백을 주기에 앞서 과거의 긍정적 기억을 회상해보라고 요청했다. 추억을 회상했던 학생들은 방어적 태도를 덜 보였다. 우리의 직관과는 반대로 그들은 자기 능력에 대한 잘못된 신념을 가질 가능성 또한 낮았다. 다른 연구에서는 추억의 회상이 반추를 감소시키고 우리의 안녕을 증진시킨다는 사실을 입증해 보였다.

그러므로 과거를 떠올리면서 자기확신을 갖든, 당신의 가장 중요한 가치를 기억함으로써 자기확신을 갖든, 위협적인 피드백에 앞서 예방주사를 맞는다면 덜 방어적인 태도로 피드백을 들을 수 있다. 그런데 어떤 방법을 쓰든 자기가치 확인 방법들은 위협적인 피드백을 받기 전에 사용할 때 가장 효과적이라는 것을 연구 결과들을 통해 알 수 있다. 플로렌스의 경우처럼 위협적인 피드백이 느닷없이 주어질 때도 있지만, 우리가 예상할 수 있을 때도 있고, 자신의 방식으로 위협적인 피드백을 찾아내는 특별한 경우도 있다. 그러므로 언짢은 피드백이 주어지리라는 것을 알 때는, 몇 분간 당신의 사기를 미리 높여둬라. 자기가치 확인을 보험증서처럼 생각하면 된다. 당신이 들을 피드백이 재앙은 아니겠지만, 만약 그렇다면 보험으로 해결될 것이다.

타고난 결함에 대한 피드백:
변화가 불가능할 때는 받아들여라

사업가 레비 킹Levi King은 아이다호주의 시골 농장에서 나고 자랐다. 그는 대학에 다니는 동안 전광판 제작회사에서 일하며 학비를 벌었고,

그 경험을 살려 졸업 직후에 전광판 회사를 차렸다. 그리고 겨우 스물 세 살 때 큰 차액을 남기고 이 회사를 매각한 다음, 금융서비스 회사를 바로 설립했다. 하지만 몇 년 뒤 레비는 별 뜻 없이 했던 행동을 계기로 그의 직장 생활에서 가장 어렵고도 중요한 통찰 가운데 하나를 얻게 되었다.

그는 너무나 명백한 해고 사유라고 판단해 한 신입 영업사원을 해고했다. 하지만 그 사원을 채용했던 그의 동업자가 이의를 제기했다. 당연히 둘 다 자신이 옳고 상대방이 틀렸다고 생각했다. 두 사람의 의견 충돌이 나중에는 누가 더 나은 리더인지를 놓고 다투는 전면전 양상으로 바뀌었다. 두 사람은 실증적으로 문제를 해결하기로 했다. 각자 360도 평가를 통해 자기 팀원들에게 진실을 들은 후에 그 결과를 비교하기로 했다. 결과를 받아든 레비는 자신의 정당성이 입증되었을 거라고 확신했다.

하지만 진실은 장밋빛이 아니었다. 팀원들은 그의 예상보다 많은 항목에서 그를 낮게 평가했고, 설상가상으로 소통을 비롯해 그가 가장 자신했던 자질 모두를 그에게 가장 부족한 면으로 지적했다. 이 일이 레비에게 전환점이 되었다. 그는 "계속 그대로 살면서 더 지겨운 인간이 되거나, 내가 무엇을 잘못하고 있는지 배우거나" 둘 중 하나를 선택할 수 있다는 것을 깨달았다. 후자를 선택한 그는 자신의 소통방식과 리더십 행동을 더 잘 이해하기 위한 절차를 밟기 시작했다.

하지만 레비는 뇌과학과 의사소통 관련 책을 여러 권 읽은 끝에 자신은 아무리 노력해도 결코 친화력이 좋은 사람은 되지 못하겠다는 결론에 도달했다. 자신은 선천적으로 그런 사람이 아니었다. 이 시점에서 아마도 당신은 어떻게 그가 그런 장벽과 부딪혀가며 노력했고, 결국에는 소통의 달인으로 거듭났는가라는 설명이 나오리라고 기대하고 있을 것이다. 하지만 그런 일은 없었다. 그 대신에 레비는 소통은 결코 그의 장점이 되지 못하리라는 사실을 받아들였다. 그는 그래도 괜찮다고 생각했다.

하지만 그게 현명한 일일까? 힘들게 통찰을 얻었으니 그 통찰을 행동으로 옮기기 위해 더 노력해야 하지 않았을까? 거울이 아니라 프리즘을 통해 자신을 들여다보는 과정에서 우리는 때때로 결함이기는 하지만 자신을 구성하는 기본 요소이기 때문에 바꾸기 힘든 점들을 발견하게 될 것이다. 우리의 약점을 어떻게 처리해야 최선인지 항상 명확하지는 않지만, 그 첫걸음은 자신, 그리고 남들에게 공개하고 인정하는 것이다. 어떤 때는 작은 변화로 큰 보상을 받기도 한다. 가끔은 우리가 완전히 달라질 수도 있다. 하지만 알코올의존증 재활협회에서 채택한 기도처럼 우리가 변화시킬 수 없는 것들은 받아들이는 게 옳은 반응인 경우도 가끔은 있다. 바로 레비의 선택이 그랬다.

통찰로 무장을 했으니 이제는 그가 팀원들에게 털어놓을 차례였다. 직원들이 그의 360도 평가에 참여했기 때문에 결과를 궁금해하고 있을 것이며, 그렇지 않더라도 그는 모든 상황을 털어놓고 싶었다. 그래서 그는 회의를 소집했고, 직원들의 피드백에 대한 감사 인사부터 했다. 이어서 그는 자신이 사회성을 높이려고 노력해봐야 의미 있는 결실을 얻지 못하리라는 결론에 도달한 과정을 설명했다. "앞으로도 내가 여러분에게 아침 인사를 할 것 같지는 않습니다." 그가 직원들에게 말했다. "여러분의 생일도 깜박할 것입니다. 여러분이 출산을 해도 깜박 잊고 축하 인사를 하지 못할 거고요." 회의실은 무거운 분위기에 휩싸였다. 직원들은 대체 왜 자신들의 상사가 이 모든 이야기를 털어놓는지, 무슨 의도로 이러는지 의아해했다.

마치 그들의 마음을 읽기라도 한 듯 레비가 말을 이어갔다. "하지만 여러분을 위하는 마음은 갖고 있습니다. 이제 그 마음을 여러분께 어떻게 보여줄지 말씀드리겠습니다. 나는 안전한 직장을 여러분께 제공함으로써 그 마음을 보여드리겠습니다. 여러분께 제때 월급을 지급함으로써 보여드리겠습니다. 여러분이 자기 일에서 의미를 찾을 수 있게 함으로써 보여드리겠습니다. 그게 내가 약속드릴 수 있는 것들입니다."

참으로 놀랍게도 새로운 진실을 솔직히 인정한 레비의 행동은 그가 결코 상상하지 못했던 결과를 선사했다. 팀원들은 그가 자신의 최대 약점을 이해하고 있다는 사실을 안 이후로 더 이상 그를 건방진 스물다섯 살짜리 애송이로 바라보지 않았다. 심지어 그가 예의 없는 행동을 해도 그들은 유머로 넘겨주었다. 레비가 회의에서 모든 사실을 털어놓은 지 얼마 안 되어 그는 인사와 재무를 담당하는 부장과 잡담을 나눠보려고 했다. 그는 뭔가 좋은 이야기를 해주고 싶었는데, 마침 소매에 꽃문양이 있는 그녀의 셔츠가 눈에 들어왔다. "셔츠가 멋있네요." 그가 칭찬을 시도했다.

"참 이상하네요. 사장님은 옷차림을 칭찬하고 그러는 분이 아니잖아요."

"부장님이 멋진 옷을 안 입으니까 그렇죠. 보통 낡고 평범한 티셔츠만 입잖아요." 그의 대꾸에 그녀는 바로 웃음을 터뜨렸다.

레비가 360도 평가를 받은 지도 10년이 지났다(그간 스타트업도 다섯

개를 더 설립했다). 그는 자신의 약점을 인정하고 팀원들이 종종 그 약점을 장난으로 놀릴 수도 있게 함으로써 차원이 다른 성공을 거둘 수 있었다. 기업에 신용정보를 제공하고 재원 마련을 돕는 그의 회사 나브Nav가 현재 높은 수익을 내며 성장하고 있는 것이 그 좋은 예이다. 나브가 테크놀로지 업계에서 전례 없는 사내보유금을 자랑한다는 사실 또한 레비의 리더십을 증명해준다. 레비의 사례가 말해주듯이, 의외이고 비판적인 피드백을 받았을 때 보통은 변화를 모색하는 것이 좋은 선택이지만, 그것이 유일한 선택은 아니다. 때로는 자기인식이 자신의 결점을 그대로 스스로에게 그리고 동료와 직원, 친구, 가족에게 인정하는 한편으로 아마도 우리가 보이게 될 행동을 예상할 수 있도록 만든다. 그리고 사람들의 말처럼 우리가 변할 수 없는 점들은 포기할 때, 우리가 변할 수 있는 점들에 집중할 에너지가 확보된다.

• • •

지금까지 우리는 당황스러운 피드백에 대처하는 방법을 깨달은 사람들의 사례를 살펴보았다. 하지만 외적 자기인식이 항상 자신에게 부족한 점을 깨달음으로써 생기는 것은 아니라는 사실도 지적해둘 필요가 있겠다. 우리의 독특한 장점, 기술, 기여도를 더 잘 알게 되고, 더 큰 개인적 성공을 위해 이 통찰을 활용하는 과정에서 외적 자기인식이 확립될 수도 있다. 우리가 남들에게 어떻게 보이는지 알아가는 과정에서 우리는 불쾌한 의외의 진실만큼이나 유쾌한 의외의 진실과 마주칠 가능성도 있다.

우리가 뜻밖의 긍정적인 피드백을 받으면 무슨 일이 생기는지 완벽한 예가 될 수 있는 경험을 나도 몇 년 전에 한 적이 있다. 나는 기업의 간부들을 대상으로 경영 전략을 가르쳤던 자리에서 톰을 만났다. 스스로 "공학자 중의 공학자"라고 고백한 톰은 '사람들과 어울리는 재주가 없는' 전형적인 내향형이었다. 톰은 공학 분야의 일이어서 좋기는 하지만, 현재 직책에서 정체된 느낌이고 성취감도 느끼지 못하고 있다고 했다. 나는 세상의 어떤 직업이든 가질 수 있다면 무슨 일을 하겠냐고 그에게 물었다. 그는 잠시 생각하더니 잘 모르겠지만 분명 거기서도 승진은 못 할 거라고 대답했다. "사람들이 내 말에 주목하지 않을 거예요. 내가 본래 그리 영향력 있는 사람이 못 되거든요." 그가 무덤덤하게 설명했다. 이유를 묻는 내 질문에 그가 어깨를 으쓱하면서 대체로 공학자들은 "사람과 관련된 일"에 그다지 능숙하지 못하다고 대답했다.

"이번 주에 선생님을 관찰해보고, 제가 보기에도 그런지 아닌지 알려드리면 어떻겠습니까?" 내가 제안했다. 그가 동의해주어 우리는 악수를 나눴다.

마지막 날 저녁 교육 일정은 정교하게 고안된 팀 빌딩team building 활동이었다. 그들이 교육장인 어마어마하게 넓은 호텔 대연회장에 모였을 때, 연회장 안의 탁자들 위에는 PVC 파이프, 목재, 해머, 사다리 등 건축 자재가 높이 쌓여 있었다. 그들에게 대리석을 연회장 한쪽에서 반대쪽으로 옮길 장치를 만들어내라는 과제를 주었다. 하지만 시작부터 엉망이었다. 이 간부들은 항상 그 자리에서 가장 똑똑한 사람이라는 위치에 익숙해 있었던 탓에 서로의 구상에 귀를 기울이려고 하지 않았다. 자연히 그들은 주어진 과제의 해결책을 찾아나가지 못했고, 시시각각으로 좌절감만 커지는 모습을 보였다.

그런데 갑자기 자신감이 넘치는 우렁찬 목소리가 불협화음을 뚫고 내 귀에까지 들려왔다. 참으로 놀랍게도 목소리의 주인공은 톰이었다. 그는 사다리의 거의 꼭대기에 올라서서 입이 귀에 걸리도록 웃고 있었다. 그들에게 주어진 공학 문제 때문에 신이 난 듯했다. 하지만 그에게서 대인관계 기술이 떨어진다는 말을 들었던 나는 끔찍한 상황을 예감하며 마음을 다잡았다. "여러분." 그가 말을 시작했다. "많은 분이 아시다시피 저는 공학 전공자입니다. 제게 완벽한 답이 있지는 않지만, 몇 가지 안이 있습니다. 그 안을 듣고 여러분 생각을 말씀해주신다면……."

그 말과 함께 대화의 분위기가 바뀌었다. 사람들이 갑자기 말을 하기보다 귀를 기울였다. 그들은 언쟁하는 대신 협조했다. 수수방관하는 대신 참여했다. 그리고 내가 예측했던 시간보다 훨씬 빨리 과제를 끝냈다.

톰의 팀원들이 활기가 넘치는 모습으로 그에게 악수와 하이파이브 공세를 퍼붓는 동안, 나는 어안이 벙벙한 채 구석에 앉아서 지켜보았다. 잠시 후 나는 서둘러 톰에게 다가가 그의 어깨를 잡고 소리쳤다. "톰! 당신이 방금 무엇을 했는지 알아요? 이번 주 내내 이렇게 큰 영향력을 발휘한 사람은 아무도 없었어요!" 그가 방금 자신의 행동이 그런 야단스러운 칭찬을 들을 만한 일인지 모르겠다는 듯 멍하니 나를 쳐다보는 바람에 나는 더욱 놀랐다.

톰과 나는 그날 저녁에 이야기를 나눴다. 자신에 관한 새롭고 긍정적인 데이터와 씨름하는 그를 보고 있으려니, 의외의 피드백이 우리가 가지고 있는 줄도 몰랐던 장점에 눈을 뜨게 해줄 때도 많다는 중요한 사실이 상기되었다. 톰은 새로운 정보로 인해서 처음에는 자아상 전체에 의문을 갖기도 했지만(어쨌거나 그는 자신의 영향력이 미약하다고 믿으면서 줄곧 직장 생활을 해왔으니 말이다), 거울 대신에 프리즘을 통해 자신을 바라봄으로써 보다 완전하고 풍부한 자아상을 가지게 되었다. 사실 그는 언제나 타고난 리더였다. 이미 존재하고 있던 자질을 알아보는 데 약간의 도움이 필요했을 뿐이었다. 톰은 진로뿐 아니라 자기 삶의 초점이 달라진 느낌이었다. 그가 내게 말했다. "있잖아요, 진급 신청을 해보려고 해요. 내가 잘 해낼 것도 같아요." 실제로 그는 진급 신청을 했다.

톰이 자신의 장점을 뜻밖의 일로 알게 된 반면에, 자신이 평소 '소망'하던 긍정적 자질을 타인의 시각을 통해 확인받음으로써 자신 있는 결정을 내리게 되기도 한다. 자기인식의 유니콘인 켈시는 8년 동안 지질학자로 일했다. 하지만 달이 갈수록 그 일을 그만두고 교사가 되면 어떨까 싶은 생각이 커졌다. 결국 그 욕구가 너무 강해서 참을 수 없어진 그는 직장을 그만두고 교육대학원에 지원했다.

켈시가 친구와 가족에게 그 사실을 알렸을 때, 그는 그들의 반응에 놀라고 감사했다. 그들은 이런 반응을 쏟아냈다. "너는 '훌륭한' 교사가 될 거야! 너는 인내심이 강하잖아! 네가 우리 아이 선생님이라면 행운이지." 그 정도 확인으로는 충분하지 않았는지, 교육대학원 진학 소식은 인정 넘치는 그의 동네로 퍼져나갔고, 켈시가 그리 잘 알지 못하는 이웃사람들까지 불쑥 찾아와서 아주 현명한 결정을 했다고 말해주었다. 그가 가르치는 모습을 본 적도 없는 그들이지만, 그의 평판에 대해서는 잘 아는 듯했다.

켈시는 결정을 내려놓고도 옳은 선택을 했는지 확신할 수 없었다. 자신이 유능한 교사의 자질을 지닌 것 같다는 생각은 했지만 어떻게 확신할 수 있겠는가? 그의 이웃과 친구들의 피드백은 그에게 필요했던 자신감을 북돋워주었다. 게다가 사람들이 자신을 그렇게까지 생각해주니, 그 기대에 부응해야 할 의무가 있다는 생각마저 들었다. 현재 그는 학생들에게 사랑받는 중학교 과학 교사로 근무하면서 학생들에게 큰 감화를 주고 있다.

결국 이 장의 도입부에 제시한 벤저민 프랭클린의 말처럼 우리가 "타인의 지식에서 정보를 얻고 자신의 발전을 꾀하려고 할 때" 몇 가지 결과가 발생할 수 있으며, 그에 따라 대응 방식도 달라져야 한다. 의외의 비판적 피드백을 받았을 때 스티브처럼 변화하기 위해 노력할 수도 있고, 플로렌스처럼 피드백을 재구성해볼 수도 있으며, 레비처럼 그것을 수용하고 사람들에게 털어놓을 수도 있다. 기존의 불안이나 상처를 강화하는 비판적이고 확증적인 피드백을 받았을 때는 자기가치 확인 기법을 활용해 피드백을 생산적인 방향으로 돌리고, 그 약점이 우리의 경력이나 인생에 미치는 영향을 줄일 수 있다. 의외의 긍정적인 피드백에 대해서는 톰처럼 새로 발견한 장점을 인정하고 적극 활용할 수 있다. 마지막으로 켈시의 경우처럼 긍정적이고 확증적인 피드백은 우리가 선택한 길을 계속 걸어가는 데 필요한 자신감을 선사한다.

얼마나 뜻밖의 피드백이든, 속상하거나 감사한 피드백이든 그와 상관없이, 피드백에 대해 숙고하고 대응하는 것이 그러지 않는 것보다 훨씬 낫다. 메리앤 윌리엄슨Marianne Williamson이 이야기한 적이 있듯이,

"우리의 여생을 모르는 채 살아가는 둔감한 고통을 선택하지 않고 자기발견의 날카로운 고통을 견디는 데는 용기가 필요하다." 더 크게 성공하고, 성취감을 느끼고, 자기를 아는 사람들은 이런 둔감한 고통에 그냥 만족할 수가 없다. 그들은 자기발견 과정에서 종종 수반되는 통증은 감수할 만한 가치가 있다는 것을 알기 때문에 자신의 방식으로 용감하게 진실을 추구하고, 그 진실을 이해하며, 이를 활용해 가능한 영역에서 발전을 꾀한다.

| 4부 |

집단 자기인식

집단 통찰의 결과로 명확한 자기인식에 이른 팀은
보다 효율적이고, 보다 효과적이며,
보다 혁신적이고, 팀원이 보람을 느끼게 해준다.

9장 자기인식이 뛰어난 팀과 조직을 만드는 리더들의 비결

진실은 반박할 수 없다.
악의가 공격하고 무지가 조롱할지라도 진실은 건재하다.
윈스턴 처칠

마이크가 문간에 나타나자 그의 상사가 다정하게 미소를 지었다. 마이크는 명석하고 재능 있는 항공 기사였을 뿐 아니라, 25세인 그의 상사가 처음 맞이한 부하 직원이었기 때문에 금방 호감을 샀다.

"마이크!" 그가 말했다. "반가워. 어서 들어와. 협조 요청서를 수정해서 가져온 거지?"

"맞습니다." 마이크가 뜻밖에도 서류를 책상 위에 내던졌다. "하지만 대리님이 수정 사항을 더 제안하기 전에 말씀드릴 게 있습니다. 저 그만두려고요."

마이크의 상사는 어안이 벙벙했다. 그는 이 열성적인 기사에게 세부 사항까지 꼼꼼히 챙기는 주의력과 최고를 지향하는 자세를 심어주기 위해 노력했으며, 그가 업무에서 부딪치는 모든 난제와 씨름할 수 있도록 도움을 아끼지 않았다. "뭐, 뭐라고? 왜 그만두겠다는 거지?" 미소 띤 얼굴에서 극도로 당황한 얼굴로 바뀐 그가 더듬거리며 물었다.

"대리님 때문에 돌아버릴 것 같아서요!" 마이크의 답변이었다. "이게 열네 번째로 수정해온 서류입니다!"

"하지만 나는 단지……."

"우리는 수익체감 지점까지 왔습니다"라고 젊은 기사가 말했다. "제가 다른 곳으로 가는 것이 우리 두 사람 모두에게 좋겠다는 생각이 듭니다."

마이크의 상사는 극도의 충격으로 멍해졌다. 말도 잘 나오지 않았다. "자네를 놓치고 싶지 않아." 그가 간청했다. "내가 어떻게 하면 마음을 바꾸겠나?"

하지만 상사의 질문이 채 끝나기도 전에 마이크가 "아뇨! 저는 대리님에게서 벗어나야만 되겠어요!"라고 소리치며 부리나케 사무실을 나갔다. '내 인력 관리 경력은 시작부터 엉망인 것 같군.' 거부당한 리더는 기운 없이 창밖을 내다보는 동안 깨달았다.

며칠이 지난 후, 이제는 예전 상사가 된 대리가 마이크에게 무엇이 잘못이었는지 알려줄 용의가 있는지 물었다. 마이크는 이에 동의하고 듣기 괴로울 정도로 자세히 이야기해주었다. 듣자 하니 이 젊은 리더에게는 큰 문제가 있었다. 그는 세부 사항을 챙기는 정도를 넘어 시시콜콜 잔소리를 퍼부었다. 그는 자기 방식을 유일한 것으로 생각하는 듯했다. 그는 마이크가 정확히 자신처럼 생각하고, 정확히 자신처럼 일하고, 정확히 자신과 같아지도록 가르치려고 했다. 마이크는 대리에게서 업무를 배우고 싶긴 했지만, 그처럼 되고 싶은 마음은 결단코 없었다.

마이크의 상사는 그 피드백을 결코 잊은 적이 없다. 듣기 괴로운 피드백이었지만, 돌이켜보면 그가 리더로 크게 성장해온 긴 여정의 출발점이 된 자명종 순간이었다. 마이크의 상사는 당시 25세였던 앨런 멀럴리였다. 그는 보잉 상용기 부문에 이어 포드 자동차 회사까지, 미국을 상징하는 기업을 하나도 아니고 둘씩이나 구해낸 CEO로 성장했으며, 우리가 선정한 자기인식의 유니콘이기도 했다.

멀럴리는 2012년 모교인 캔자스 대학교 졸업식 축사에서 예기치 못한 통찰로 자신에 관한 신념에 의문을 제기하게 해주는 순간을 이렇게 일컬었다. "이 보석 같은 배움의 순간은 우리가 무엇을 하고 있는지 다시 평가하게 해줍니다." 그날 그가 마이크에게서 받은 보석은 직원을 자기 자신의 복사판으로 만들려는 시도는 잘못이라는 깨달음이었다. 또한 리더로서 그의 역할은 직원의 모든 움직임을 통제하는 것이 아니라, 그들이 전체 상황을 볼 수 있도록 도와주고, 옳은 도구를 쥐어주며, 실수를 하더라도 책임을 질 수 있는 여지를 주는 것이라는 깨달음이었다.

그때의 실수담을 들려주면서 내 팔을 잡고 웃던 멀럴리가 소리쳤다. "대리 시절에 일찌감치 마이크가 내 실수를 의식하게 해주었으니 나는 정말 운이 좋았어요! 몇 년간 또는 몇십 년간 아무도 내게 말해주지 않았으면 어땠겠어요? 정말 큰 '선물'이었죠!"

지금까지 우리는 개인적 수준에서의 자기인식을 집중적으로 다루었다. 이 장에서는 자기인식이 명확한 팀과 조직은 어떤 특성이 있으며, 당신이 리더로서 그런 팀과 조직을 만들기 위해 무엇을 할 수 있는지 살펴보려고 한다. 앨런 멀럴리가 젊은 나이에 배웠듯이, 자기인식이 명확한 팀의 출발점은 본인의 자기인식이 뛰어나고 팀과 조직 구조에 통찰을 심어주려고 노력하는 리더이다. 사실 멀럴리는 조직의 자기인식을 이끌어내려는 열정이 그가 어마어마한 성공을 거둘 수 있게 해준 핵심 요인의 하나였다고 믿는다. 그는 이렇게 설명했다. "당신 자신이나 당신의 팀과 조직에서 뭔가 제대로 작동되지 않는다고 인지할 때마다 보석을 손에 쥐게 된 것입니다. 이제 우리에게 인지되었고, 노력할 수 있게 되었기 때문입니다. 사실 그보다 신나는 일이 있을 수가 없죠. 어떤 상황이 벌어지고 있는지 모른다면, 그게 정말 겁나는 일입니다."

이 장에서는 당신이 이끄는 팀이나 회사에서 이런 '보석'을 발견할 수 있도록 도와줄 것이다. 우리가 회사에 초점을 두고 살펴보기는 하겠지만, 직계 및 확대 가족, 종교나 지역사회 단체, 학교 프로젝트, 학부모회, 아마추어 록 밴드, 하키 동호회 팀 등 직장 밖에서도 이를 적용할 곳들을 발견하게 될 것이다. (그런데 당신이 공식적으로나 비공식적으로나 리더의 위치에 있지 않다면, 자기인식이 부족한 상사와 동료를 상대하는 방법에 대해서는 다음 장에서 알려줄 것이다.) 곧 알게 되겠지만 당신이 어떤 종류의 팀을 이끌고 있든, 당신의 직속 부하 직원이 한 명이든 천 명이든 상관없이, 당신이 어느 날 아침 모든 직원에게 서로 잔인하리만치 솔직해지라고 요구하기로 결심했다고 해서 팀에 자기인식이 생기는 것은 아니다. 사실 기초부터 조성하지 않는다면 당신은 시작부터 필요 이상의 문제를 떠안게 될 수도 있다. 하지만 처음부터 자기인식이 명확한 팀은 드문 반면에, 적절한 요건만 갖추어지면 대부분이 통찰을 얻을 수 있고 그런 통찰이 가져다주는 실질적인 보상을 받을 수 있다.

• • •

쌀쌀한 11월 아침, 미시간주 디어본. 포드의 이사인 마크 필즈Mark Fields는 본사 11층에 있는 회의실 선더버드 룸 안으로 들어서면서 그가 포드 미주 부문 사장직을 잃고 그 회의실을 나오게 될 확률이 50대 50이라고 생각했다.

때는 2006년, 포드는 도산 직전이었다. 하늘 높은 줄 모르고 치솟는 사이클 타임(제품 완성까지 걸리는 시간_옮긴이), 곤두박질치는 품질, 천문학적인 인건비와 연료비 상승의 부담으로 포드의 비즈니스 모델은 더 이상 유지될 수 없었다. 국내에서도 국외에서도 경쟁력이 약화된 회사는 지난 15년 사이에 시장점유율이 무려 25퍼센트나 떨어졌다. 하지만 이런 실패가 결코 최고경영자의 노력이 부족했기 때문은 아니었다.

회장 겸 CEO인 44세의 빌 포드는 증조부의 회사를 구할 임무를 띠고 4년 전에 경영권을 승계했다. 그는 예리했고, 자기인식이 뛰어났으며, 부유한 집안 출신답지 않게 겸손하고 근면했다. 2001년 그는 회장에 취임하면서 5년 내에 회사 수익을 70억 달러 이상으로 올려놓겠다고 약속했다. 하지만 포드는 그해 잠시 흑자로 전환되었을 뿐, 2006년에 와서는 거의 170억 달러에 달하는 사상 최악의 손실이 발생할 상황에 직면해 있었다. 5년간 월급 한 푼 가져가지 않으며 초인적인 노력을 기울였던 빌 포드는 결국 자신의 힘으로 사랑하는 회사를 구할 수 없으리라는 현실을 직시할 수밖에 없었다.

사실 포드의 문제는 보기보다 조직 깊숙이 침투해 있었다. 문제는 단순히 비즈니스 모델의 결함 때문이거나 거세지는 세계 시장에서의 경쟁을 이기지 못한 탓이 아니었다. 그런 요인들도 분명히 문제가 되기는 했지만, 그것들은 더 근원적 질병의 증상에 지나지 않았다. 저널리스트 브라이스 호프먼Bryce Hoffman은 포드의 회생을 다룬 최고의 책 『아메리칸 아이콘*American Icon*』에 이렇게 기술했다.

> 빌 포드는 모든 변화에 저항하고 개인의 승진을 회사의 성공보다 우선시하는 견고한 출세주의 문화를 자기 힘으로는 극복할 수 없다는 사실을 알게 되었다. 임원들이 어두운 각자의 사무실에서 서로의 노력을 깎아내릴 방법을 모의하는 동안, 작업 현장에서는 노조 간부들이 조합원들의 두둑한 수당은 빈틈없이 챙기면서 생산성을 높이려는 시도는 비웃기만 했다.

다시 말해서 기업 문화가 완전히 무너진 상태였다. 결국 2006년 7월 빌 포드는 이를 바로잡는 어려운 과업을 감당할 힘이 자신에게는 없다고 이사회에 알렸다. "이 회사는 제게 대단히 소중한 곳입니다. 저의 많은 것이 여기 매여 있습니다. 하지만 한 가지, 자존심에는 얽매이지 않겠습니다…… 제가 해법을 찾도록 도와주십시오."* 기업의 역사에서 가장 인상적인 회생 사례를 만들어낸 공을 차지한 것은 그의 후임이었지만, 이를 가능케 한 것은 빌 포드의 위축되지 않은 자기인식이었다.

구원투수로 나선 이는 당시 보잉 상용기 부문 회장 겸 CEO였던 61세

* 한 이사는 짧지만 감동적이었던 이 연설을 그가 이사회실에서 들었던 가장 감동적인 연설로 꼽았다.

의 앨런 멀럴리였다. 빨간 머리의 혈기왕성한 이 캔자스 출신의 남자는 기술에 정통했고, 수익을 올리는 데 능했으며, 무엇보다 극적으로 기업을 회생시킨 전력이 있었다. 보잉 사에서 37년을 재직했던 멀럴리는 9/11의 여파로 도산 위기에 처한 회사를 구해냈다. 그뿐만이 아니라 5년간 50억 달러가 투입된 777기 설계 프로젝트를 이끌었고, 그 덕분에 보잉 사는 가볍게 경쟁 우위를 차지할 수 있었다.

2006년 9월 5일, 멀럴리는 포드 본사에 도착한 순간부터 전임자들과는 확연히 다른 모습을 보여주었다. 과대망상증, 비밀주의, 편집증으로 골치를 앓고 있는 회사에서 그는 개방적이고, 격의 없고, 가식도 전혀 없이 행동했다. 그는 직원 식당에서 식사를 했고, 처음 보는 사람과 인사할 때도 포옹하고 뽀뽀를 하거나 등을 토닥였다. 하지만 그런 멀럴리의 친화력을 약점으로 혼돈했던 사람들도 금방 그런 생각을 바로잡게 되었다. 그는 친구에게 이런 말을 들은 사람이었다. "앨런의 미소를 목적이나 의식의 부족으로 오인하지 마시오. 척추가 티타늄인 친구니까요."

멀럴리는 포드를 회생시키는 데 있어서 근본적인 난관은 연비의 개선이나 제품 구성의 단순화, 비용 관리(이것들도 모두 확실히 관리하겠지만)가 아님을 알고 있었다. 그보다도 비밀스럽고, 변화에 저항하며, 부서 간에 배타적인 포드의 문화를 보다 개방적이고, 협동적이며, 투명한 문화로 바꿔나가야만 했다. 그래서 멀럴리는 CEO로 취임한 뒤 열린 첫 번째 기자회견에서 자신의 재임 중에는 진실을 최우선으로 삼겠다고 분명하게 밝혔다. 그는 어떤 모델의 차를 타고 다니느냐는 질문에 "렉서스요. 세상에서 가장 품질 좋은 차죠"라고 대답함으로써 기자들을 깜짝 놀라게 했다(주목할 점은 포드의 임원들 역시 포드 차를 타지 않으며, 재규어나 랜드로버를 본사 지하 주차장에 몰래 주차해놓는다는 사실이다. 그들은 기자에게 털어놓지 않았을 뿐이다).

처음부터 하나는 분명했다. 멀럴리가 새로 맡은 회사의 문화를 바꿔놓으려면 임원진부터 변화시켜야만 했다. 그가 제일 먼저 도입한 변화는 업무 상황을 검토하는 주간회의로서, 그는 이를 사업계획 검토 Business Process Review 또는 BPR라고 불렀다. 그가 무의미하고 비효율적인 대규모 회의를 모두 없애고 신설한 BPR의 목적은 전 임원에게 사업계획과 그 계획의 진행 상황, 그리고 회사가 직면한 어려운 현실을 명확히 인식시키는 데 있었다.

BPR는 매주 목요일 오전 7시에 정기적으로 열렸고, 모든 임원이 의무적으로 참석해야 했다. 그들은 차량 출시부터 매출 흐름과 생산성에 이르기까지 회사의 모든 상황을 아우르는 320가지의 지표를 검토했다. 각 지표의 평가는 색깔로 표시되었다. 제대로 진행되고 있으면 초록색, 문제가 발생할 가능성이 있으면 노란색, 문제가 명백하면 빨간색이었다. 멀럴리의 임원진 9명은 그의 요구대로 "모든 이해 당사자의 이익을 위해 흥미진진하고, 실행 가능하고, 수익성이 높고, 성장하는 포드를 창조하기 위한 각각의 진척 상황"을 10분씩 간결하게 보고해야 했다. 멀럴리는 이 회의에서는 안심하고 발언해도 된다고 강조했다. 그러므로 문제를 표면화시키기를 주저해서는 안 되며, 사실을 밝혔다고 징계를 받는 사람도 없을 거라고 말했다. 그는 임원들에게 새로운 상황을 익히는 데는 시간이 걸리므로 모르는 점이 있어도 괜찮다고 했다. "우리 모두는 다음 주에 다시 모일 테고…… 그때는 파악해서

오리라고 믿습니다."

2006년 9월 28일, 포드의 첫 번째 BPR가 열렸다. 멀럴리의 임원진은 무슨 일이 일어날지 알 수 없어서 긴장한 상태로 선더버드 룸으로 줄지어 들어갔다. 모두가 무거운 3공 바인더를 들고 있었고, 직속 부하 직원을 대동한 임원도 적지 않았다. 그들이 커다란 원형 목재 회의실 탁자의 정해진 자리에 앉자, 멀럴리가 회의를 시작했다. 먼저 그는 "린 경영의 기치 아래 전 직원이 결집해 자동차 업계를 선도하는 세계적 기업이 되자"는 자신의 비전을 다시 한번 밝혔다. 그리고 비전의 달성을 위해서 임원 모두가 자기 사업 부문에서 일어나고 있는 모든 상황을 공개해야 한다고 강조했다. "이것이 내가 아는 유일한 경영 방식입니다"라고 그가 말을 이었다. "우리는 전 직원을 참여시켜야만 합니다. 전 직원에게 회사 상황을 인식시켜야만 합니다. 그리고 다 함께 빨간색인 지표를 노란색과 초록색으로 바꿀 수 있도록 노력해야 합니다."

초반의 BPR는 7시간이 걸리기도 했지만, 10월이 가기 전에 임원진은 리듬을 찾았다. 그러나 유감스럽게도 여전히 아쉬운 점들이 있었다. 사실상 회사가 사라질 위기에 처해 있음에도 불구하고 모든 임원진이 내놓은 도표는 모두 초록색이었다. 브라이스 호프먼이 일갈했듯이 "전부 헛소리들이었다." 상황은 '초록색'이 아니었다. 그와는 거리가 멀었고, 멀럴리는 그 점을 잘 알고 있었다.

한 주간회의에서 여전히 싱그러운 초록색으로 가득한 도표들을 받아든 멀럴리는 더 이상 기다릴 수 없다고 생각했다. "여러분." 임원들의 이야기를 끊으며 그가 말했다. "금년에도 170억 달러의 손실이 날 텐데, 모든 도표가 초록색이군요." 누구도 입을 열지 않았다. "'뭐든' 진행이 순조롭지 않은 사업이 있겠지요? 아주 작은 문제라도 말이죠?"

무거운 침묵만 흐르는 회의실 안의 분위기가 조마조마했다. 다들 의자를 끌어당겨 앉고, 헛기침을 하고, 구두코만 바라보았다. 임원들은 위험을 감지했다. 그들은 제일 먼저 빨간색 도표를 내놓는 멍청이가 정확히 어떤 일을 당할지 알고 있었다. 점심시간 전에 가족사진을 비롯한 그의 모든 짐이 치워질 것이다. 지금까지의 회의는 함정임이 분명했다.

멀럴리는 그들의 두려움을 가라앉히려고 애썼다. "상황을 비밀에 부치면 이를 헤쳐나갈 수가 없습니다." 그가 말했다. "상황이 어떤지 공유해야 서로 도울 수 있을 것입니다." 그는 회의실을 다시 한번 둘러보았다. 하지만 또다시 의자를 끄는 소리와 헛기침 소리, 그리고 구두를 빤히 쳐다보는 시선뿐이었다. 이전 대표 밑에서 문제 제기가 안전하지 못하다고 느꼈던 임원들이 무엇 때문에 잘난 새 경영자는 다를 거라고 생각했겠는가?

그 후로도 회의는 여전한 채 시간만 흘렀다. 초록색 도표들, 초록색 도표들, 초록색 도표들뿐이었다. 물론 진실은 그런 장밋빛이 아니었다. 첫 크로스오버 차량으로 대대적인 광고를 했던 포드 엣지의 상황을 예로 들어보자. 온타리오주 오크빌 공장의 직원들이 리프트 기어의 엑추에이터에서 문제가 있음을 발견한 것은 출시 날짜를 몇 주 앞두고 전 생산 라인을 가동하던 시점이었다. 엣지 생산을 지휘했던 임원인 마크 필즈는 전 생산 라인을 중지시킬 수밖에 없었다.

가동이 중단된 조립 라인에 1만 대의 포드 엣지가 쓸쓸히 늘어서 있는 동안 필즈도 안절부절못했다. 이는 자리를 내놓아야 할 참사라고 그는 판단했다. 그러잖아도 멀럴리가 영입되기 전에 자신이 포드의 회생 전략을 책임지고 있었기 때문에 새 CEO에게 위협적인 존재로 여겨질 거라고 의심했다. 회사 전체에 그의 해고가 임박했다는 소문이 얼마나 오랫동안 무성했는지 그는 생각하고 싶지도 않았다. 그런데 엣지의 결함이 발견되다니 타이밍이 이보다 더 나쁠 수는 없었다. 이왕 이렇게 된 거 동료들에게 마지막 호의나 베풀어보자는 생각으로 그는 멀럴리의 말대로 해보기로 했다. '이 양반이 진심인지 누군가는 알아내야만 하잖아. 어차피 내가 나가야 한다면 영예롭게 사라지는 편이 낫지.'

잃을 것이 없다는 생각으로 대담해진 필즈는 팀원들과 함께 다음 날 BPR에 제출할 보고서를 준비하면서, 제품 출시 항목을 빨간색으로 표시했다.

"정말 이렇게 하시려고요?" 필즈의 한 부하 직원이 물었다.

필즈가 반문했다. "제때 출시가 되겠어?" 직원은 고개를 저었다.

"그렇다면 빨간색으로 표시해야지." 필즈가 그에게 말했다. 그를 바라보는 직원들의 회의적인 표정은 마치 '부디 행운을 빕니다'라고 말하는 듯했다.

그렇게 해서 필즈가 쌀쌀한 11월의 어느 날 아침 BPR로 들어서게 되었을 때, 그는 상황이 어떻게 전개될지 짐작할 수 없었다. 그가 생각한 최상의 시나리오는 호되게 혼은 나지만 자리는 보전하는 것이었다. 최악의 경우에는 호통을 듣고 바로 쫓겨나게 될 터였다. 그는 다른 결과가 가능하리라고는 생각도 하지 못했다.

그 주의 BPR도 평상시처럼 시작되었다. 그의 동료들이 보고를 시작했고, 함께 내놓은 슬라이드들은 이전처럼 완전한 초록색 숲이었다. 그리고 필즈의 차례가 되었다. 멀럴리는 이렇게 기억했다. "빨간색 슬라이드가 등장하더군요. 그러자 회의실의 공기가 착 가라앉았어요."

필즈는 목소리를 가다듬고 말을 시작했다. "엣지의 엑추에이터에 문제가 발생해서 출시를 연기해야만 했습니다." 회의실 안의 임원 모두가 일시에 움찔했다. "아직 해결책을 못 찾았지만 계속 찾고 있는 중입니다." 멀럴리의 기억처럼 사람들이 '그래, 이제 끝났네. 건장한 두 남자가 회의실로 뛰어들어와 마크의 팔을 잡아 끌고 나갈 테고, 다시는 그의 얼굴을 보지 못하게 될 거야'라고 생각한 순간이었다.

그런데 잠시 후 무거운 침묵을 뚫고 의외의 소리가 들려왔다. 앨런 멀럴리의 힘찬 박수 소리였다. "마크, 눈에 확 들어오네요!" 그가 활짝 웃으며 말했다. 그리고 임원들을 바라보며 질문했다. "우리가 마크를 도와줄 방법은 뭐가 있을까요?" 임원들 중 한 명이 즉시 해결책을 제시했고, 회의는 계속 진행되었다.

이 사건 이후 멀럴리는 드디어 임원진이 BPR에 제대로 임할 거라고 낙관했다. 하지만 그다음 주에도 여전히 초록색 일색인 슬라이드만 등장하자 그는 몹시 실망했다. 하지만 멀럴리의 임원진은 그날 회의실에서 의미심장한 장면을 보았다. 그들이 선더버드 룸에 들어섰을 때 마크 필즈가 미소 띤 멀럴리의 바로 옆자리에 앉아 있었다. 마크는 해고되지 않았을 뿐 아니라 인정받았던 것이다. 그 광경은 냉소적이고 전투에 지친 임원진이 필요로 했던 확실한 최종 증거였다. 그들은 새로운 세계로 들어왔다는 사실을 그제야 믿게 되었다. 그다음 주에 그들이 BPR로 가져온 보고서들은 빨간색과 노란색 보석들이 박힌 찬란한 무지개였다.

멀럴리는 포드의 회생이 확실해진 결정적 순간을 하나만 꼽는다면, 바로 이때였다고 말했다. 그 시점까지 포드의 임원진은 문제를 끄집어내고, 서로에게 진실을 알려주며, 솔직한 피드백을 주고받기를 두려워했다. 그들로 하여금 회사의 실상에 침묵을 지키게 했던 바로 그 심리가 개인의 실수, 팀의 이상, 조직 문화의 문제점에도 침묵하게 만들었다. 하지만 이제 임원진이 처음으로 실상을 직시하고 있었다.

그때 이후로 그들은 여러 차원에서 자기인식으로 이어지는 길로 달려갔다. 그들 개개인이 자신을 향한 기대치를 이해했고, 자기제한 신념과 행동을 직시했다. 팀으로서는 사업 환경, 사업계획, 계획 진행 상황을 인식했다. 하지만 이 정보를 임원진만 가지고 있지는 않았다. 회사의 모든 직원을 믿고 회사가 나아갈 방향, 그들이 해야 할 역할, 상황의 추이를 알려주고, 알고 있기를 기대했다. 이 정보는 회사 조직 밖의 이해 당사자들인 고객, 투자자, 딜러, 납품업자, 대중에게도 흘러갔다.

그리고 결과가 자기인식의 효과를 대변해주었다. 2009년 대공황 이후 최대 경제위기의 와중에도 포드는 흑자로 돌아섰고, 미국의 3대 자동차 회사 가운데 납세자의 돈을 한 푼도 축내지 않은 회사는 오직 포드뿐이었다. 2011년에는 포드의 수익이 200억 달러 이상으로 늘어났다. 포드 역사상 두 번째로 수익이 높았던 해였다.

개인 차원의 자기인식이 자신이 어떤 사람이고 남들은 자기를 어떻게 보는지 이해한다는 의미라면, 자기인식이 명확한 팀은 집단 차원에서 그와 같은 이해를 얻으려고 노력한다. 좀 더 구체적으로 자기인식이 명확한 팀은 내가 집단 통찰의 5대 초석five cornerstones of collective insight이라고 부르는 다섯 가지를 정기적으로 평가하고 해결한다. 첫째, 무엇을 달성하려고 하는가? 목표를 확인한다. 둘째, 현재 상황은 어떤가? 목표 진척 상황을 확인한다. 셋째, 어떻게 목표에 도달할 것인가? 목표 달성을 위해 채택한 절차를 살핀다. 넷째, 사업과 사업 환경에 대한 가정들이 사실인지를 따진다. 다섯째, 팀원 각자가 팀의 실적에 어떤 영향을 미치고 있는가? 개인의 기여도를 살핀다.

집단 통찰의 결과로 명확한 자기인식에 이른 팀은 보다 효율적이고, 보다 효과적이며, 보다 혁신적이고, 팀원이 보람을 느끼게 해준다. 유감스럽게도 많은 사람이 증언하고 다수의 연구에서 보여주듯이, 저절로 자기인식이 생긴 팀은 드물다. 우리 자신의 자기인식을 기르는 일만 해도 충분히 어려운데, 성가신 동료와의 관계라는 어려운 숙제가 보태졌으니 말이다. 또한 우리 상사는 원칙적으로 1년에 한 번 인사고과에서 우리에게 진실을 말해줄 의무가 있지만, 우리의 동료들에게는 그런 의무도 없다. 매일 우리와 함께 일하는 사람들이 우리의 성과에 관해 가장 결정적인 정보를 가지고 있는 경우가 많지만, 침묵을 유지할 가능성이 가장 높은 이도 대개 그들이다. 거듭되는 모호한 상황은 우리의 자신감을 약화시키고 편집증을 부추길 뿐만 아니라(기억하는가, 당신의 동료는 당신에 대한 견해를 아마 당신을 제외한 모두와 공유할 것이다), 팀 공동의 성공에 피해를 입히거나 팀이 실패하게 만들 수도 있다.

집단 통찰의 5대 초석은 분명히 달성하기 어려울 수 있다. 침묵 효과가 사람들로 하여금 정보의 공유를 망설이게 만들 뿐 아니라, 사람들이 개인적 피드백을 성공에 꼭 필요한 요소라기보다 '있으면 좋은' 요소 정도로 볼 때가 많다. 그러나 진실을 밝히기를 망설이는 팀의 상황을 리더들이 심각하게 받아들이긴 해야 하지만, 그로 인해 낙담할 필요는 없다. 적절한 접근법을 쓰고 끊임없는 노력을 기울인다면, 모든 수준에서 소통과 피드백을 장려하는 문화를 조성할 수 있다. 그런 문화에서는 정직이 위계를 이기고, 최하위 직급의 팀원조차 안심하고 문제를 내놓을 것이다.

구체적으로 말하자면, 리더가 자기인식이 명확한 팀을 만들려면 세 가지 기본 요소가 갖춰져야만 한다. 첫째, 본보기로 방법을 보여줄 리더가 팀 내에 없다면, 그 과정이 진지해 보이지 않거나 심지어 위험해 보일 것이다. 둘째, 진실을 말하면서 심리적 안전감을 느끼지 못한다면, 솔직한 피드백이 나올 확률은 거의 없다. 하지만 이 모두가 갖추어져도, 멀럴리의 BPR와 비슷한 지속적인 절차가 있어야 피드백의 교환이 일회성으로 그치지 않고 팀의 문화로 확실히 정착된다.

잠시 후 이 기본 요소를 하나씩 좀 더 자세히 살펴볼 것이다. 하지만 그 전에 언급하고 넘어가야 할 아주 중요한 점이 있다. 당신의 팀이 분명하고 설득력 있는 방향을 갖고 있지 않다면, 자기인식을 높여야 할 이유를 놓치고 있는 것이다. 앨런 멀럴리의 포드 임원진이 서로 양해된 확고한 목표들 없이 BPR를 열기 시작했다고 상상해보라. 멀럴리의 설명처럼 "당신에게 비전과 빈틈없는 전략, 목표 달성을 위한 상세한 계획이 없다면, 자기인식의 과정은 그냥 말로만 그치게 된다." 다시 말해서 팀이 어디로 가고 있는지 모른다면, 자기인식의 '이유'가 없는 것이므로, 자기인식을 얻으려는 노력이 시시하고 무의미해질 것이다!

집단 통찰의 기본 요소 #1: 본보기로 방법을 보여줄 리더

북해 한가운데에 있는 76×60미터 넓이의 원유 시추기 플랫폼에 처음 올라서는 순간, 더그 서틀스Doug Suttles는 새 부임지에서는 기술력뿐만 아니라 대인관계 기술까지 시험받겠다는 생각을 했다. 하지만 그의 경력에서 가장 중요한 리더십을 조만간 습득하게 될 줄은 몰랐다. 기계공학을 전공한 서틀스는 BP(브리티시 페트롤리엄) 북해 밀러 플랫폼의 연안설비 팀장으로 갓 발령받아 온 참이었다. 서틀스는 모두의 안전을 지킨다는 최우선 목표와 더불어 시추기의 가동 실적을 향상시키라는 임무를 부여받았다. 게다가 그는 시추기 위에서 근무하는 직원들 중에서 유일하게 영국인이 아니었고, 가장 젊은 직원들 가운데 하나이기도 했다.

이런 독특한 상황은 서틀스에게 독특한 난제를 몇 가지 선사했다. 우선 육지에서 몇 킬로미터나 떨어진 바다 위의 비좁은 공간에서 196명의 새 팀원들과 생활해야 했다. 팀장/선장/상담자 노릇까지 해야 하는 이 다면적인 직책에는 근무시간이 따로 있는 게 아님을 그는 금방 알게 되었다. 팀원들은 그야말로 24시간 내내 그를 지켜봤다. 그가 저녁 식사 시간에 관리자와 앉는가, 기사들과 앉는가? 그가 주간 TV 게임 프로에 참여하고 있는가? 몹시 좁은 생활공간에서 생기기 마련인 대인관계 문제를 해결하는 데 그가 얼마나 도움을 주고 있는가? 그의 아주 사소한 선택도 의미심장하게 여겨졌다.

서틀스는 항상 자기인식의 육성을 신봉해온 사람이었지만, 시추기 위에서의 근무는 그에게 새롭고 중대한 통찰을 제공했다. 서틀스가 바다 한가운데의 좁은 숙소에서 살고 있건 말건, 리더인 그가 내리는 선택 하나하나가 이를 지켜보는 직원들에게 본보기가 되어 그들의 태도와 행동, 업무 효과 전반에 깊은 영향을 미친다는 사실이었다.

북해 시추기에서 얻었던 교훈은 수년 후 서틀스가 상상도 할 수 없는 위기를 관리해야 했을 때 도움이 되었다. 2010년 4월 20일, 루이지애나 연안 쪽 멕시코만에 있던 원유 시추선 딥워터 호라이즌Deepwater Horizon의 작업반원들은 저녁 시간이라서 쉬고 있었다. 그날 낮 BP 임원들과 근로자들은 7년간 단 한 명의 부상자 없이 시추선을 운영해온 서로를 축하하는 자리를 가졌다. 저녁 9시 45분경 23세의 앤드리아 플레이타스Andrea Fleytas가 해상에서 시추선의 위치를 유지하는 컴퓨터 시스템을 모니터하던 중 갑작스러운 흔들림을 느꼈다. 몇 분 뒤 작업반은 쉭쉭거리며 뭔가 요란하게 새어나오는 소리를 들었다. 곧이어 엄청난 폭발이 일어나면서 11명이 사망하고 17명이 부상을 입었으며, 490만 배럴의 원유가 멕시코만으로 유출된 것으로 추산되었다.

서틀스는 BP의 탐사 및 생산 부문 최고운영책임자로 근무하고 있던 중 사상 최대의 원유 유출 사태를 수습할 책임자로 선임되었다. 이런 어마어마한 비상사태의 와중에는 공황 상태를 조장하고, 책임을 전가하며, 생각 없이 아주 쉽게 말한다. (많은 BP 리더가 이런 함정에 빠졌고, 특히 최고경영자 토니 헤이워드Tony Hayward는 원유 유출 사태를 "비교적 경미한 사고"로 지칭하고 기자들에게 "자신의 인생을 되찾고 싶다"고 이야기하는 바람에 머리기사를 장식했다.) 하지만 서틀스는 북해의 시추선에서 근무했던 시간들을 떠올리며 상황이 아무리 어려워져도 자신이 본보기를 보여야 한다고 스스로에게 상기시켰다.

BP의 직원, 민영 하청업체, 정부 직원으로 구성된 서틀스의 대응 팀은 정부와 언론, 대중의 온갖 따가운 비판들에 직면했는데, 정당한 비판도 있었지만 잘못된 비판들도 적지 않았다. 그러므로 그가 집단 통찰의 다섯 가지 초석을 단단히 다지는 것이 더욱 중요했다. 자신부터 시작해서 그들의 목표에 대한 인식과 소통, 대응 진행 상황, 절차, 가정, 기여도를 확실히 해야 했다. 서틀스는 자기인식이 되어 있는 사람이었기 때문에 그처럼 복잡하고 감정이 고조된 상황에서는 실수가 불가피하겠다는 점을 인식하고 있었다. 또한 실수를 했을 때는 곧장 바로잡아야 한다는 점도 알고 있었다. 그러려면 팀에 쏟아지는 비판을 개인적으로 받아들이지 않고 냉정을 유지해야 했는데, 이는 서틀스가 기꺼이 자신의 실수를 인정하고 감정을 통제하면서 침착하게 위기에 대처하는 본보기를 보여줘야만 가능한 일이었다.

그의 팀은 발생할 수 있는 온갖 문제를 겪은 끝에, 마침내 7월 15일 원유 분출을 차단할 수 있었다. 9월 19일에는 간신히 유정을 영구 봉쇄하는 데 성공했다. 여기서 우리는 자기인식의 본보기를 보여주는 리더로부터 시작해 자기인식이 명확한 팀이 만들어진다는 것을 알 수 있다. 서틀스는 내게 이런 말을 했었다. "정상의 자리에서는 고립되기 쉽습니다. 하지만 팀원이 당신의 바람처럼 업무를 수행해내지 못하고 있다면, 우선 당신 자신부터 살펴봐야 합니다. 당신이 뒤를 힐끗 돌아봤는데 아무도 없다면 피드백이 필요합니다. 뒤를 돌아봤는데 직원들이 나를 따르고 있다면 좋은 징조일 거고요."

앨런 멀럴리가 들려주었던 이야기처럼 "팀이 얼마나 멀리까지 가는가는 전적으로 리더의 자기인식 수준에 달려 있다."

그렇다면 리더들은 어떻게 자기인식의 방법을 본보기로 보여줄 수 있는가? 더그 서틀스와 앨런 멀럴리가 보여주었듯이, 가장 기본적으로는 리더가 자신의 원칙을 알리고 그에 따라 행동해야만 한다. 심리학자들은 이를 흔히 '진정한 리더십authentic leadership'이라고 부르는데, 비즈니스 세계에서 진정한 리더십의 가치는 너무나도 명백하다. 예를 들어 조앤 류보니코바Joanne Lyubovnikova와 동료들은 영국과 그리스의 다양한 업계를 조사한 연구에서 진정한 리더십을 가진 리더가 이끄는 팀이 자기인식이 낮은 리더가 이끄는 팀보다 자기인식이 높고, 그 결과 생산성도 높다고 보고했다.

진정한 리더십의 효과는 재계에만 국한되지 않고, 우리의 가정과 가족에게서도 확인된다. 한 연구에서는 엄마가 자신의 감정을 정확히 식별하고 관리하는 능력이 뛰어날수록 1년 뒤에 측정한 자녀들의 자기인식과 행복감이 더 높은 것으로 확인되었다. 자기인식이 명확한 부모를 본보기로 보고 자란 자녀들은 스스로 이 소중한 기술을 발전시킬 가능성이 더 높은 것이다.

한편 사람에게는 허튼소리를 금방 알아채는 놀라운 능력이 있다는 사실은 심리학 학위가 없어도 누구나 알고 있다. 우리는 리더에게 진정성이 없다고 느낄 때, 가령 리더가 고의로 우리를 호도하고 있다거나 그들의 가치와 정반대되는 행동을 할 때는 미세한 낌새도 바로 알아챌 수 있다. 팀원들이 그런 낌새를 알아차리게 되면 멀럴리의 임원진이 처음에 그랬듯이, 응징이 두려워서 쟁점을 끄집어내기를 회피하므로 그들이 처한 실상은 덮어두고 핑계만 쏟아내며 상호 비난만 일삼게 된다.

하지만 리더가 상황을 개선시키기 위해 노력하는 한편으로 자신의 결점을 직시하려고 애를 쓸 때는 팀원들도 그에게 자극을 받아 똑같이 행동한다. 사실 이런 현상은 유명한 심리학자 앨버트 밴듀라Albert Bandura가 주창한 사회학습 이론의 아주 좋은 예인데, 사회학습 이론에서는 추종자가 리더의 태도와 행동을 모방하는 경향이 있다고 주장한다. 리더에게 진정성이 있을 때 팀원들은 집단 통찰의 초석(그리고 개인적으로는 자기통찰의 일곱 축)에 대한 정직한 반성이 허용될 뿐만 아니라 '기대'되는 행동임을 배운다.

당신이 수백 명의 직원을 거느리고 있든 또는 소수의 아이를 이끌고 있든, 자기인식을 본보기로 보여주기 위한 행동은 동일하다. 첫째, 당신 자신부터 시작해서 팀의 자기인식을 높이기 위해 총력을 기울여야 한다. 멀럴리의 설명처럼 "나의 역할은 모두의 인식이 반드시 증대되도록 만드는 것입니다. 그러려면 항상 지켜봐야 합니다. 나 자신을 지켜보고, 다른 직원들을 지켜보고, 조직을 지켜봐야 합니다." 당신의 신조, 즉 당신 자신과 팀으로부터 기대하는 행동들을 규정하는 가치들을 알고 전하는 것 역시 똑같이 중요하다. 포드에서 멀럴리가 '협동의 원칙과 실행working together principles and practices'*이라고 이름붙인 그의 신조는 팀원들이 그를 이해하는 데 도움이 되었을 뿐 아니라, 그가 그들에게 기대하는 바가 무엇인지 명확히 알려주었다. 마지막으로 그냥 피드백을 요청하고 팀원들에게 문제를 제기하라고 장려하는 것으로는 충분하

* "우리에게 기대되는 행동과 문화: 사람이 우선이다. 모두가 참여한다. 설득력 있는 비전, 포괄적인 전략을 세우고 끈덕지게 실행한다. 명확한 실행 목표를 수립한다. 한 가지 계획만 세운다. 사실과 데이터를 중시한다. 모두가 계획, 상황, 특별한 관심을 기울여야 하는 영역을 알게 한다. 계획과 '해결책을 찾는다'는 긍정적인 태도를 갖는다. 서로 존중하고 경청하고 인정한다. 정서적 회복력…… 절차를 신뢰한다. 즐긴다. 과정과 서로를 즐긴다."

지 않다. 팀원들이 하고 싶은 말을 진심으로 경청해야 한다. 현재 엔카나Encana 석유가스 회사의 CEO인 더그 서틀스에게 성공적인 팀의 비결을 물었을 때 그는 이렇게 대답했다.

> 많은 사람이 '신뢰'라는 단어를 쓰는데, 우리 엔지니어에게는 너무 감정적인 단어이고 의미도 너무 광범위하기 때문에 나는 그 단어를 그리 좋아하지 않습니다. 정말로 중요한 것은 이런 것들이죠. 팀원들이 당신을 신임하는가? 당신이 올바른 항로로 배를 몰고 있다고 믿을 뿐 아니라 당신이 그들의 말을 경청할 거라고 믿는가? 당신이 성공과 실패가 논의되는 공개적이고 투명한 환경을 원한다는 믿음을 주었는가? 팀이 도전에 직면했을 때 당신은 팀원들을 괴롭히고 있는가, 아니면 실질적인 지지와 도움을 주고 있는가?

이 책에서 줄곧 살펴보았듯이, 대부분의 리더가 스스로 자기인식을 높이기 위해 힘겨운 싸움을 하고 있음을 기억하라. 청하지 않은 비판적 피드백이 기꺼이 주어지는 일은 좀체 없으므로 변화를 원하는 리더들은 직접적인 조치를 취해야만 할 때가 적지 않다. 유감스럽게도 이것이 직원들을 곤란하게 만들 수 있다. 직원들이 애초부터 의견 제시를 망설였다면, 리더가 단도직입적으로 의견을 요청할 때 더 스트레스를 받지 않겠는가? 리더들은 침묵 효과를 완전히 극복하고, 그들이 이끄는 이들로부터 있는 그대로의 솔직한 피드백을 끌어낼 수 있는가? 다행히 방법은 있다. 내가 리더 피드백 프로세스Leader Feedback Process라고 부르는 방법이다.

자기인식의 본보기 보여주기: 리더 피드백 프로세스

몇 년 전 외식사업 및 부동산 관리 회사의 회장인 제이미가 나를 찾아왔다. 40년 역사를 가진 회사의 3대째 회장으로 1년 전에 영입된 그는 타성에 젖어서 조직의 생존 자체가 위태로워진 회사에 활력을 불어넣어야 했다. 그는 폭넓은 분야에서 오랜 경력을 쌓아왔지만 회장직을 맡기는 처음이었다.

제이미는 향후 5년 내에 회사의 규모를 두 배로 늘리겠다는 대담한 목표를 세웠는데, 그 목표를 달성하기 위해서는 직원들에게 긴박감을 심어주고 조직의 모든 부문에서 탁월한 성과를 요구해야 했다. 그러려면 임원진이 안심하고 문제를 발설하고, 냉혹한 진실을 직시하며, 집단 통찰의 기초인 목표, 목표 진척 상황, 개인의 기여도 등에 대해 서로 격론을 벌일 수 있어야만 했다.

표면적으로 제이미의 임원진은 필요한 요소를 다 갖추고 있었다. 그들은 제이미의 비전에 전적으로 찬동했다. 그 비전을 달성할 방식에 대해서도 의견을 맞췄다. 업무 협조도 대체로 기분 좋게 이루어졌다. 하지만 제이미는 취임 이후 계속 가식적 태도들을 감지했으며, 완전한 진실을 보고받고 있다고 느낀 적이 한 번도 없었다. 내가 임원들을 한 명 한 명 인터뷰했을 때 그들의 반응은 그의 의심을 확인시켜주었다. 그들은 제이미가 적임자라고 믿었지만, 많은 이가 그를 신뢰하고 관계를 맺는 데 어려움을 느끼고 있었다.

제이미와 나는 일회용 반창고를 떼어내고 이 문제를 직접적으로 다뤄야만 한다는 데 동의하고, 비밀을 보장하는 솔직한 토론의 장을 마련하기로 했다. 우리는 회사 밖에서 이틀간 연수를 실시하기로 결정했다. 연수는 내 코칭 세션의 기본으로 자리 잡은 활동으로 시작했다. 제이미는 이 연수에서 그가 그때껏 받아본 것 중 가장 효과적인 피드백의 일부를 받았다고 나중에 알려주었다.

1970년대 초반 제너럴 일렉트릭 사에서 사용하기 시작했다고 알려진 이 절차는 리더에 대해 "팀원들이 솔직한 관찰 내용과 질문을 제기함으로써 대단히 집중적으로 서로를 알아가는 자리"로 묘사되어왔다. 일명 '새 리더 동화 훈련New Leader Assimilation Exercise'은 원래 새로 온 관리자와 팀원들이 서로를 알아가도록 개발된 방법이었지만, 리더의 재직 기간과 상관없이 유용하다고 알려져 있기 때문에 나는 이 방법을 '리더 피드백 프로세스'라고 부른다. 이는 팀원들이 자신을 어떻게 지각하고 무엇을 기대하는지 관리자들에게 거의 즉각적인 통찰을 얻게 해주는 한편, 그들의 리더십과 소통 기술, 심신의 안녕을 향상시켜준다. 게다가 팀 내에는 우호적이고 신뢰할 수 있는 관계가 형성되고, 자기 업무에 대한 팀원들의 사명감도 커지는 것으로 입증되었다.

그렇게 해서 제이미와 처음 만난 지 몇 개월 후인 숨 막힐 듯한 더운 여름날, 제이미와 임원진 그리고 나는 다행히도 에어컨이 나오는 컨트리클럽 회의실에 모였다. "시간을 내서 여기 와준 여러분 모두에게 감사드립니다." 제이미가 인사말을 시작했다. "우리의 목표는 한 가지, 더 나은 팀이 되는 것입니다. 그래서 내가 먼저 나섰습니다. 지금부터 세 시간 동안 여러분은 내가 첫해에 회장직을 어떻게 수행했는지 피드백을 줄 기회를 갖게 될 것입니다. 기본 규칙은 간단합니다. 어떤 논평이든 제한은 없으며 전원 참여해야 합니다. 모두 동의하는 거죠?"

그가 말을 멈추고 임원들의 반응을 살폈다. 몇 명이 마지못해 고개를 끄덕였지만, 임원들이 불편해하는 기색이 역력했다. 그들의 두려움을 누그러뜨리기 위해 그가 덧붙였다. "여러분이 편안하게, 정말로 솔직히 말할 수 있도록 나는 회의실에서 나가고 타샤가 토의를 진행할 것입니다. 나는 어떠한 경우라도 누가 무슨 말을 했는지 내게 알려주지 말라고 부탁했습니다. 그럼 괜찮겠지요?" 그러자 두려움이 한결 줄어든 듯 임원들은 매우 열렬히 그렇다고 입을 모아 대답했다.

나는 제이미에게 나가라는 손짓을 (부드럽게) 한 다음, 일어서서 긴 벽면을 가득 채운 일곱 개의 차트를 가리켰다. 각 차트마다 맨 위에는 질문 하나가 파란색 매직펜으로 쓰여 있었다.

1. 우리는 제이미에 대해 무엇을 알고 있는가?
2. 우리는 제이미에 대해 무엇을 알고 싶은가?
3. 제이미는 한 팀인 우리에 대해 무엇을 알아야만 하는가?
4. 우리가 제이미에 대해 우려하는 점은 무엇인가?
5. 우리가 제이미에게 기대하는 점은 무엇인가?
6. 제이미가 중단하기를 바라는 일, 시작하기를 바라는 일, 계속하기를 바라는 일은 무엇인가?
7. 우리는 우리의 비전, 전략, 계획에 대해 어떤 피드백을 받고 있는가?

"지금부터 약 45분간 토론을 하겠습니다." 내가 그들에게 일러주었다. "순서대로 이 질문들에 대답해보도록 하죠. 여러분이 최대한 많은 답변을 생각해서 제게 알려주시면, 제가 전부 받아 적을 겁니다." 나는 첫 번째 차트 앞에 서서 검은색 매직펜의 뚜껑을 열었다. "여러분이 제이미에 관해 아는 내용부터 이야기해보죠." 즉시 세 가지 답변이 나왔다. "우리는 그가 이 업계에서 25년간 일했다는 사실을 압니다." "그의 기대가 비상식적으로 높다는 것을 압니다." "그는 정말 용감한 게 틀림없는 듯합니다. 이런 토론회를 하다니요!"

그렇게 논의가 이어졌다. 답변이 줄줄이 이어져서 굉장히 큰 차트를 준비했음에도 그것을 다 받아 적기 위해 점점 작은 글씨로 써야만 했다. 우리는 그렇게 두 번째, 세 번째, 그리고 다음 질문들로 넘어갔다. 45분이 지난 다음에 일곱 장의 차트는 임원들의 논평으로 빼곡히 채워졌다.

나는 그들에게 10분의 휴식 시간을 주고 제이미를 데리러 갔다. 둘이 회의실로 돌아오는 길에 그에게 물었다. "각오가 되었나요?" 그는 자신감이 넘치는 미소를 지었다. "단단히 각오하고 있습니다!" 하지만 차트가 걸린 벽으로 다가가는 동안 그의 미소는 점점 사라졌고, 눈은 점점 커졌다. 나는 그에게 임원들의 답변을 읽을 시간을 몇 분간 주고, 몇몇 논평은 의미를 명확히 해주었다. 나는 임원들을 불러오기 전에 제이미에게 다음 토론 과정에서 그가 평정을 유지하고 방어적 태도를 보이지 않는 것이 얼마나 중요한지 상기시켰다.

곧 모두가 회의실 탁자에 둘러앉았다. 하지만 피드백에 관한 이야기로 바로 들어가지 않고 제이미가 자라는 동안 좋아했던 일들, 형제자매의 수, 가장 웃겼던 어린 시절의 기억, 가장 중요한 가치 등 그가 살아온 배경을 몇 분간 임원들에게 이야기해주라고 했다. 적절한 상황에서 이런 개인 정보를 나눌 때 팀의 신뢰 수준이 거의 즉시 올라가는 현상을 봐왔기 때문이었다.

그런 다음 제이미는 한 번에 한 질문씩 임원들의 피드백에 답변을 했다. 어떤 지적은 그냥 인정하는 것으로 충분했다("맞아요, 내가 말도 안 되게 기대가 높아요." "올해가 첫해인 만큼 쉽지는 않았지만 우리가 옳은 방향으로 가고 있다고 여러분이 생각해주니 기쁩니다."). 어떤 지적은 좀 더 논의가 필요했고, 또 어떤 지적에 대해서는 그가 달라지도록 노력하겠다고 약속했다. 예를 들어 많은 임원이 자신을 통하지 않고 직접 부하 직원들을 접촉하는 제이미의 행동에 불만을 느끼고 있었다. 제이미는 이 지적을 좀 더 자세히 들어봄으로써, 이것이 임원들을 난처하게 만들고 직원들에게 혼란을 주는 행동임을 이해하게 되었다.

제이미가 자신의 '항문 검사'라고 지칭하기 시작한 90분간의 토론 시간에 자신의 행동이 임원진에게 어떻게 인지되는가에 대한 그의 통찰은 급격히 증가했고, 그의 기대에 대한 임원진의 이해 또한 크게 증가했다. 한 달쯤 뒤에 나와 자리를 함께했을 때, 제이미는 자신의 업무 효과와 임원진의 전반적인 업무 수행 모두가 경이로울 정도로 크게 향상되었다고 말해주었다. 그는 연수가 임원들의 신뢰를 가속화시켜주었다고 했다. 그들은 진짜 문제점들을 터놓고 이야기하게 되었다. 일부가 예전 습관에 종종 빠지기도 했지만, 임원들은 예전보다 적극적으로 참여하고 협조했다. 1년도 채 안 되어 회사의 수익이 20퍼센트 이상 급증한 것은 우연이 아니었다.

제이미와 임원진이 집단 자기인식에 이르는 여정에서 중요한 이정표에 도달했음이 확실했다. 제이미가 정말로 마음을 열고 자신에 관한 진실을 들을 자세가 되어 있다는 것을 보여주었기 때문에 임원들은 직접 요청받지 않고도 안심하고 의견을 전달할 수 있었다. 하지만 진정한 자기인식에 도달한 팀을 만들기 위해서 이것은 첫걸음일 뿐이다.

일단 리더들이 피드백이 오갈 통로를 열었다고 해도 그 통로가 '계속' 열려 있도록 노력해야 하며, 피드백 통로는 직원들과 리더 간뿐만 아니라 직원들 간에도 열려 있어야 한다.

집단 통찰의 기본 요소 #2: 진실을 말할 수 있는 안전감(그리고 기대)

1996년 박사과정 학생이었던 에이미 에드먼슨Amy Edmonson은 집단 자기 인식 분야에서 대단히 획기적인 연구를 시작했다. 현재 하버드 대학교 교수인 에드먼슨은 병동 간호 팀에서 의료 과실이 발생하는 원인을 좀 더 이해하고 싶었다. 평균 입원 환자 1인당 480에서 960건의 과실에 노출될 가능성이 있고, 실제로 의료 과실로 인해 미국에서만 한 해에 수백 명이 사망하고 백만 명 이상이 부상을 입는 사실을 감안하면 긴급한 연구 주제였다.

에드먼슨은 의과대학 부속병원 두 곳, 여덟 개 진료과의 간호 팀을 6개월 동안 따라다녔다. 처음에 그녀는 간호의 질, 공동 간호, 효율성, 리더십 등 전반적으로 팀워크가 좋은 팀에서 '더 많은' 의료 과실을 보고했다는 사실이 이해되지 않았다. 하지만 데이터를 더 면밀히 검토한 그녀는 이런 뜻밖의 결과가 나온 이유를 찾아냈다.

팀워크가 낮은 간호 팀에서 의료 과실이 적게 발생한 것이 아니라, 의료 과실이 발생해도 보고를 하지 않았기 때문이었다. 이유는 단순히 간호사들이 보고하기를 두려워했기 때문이었다. 그들은 보고를 한 간호사들이 "법정에 가고", "실수 때문에 비난을 받는다"고 에드먼슨에게 말했다. (나도 병원을 상대로 일했을 때, 병원 평가 지표에 부정적 영향을 미칠 수 있는 문제를 제기하기가 어려웠던 경험이 있다.) 반대로 에드먼슨의 연구에서 팀워크가 가장 좋았던 팀들, 즉 가장 많은 의료 과실을 보고했던 팀들에서는 간호사들이 편안하게 실수를 내놓고 의논했다. 이 팀들의 간호사들은 두려움 없이 수간호사에게 문제가 발생했다고 알렸다.

이렇게 서로 도움을 요청하고, 실수를 인정하며, 어려운 문제를 제기해도 안전하다는 공유된 믿음에 에드먼슨은 심리적 안전감psychological safety이라는 이름을 붙였다. "심리적 안전감은 부주의한 방임이나 끊임없는 긍정적 감정을 지칭하는 것이 아니라, 팀이 진실을 털어놓은 사람에게 무안을 주거나 거부하거나 처벌하지 않을 거라는 자신감을 말한다"고 에드먼슨은 설명한다. 다소 직관에 반하는 이야기이지만 심리적 안전감이 '끊임없는 긍정적 감정'을 의미하지 않는다는 그녀의 지적은 특히 중요하다. 결속력이 대단히 강한 팀에서는 구성원들이 서로에게 이의를 제기할 가능성이 적은데, 이는 집단의 화합을 유지하려는 잘못된 욕구 때문인 경우가 많다. 하지만 기분은 좋을지 모르나 이는 팀의 자기인식, 나아가 팀의 성공에 방해가 된다.

구글의 인재운용부에서도 완벽한 팀을 구축하려면 무엇이 필요한지 5년에 걸쳐 연구한 뒤에 비슷한 결론을 내렸다. 조직심리학자, 공학자, 사회학자, 통계학자 등으로 구성된 구글의 연구진은 초반에 무엇이 성공적인 팀을 만드는가를 조사한 수천 건의 연구서를 검토했지만 명확한 패턴을 분리해낼 수 없었다. 그래서 그들은 다른 접근법을 취해보기로 하고 구글 내 수백 개 팀의 성격, 성장 배경, 작업 방식 같은 요인들을 조사했으나 여전히 답을 찾지 못했다. '누가' 팀을 구성하고 있는지는 중요하지 않았다. 팀원들이 내향적인 사람인지 외향적인 사람인지, 한 분야의 전문가인지 박식가인지, 일벌인지 여왕벌인지, 또는 이들 요인의 어떤 조합도 상관없었다.

홍미롭게도 구글의 연구진은 팀의 업무 방식을 지배하는 불문율, '어떻게'를 검토하기 시작하고서야 돌파구를 찾았다. 구글 연구진의 결과도 에드먼슨이 그들보다 15년 전에 병원에서 발견한 결과와 일치했다. 심리적 안전감을 느끼는 팀이 그렇지 못한 팀보다 꾸준히 더 높은 실적을 올렸다.

그런데 심리적 안전감은 집단 자기인식과 어떤 관련이 있는가? 병원 간호사 팀을 대상으로 연구한 지 몇 년 후에 에드먼슨이 또 다른 연구를 시작했다. 이번에는 사무용 가구 제조회사에서 50팀 이상을 면접, 설문조사, 직접 관찰을 통해 광범위하게 연구했다(그녀는 실제로 클립보드를 들고 사람들을 따라다녔는데, 그것은 내가 좋아하는 취미이기도 하다). 이 연구에서도 팀원들이 심리적 안전감을 느낄 때 문제를 제기하고, 현실에 대처하며, 진실을 이야기할 가능성이 높았다. 또한 훨씬 더 좋은 성과를 올렸다. 사실 심리적 안전감을 느끼는 팀의 성과가 높은 정확한 이유는 바로 '높은 수준의 자기인식 때문이었다.'

유명한 회사의 경우 심리적 안전감을 제공하는 문화가 직원들의 사기와 생산성을 높여줄 뿐 아니라, 회사의 대외적 이미지에도 도움이 된다. 에드 캣멀에 의하면, 픽사의 경영진이 직원들에게 진실을 알려주기 때문에 직원들이 자연스럽게 비밀 유지의 중요성을 인식한다고 말한다. 그 결과 픽사의 비밀이 언론에 유출된 적이 '단 한 번'도 없었다. 심지어 디즈니에 의한 인수합병 직전 극도로 주의가 요구되었을 때도 마찬가지였다. 캣멀, 존 래시터John Lasseter, 스티브 잡스Steve Jobs가 인수를 최종 합의했다고 직원들에게 발표했을 때조차 단 한 명의 직원도 본사 밖에 진을 치고 있던 기자에게 입을 열지 않았다.

서로 진실을 말해도 괜찮다는 안전감과 진실을 말해야 한다는 기대를 리더가 어떻게 만들어낼 수 있는지 보여주는 예를 살펴보자. 8장에 등장했던 사업가 레비 킹이 특히 스트레스가 심했던 주를 보내고 있던 어느 날, 곧 날이 밝을 시각이고 잠도 올 것 같지 않았지만 그는 이메일만 정리하고 조금이라도 잠을 청해보기로 했다. 침대에 눕기 전에 그가 마지막으로 보낸 이메일은 그의 회사 나브의 골칫거리인 어떤 문제에 대해서 동업자에게 짜증을 내며 불평하는 내용이었다. 하지만 메일 보내기 버튼을 누르는 순간, 실수했다는 생각이 들었다. 그의 어조가 필요 이상으로 무례했기 때문이었다. 자칫하면 적대적으로 느껴질 수도 있었다. 평소에는 번개처럼 답장을 보내오던 동업자가 꼬박 24시간 후에 답장을 보내왔을 때 레비는 정말로 사고를 쳤다는 느낌이 들었다. 답장에서 동업자는 신중하지만 딱 부러지게 레비의 자극적인 말투를 지적하고 진심에서 비롯된 감정인지 예의 바르게 물었다.

다음 날 아침 레비는 출근하자마자 동업자를 찾아가서 말했다. "정말 미안해. 내가 무슨 생각이었는지 모르겠어. 늦은 시간이었고 너무 피곤했나봐. 내가 한심한 짓을 했어." 고맙게도 동업자가 사과를 받아주었지만 레비는 거기에 만족하고 넘어가지 않았다. 그는 자신의 실수에서 더 큰 기회를 알아볼 수 있을 만큼 자기인식이 되어 있었다. 회사의 다음 월례회의에서 레비는 자신의 컴퓨터를 회의실의 프로젝터에 연결하고 문제의 이메일을 열었다. 직원들이 믿을 수 없다는 듯 눈이 커다래져서 그의 메일을 읽는 모습을 레비는 지켜봤다. "이게 자랑스러울 사람이 있을까요?" 레비가 질문했다. 직원들이 고개를 가로저었다. "그렇죠. 그럼 제가 여기서 무엇을 잘못했는지 이야기해봅시다." 그러자 그들은 솔직한 사후 분석에 들어가서 왜 이메일이 무례한지 정확히 따져보고 레비가 달리 어떻게 할 수 있었을지 의견을 모았다. 그는 당연히 그런 대화가 불편했지만 팀원들에게 학습의 기회가 될 것이므로 대화를 끝까지 이어갔다.

팀에 심리적 안전감을 조성하고 싶은 리더는 첫 단계로 신뢰를 형성하려고 노력한다는 점이 놀라운 이야기는 아닐 것이다. 신뢰도 중요하지만 심리적 안전감을 조성하는 데는 신뢰만으로 충분하지 않다. 심리적 안전을 느끼는 팀은 팀원들이 서로의 최대 이익을 중시할 거라는 단순한 믿음에서 한 걸음 더 나아가 서로에게 존중, 세심함, 배려를 보여준다. 이는 서로를 약점과 결점을 지닌 사람으로 봐줄 때 가능한 일이다. 사실 구글의 연구진이 발견한 결과에 의하면, 심리적 안전감 조성에 가장 크게 기여하는 단일 요인은 취약성vulnerability 또는 우리의 실패를 공개적으로 인정하는 자발성이었다. 레비 킹도 이렇게 말했다. "많은 리더가 '네, (취약성을 보여도) 안전합니다'라고 말하지만, 스스로 취약한 모습을 보일 마음은 없을 것입니다. 말로만 나도 약점이 있다고 해서는 안 됩니다. 우리 회사에서는 실수해도 괜찮다는 것을 보여주어야만 합니다. 긍정적인 의도에서 한 행동이었을 거라고 이해하고 서로 용서해줄 테니까요."

연구교수이자 저자인 브레네 브라운Brené Brown이 그녀의 책 『대담하게 맞서기*Daring Greatly*』에서 설명했듯이, 취약점을 공개하는 행동은 흔히 두렵게 느껴지고 심지어 잘못처럼 생각될 수도 있다. 권력자의 위치에 있는 사람들은 더 그렇다. 내게 코칭을 받았던 한 성공한 임원도 경력이 짧았을 때는 취약점을 결점으로 생각했다고 이야기했다. "내가 실수를 했다는 낌새만 채도 나에 대한 팀원들의 존경심이 사라질 거라고 생각했습니다." 하지만 그는 시간이 지나면서 실제로는 진실이 정반대의 결과를 가져온다는 것을 깨달았다. 더그 서틀스는 이렇게 말한다. "시간이 흐르면서 나는 조금 약한 모습을 보여줄 때 사람들의 존경심이 깊어진다는 사실을 알게 되었습니다. 나약함을 기꺼이 인정할 때는 더욱 그렇죠. '세상에! 나도 언젠가는 실수를 하겠지. 실수해도 괜찮은 거고 실수를 터놓고 이야기하는 것도 좋은 생각 같아.' 사람들이 이런 생각을 하게 되거든요."

취약점을 드러내는 본보기를 보여주는 것 외에도 리더들은 명확한 기준의 설정을 위해 함께 노력함으로써 팀의 심리적 안전감을 높일 수 있다. 나는 몇 년 전에 일류 병원의 산부인과 진료를 감독하는 리더십 팀으로부터 전략을 입안하는 데 도움을 달라는 요청을 받은 적이 있다. 이제 막 리더십 팀장으로 승진한 트레이시는 네 명의 수간호사와 함께 부서의 경쟁력을 유지시키라는 임무를 맡았다. 이 병원은 그 도시 최고의 '산과 병원'으로 인정받고 있었기 때문에 다른 지방의 산모들까지 분만을 위해 이곳을 찾았고, 그중에는 연예인도 수두룩했다. 하지만 최근 몇 년간 경쟁 관계인 인근 병원에서 호화 입원실, 개인 요리사, 고급스러운 병동 시설 등 당시로서는 들어보지도 못했던 편의를 제공하며 서비스를 강화해오고 있었다. 트레이시의 팀은 따뜻한 배려와 세계 수준의 의료 서비스는 물론이고, 5성급 호텔에서나 볼 수 있는 최고의 서비스를 제공함으로써 경쟁 병원에 밀리지 않도록 해야 했다.

일부 관리자는 입원실을 개선한다든가 경쟁 병원보다 한 등급 높은 편의시설을 갖추는 등 단순히 돈으로 문제를 해결하려고 했겠지만, 트레이시와 팀원들은 거기서 한 걸음 더 나아갔다. 그들은 서로에게 진실을 기꺼이 말해주는 조직 문화와 그들의 공격적 목표 달성 간에 직접적 연관이 있음을 이해했기 때문에 소속 간호사와 의료기사들에게 안전감을 제공하고, 지원을 아끼지 않는 병동을 만드는 데 집중하기로 했다.

그래서 사업계획 검토에 들어가기에 앞서 우리는 첫 단계로 트레이시의 팀이 어떻게 작동되고 있는지(즉 집단 통찰의 초석 중 절차) 솔직히 논의해보기로 했다. 그들은 대체로 협조가 잘되지만 때때로 저변에 긴장이 흐를 때가 있는데, 이를 아무도 발설하려고 나서지 않는다는 점을 인정했다. 그렇다면 팀의 기준을 만들자고 내가 제안했다. 나는 이렇게 말했다. "팀으로서 지켜야 할 규칙에 합의를 보는 것이 목적입니다. 어떤 행동들이 여러분의 전략을 달성하는 데 도움이 될까요? 여러분은 어떤 환경을 만들고 싶습니까? 안전하고 지지해주는 팀을 만들려면 여러분이 무엇을 해야만 할까요?" 우리는 행동수칙을 정하기 위해서 7장에서 소개했던 시작/중지/계속 모델을 사용했다(나는 이 모델이 개인적 수준에서는 특별히 효과적이라고 생각하지 않는 반면에, 팀에는 무엇이 효과가 있고 무엇이 효과가 없는지 의논할 수 있는 공통의 틀이 되어줄 수 있다고 본다).

트레이시의 팀이 최종적으로 완성한 기준은 다음과 같다.

- 뒷공론 금지: 공개적이고 솔직하며 안전한 소통을 한다.
- 당사자와 이야기하기: 곤란한 대화라도 서로를 지지해주는 마음으로 한다.
- 공과 사 구분하기: 쓰라린 대화 후에도 우호적 관계를 유지한다.

- 최선이었다고 인정하기: 직원, 환자, 의사 앞에서 서로 지지해준다.
- 용서의 실천: 우리는 인간이므로 실수한다. 실수는 정정하고 넘어가면 된다.

그들은 이 행동수칙이 서랍 속에 처박힌 채 잊히지 않고 살아 숨 쉬는 기준이 되도록 사무실과 회의 안건에까지 도배하다시피 하면서 늘 바로바로 떠오르도록 했다. 행동수칙을 실천하는 팀원은 서로 칭찬해주고, 실천하지 않는 팀원은 서로 지적해주었다. 최종적으로는 이 행동수칙을 수간호사들이 소속된 팀으로 가져가서 간호사들까지 실천하도록 만들었다. 눈에 띄는 성과가 나타났다. 1년도 채 지나지 않아서 직원 참여가 71퍼센트에서 86퍼센트로 증가했고, 전국 163개 주요 병원들 가운데 그들의 병원이 상위 10위 안에 들었으며, 시장이 줄어드는 중에도 그들의 병동은 성장세를 보이기까지 했다. 트레이시와 팀원들이 경험했듯이, 리더십 팀 내의 심리적 안전감을 지원해주는 간단한 행동수칙 몇 가지를 정하는 데 투자한 시간과 에너지는 큰 성과로 되돌아왔다.

집단 통찰의 기본 요소 #3:
자기인식을 유지하기 위한 지속적 노력과 절차

나는 창문으로 쏟아져 들어오는 밝은 오후 햇살에 드러난 다소 어수선하고 흥미로운 사무실 광경을 둘러보았다. 내 오른쪽으로는 깔끔하게 정돈된 긴 책상이 있었고, 그 중앙에는 엄청나게 큰 애플 모니터가 놓여 있었다. 내 왼쪽에 늘어선 책장들은 액션 피겨, 가족사진, 상패, 장식 소품들로 가득했는데, 그중에는 전 세계 컴퓨터 애니메이션 종사자들 사이에 널리 알려진 석고 붕대도 있었다. 몇 분 전 캘리포니아주 에머리빌에 있는 22에이커 면적의 픽사 캠퍼스로 들어선 나는 그늘이 잘 드리워진 긴 보도를 가로질러 스티브 잡스 빌딩의 아트리움에 들어왔다. 정면에 놓인 책상의 한쪽에는 〈몬스터 주식회사Monsters, Inc.〉의 캐릭터인 설리와 마이크의 실물 크기 인형이, 다른 쪽에는 〈토이 스토리Toy Story〉의 캐릭터인 우디와 버즈의 거대한 조각상이 세워져 있었다. 뒤쪽 벽에는 〈메리다와 마법의 숲Brave〉에 나오는 스코틀랜드의 공주 메리다가 준마를 타고 숲속을 달리는 장면이 담긴 엄청난 크기의 사진이 걸려 있었다.

어느 목요일, 픽사 본사로 찾아간 나는 명석한 에드 캣멀 회장의 사무실에 앉아 있었다. 많은 독자처럼 나도 2014년에 출간된 그의 책 『창의성을 지휘하라*Creativity Inc.*』가 몹시 마음에 들었다. 그런데 자기인식을 연구하고 있는 나의 호기심을 크게 자극한 몇 가지 내용이 있었기 때문에 그와 직접 이야기를 나눠봐야만 했다. 지금은 유명해진 픽사의 '노트 데이Notes Day' 기법도 캣멀이 책의 마지막 장에 그 역사를 설명해 놓았지만 좀 더 자세히 배우고 싶었다.

2013년 당시, 계속해서 흥행 기록을 갈아치우기는 했지만 픽사는 타성에 젖어가는 듯한 불만을 경험하고 있었다. 캣멀과 그의 팀은 치솟는 제작비 외에도 미세하지만 걱정스러운 추세에 신경이 쓰였다. '자기인식에 기초한 경영'을 핵심 신조로 삼는 캣멀은 특히 걱정이 많았다. 최근 몇 년간 회사의 성장과 함께 회사의 문화 또한 변했다. 그들에게 큰 성공을 안겨주었던 '제약 없는 소통'이 유지되지 않고 직원들의 자기 검열이 점점 증가하는 듯했다. 캣멀은 왜 직원들이 진실을 말하기를 그렇게 망설이는지, 그렇다면 어떤 대책을 세워야 하는지 알고 싶었다.

단순히 피드백을 주고받기만 장려해서는 충분하지 않은 게 분명했다. 피드백을 생성시킬 제도가 필요했다. 그래서 3월 11일 픽사는 업무를 중단하고 '정직의 날day of honesty'을 개최했는데, 그들은 이를 '노트 데이'라고 부른다. 노트 데이 몇 주 전에 픽사 임원들은 직원들에게 질문 하나를 제시했다. "지금은 2017년입니다. 올해 제작한 영화 두 편 모두가 예산액 한도 내에서 완성되었습니다. 어떤 기술혁신 덕분에 두 영화가 목표한 예산 내에서 제작될 수 있었을까요? 우리가 달리했던 점들은 구체적으로 무엇이었을까요?" 그들은 각 영화의 제작 기간 단축에서부터 직장 환경 개선, 픽사의 애니메이션에 내포된 성차별을 줄여나가기에 이르기까지 1,000개 이상의 독특한 주제에 대한 4,000개 이상의 답변을 받았다. 임원진은 그 주제들 가운데서 100여 개를 선정한 후 픽사 캠퍼스 내의 세 건물 곳곳에 171개의 토론회장을 마련하고 직원들이 그 주제들에 대해 솔직하게 논의하도록 했다. 직원들은 원하는 토론회를 선택해서 참석했고, 각 토론회는 미리 교육을 받은 직원이 진행했다. 토론회가 끝나면 구체적 제안을 적은 적색 평가서, 브레인스토밍한 내용을 적은 청색 평가서, 최상의 실천 방안을 적은 황색 평가서 등 세 가지의 '토론 평가서'를 제출하고, 토론에서 나온 제안을 발전시켜나갈 '아이디어 대변인'을 선정했다.

픽사의 공동 설립자이며 크리에이티브 총괄 책임자인 존 래시터는 노트 데이의 시작을 알리는 인사말에서 픽사의 성공에 솔직함이 얼마나 중요한 역할을 해왔는지 직원들에게 상기시켰다. 그는 냉정한 피드백을 주고받기가 얼마나 어려운 일인지 강조하면서, 그렇지만 모두가 최선을 다해 솔직해주기를 바란다고 요청했다. "피드백이 여러분 개인을 향한 것처럼 느껴질 것입니다…… 하지만 얼굴에 철판을 깔았다고 생각하고 픽사를 위해 거리낌 없이 발언해주고 계속 솔직해주십시오."

노트 데이를 개최한 후 몇 개월간 캣멀은 그날의 개념과 실행을 칭찬하는 직원들의 이메일을 여러 통 받았다. 캣멀은 이 실험으로 "막혔던 솔직한 소통의 통로가 뚫렸고", "직원들이 더 안전하게 자기 생각을 말하게" 된 듯하다고 평했다. 또한 노트 데이는 모든 직원에게 "공동 작업, 투지, 솔직함은 늘 우리를 일으켜 세우는 힘"이라는 사실을 상기시키는 역할도 해주었다.

하지만 그로부터 몇 년이 지난 지금에 이르러 어떻게 최종 평가를 내렸는지 궁금했다. 이 실험이 단 한 번의 성공으로 끝났는가, 또는 정말 픽사의 문화에 지속적으로 영향을 미치고 있는가? 픽사의 간부들은 여전히 직원들로부터 진실을 듣고 있는가? 직원들은 실제로 더 편안하게 솔직한 피드백을 주고받고 있는가?

이런 질문들이 내 머릿속을 맴돌고 있을 때, 마침 캣멀이 사무실로 들어왔다. 검은색 버튼다운 셔츠와 청바지를 입은(그리고 당연히 애플 시계를 자랑스럽게 찬) 그가 내 맞은편 의자로 절뚝거리며 걸어왔다. 오른쪽 발의 석고붕대를 가리키며 그가 장난스럽게 말했다. "술집에서 취해 한 발 돌려차기를 하다가 다쳤어요." 그게 실제 부상의 이유는 아닐 거라고 짐작하며 내가 빙그레 웃었다.

나는 대화를 나누는 동안 깊이 있는 캣멀의 사고에 깜짝 놀랐다. 그는 무슨 문제든 너무 단순하거나 깔끔하기만 한 설명을 삼가고 전문가처럼 핵심을 설명했다. 노트 데이 제도는 그 뒤로 어떻게 되었는가라는 질문에 답할 때는 더욱 그랬다. 그는 의자에 깊숙이 앉으면서 안경을 고쳐 썼다. 나는 미소를 지으며 그가 노트 데이 제도가 소통의 문제를 싹 해결해준 덕분에 이제는 전 직원이 모든 사안에 대해서 사실만을 이야기한다고 즐겁게 이야기해주리라고 예상했다.

하지만 캣멀의 대답은 내 예상을 약간 빗나갔다. "노트 데이는 분명 소중한 실험이었습니다. 하지만 몇 가지 중요한 문제가 틈새로 빠져나갔죠." 그는 노트 데이를 시작한 지 몇 개월 후에 그들의 영화 하나에 '심각한 위기'가 찾아왔다고 설명했다. 간부들에게 피드백을 전달해줄 전통적인 경로와 비공식 경로 모두가 실패하면서 영화가 제작되지 못할 위험에 처했다고 한다.

캣멀이 이야기를 잠깐 멈춘 사이 나는 추론을 해보았다. "그러니까 노트 데이가 열렸을 때 이미 그 문제들이 있었다고요?" 내가 이맛살을 찌푸리며 물었다. 캣멀이 고개를 끄덕였다. "그리고 모든 직원이 문제를 알고 있었고요?" 그가 다시 고개를 끄덕였다. 내가 깜짝 놀라서 물었다. "그런데 '정직의 날'에 아무도 그 문제에 대해 한마디도 하지 않았어요?" 캣멀이 세 번째로 고개를 끄덕이며 '그렇다니까요'라는 표정으로 나를 바라봤다.

그가 이야기를 이어나갔다. "그것은 심각한 문제였고 반드시 해결되어야만 했습니다. 노트 데이의 모태는 감독들 및 최고의 작가들로 구성된 브레인트러스트Braintrust들과의 회의에서 아주 성공적으로 사용하고 있는 절차였습니다. 브레인트러스트들은 회의를 할 때 안심하고 지적과 비평을 활발하게 주고받거든요. 우리는 그런 안전한 소통을 회사 전체가 모방하게 하려고 노력해왔습니다."

하지만 두 가지 문제가 있었다고 그가 말했다. 첫째, 모든 팀장이 지속적인 피드백을 유도할 기술을 가지고 있지 못했다. "직원들은 우리가 하는 말이 아니라 그들이 보고 관찰한 내용에서 단서를 얻지요"라고 그가 말했다. 임원진이 전 직원에게 이곳은 비판을 해도 안전한 조직이라고 아무리 자주 확언해주더라도, 그들의 팀 내에서 안전하다고 느끼지 못하면 말을 조심하게 될 것이다.

두 번째 문제는 캣멀이 이야기한 대로 노트 데이에서 선의의 비판들이 나온다고 해도 그것들이 해결책은 아니라는 점이다. 그는 이렇게 말했다. "해결책의 수립은 비판을 깊이 이해한 다음, 거기에 대처할 방법을 찾아내기까지 어마어마한 노력을 필요로 하죠." 노트 데이가 끝났을 때 수천 개의 노트가 나왔지만, 여전히 그 속의 정보를 자세히 살피고, 유형을 찾아내고, 우선순위를 정한 다음에 해결책을 수립해야 하는 일이 남아 있었다.

하지만 가장 충격적이었던 점은, 몇 가지 큰 문제가 전혀 언급되지 않고 지나갔다는 사실이었다. 캣멀은 아무도 문제를 제기하지 않은 이유를 분명히 다른 직원 누군가가 했으리라고 짐작한 때문이었을 거라고 말했다. 그리고 간부들은 그 문제들을 몰랐기 때문에, 그것들을 논의할 적절한 기회를 마련하지 않았다. "존재하는지도 모르는 문제에 대해 우리가 안전한 논의 공간을 만들기는 어렵죠"라고 그가 지적했다. 다시 말해서 그들은 현재 회사가 어떻게 돌아가고 있는지에 대한 가정에 이의를 제기할 적절한 데이터가 없었던 것이다(집단 통찰의 5대

초석 중에서 가장 까다로운 것이 가정의 확인이다).

픽사의 임원진이 피드백의 수문을 더 활짝 열기를 바란다면, 늘 가동되는 제도를 마련해야 할 필요가 분명히 있었고, 그 제도로 보상을 얻기까지는 어느 정도 적응도 필요할 터였다. 기술 부문과 예술 부문에서 각각 한 명씩, 두 명의 직원이 시스템을 제안했다. 직원들이 제대로 돌아가지 않는 문제를 간부에게 보고하기가 편하지 않다면, 지정된 해적 대표peer pirate에게 도움을 청할 수 있게 하자는 제안이었다. 캣멀이 이렇게 설명해주었다. "진짜 해적이 있었던 시대에는 해적들이 무슨 말을 하든 죽이지 않는다는 합의하에 동료 한 명을 뽑아서 선장에게 문제나 불평을 전달했거든요."

픽사는 계속해서 언급되지 않고 넘어가는 문제들을 드러내기 위한 비공식 통로로 해적 대표 제도를 시행했다. 하지만 제도를 실시한 지 8개월이 지난 후까지도 여전히 쓸모 있는 정보는 나오지 않았다. 그때 당시 픽사의 제작본부장이었으며 현재 픽사의 회장인 짐 모리스Jim Morris가, 해적 대표가 자기 부서의 동료 4~6명을 선택하고 함께 캣멀과 모리스 자신에게 피드백을 전달하게 하자고 제안했다. 각 부서에서 대표단을 구성할 때 다양한 직원으로 뽑되 서로 편안한 사이인 직원들을 선택해서 캣멀과 모리스와 이야기할 때 더 편안함을 느낄 수 있도록 했다.

그제야 성과가 좀 있는 듯했다. 해적 대표는 자신들의 발표를 진지하게 받아들였고, 그 덕분에 노트 데이에서 언급되지 않고 넘어갔던 많은 문제가 드러났다. 그렇게 해서 부서 내부와 부서들 전반의 문제에 대한 깊은 통찰과 문제의 패턴을 찾아낼 장치를 갖게 되었어요." 캣멀이 환한 표정으로 말했다. "소중한 제도죠." 해적 대표 제도에서 얻은 통찰은 몇 가지 중요한 조직의 변화를 가져왔고, 이제 변화의 결실을 맺고 있다.

하지만 캣멀은 그 제도도 만병통치약은 아니었다는 지적을 바로 덧붙였다. 쉽게 해결된 문제도 있었지만, 많은 노력이 요구되는 문제도 있었고, 여전히 씨름 중인 문제도 있다고 했다. "우리나 외부 사람들이나 우리가 완벽한 제도를 갖추고 있다고 생각한다면 아주 큰 오산입니다"라고 그가 말했다. 하지만 해적 대표 제도는 지속적인 솔직한 소통을 방해하는 몇 가지 체계적인 문제를 밝혀냈다는 점에서 대단히 가치가 있었다. 또한 직원들이 진실을 밝히지 않는 근본적인 이유에 대처하게 함으로써, 명석하고 재능 있는 간부들이 솔직하게 소통할 수 있는 문화를 만들게 해주었다.

픽사가 사용한 방법은 어떻게 리더들이 지속적인 피드백이 오가도록 제도를 정립함으로써 자기인식의 문화를 고취시킬 수 있는지를 보여주는 하나의 사례일 뿐이다. 그와는 좀 다른 극단적인 사례 하나를 살펴보자. 1975년 26세의 하버드 대학교 졸업생 레이 달리오Ray Dalio는 뉴욕 시의 한 아파트에서 브리지워터 어소시에이츠Bridgewater Associates를 설립했다. 이 회사는 세계 최대 헤지펀드로 성장했고, 달리오는 회사의 성공을 "철저한 진실"과 "철저한 투명성의 원칙" 덕분이라고 말한다.*

브리지워터에서는 직원들의 비생산적 행동에 대해 공개적인 지적

* 달리오는 자신이 철저히 고수하는 인생과 경영 원칙 201조항을 123쪽의 문서로 작성했다. 신입사원들은 이 수칙을 반드시 읽어야 하며, 달리오는 직원들에게 밤마다 과제를 내줄 때 이 수칙을 기초로 할 때가 많다.

을 장려하되, 다른 직원을 등 뒤에서 비난하는 행동은 해고 사유가 된다. 사적이거나 비밀리에 해야 할 대화가 아니라면 직원들의 모든 대화는 녹음되고, 회사 사람 누구나 녹음된 내용을 들을 수 있다. 브리지워터는 자유로운 피드백의 소통을 지원하기 위해 기술 장비에도 투자를 아끼지 않았다. 직원들은 회사에서 지급하는 아이패드의 '쟁점 일지issues log'에 문제와 실패를 공개적으로 기록한다. 또한 달리오를 포함한 모든 직원에게 '디지털 카드'를 배당하고 창의성과 신뢰성 같은 행동에 1부터 10까지 서로 점수를 매기게 한다. 그리고 그 점수의 평균까지 카드에 표시해 전 직원이 볼 수 있도록 했다. 그들이 활용하고 있는 또 다른 앱은 직원들끼리 팀을 뒷받침해주는 행동에는 '선행 동그라미'를, 팀에 해가 될 수 있다는 점을 이해시켜야 할 행동에는 '비행 동그라미'를 주도록 했다. 공동 최고운용책임자인 밥 프린스Bob Prince는 이런 제도들에 대해서 "모든 비용을 치르더라도 진실을 추구하려는 거죠"라고 설명했다.

하지만 어떤 비용을 치르는가? 브리지워터의 극단적인 방법은 다른 회사들도 모방해야 할 방법인가? 그들의 재무 성과는 분명히 인상적이다. 그들은 역대 어느 헤지펀드보다 높은 수익을 올려왔다. 게다가 많은 직원이 그곳에서 일하는 것이 너무 좋아서 이직은 상상할 수도 없다고 말한다. 하지만 회사의 성공이 '끊임없는 비판의 목소리' 때문이 아니라 그럼에도 불구하고 이룬 것이라고 믿는 내부 인사들도 있다. 브리지워터를 그만둔 한 직원은 이렇게 설명했다. "브리지워터에 가면 심리학자 흉내를 내는 사람들을 보게 될 것입니다. 저라면 심리학 박사학위를 가진 사람이 해도 쉽게 신뢰하지 않을 문제를 스물서너 살

밖에 안 된 무리가 진단한다고 설치고 다니죠." 충격적이게도 30퍼센트나 되는 신입사원이 고용된 지 2년 이내에 자발적으로 또는 비자발적으로 그만두는 이유도 아마 그 때문일 것이다.

그렇다면 달리오는 뛰어난 선견지명을 가진 사람인가, 아니면 조지 오웰George Orwell이 비판했던 독재자인가? 누구에게 물어보는가에 따라 답이 달라진다. 진실을 추구하기 위한 쉼 없는 그의 노력에는 나도 당연히 반대하지 않지만, 브리지워터의 방식은 불필요한 대가가 따를 수도 있고, 대부분의 팀은 그런 극단적인 조치 없이도 피드백이 넘치는 환경을 만들 수 있다는 것이 나의 견해이다. 대안이 될 수 있는 방법을 한 가지만 살펴보자. 솔직함에 도전하기Candor Challenge는 내가 수년에 걸쳐 완성한 지속적 자기인식을 심어주는 방안이다.*

팀의 자기인식을 지속시키기 위한 노력: 솔직함에 도전하기

"우리가⋯⋯우리더러 뭐를 하라고요?" 한 부사장이 분개하며 질문했다.

"대단히 죄송한데 솔직히 나는 이게 왜 필요한지 모르겠군요." 또 다른 부사장이 말했다. "사업은 번창하고 있습니다. 매년 모든 추정치를 상회하며 성장하고 있어요."

"제 생각도 그렇습니다." 재무 부문 부사장인 세라도 거들었다. "우리 모두는 타샤 당신의 코칭을 존중합니다. 정말이에요. 오전의 연수는 아주 좋았어요. 하지만 타샤도 알아둘 게 있는데, 우리는 이미 자기

* 이 기법의 근원은 패트릭 렌시오니Patrick Lencioni의 훌륭한 책 『팀이 빠지기 쉬운 5가지 함정 *The Five Dysfunctions of a Team*』으로, 나는 이 책이 현재 및 미래의 관리자 모두의 필독서라고 생각한다.

인식이 가장 뛰어난 팀이라고 알고 있어요. 회사가 나아갈 방향도 분명하게 설정되어 있습니다. 존은 아주 멋진 회장으로 우리에게 훌륭한 본보기가 되어왔죠. 어떤 발언을 해도 곤란한 일이 생기지 않는다는 것도 모두 알고 있고요. 솔직히 그러냐고요? 우리는 서로를 좋아합니다. 우리는 서로를 신뢰해요. 함께 자주 어울리고요. 그러니까 타샤, 고맙기는 하지만 우리는 세 시간 동안 피드백을 교환할 필요가 없을 듯해요."

오랫동안 조직심리학자로 일했지만 이렇게 명석하고 박식하게 이유를 대면서 밀어내는 사람들은 경험한 적이 없었다. 이 임원진은 정확히 무슨 말을 해야 할지 알고 있었을 뿐 아니라 옳은 말만 했다. 대부분의 내용은 그랬다. 그들의 회사는 자기인식의 기본 요소 대부분을 이미 갖추고 있는 성공한 회사였다. 하지만 역설적이게도 회사의 성공으로 인해 새로운 문제들이 생겨났다. 일이 순조롭게 풀릴 때 사람들은 잠재적 문제의 실상을 무시하고, 곤란한 대화를 덮어두며, 나쁜 행동을 참아주기 쉽다. 최근 몇 개월 동안 존은 세력 다툼이 확산되어가는 상황을 눈치챘다. 임원들은 담당 부서에서 웅크리고만 있고, 부서끼리는 사소한 문제들로 실랑이할 때만 들르는 듯했으며, 그 실랑이를 중재해달라고 존 자신을 끌어들일 때도 있었다.

"이 사람들이 형제자매들처럼 다툰다니까요!" 존은 그렇게 투덜거렸다.

"그런 일은 제가 많이 봤죠." 내가 대답했다. "영업 총괄 부사장과 마케팅 총괄 부사장이 업무 협조에 방해가 되는 근원적이고 미묘한 쟁점들을 잘 논의하지는 않으면서 예산을 놓고 다투기는 잘하죠." 우리는 그 쟁점들을 파악할 필요가 있었다.

그의 임원들이 좋은 말로 나를 밀어냈던 연수 이야기로 다시 돌아가도록 하자. "그래요, 잘 알겠습니다." 내가 세라에게 대답했다. 나의 그다음 답변이 남은 오후 연수의 성패를 좌우하리라는 것을 알고 있었기 때문에 나는 심호흡부터 했다. "제가 한 가지 질문하겠습니다. 몇 분이나 불안하십니까?" 모두의 손이 올라갔다.

"불안하신 것은 이해가 가는 일이며 지극히 정상입니다." 내가 말했다. "하지만 이 방 안의 불안한 기운을 보니 여러분이 서로 완전히 터놓고 이야기하지 못하게 막는 무엇인가가 여전히 있는 듯합니다. 아마 어떤 분들은 잔잔한 호수에 평지풍파를 일으킬까봐 두려울 겁니다. 어떤 분은 갈등을 피하고 싶어서, 또는 다른 사람들이 그러니까 같이 침묵하고 있을 거고요. 여러분에게 자기인식의 마지막 기본 요소가 결여된 것은 아닐까 그런 생각이 드네요. 여러분은 한 팀으로서 자기인식을 유지하기 위해 정말 지속적으로 노력해왔습니까?" 누가 대답할 틈을 주지 않고 내가 말을 이었다. "이것이 쉬운 일이라고 말씀드린다면 정직하지 못한 거겠지만, 제가 두 가지는 약속드릴 수 있습니다. 첫째, 이 절차는 효과가 있습니다. 둘째, 이것은 여러분이 이제껏 했던 어떤 대화보다 중요한 대화가 될 것입니다." 휘둥그레진 아홉 쌍의 눈이 나를 빤히 쳐다보았다.

나는 약속했다. 이제 약속을 지키기만 하면 되었다.

연수의 출발이 좋았다는 사실이 내게 유리하게 작용했다. 오후 일정을 남겨둔 이 연수는 존과 내가 조직이 어떻게 돌아가고 있는지 살펴보고, 계속해서 피드백이 자유롭게 교환될 수 있도록 기초를 다지기 위해 마련한 1일 연수였다. 오전 시간은 간략하게 그들의 전략 방향을 확인하고, 팀의 기준을 만들고, 가장 중요한 부분인 존의 리더 피드백 프로세스에 참여하면서 지나갔다. 리더 피드백 프로세스는 잘 진행되어 존은 미처 알지 못했던 자신의 장점과 단점 몇 가지를 발견하게 되었다. 앞에서 살펴보았듯이, 존이 본보기로 피드백을 받는 과정을 지켜본 리더 피드백 프로세스는 그의 임원들이 좀 더 편안하게 서로 피드백을 주기 위해 반드시 선행되어야 할 중요한 과정이었다. 오후 세 시간은 임원들끼리 피드백을 주고받게 할 계획이었다.

솔직함에 도전하기 기법은 몇 개월 또는 몇 년에 걸쳐 시행되기도 하는데, 가장 주목할 부분은 시작 단계의 팀 피드백 교환team feedback exchange이다. 이때 모든 팀원은 동료들에게 그들의 장점과 단점, 팀의 성공에 더욱 기여하기 위해 할 수 있는 일들을 피드백으로 준다. 그것만으로도 충분히 두려운데 각 팀원은 팀 전체 앞에서 피드백을 주어야 한다. 리더는 조직심리학자나 인사 전문가처럼 집단 역학에 전문 지식이 있는 외부 진행자(존의 경우 나)를 고용해 이 활동의 진행을 맡길 수 있다. 그렇지 않으면 한 팀원에게 진행을 맡길 수도 있다. 내부 진행자의 경우 팀원들의 신뢰를 받고 사교성이 좋아야 한다는 기본 요건을 갖춰야 하며, 팀에서 가장 나이가 많은 사람 또는 가장 어린 사람은 제외된다. (대개 팀의 규모가 클수록 노련한 진행자를 고용하는 것이 좋다. 대여섯 명이 넘는 팀은 효율적이고 효과적인 진행을 위해서 외부 진행자를 고용하는 것이 매우 유용하다.)

존의 임원진은 팀 피드백 교환이 예정되어 있다는 통보를 받았다. 3주 전에 존은 임원들에게 동료들의 어떤 행동이 팀에 도움이 되었고, 어떤 행동은 하지 않으면 좋았을지, 그들이 성공하려면 동료 각자의 어떤 점을 닮으면 좋겠는지 생각하고 있으라고 지시했다. 이제 생각해온 내용을 발표할 차례였다. 내가 일어나서 팀 피드백 교환의 순서를 적어둔 차트 쪽으로 걸어갔다. 차트에 쓰인 내용은 다음과 같았다.

순서(1인당 20분)

- 피드백 준비
- 질문1의 피드백 전달(질문당 30초)
- 질문2와 질문3의 피드백 전달(질문당 30초)
- 명료화를 위한 질의

그런 다음 나는 어떻게 진행되는지에 대해 설명했다. 각 임원은 다른 임원들에게 세 가지 질문에 대한 답을 피드백으로 제공하며, 피드백을 받는 사람은 피드백을 전부 받은 뒤에 명료화가 필요할 경우 설명을 요청할 기회를 갖는다. 아홉 명의 참가자는 세 개의 조 중 하나에 임의로 배정되며, 조별로 돌아가며 진행되고, 중간에 짧은 휴식 시간을 갖는다. 마지막에는 정리하고 보고를 듣는 시간을 둔다.

1조의 임원에게서 시작해도 괜찮다는 확인을 받은 다음에 나는 차트를 넘겼고, 거기에는 그들이 동료들에게 답을 해줘야 할 세 가지 질문이 쓰여 있었다.

1. 이 사람이 우리의 성공에 가장 기여한 행동은 무엇입니까?
2. 이 사람이 더 성공하기 위해서 한 가지 행동을 바꿔야 한다면 무엇을 바

꿔야 할까요?

3. 내가 더 성공하려면 이 사람의 어떤 행동을 배워야 할까요?

내가 시작을 알렸다. "좋아요, 이제 시작입니다. 몇 분 시간을 드릴 테니까 1조에게 줄 피드백을 준비해주세요. 하지만 기억하세요, 이 활동의 목적은 여러분의 팀원에게 그들에 대한 생각 전부를 말하는 것이 아닙니다. 한 질문에 한 가지 피드백을 30초 이내로 줄 수 있도록 준비해주세요."

나는 그들의 피드백이 포괄적이어서는 안 되며 행동에 초점을 두어야 한다고 강조했다. "행동에 관한 피드백이란 전반적 특성이나 여러분의 해석이 아니라 그들이 무슨 말을 했는지, 어떻게 말했는지, 어떤 행동을 했는지 구체적인 예를 들라는 뜻입니다." 내가 설명을 이어갔다. "예를 들면 '당신은 공격적입니다'라는 말은 행동에 관한 피드백이 아닙니다. 그들의 행동에 관한 해석이죠. 그에 반해서 '당신은 지난번 팀 회의에서 내 말을 세 번 가로막았고 매번 목소리를 높였습니다'라고 말한다면, 그것은 행동에 대한 피드백입니다. 우리의 해석이나 판단이 아니라 그들의 행동에 초점을 맞춰야 피드백을 이해하기 쉬워질 뿐만 아니라, 방어적 자세가 아닌 열린 마음으로 듣게 됩니다."

드디어 그들이 프로그램을 이해하게 되었다고 생각하려는 순간, 세라가 올 A 학생과 같은 열성으로 다시 손을 들고 말했다. "타샤의 설명은 이해했는데, 이 모든 절차가 너무 지나친 듯합니다. 우리가 서로 말로 피드백을 주어야 할 이유가 있나요? 글로 써서 익명으로 피드백을 줄 수는 없나요?"

그녀와 같은 탁자에 둘러앉은 동료들도 고개를 끄덕이며 동의의 뜻을 표했다. "왜 직접 말로 전달하는 피드백이 나은지 세 가지 이유를 알려드리죠, 세라." 내가 설명을 시작했다. "첫째, 말로 하면 글로 쓴 피드백과는 비교가 안 될 정도로 풍부하고 자세한 내용이 전달됩니다. 둘째, 믿거나 말거나 흔히 익명의 피드백이 더 상처가 될 수 있습니다. 누구의 지적인지 밝혀낼 수 없을 때 사람들은 단어를 조심성 없이 선정하거든요. 셋째, 소리 내어 피드백을 전달해보면 안전하고 통제된 환경에서 피드백을 주고받는 연습이 되고, 그러면 앞으로도 이를 지속시킬 가능성이 높아집니다."

아직도 가시지 않은 그들의 불안을 감지한 나는 이 활동 과정에서 모두가 정직한 마음, 열린 마음, 서로에 대한 존중심을 유지하도록 보장해줄 기본 원칙을 제시했다. 그 원칙들은 다음과 같다.

피드백 받기의 기본 원칙*

1. 거부 또는 방어적 자세 금지: 타인의 인식에 궁금증을 가지고 그것이 현실임을 기억한다.
2. 메모와 질문은 피드백 내용의 명료화를 위해서만 한다.
3. 열린 마음을 갖고 좋은 의도로 주는 피드백이라고 전제한다.
4. 팀원들에게 감사한다. 피드백을 주기란 쉽지 않다!

---

* 8장에서 설명한 피드백 수용의 3R 모델에 당신 팀이 익숙하지 않다면 기본 원칙을 제시할 때 간단히 모델을 설명할 것을 강력히 권장한다.

피드백 주기의 기본 원칙

1. 일반화를 피한다("항상" 또는 "절대로"라는 표현 금지).
2. 사람이 아니라 행동에 초점을 맞춘다.
3. 타인의 행동에 대한 자기 해석을 제공하지 말고 행동 자체만 이야기한다.
4. 예를 제시한다.

기본 원칙의 제시와 함께 드디어 실제 활동을 시작할 차례가 되었다. 나는 1조에 줄 답변을 준비할 시간을 몇 분 할애했다. 가장 먼저 피드백을 받은 사람은 더그라는 임원이었다. 나머지 임원들이 질문 1에 대한 답변을 돌아가며 들려준 뒤에 질문 2, 질문 3의 순으로 넘어가도록 했다.* 더그는 현명하게도 피드백을 기억하기 위해 메모를 했고, 피드백 전달을 전부 끝낸 임원들은 기대에 찬 눈으로 그를 바라보았다. 그는 미소를 지으며 모두에게 감사를 표한 후에 몇 가지 명료화를 위한 질문을 했다. 그가 멀쩡하게 통과한 듯이 보였기 때문에 다들 약간은 마음이 편해진 듯했다. 피드백 전달 과정은 갈수록 매끄럽게 진행되었다. 1조의 나머지 사람들도 피드백을 받은 후에 짧은 휴식 시간을 가졌고, 2조와 3조도 같은 절차로 피드백을 받았다.

* 나는 왜 한 조원이 세 질문에 대한 답변을 한꺼번에 전달하지 않고 모든 조원이 질문 1에 대한 답변을 전달한 다음에 질문 2, 질문 3으로 넘어가는 방식을 쓰는지에 대해 자주 질문을 받는다. 첫째, 문제가 있는 행동양식을 알아차리는 데는 동일한 질문에 대한 모든 조원의 답변을 한꺼번에 듣는 것이 다수의 질문에 대한 답변을 한 번에 듣는 것보다 낫다. 둘째, 나는 모든 답변을 한 번에 전달하고 싶은 충동이 부정적 피드백을 '완화시키려는' 잘못된 욕구("더그에게 마음에 드는 점부터 말해준다면 내가 마음에 안 드는 점을 이야기하기가 쉬워지겠지")에서 올 때가 많다는 것을 알지만, 이는 지속적인 솔직함의 문화를 조성하는 길이 아니다. 자기인식이 확고한 팀은 싫어도 이를 악물고 참으면서 기본 원칙을 지키고 서로에게 솔직히 이야기한다!

모든 순서가 끝났을 때 그들은 지쳤지만 큰 박수로 방금 자신들이 달성한 일을 축하했다. 그들은 기본 원칙을 완벽히 지켰고, 적어도 내가 보기에는 대단히 중대한 쟁점들을 밝혀냈다. 그리고 그것만큼 중요한 일은 어느 누구도 방어적 자세를 보이거나 부인하거나 히스테리 발작을 일으키지 않고, 피드백을 듣고 흡수했다는 것이었다. 눈물을 흘린 사람은? 물론 눈물을 흘리는 모습은 자주 나왔다. 하지만 흥미롭게도 이 활동을 진행해온 수년 동안 긍정적인 피드백을 받고 눈물 흘리는 모습을 건설적인 피드백을 받고 눈물 흘리는 모습만큼 많이 보았다.

정해진 세 시간이 거의 끝나갈 무렵 내가 한 가지 어려운 숙제를 던졌다. "이제 한 사람씩 돌아가면서 마무리 발언을 하겠습니다. 각자 방금 들은 피드백을 기초로 한 가지 약속을 했으면 좋겠습니다."

"나는 선의의 비판자가 되어 고객의 목소리를 더 자주 공유하겠습니다." 한 임원이 말했다.

"나는 여러분의 의견도 듣지 않고 밀고 나가는 대신 여러분을 한 분씩 찾아뵐 시간을 더 자주 내겠습니다." 다른 임원이 말했다.

"나는 잘못을 거듭 지적하는 짓을 그만두고 해결책 위주로 이야기해야 될 것 같습니다." 세 번째 임원이 약속했다.

힘겨운 오후였다. 이제 남은 일은 팀 피드백 교환을 지속시킬 수 있는 계획에 합의를 보는 것으로, 내가 책무 이행 논의accountability conversation라고 부르는 단계였다. 임원들은 매달 이런 자리를 마련하고 30분 동안 논의를 하기로 결정했다. 그 자리에서 우선 한 명씩 자신의 약속을 얼마나 잘 지키고 있는지 근황을 보고할 것이다. 그런 다음 다른 임원들에게 피드백이든 지원이든 자신이 계속 약속을 지켜나가는 데 도움이 될 일을 요청한다. 하지만 책무 이행 논의를 끝냈다는 핑계로 며칠씩 또는 몇 주씩 피드백을 무시하고 있어서는 안 된다는 점까지 임원들은 꼼꼼하게 챙겼다. 그래서 각 임원들이 약속을 지키거나 그에 반하는 행동을 보았을 때 그 자리에서 지적해주기로 의견을 모았다.

존과 임원들에게 작별을 고하기 전에 나는 아주 중요한 점을 상기시켰다. "바라건대 이제 피드백을 자유롭게 교환하는 문화가 확립되기 시작했으니까, 할 일을 끝냈다고 생각하고 싶은 유혹을 물리치도록 하세요. 여러분이 할 일은 끝나지 않았습니다. 사실 시작일 뿐이죠. 계속 현실을 파악하고 있으려면 지속적인 노력이 필요합니다." 그래서 나는 모든 팀이 최소한 1년에 한 번은 피드백 교환의 자리를 마련할 것을 권장한다. 요컨대 새로운 행동, 새로운 난제, 새로운 팀원은 늘 생기기 마련이고, 새로운 쟁점이 생기는 대로 대처하려면 지속적으로 피드백이 오가는 것이 매우 중요하기 때문이다.

그 말을 끝으로 존과 임원들은 기진맥진하지만 들뜬 기분으로, 그리고 크게 안도하면서 열을 지어 나갔다. 그런데 나는 그들이 이제껏 했던 어떤 대화보다 중요한 대화를 하게 해주겠다는 약속을 제대로 지킨 것일까? 몇 개월 후에 나는 알게 되었다. 팀 피드백 교환도 성공적이었지만, 그 후로도 그들은 그때만큼 노력했고 놀라운 발전을 이루어냈다. 그들도 인간인지라 여느 팀처럼 오래된 습관에 몇 번 빠지기도 했지만, 이제 그들은 서로 지적해줄 만큼 용감해졌고, 다시 노력한다는 차이가 있었다. 내가 존에게 이 모든 과정의 실질적 효과가 어떤지 물었을 때 그는 이렇게 말했다. "우리는 팀으로서 동일한 시간에 더 많은 일을 해내고 있습니다. 우리는 중대한 업무상의 쟁점을 표면화시키고 그것들이 감당할 수 없을 지경이 되기 전에 해결하고 있습니다. 그리고 내가 가장 신기해한 점은 사일로 효과(부서 간에 담을 쌓고 자기 부서의 이익만 추구하는 현상_옮긴이)가 근본적으로 사라졌다는 거예요. 우리는 하나의 팀으로 일하고 있죠."

솔직함에 도전하기는 직장을 주 대상으로 하여 고안된 기법이지만, 사업을 하는 경영자, 사이좋게 지내려는 가족, 세상을 바꾸기 위해 노력하는 자원봉사자 단체 등 어느 집단이든 이 기법을 사용해 자기인식의 문화를 기르고 유지할 수 있다. (이 기법을 당신의 팀에서 써보고 싶다면, www.insight-book.com에서 워크북을 다운로드받으면 도움이 될 것이다.) 사실 당신의 목표가 무엇이든 자기인식에 도달하고 이를 유지시키기 위해 노력을 기울이는 팀이 실패하는가, 아니면 활기차고 멋지게 성공하는가를 좌우할 수 있다. 다행스럽게도 솔직함은 선순환을 가져올 수 있다. 여러분이 서로에게 솔직할수록 앞으로도 솔직하기가 쉬워진다. 물론 솔직해지려면 노력과 용기가 필요하지만, 그만한 가치가 있는 결과를 선사한다. 당신의 인간관계가 깊어지고, 진정한 협조 분위기가 조성되며, 당신의 임무 달성에 장족의 발전이 있을 것이다.

자기인식이 명확한 팀에서
자기인식이 명확한 조직으로 거듭나라

1888년 34세의 조지 이스트먼George Eastman은 어머니를 찾아뵈었고, 어릴 적 살던 집에서 애너그램(단어나 문장을 구성하고 있는 문자의 순서를 바꿔 다른 단어나 문장으로 바꾸는 놀이_옮긴이)을 만지작거리며 자신이 설립한 회사의 이름을 무엇으로 할지 궁리했다. 그는 짧고 독특하며 발음하기 쉬운 회사명을 원했다. 이스트먼은 마침내 마음에 드는 이름 하나를 지어냈다. 첫 문자가 강하고 예리해 보이는 'K'여서 더욱 기분이 좋았다.

그해에 그는 고향인 뉴욕주 로체스터의 스테이트가 343번지에 있는 건물 3층을 임대했고, 거기서 미국을 상징하는 기업 하나가 탄생하게 된다. 이스트먼의 비즈니스 모델은 거의 즉각적으로 이윤이 창출되는 것이었다. 그가 판매한 카메라는 상대적으로 저렴했지만, 카메라를 구입한 고객은 중간 이윤이 높은 필름, 현상액, 인화지를 계속 사야 한다는 것이 이유 중 하나였다. 거의 한 세기 동안 코닥Kodak은 필름 시장의 90퍼센트까지 독식하며 번창했다. 1970년대 후반에는 미국에서 판매된 카메라의 85퍼센트가 코닥 제품이었다. 코닥은 단지 수익성이 높은 회사가 아니라 아메리카 드림의 정신을 담은 브랜드가 된 듯했다. 닐 암스트롱Neil Armstrong이 달에 가져간 물품 중에 엑타크롬 필름 한 통이 포함되었으며, 폴 사이먼Paul Simon은 코닥의 35mm 필름인 코다크롬에 찬사를 보내며 같은 제목의 노래를 만들었다는 두 가지 예만 봐도 그랬다.

하지만 코닥은 고객층의 현실 변화, 특히 디지털 사진의 탄생과 그로 인한 필름 시대의 종말을 파악하지 못함으로써 몰락의 길을 걷게 된다. 1975년 코닥의 전기공학자 스티븐 새슨Steven Sasson이 최초로 디지털 카메라의 원형을 만들어냈을 때, 경영진은 그것이 회사의 필름 사업에 손해를 끼칠 거라고 믿었기 때문에 폐기해버렸다. 새슨은 관리자들이 "귀엽네. 하지만 아무에게도 이야기하지 마"와 비슷한 반응을 보였다고 기술했다.

폴 캐럴Paul Carroll과 춘카 무이Chunka Mui가 그들의 책 『위험한 전략*Billion Dollar Lessons*』에서 밝혔듯이, 1970년대 후반 코닥은 동반자 관계였던 사진 현상업자, 필름 소매상 등으로부터 압박이 증가한 데다 다른 난제들까지 쌓여가자 전통적 필름의 장기적 생존 가능성을 평가했다. 1981년에 작성된 코닥의 보고서에는 현재의 비즈니스 모델이 1990년까지만 경쟁력을 유지하게 될 거라는 결론이 내려져 있었다(고객들이 필름 카메라를 선호해서가 아니라 디지털 카메라와 그 인화기가 처음에는 엄두를 못 낼 만큼 비쌌기 때문이었다). 하지만 코닥의 경영진은 그런 결론을 사업 변신의 강령으로 활용하고 관계자들에게 진실을 말해주는 대신, 모래 속에 머리를 더 깊이 묻어버렸다. 그들도 디지털 카메라 시장에 진출하려는 시도를 해보았지만, 시장 진입이 늦었던 까닭에 진즉 새로운 현실에 대응하고 있던 경쟁사들에게 밀렸다. 코닥은 2012년 파산 신청과 함께 완전히 몰락했다.

이는 조직 차원의 자기인식이 없을 때 어떤 일이 발생할 수 있는지를 보여주는 으스스한 사례이다. 팀의 자기인식이 팀원들 간의 솔직한 소통을 촉진함으로써 현실을 직시해야 한다는 의미라면, 조직의 자기인식은 직원, 노조, 고객, 주주, 하청업체, 지역사회, 입법자 등 모든 이해 당사자로부터의 피드백을 적극적으로 추구하고 그들의 요구 변화에 부응하기 위해 어떻게 적응하고 있는지, 이들 이해 당사자에게 정보를 계속 제공해줌으로써 시장 현실에 대응해야 한다는 의미이다. 앨런 멀럴리는 이를 "모두를 위한 자기인식"이라고 부른다. 모두가 목표, 현재 상태, 계획을 알고 있고, 모두의 목소리가 목표 달성을 위해 필요한 조치를 결정할 때 반영되기 때문이다. 테크놀로지와 소셜 미디어 덕에 새로운 소통의 통로가 생겨나고, 기업의 투명성에 대한 요구도 증가함에 따라 조직의 자기인식의 중요성은 커져만 갈 것이다.

하지만 대다수 기업의 운영 방식은 자기인식에 역행한다. 코닥의 사례에서 보았듯이 조직에 정보가 없기 때문이라기보다 조직이 정보를 받아들지 못하거나, 받아들이려 하지 않기 때문이다. 구체적으로 설명하자면, 자기인식이 부족한 기업은 내 동료인 척 블레이크먼Chuck Blakeman이 고객에게 즐겨 하는 흥미로운 질문 "당신은 무엇을 알지 못하는 척 '가장'하고 있습니까?"를 자문하지 않는다. 간단히 말해서 시장의 현실을 인식하지 못하는 기업은 집단 망상을 키우며, 이는 거의 항상 몰락의 발단이 된다. 이런 종류의 망상이 발생하는 이유는 여러 가지이지만 장기적 성공보다 단기적 결과를 우선시하는 관행 때문일 경우가 많은데, 척은 이를 "분기별 보고 증후군quarterly report syndrome"이라고 지칭한다.

그러나 조직의 망상은 외부 현실의 무시에 국한되지 않는다. 내부의 실상을 외면하는 경우도 마찬가지이다. 앨런 멀럴리가 포드에 도착해보니, 매일 「디트로이트 뉴스Detroit News」를 펼쳐들 때마다 포드에 관한 끔찍한 기사가 있는 듯했다. 내부자의 제보로 기술적 결함, 제조상의 문제, 직장 내 괴롭힘의 문제가 연이어 폭로되었다. 그의 전임자들은 정보를 누설한 장본인을 찾아 엄중히 경고하는 식으로 대응했을 것이다. 하지만 멀럴리는 애초에 왜 직원들이 회사의 치부를 떠벌리는지 그 이유를 알아볼 기회라고 생각했다.

그래서 그는 브라이스 호프먼 기자에게 전화를 했다. "브라이스, 당신이 계속 싣고 있는 기사들에 관해 이야기를……."

호프먼이 그의 말을 끊었다. "멀럴리 씨, 기사는 전부 사실입니다."

"사실인 줄 압니다." 멀럴리가 대답했다. "항의하려고 전화한 게 아닙니다. 내가 알고 싶은 점은 그렇게 정확하고 자세한 이야기를 어떻게 입수했냐는 것입니다."

"글쎄요……아주 간단하던데요." 호프먼은 이렇게 설명했다. "매일 아침 사무실에 출근해서 전화 자동응답기의 '재생' 버튼만 누르면 돼요. 대부분의 직원이 설명이 더 필요하면 연락해달라고 자기 이름과 전화번호까지 남겨놓는걸요."

멀럴리는 말문이 막혔다. "브라이스, 직원들이 그러는 이유가 뭘까요?"

"멀럴리 씨, 그들은 포드를 사랑합니다." 호프먼에게서 이런 대답이 돌아왔다. "그런데 회사가 어떻게 되어가고 있는지 아무도 말해주지 않으니까 무서워 죽을 지경이겠죠. 문제는 너무나 심각한데 경영진은 그에 대해 이야기하지 않으니까, 제게 제보하는 것이 문제를 제기할 가장 안전한 방법이라고 생각하는 거예요!"

멀럴리는 믿을 수가 없었다. 그는 휘청거렸다. 이제 좋은 일이건 나쁜 일이건 추한 일이건 전부 다 포드의 모든 이해 당사자에게 더욱 적극적으로 알리는 수밖에 없었다. 그는 직원들이 보낸 이메일에 직접 답장을 썼다. 그는 복도와 공장을 돌아다니면서 직원들과 '실제로' 이야기를 나누었다. 그는 자주 회사 전체에 최신 정보를 알렸다. 멀럴리와 임원진은 BPR에 공학자, 애널리스트, 기사 등을 특별 참석자로 초대하고 회의 중에 그들의 피드백을 청하기 시작했다.

하지만 거기서 그치지 않았다. 모든 직원이 회사가 나아갈 방향을 이해하고 있도록 하기 위해(즉 모두를 위한 자기인식) 멀럴리와 임원들은 인사관리부장의 협조를 얻어 회사의 모든 직원에게 나눠줄 작은 파란색 카드를 디자인했다. 카드 앞면에는 '하나의 팀', '하나의 계획', '하나의 목표'라는 제목 아래 회사의 비전이 쓰여 있었다. 그리고 뒷면에는 목표 달성을 위해 기대되는 행동들이 쓰여 있었다. 전시행정일 뿐이라거나 인위적으로 직원들의 애사심을 이끌어내려는 인사과의 얄팍한 연기로 일축되기 쉽지만, 멀럴리에게 그것은 단순히 코팅된 종이에 적힌 구호가 아니라 생활 자체를 의미했다. 호프먼이 『아메리칸 아이콘』에서 설명한 것처럼 "그가 포드의 직원들이 알고, 이해하기를 바라는 모든 것이 거기에 있었다." 멀럴리는 카드를 직원들에게 나눠주면서 농담 아닌 농담을 했다. "두 장씩 가져가고, 나한테 전화하려면 오전에 하세요. 여러분을 괴롭히는 모든 문제가 해결될 겁니다."

멀럴리가 브라이스 호프먼에게 「디트로이트 뉴스」에 유출된 정보에 대해 문의한 지 단 몇 개월 만에 정보 유출은 완전히 사라졌다. 그러자 멀럴리가 다시 호프먼에게 전화를 걸었다. "브라이스, 당신네 신문에 포드에 관한 나쁜 기사가 더 이상 안 실리네요."

"압니다. 이제 아무도 제 전화 자동응답기에 메시지를 남기지 않아서요." 그의 답변이었다.

"왜 그런 것 같습니까?"

"그야 빤한 일 같은데요." 호프먼이 대답했다. "회장님이 귀를 기울여주고 있겠죠. 직원들을 참여시킬 거고요. 이제 직원들이 회사 상황을 알겠네요. 그러니 더 이상 제게 전화할 필요가 없겠죠."

소통의 통로를 열어놓음으로써 포드는 직원들과의 관계를 근본적으로 변화시켰다. 2014년 멀럴리가 퇴직했을 때 포드 직원들의 근로 의욕은 사상 최고치인 87퍼센트였다(비교를 해보자면 그해 미국의 평균 직원 참여 수준은 31.5퍼센트였다). 다행히 그의 후임자는 '모두를 위한 자기인식'의 문화를 유지하기 위해 전력을 다했다. 즉 리더가 자기인식의 방법을 본보기로 보여주고, 진실을 공유해도 안전하게 느껴지며, 조직 전체에서 피드백이 자유롭게 오갈 수 있도록 뒷받침해주는 제도가 지속적으로 활발히 운영되는 문화를 유지시켰다. 그런데 앨런 멀럴리의 후임이 누구였을까? 추측해보라. 바로 마크 필즈였다.

10장 자기망상의 세계에서 살아남고 성장하기

누가 나더러 망상이 심하다고 했어.
유니콘에서 떨어질 뻔했지 뭐야.
SOMEECARDS.COM

올챙이 한 마리가 연못에서 헤엄치고 있었다. 갑자기 개구리 한 마리가 그의 옆으로 뛰어들어왔다.

"너는 어디서 왔니?" 올챙이가 물었다.

"마른 땅에서 왔지." 개구리가 대답했다.

"'마른 땅'이 뭐야?" 올챙이가 물었다.

"물이 없는 곳이지"라고 개구리가 말했다.

"'물'이 뭐야?"

개구리는 말문이 막혔다. 개구리는 어이가 없다는 듯 올챙이 주위를 온통 둘러싸고 있는 것을 가리키면서 물었다. "물? 무슨 말이야…… 이게 뭔지 몰라?"

"응."

"어떻게 모를 수가 있어? 네 주위가 온통 물인데!"

이 짧은 우화는 자기인식이 부족한 사람 옆에 있을 때 어떤 기분이 드는지 완벽히 표현해준다. 눈치가 없는 배우자든, 자기 행동이 직원들의 눈에 어떻게 보이는지 전혀 알지 못하는 상사든, 그의 일이 그를 얼마나 비참하게 만드는지 의식하지 못하는 친구든, 그런 사람 옆에서는 미칠 것 같은 기분을 경험할 수 있다. "다른 일에는 합리적이고 똑똑한 사람이 어떻게 자신이 헤엄치고 있는 '물'은 전혀 보지 못하는지, 즉 자신이 어떤 사람인지, 어떻게 행동하는지, 자기 행동이 주변 사람에게 어떤 영향을 주는지 모를 수가 있는지" 우리는 의아함을 느낀다.

나는 수천 명의 사람을 조사한 뒤에 망상에 빠진 사람을 찾으러 그리 멀리 가지 않아도 된다는, 뻔한 듯하지만 그래도 실증적 자료에 근거한 결론에 도달했다. 사실 우리의 유니콘들 중에서 겨우 두 명만 그런 사람을 알지 못한다고 보고했다(우습게도 한 명은 그런 사람을 떠올릴 수가 없는데, 필시 '자신'이 망상에 빠져 있기 때문일 거라고 했다. 우리가 그렇지 않을 거라고 안심시키자 그는 안도하는 듯했다). 물론 자기인식이 부족한 사람이 전부 똑같지는 않다. 기차에서 옆자리에 앉은 사람이거나 텔레비전 쇼의 캐릭터로 볼 때는 자기인식이 부족한 사람도 악의가 느껴지지 않고 재미있다는 생각까지 들 수 있다. 자기밖에 모르는 인척이나 망상에 빠진 상사나 동료의 경우는 우리를 기운 빠지게 하고 우리의 인내심을 시험한다. 그리고 연인이나 부모, 자녀처럼 우리와 가까운 사람이 그럴 경우 끊임없는 스트레스와 가슴앓이의 원인이 되기도 한다.

직장에서 망상에 빠진 사람은 짜증스럽고 불만스러운 데서 그치지 않고, 우리의 성과를 현저히 저하시킬 수 있다. 팀에 자기인식이 부족한 사람이 단 한 명만 있어도 팀의 성공 확률이 절반으로 뚝 떨어지고, 자기인식이 부족한 상사는 부하 직원의 업무 만족도, 실적, 행복감에 악영향을 미친다는 무서운 연구 결과도 있다. 『워싱토니언Washingtonian』지의 기자들이 워싱턴 D.C. 지역의 근로자 1만 3,500명에게 그들이 경험한 최악의 상사에 대해 질문했을 때, 온갖 믿기 힘든 고약한 행동들이 열거되었다. 몇 가지 예를 들면 어떤 부장은 "심히 멍청한" 말을 하는 직원들을 의자에 올라가 서 있게 하는 벌을 내렸다고 한다. 또 다른 관리자는 직원들이 화장실에 머문 시간을 전부 계산해서 유급휴가 일수에서 그 시간만큼 뺐다고 한다. 하지만 아마도 가장 믿기지 않는 사례는 아버지의 장례식에 참석하기 위해 월차를 신청했던 직원이 당한 일일 것이다. 그의 상사의 대답은? "우리는 지금 자네가 필요해. 아버님은 이미 돌아가셨는데 자네가 간다고 뭐가 달라져?"

이 세 명의 상사와 그들과 유사한 인간들은 한마디로 나쁜 사람, 사악한 인간, 심지어 소시오패스sociopath라고 치부해버리기 쉬울 것이다. 그런 평가가 맞을 수도 있고 틀릴 수도 있지만, 골치 아프게도 그들과 일해야 하는 사람들 대부분은 그런 행동에 기여하는 자기인식 또는 자기인식의 부족에 대해 계속 생각하지 않을 수 없다. 아무리 끔찍한 상사라고 해도 매일 아침 일어나면서 "오늘 걸리는 모든 이에게 굴욕감을 주고 속상하게 만들어주겠다!"라고 결심하는 사람은 거의 없다. 그보다는 자기의 행동과 그것이 미칠 영향에 대해 완전히 착각하고 있을 것이다. 그렇다면 우리의 입장이 난처해진다. 망상에 빠져 있던 사람이 진실을 아는 순간 당연히 충격에 빠질 것이고, 나아가 변하기 위해 행동에 나서고 싶을 것이다. 하지만 충격을 주면서까지 자신을 알도록 하는 것이 정말로 우리의 책임일까? 더 근본적으로는 그것이 가능한 일일까?

사실 망상에 빠진 사람에게 이의를 제기하는 일은 잘 되어도 위험할 수 있고 잘못되면 처참한 결과를 낳을 수 있다. 자신은 평균 이상이며, 도덕적으로 올바르고, 스스로를 대단히 잘 안다고 생각하는 사람이 거의 대부분임을 기억하지 않는가. 또한 망상이 가장 심한 사람이 그에 반하는 이야기를 받아들일 가능성이 가장 낮다. 앞의 장들에서 살펴봤듯이, 우리가 스스로 생각해온 것과는 다른 사람이라는 피드백을 받게 되면 자신이 무능하게 느껴질 뿐 아니라, "우리의 존재 자체가 위협받는다고 인식할 때 발생하는 심각한 방향감 상실과 심리적 무정부 상태로 고통받는다"고 유명한 심리학자 윌리엄 스완William Swann은 주장한다. 상당히 부담스러운 일이지 않은가?

이미 살펴봤던 사례들처럼 수많은 평범한 사람들이 스스로 자기인식을 극적으로 향상시켰다면, 망상에 빠진 사람이 좀 더 자신을 잘 알도록 도와주는 것이 가능한 일임에는 틀림없다. 하지만 모두가 변하고 싶어 하지는 않을 것이다. ("말을 물가로 데리고 갈 수는 있지만 물을 마시게 할 수는 없다"는 속담도 있지 않은가?) 이런 현실을 고려해볼 때, 망상에 빠져 있는 사람에게 대처하는 최선의 방법은 무엇일까? 그들을 이해하고 가능하면 그들이 변하도록 도와야 할까? 아니면 단순히 그들의 망상으로 인해 우리의 성공과 행복에 영향을 주는 부차적인 피해를 최소화하는 편이 나을까? 이 장에서는 이 질문들에 대한 답과 함께 당신이 살아가면서 부딪힐 수 있는 세 가지 유형의 자기인식이 부족한 사람들('자기인식의 가망이 없는 사람, 자기인식을 무시하는 사람, 넛지가 필요한 사람')에 대응할 수 있는 몇 가지 전략을 제공함으로써 그들로 인해 당신의 에너지, 열정, 행복을 고갈되는 일을 막고자 한다.

우리가 변화시킬 수 없는 것들을 수용하고 우리가 할 수 있는 것들을 변화시키기

로버트는 새로 들어간 작은 IT 보안회사의 개발부장 일이 만족스러웠다. 그는 업무에도 열정을 느꼈고, 훌륭한 상사를 만나 기뻤으며, 동료들을 신뢰하고 진심으로 좋아했다. 실제로 로버트는 새로운 직장의 모든 점이 좋았다. 하지만 심각한 예외가 하나 있었다. 마리아라는 인물이었다.

자기인식이 안 되는 대부분의 사람처럼 마리아는 자신만의 현실 속에서 사는 듯했다. 회사 지원 센터의 관리자로 오랫동안 근무해온 그녀는 동료의 견해가 언제나 자신과 일치해야 한다는 잘못된 가정을 완강히 고수하며, 그들이 자신에게 동의해주지 않을 때는 그들을 헐뜯었다. 그녀가 팀원들을 통제하기 위해 위협과 따돌림의 방법을 쓰는 바람에, 그들은 사기가 너무 저하되어 성심성의를 다해 고객을 도와주려는 의욕마저 생기지 않을 지경이었다. 게다가 마리아는 기회가 있을 때마다 놓치지 않고 자신의 학력과 수년간의 경험을 동료들에게 상기시켰다.

마찰을 싫어하는 마리아의 감독관조차 그녀를 무서워하는 듯했다. 몇 년 전에 그는 마리아의 행동에 대해 진지하게 지적했지만 효과가 없자 그 뒤로는 포기하고 그녀의 불량한 행동이 점점 늘어가는데도 내버려두었다. 당연히 마리아의 행동은 끊임없이 사무실의 긴장과 갈등을 야기했고, 자신의 행동이 주변 사람에게 어떤 영향을 미치는지 그녀가 어렴풋이나마 의식하는지는 몰라도 전혀 그런 티를 내지 않았다.

그렇게 날이 가고 달이 가면서 로버트는 마리아가 팀에 미치는 영향이 암덩이처럼 커지고 있다고 느꼈다. 그녀의 동료들은 그녀가 물고 늘어질까봐 걱정되어 그녀와 다른 의견을 내기를 두려워했다. 그녀의 고약한 행동에 책임을 묻지 않는 상사 때문에 그들은 좌절했다. 시간이 갈수록 로버트는 출근하기 싫다는 생각을 하며 잠에서 깨어나게 되었다.

그러던 어느 날, 그의 기도에 응답이라도 하듯이 인사 담당자가 공고를 했다. 그와 마리아가 속한 회사의 리더십 팀원 각자가 동료들로부터 익명의 피드백을 받아볼 기회를 갖는다고 했다. '우리의 속내를 털어놓을 기회가 왔군!' 로버트는 그렇게 생각했다.

펜을 들 시간이 왔을 때 로버트는 직원들을 미치게 만드는 그녀의 행동들을 냉정하고 솔직하게 구체적으로 쓴다 해도 자신은 잃을 게 없다고 생각했다. 그는 먼저 '마리아는 자신의 직무를 매우 진지하게 받아들이고 많은 시간을 할애합니다'라고 썼다. '하지만 자신의 거친 말투, 직원에 대한 지나친 통제, 자신의 능력과 경험에 대한 끊임없는 언급으로 인해서 팀의 사기와 실적을 크게 저하시키는 유해한 환경이 조성된다는 사실을 깨닫지 못합니다.' 피드백을 다 썼을 때 로버트는 이상하리만치 낙관적인 기분이었다. 그러자 이런 생각이 들었다. '사실 그녀가 못된 사람은 아닐 거야. 아마 자기 행동이 우리 팀에 얼마나 큰 피해를 주는지 짐작도 못 하고 있는 거겠지.'

인사 담당자는 모두의 피드백을 모아서 정리했다. 그리고 며칠 뒤 로버트와 마리아를 포함한 리더십 팀의 여덟 명은 피드백을 통해 무엇을 배웠는지 논의하기 위해 회의실에 모였다. 로버트는 드디어 껄끄러운 문제를 다룰 날이 왔다는 생각에 긴장되면서도 희망에 찼다.

오전 시간은 더디게 흘러갔다. 무슨 이유에서인지 마리아가 마지막 순서를 부탁해놓은 탓에 팀원 모두가 초조하게 그녀의 순서가 오기만을 숨죽이며 기다렸다. 마침내 그녀의 차례가 되었을 때 회의실 안의 공기는 뜨거운 마시멜로 같았다.

"여러분 모두가 나를 어떻게 보고 있는지 알고서 정말 충격을 받았습니다." 그녀가 입을 열었다. "여러분의 피드백을 전부 살펴보는 것이 유쾌한 경험은 아니었습니다." 잠시 그녀가 속상한 표정을 지었다. 팀원 모두가 조마조마한 마음으로 귀를 기울였다. 마리아의 저주가 드디어 풀리는 것일까? "하지만 솔직히 어떤 지적도 내게는 해당이 안 된다고 생각합니다."

다들 사방의 벽들이 무너져 내리는 느낌이 들었지만 회의실 안에는 정적만 흘렀다. 마리아는 여전히 심한 망상을 고집하는 게 분명한데 누구도 어떻게 대답해야 할지 알 수가 없었다. 로버트가 머뭇거리다 목청을 가다듬고서 물었다. "마리아, 팀의 지적을 뭐로 들은 거예요?"

"한 가지는 확실해요. 사실 내가 변해야 한다는 생각이 들게 한 지적은 없었어요." 그녀가 단호하게 대답했다.

"왜 그렇게 말하는 거죠?" 그가 냉정을 유지하려고 애쓰면서 다시 물었다.

"글쎄요, 누군가는 내가 자만심이 강하고 내 능력과 경력을 항상 이야기한다고 지적했더군요. 그 사람은 내 성공을 시기해서 그런 지적을 한 게 분명해요."

"다른 이유가 있어서 그 말을 했을 수도 있지 않을까요?" 그가 조심스럽게 물었다.

"어떤 다른 이유가 있을 수 있을까요?" 틈을 감지한 로버트가 입을 열려는 순간이었다. 하지만 그가 말을 내뱉기도 전에 마리아가 자기 생각을 고집했다. "다른 이유 따위는 없어요."

로버트는 멍하니 마리아를 바라보며 눈만 껌벅거렸다. 아주 짧은 순간 그는 그렇게 지적한 사람이 자신이라고 밝히고, 그런 지적을 하게 만든 여러 행동 가운데 하나라도 지적한다면 어떤 득실이 있을지 가늠해보았다. 하지만 처음의 낙관론은 온데간데없이 사라지고, 로버트는 그래봐야 아무 소용이 없겠다는 생각이 퍼뜩 들었다.

유감스럽게도 그가 옳았다. 로버트의 팀이 피드백 교환을 끝낸 지 만 1년이 지나는 동안 회사의 많은 일이 달라졌지만 마리아는 예외였다. 리더십 팀의 모두가 자신에게 주어진 피드백에 맞춰 혼신의 노력을 다한 반면에 마리아는 의도적으로 피드백을 무시했다. 그녀는 동료들의 지적을 전부 묵살했을 뿐 아니라, 그것들이 얼마나 잘못된 지적인지 누누이 이야기했다.

마리아는 세 유형의 자기망상에 빠진 사람 중 첫 번째인 자기인식의 가망이 없는 부류이다. 그들은 자신이 옳다며 분개하고 확고부동하게 자신의 망상을 고수한다. 그들은 자신의 의견 외에는 어떤 의견도 고려하지 못하고, 고려하려고 하지도 않을 것이기 때문에, 바람직하지 못한 그들의 특성을 조명하려는 사람의 손에 들린 손전등을 채어갈 것이다. 그들은 이미 자신을 완벽에 가까운 존재로 보고 있기 때문에 자신에게 개선할 점이 있을 수 있다는 생각을 좀체 하지 않는다. 그들에게 이로운 일임을 내세워서("이 행동 때문에 당신의 평판이 나빠지고 있어요.") 피드백에 귀를 기울이게 만든다고 해도 그들의 자기관에 이의를 제기하는 것은 대개 무의미한 일이 된다.

당신이 살면서 이런 가망 없는 사람을 발견하면 무력감을 느끼기 쉽다. 그러나 다행히도 이들이 자기통찰을 하도록 만들 수는 없지만, 우리의 성공과 행복에 미치는 이들의 영향을 최소화하는 조치를 취할 수는 있다. 사실 로버트가 어떻게 마리아와 평화롭게 공존하는 법을 터득했는지 들여다보면 배울 점이 많다. 그는 자신의 반응을 조절하고, 그녀가 자신과 나머지 팀원들에게 미치는 영향을 이해하는 데 주력했다.

로버트는 마리아에게 자기통찰을 높이려는 욕구가 전혀 없음을 깨닫는 즉시 판단을 배제한 연민compassion without judgement의 마음가짐을 가져보자는 도전 과제를 스스로에게 부여했다. 그녀의 결함에 매번 화를 내는 대신 그는 두 사람이 다른 길을 가고 있을 뿐이라고 생각하기로 했다. 2장에서 사용했던 '자기인식의 경주' 비유를 다시 쓰자면, 로버트는 속도를 높이고 있는 반면에 마리아는 확실한 꼴찌였다. 그리고 이런 인식의 변화와 함께 그녀를 악의적인 과대망상증 환자가 아니라 그저 기를 쓰고 노력하는 사람으로 볼 수 있었다. 마리아의 자기인식은 그가 해결해줄 문제가 아니라 오직 그녀의 문제임을 깨닫자, 사실 자유로운 기분이 들었다.

로버트만이 이런 접근을 채택한 것은 아니다. 우리의 유니콘들은 자기인식의 가망이 없는 사람들에게 어떻게 대처했는지 조사했을 때 겨우 절반 정도만 직접 개입했다고 대답했고, 거의 대부분은 자기의 반응을 통제하는 전략을 썼다고 했다. 참으로 훌륭한 책『또라이 제로 조직 *The No Asshole Rule*』에서 스탠퍼드 대학교의 로버트 서튼Robert Shtton 교수는 자기인식의 가망이 없는 사람들에 대한 우리의 반응을 조절하는 데 도움이 될 비유를 제시한다. (두 번째 유형, 자기인식을 무시하는 사람에 관한 비유는 잠시 후 살펴볼 것이다.) 당신이 급류에서 래프팅을 하고 있다고 상상해보라. 당신의 보트가 평온하게 그림 같은 강을 따라 떠내려가던 도중에 갑자기 물보라가 이는 곳이 나타났다. 당신은 급류를 통과하려고 열심히 노를 젓지만 돌연 격렬한 물살 속으로 내던져진다.

이런 상황에서 대부분의 사람은 급류와 맞서 싸운다. 보트에 도로 올라가려고 버둥거리고, 물가로 헤엄쳐가려고 하고, 미끄러운 바위에 매달리려고 헛된 시도를 계속한다. 하지만 그런 전략은 사실 우리를 구해주기보다 죽일 가능성이 높으며, 물살에 덜 맞설수록 더 빨리 잔잔한 물로 갈 수 있다. 로버트는 이 비유가 마음에 들었다. 이 비유는 사실 그가 보기보다 더 상황을 통제할 수 있는 입장임을 상기시켜주었다. 예를 들어 마리아가 그에게 적대적인 말을 한다면, 그녀에게 맞서거나 그녀에게 잘못된 방식임을 보여주려고 애쓰는 대신 그냥 저항하지 않고 발을 하류로 두고 물살에 맡겨야 최대한 빨리 급류를 벗어날 수 있다는 생각을 떠올린다.

이 경우처럼 자기망상에 빠진 사람을 대할 때는 그 또는 그녀를 그냥 나쁜 사람으로 간주하기 쉽다. 하지만 그들의 긍정적인 특성을 몇 가지만 꼽아보라는 과제를 스스로에게 주면 어떨까? 또 다른 방법을 쓸 수도 있다. 우리의 문제를 다른 시각에서 바라보는 재구성의 마음챙김 기법을 써볼 수도 있다. 마리아가 열세 살짜리 딸을 회사로 데려왔을 때 로버트는 그녀가 딸을 대하는 모습을 보고 참으로 놀랐다. 그녀는 믿을 수 없을 만큼 다정했고, 끔찍이 딸을 챙겼으며, 딸을 자랑스러워하는 모습을 보였다. 로버트는 마리아와 일할 때면 자신의 반응을 조절하기 위해서 그때의 그녀 모습을 계속 떠올렸으며, 그녀가 너그럽지 못하게 행동할 때도 억지로 그 모습을 기억하려고 애썼다.

자기인식의 가망이 없는 사람을 대할 때 쓸 수 있는 또 다른 기법은 로버트가 초등학생 시절에 처음 배웠던 방법이다. 로버트는 5학년 때 불량 학생에게 찍히는 바람에 날마다 울면서 집으로 돌아왔고, 다음 날은 어떤 괴롭힘을 당할지 두려워했었다. 그런 날들이 몇 주째 이어지던 어느 날 어머니가 그에게 해준 말이 있는데, 그는 그 말을 결코 잊을 수가 없다. "아들, 친구를 괴롭히는 나쁜 애에게 걸렸구나. 심술궂고 잔인하네. 그 아이가 너를 얼마나 괴롭히는지 엄마도 알아. 하지만 '그 아이가 내게 무엇을 가르치고 있지?' 하고 스스로에게 물어본 적은 없니?" 처음에 어린 로버트는 엄마가 어이없다고 생각했다. 그 못된 괴물에게서 도대체 무엇을 배운다는 말인가? 하지만 그가 너무 성급한 판단을 했다는 생각이 들었다. 어쩌면 그 경험은 로버트 자신에 관해 무언가를 배울 기회일지도 몰랐다. '어쩌면 그 애는 나 자신을 더 잘 지킬 필요가 있다고 알려주는지 몰라.' 로버트는 그런 생각을 하게 되었고, 그 생각을 실행에 옮겼다.

마리아와의 결전에서 실패한 몇 개월 후에 로버트는 5학년 때의 일이 떠올랐다. 그날 회의실에서의 사건 이후로 그녀는 터무니없는 분노를 그에게 퍼부었다. 그러던 어느 날 저녁, 유난히 기분 나쁜 하루를 보냈던 그는 결국 더 이상 참을 수가 없어졌다. 그는 회사를 그만둘 작정이었다. 하지만 사표를 써내려가던 중에 어머니의 말씀이 기억났다. 그는 마리아가 다른 종류의 불량 학생이라는 생각이 들었다. 그래서 로버트는 아주 오래전에 어머니에게 받았던 질문을 스스로에게 해보았다. 이것이 실은 괴팍한 사람을 대하는 법을 몇 가지 배워서 스스로를 발전시킬 수 있는 기회가 아니었을까?

그는 새로운 시각을 시험해보기로 했고, 거의 즉각적인 효과가 있음을 느꼈다. 그는 마리아와의 상황을 마라톤처럼 끝없이 영혼을 황폐화시키는 일이 아니라, 흥미롭고 유익한 도전 과제로 보기 시작했다. 본인도 알지 못하는 사이에 마리아는 로버트의 자기인식을 키워주고 자기망상의 레몬을 레모네이드로 바꿀 수 있게 해주었다.

망상에 빠진 사람 모두가 자기인식의 가망이 없는 부류는 아니다. 이제 자기망상의 두 번째 유형을 살펴보도록 하자. 잠시 후 살펴볼 것처럼 이들은 가망이 없는 부류와 분간하기 어려워 보일 수도 있지만, 사실은 대단히 다른 문제를 가지고 있다.

약간의 자기이해로는 불충분할 때

나는 한 제조업체의 최고운영책임자COO 후계자감으로 영입된 부사장 제리를 코칭한 적이 있다. 나는 첫 만남에서부터 제리의 지성, 직감, 통찰에 깊은 인상을 받았다. 하지만 그의 상사인 대니얼은 너무나도 성격이 달랐는데, 대니얼의 행동은 전설감이었다. 현재 COO인 그의 '리더십' 기술은 직속 부하 직원들이 그를 실망시켰을 때 소리 지르기, 동료 앞에서 그들에게 무안 주기, 가장 침착한 전문가들까지 냉정을 잃게 만들기 등이었다. 그런 대니얼 때문에 제리의 부서는 회사 내에서 가장 사기가 저하되어 있는 데다 이직률도 가장 높았다.

자연히 나는 이 수수께끼 같은 대니얼에게 질문할 게 많았다. 그는 자신의 방법이 얼마나 비효과적인지 눈치는 채고 있을까? 누군가는 용기를 내어 그에게 맞선 적이 있었을까? 그랬다면 그가 행동을 바꾸려고 '시도'라도 해본 적이 있을까? 나는 곧 답변을 듣게 되었는데, 그것은 내가 예상했던 내용이 아니었다.

제리가 우리의 코칭 세션에서 달성하고 싶은 목표를 스스로 정한 다음, 우리 두 사람은 대니얼도 코칭에 꼭 동참하도록 설득하러 가기로 했다. 우리는 대니얼의 사무실 바깥쪽에 마련된 휑한 대기실에서 기다리면서 대화의 계획을 짰다. 잠시 후 안으로 안내되었을 때, 나는 대니얼에게 악수를 청하며 내 소개를 했다. 참고로 말하자면 나는 악수를 지나치게 세게 한다고 타박을 듣는 사람이다(예를 들면 내가 대학원 지도교수를 처음 만났을 때 그가 내게 처음 한 말은 말 그대로 "아야!"였다). 하지만 내가 대니얼과 악수를 했을 때, 그가 내 손을 어찌나 세게 쥐고 흔드는지 나를 바닥에 메다꽂으려고 하는 듯한 느낌이 들 정도였다. 실제로 그 회사에서 어떤 일이 벌어지고 있는지 미루어 짐작할 수 있는 첫 번째 단서였다.

다행히 대니얼을 다루는 데 거의 마술에 가까운 재능을 갖고 있던 제리 덕분에 만남은 순조롭게 시작되었다. 제리의 첫 번째 목표는 직원들에게 업무를 좀 더 위임하고 자신은 전략적인 측면에 집중하는 것이었다. 대니얼도 동의했다. 하지만 직원들의 참여를 높여보겠다는 제리의 두 번째 목표에 대해서는 대니얼이 이견을 가진 듯했다. 제리가 직원의 참여를 높이기 위한 계획을 설명하고 있는데, 대니얼이 "당장 이야기를 멈추게!"라고 말하는 것처럼 손을 들었다. 제리가 말을 멈췄다.

"제리, 이건 시간 낭비야."

"왜 그렇죠, 대니얼?" 제리가 침착하게 물었다. 상사의 행동을 뻔히 예견할 수 있는 그는 이 질문이 나올 줄 알았던 듯했다.

"직원들이 '참여'하든 말든 중요하지 않다니까. 내가 겪어보니까 가장 효과적인 경영 도구는 두려움이야. 직원들이 자네를 두려워하면 업무를 완수해낸다네. 아주 간단한 일이지."

나는 너무 충격을 받은 나머지 의자에서 떨어질 뻔했다. 수년간 일을 해오면서 어리석은 소리를 하는 경영진을 많이 만나봤지만, 드러내놓고 위협 전략을 쓴다고 인정하는 사람을 만나본 적은 없었다. 게다가 대니얼은 위협 전략을 쓴다고 '인정'한 데서 그치지 않고 '자랑'하고 있었다. 그 순간 나는 코칭 일을 하면서 만났던 자기망상에 빠진 수많은 상사들과 달리, 대니얼은 자신이 어떻게 행동하는지 정확히 알고 있지만 조금도 개의치 않는다는 사실을 깨달았다. 대니얼의 많은 행동이 가망 없는 부류와 매우 흡사했지만 그의 문제는 완전히 달랐다. 대니얼은 망상에 빠진 사람의 두 번째 유형인 자기인식을 무시하는 부류의 전형이었다.

자기인식의 가망이 없는 부류는 통찰의 부족과 통찰을 얻으려는 동기의 부족이 주요 문제인 데 반해, 자기인식을 무시하는 부류는 자신이 어떤 행동을 하며 그것이 타인에게 어떤 부정적 영향을 미치는지 정확히 알지만 '그래도 자기 방식대로 행동'한다. 왜일까? 그들은 비생산적인(흔히 권력 남용의 경계에 있는) 자신들의 행동이 원하는 결과를 얻게 해줄 거라고 진심으로 믿는다. 그리고 그것이 그들의 망상이다. 대니얼의 관점에서 보면, 공포를 조성하면 더 나은 결과를 얻을 수 있다고 (잘못) 믿고 있는 것이다.

내 작은아버지는 오랫동안 외과의사로 일하다 최근에 퇴직했다. 작은아버지가 레지던트였던 시절, 담당의들 중 한 사람은 마라톤 연습에 열을 올렸다. 이는 운동할 시간을 내기는커녕 병원을 나설 시간조차 거의 없는 대부분의 레지던트와 극명하게 대조가 되었다. 매일 아침 회진은 병원 5층에서 시작되었다. 하지만 그 담당의는 5층에서 레지던트들을 만나는 대신 1층에서 만나 다같이 5층까지 계단으로 올라가기를 요구했다. 하루는 작은아버지가 숨을 헐떡이며 그에게 계단으로 올라가는 게 레지던트들에게 얼마나 힘든 일인지 아느냐고 물었다. "물론 알지"라고 그가 대답했다. "너희 가운데 아무도 내게 질문하지 못하게 그러는 거야." 바로 이런 행동을 말한다. 상황을 인식하지만 전혀 상관하지 않는다.

하지만 자기인식을 무시하는 부류의 행동이 자기인식의 가망이 없는 부류의 행동과 아주 유사할 수 있는데, 그 차이를 어떻게 구분할 수 있는가? 어떤 경우에는 로버트가 마리아와 그랬듯이, 또는 내 작은아버지가 담당의와 그랬듯이 그런 사람과 마주쳐야만 답을 알 수 있다. 하지만 어떤 때는 단서가 있기도 하다. 대체로 자기인식의 가망이 없는 부류는 자신에 대해 하는 말과 행동방식 간에 모순이 있다. 3장에서 살펴봤던 건설회사 임원 스티브를 기억하는가? 나와 처음으로 만나는 자리에서 그는 자신이 얼마나 뛰어난 리더이며 직원들로부터 얼마나 존경을 받는지 장황하게 늘어놓았지만, 두 가지 주장 모두 그의 행동과 완전히 모순되었다. 그에 반해 자기인식을 무시하는 부류는 다른 행동양식을 보인다. 그들은 자신의 행동을 인정하지만 이를 무시하거나 옹호한다("네, 그녀에게 소리 질렀어요. 하지만 그럴 만했다니까요" 또는 "물론 나는 고객을 압박합니다, 판매를 하려면 그 방법밖에 없죠!"). 대니얼처럼 그들은 불미스러운 특성을 자랑하기까지 한다.

자기인식의 가망이 없는 부류와 자기인식을 무시하는 부류를 구분할 수 있는 또 다른 방법은 그들의 조망 수용 능력을 살펴보는 것이다. 가망이 없는 부류는 그들의 사고방식이 유일하다고 믿는 경향이 있다. 다른 사람도 전부 그녀와 견해를 같이한다고 가정하고 다른 의견을 내는 사람에게 흥분했던 마리아를 떠올려보라. 반면에 무시하는 부류는 5층까지 계단을 올라가는 일이 얼마나 힘겨운지 알고 있었던 내 작은아버지의 담당의처럼 대개 자신의 행동을 타인의 입장에서 이해하는 모습을 보여주지만, 자기의 행동이 생산적이라고 믿고 그 믿음을 선전한다. 그렇기 때문에 보통은 그들을 변화시키려고 에너지를 낭비할 필요가 없다.

이 책의 전반부에서 자기예찬의 컬트에 대해 배웠을 때, 자화자찬이 심한 나르시시스트는 특히 망상이 심하다는 사실을 배웠다. 예전에는 나르시시즘의 기반이 통찰의 부족이라고 보았던 반면, 최근의 연구들은 나르시시스트가 이른바 '허위통찰pseudo-insight'을 지니고 있다고 주장한다. 예를 들어 좀 어이없는 이야기이지만, 나르시시스트인지 확인할 가장 좋은 방법들 중 하나는 그냥 당사자에게 진짜로 나르시시스트냐고 물어보는 것이다. 그럼 나르시시스트들은 대개 '그렇다'고 대답해 줄 것이다. 하지만 대체 왜 그들은 자기중심성, 이기주의, 허영심 같은 치명적인 특성을 갖고 있다고 기꺼이 인정할까? 대니얼처럼 그들도 자신의 그런 성격을 의식하지만 '거기에 아무런 문제가 없다고 여기기 때문이다.' 사실 그들은 자신을 긍정적으로 보는 경향이 있다! 사회심리학자 브래드 부시맨Brad Bushman이 관찰한 것처럼 나르시시스트는 "자신이 다른 사람들보다 우월하며, 그런 사실을 공공연히 말해도 괜찮다고 믿는다."

나르시시스트는 (대개 불가피한) 대인관계의 악화를 적어도 어느 정도까지는 의식하지만, 거기에 자기가 일조했다는 자각은 없는 것처럼 보인다는 증거도 있다. 그 대신에 그들은 타인을 탓하고 과도하게 긍정적인 자기평가를 고수한다. 이를 달성하는 방법의 하나는 정말 놀랍게도 사람들이 우둔해서 대단한 자신을 알아보지 못한다고 결론짓는 것이다. 또한 나르시시스트인 리더는 자신의 리더십 실적을 지극히 높이 평가하지만 팀원들은 그 효과를 최하로 평가한다. 다시 말해서 그들이 깊은 감명을 주는 사람은 자기 자신뿐이다.

위에서 언급한 두 가지 기법(대항하지 않기, 그리고 "여기서 무엇을 배울 수 있는가?"라고 질문하기)이 자기인식을 무시하는 부류를 대할 때도 효과가 있겠지만, 그들과의 관계에서 특히 적합한 기법이 한 가지 더 있다. 내가 웃음소리 효과음laugh tracks 기법을 처음으로 생각해낸 때는 수년 전 자기인식을 무시하는 부류의 상사와 일했던 불운한 시기였다.

비교적 작은 실수였는데도 모든 리더십 팀원 앞에서 호된 꾸지람을 들었던 일을 포함해 수차례 공개적인 망신을 당한 후 나는 인내심의 한계에 도달했다. 회사를 그만두든 상사에게 대처할 좋은 방법을 찾아내든 양자택일을 해야 했다. 나는 그 직장의 모든 면이 좋았기 때문에 후자를 선택하기로 했다. 어느 날, 그 상사와 부딪치고 몹시 불쾌해진 나는 우연히 어릴 적 내가 가장 좋아했던 시트콤 〈메리 타일러 무어 쇼The Mary Tyler Moore Show〉를 떠올렸다.

탁월한 연기력의 소유자인 에드워드 애스너Edward Asner가 메리의 무례한 상사 에드 루 그랜트로 나오는데, 루 그랜트는 기분이 좋은 날에는 언짢고 조급했으며 기분이 나쁜 날에는 심술궂게 독설을 퍼붓는 인물이었다. 하지만 그가 터무니없는 억지를 부린 뒤에는 보통 웃음소리 효과음이 들어갔기 때문에, 시청자들에게는 그의 행동이 우습고 의외로 귀엽게 보이기까지 했다. 나는 다음에 상사에게 잔인한 소리를 듣고 울고 싶어지면 그의 힐난 뒤로 웃음소리 효과음이 들려오는 것처럼 상상하기로 마음먹었다. 그 방법 덕택에 아무렇지 않게도 그 상사 밑에서 일하게 되었다고 말한다면 부정확하겠지만, 그로 인해 그가 훨씬 견딜 만해졌다(그리고 종종 우습기도 했다).

이 이야기들은 변화를 거부하는 망상에 빠진 사람들을 대할 때 대개는 우리의 반응을 조절함으로써 우리가 생각보다 상황을 잘 통제할 수 있음을 보여주는 증거들이다. 하지만 유감스럽게도 우리의 마음가짐을 바꾸는 방법으로 항상 충분한 것은 아니다. 우리가 사전에 자기주장을 내세우며 한계를 설정할 필요가 있을 때도 있고, 어떤 방법도 통하지 않아 그 상황에서 벗어나는 수밖에 없을 때도 있다.

내 친한 친구 중에 성공적인 코칭 강사이자 다작 작가가 한 명 있다. 몇 년 전 스콧은 책을 쓰고 싶다는 유명한 기업인 조(가명)에게 기초 조사를 부탁받은 적이 있었다. 스콧은 첫 만남에서 억만장자임에도 불구하고 소탈한 조에게 깊은 인상을 받았다. 만난 지 몇 초 만에 조는 스콧을 얼싸안았고, 대화하는 내내 스콧의 모든 말을 넋을 잃고 듣는 듯했다. '신나는 경험이 되겠다!' 스콧은 그런 생각으로 들떴다.

스콧이 맺은 계약은 간단하고 명확했다. 그의 생각으로는 그랬다. 그는 조와 같은 경영 철학을 가진 열 명의 CEO를 직접 만나 인터뷰하고, 그때마다 보고서를 작성해주기로 했다. 그리고 보고서와 함께 출장비 청구서를 제출하면 작업한 분량만큼 수고비를 지급받기로 했다. 첫 번째 CEO와의 인터뷰는 뉴욕에서 하기로 되어 있었는데, 그 전날 스콧의 보조 작가인 제나가 인터뷰 질문을 최종적으로 검토받기 위해서 전화를 걸어왔다. 제나가 전화로 모든 사항을 확인받은 다음, 스콧과 조만 통화하도록 해주었다.

대화가 끝나갈 무렵 조가 물었다. "내일 다뤄야 하는 주제 영역은 잘 아는 거죠?"

"네, 잘 압니다." 스콧이 대답했다. "제가 비행기를 타고 있는 동안 질문하고 싶은 내용이 더 생각나면 제나에게 말씀해두세요. 제가 도착하는 즉시 제나가 확실히 전달해줄 겁니다."

"그러죠, 보조 작가가 아주 유능한 사람 같군요"라고 조가 말했다.

"오, 제나는 최고예요." 스콧이 맞장구를 쳤다. "제 오른팔이라고 부르죠. 사업도 둘이 함께 키운 거예요. 제나가 없었다면 어떻게 했을지 모르겠어요."

처음에 스콧은 이 대화를 대수롭지 않게 생각했다. 하지만 조와의 통화를 끝낸 지 몇 분 후에 다시 전화가 울렸다. 제나였다.

"뭐 문제 있는 거 아니지?"

"그럼요. 그런데 방금 누가 제게 전화했게요? 조가 전화했어요!" 그녀가 대답했다.

"무슨 문제라도 있대?"

"이 말을 어떻게 해야 할지 모르겠는데……조가 제게 일자리를 제안했어요."

스콧이 벙해졌다. "뭐, 뭐라고?"

"그가 월급을 두 배로 주겠다고 했어요. 지금 월급이 얼마인지 묻지도 않고요!"

"농담하는 거지?" 스콧은 갑자기 분노와 당혹감으로 목이 메며 말했다.

"물론 거절했어요." 그녀가 급히 덧붙였다. "하지만 알고 계셔야 할 것 같아서요."

그날 밤 스콧은 잠을 이루지 못했다. 조는 어떻게 제나가 그의 회사에서 소중한 존재라는 이야기를 들은 지 몇 분 만에 그런 제안을 할 수 있었을까? 제나가 즐겁게 일하며 합당한 보수를 받고 있기는 하지만, 조의 제안을 거절할 만큼 신의까지 있어서 다행이라고 스콧은 생각했다. 하지만 그 사건으로 스콧은 무시와 배신을 당한 느낌이었다. 그는 다음 날 아침 조에게 유감을 표하고 요구 사항을 밝히기로 했다.

"조, 우리가 통화하고 난 뒤에 있었던 일에 대해서 이야기하고 싶습니다."

한참 침묵이 이어졌다. 스콧은 조가 어제의 일이 들통났음을 깨닫고 전혀 전문가답지 못했던 자신의 행동에 대해 사과하기를 기다렸다. "제나가 당신으로부터 스카우트 제의를 받았다고 하던데요."

"맞아요." 조가 한숨을 쉬며 말했다. "그런데 곧바로 거절당했어요. 하지만 괜찮아요. 솔직히 말해서 그녀 같은 처지의 사람이라면 깨진 유리 위를 기어와서라도 나와 일하려고 할 거예요. 내 제안을 거절하다니 솔직히 그녀의 판단력이 의심스러워요. 나야 손해날 게 없죠."

스콧은 들으면서도 믿기지 않았다. 마치 조는 스콧이 사과하려고 전화한 줄 아는 듯했다. 이 억만장자는 두 사람의 관계뿐 아니라 그가 스콧에게 의뢰한 프로젝트마저 망칠 수 있는 행동을 해놓고도 자신의 행동이 미칠 영향을 전혀 의식하지 못하는 게 분명했다. "저기요, 조, 부탁 하나 해도 되죠?" 스콧이 말했다. "내 사람들을 스카우트해가는 것은 삼가줄래요?"

다시 긴 침묵이 흘렀다. 조에게는 고민해봐야 할 일인 듯했다. 하지만 그도 마침내 '알았다'고 했다.

스콧은 그와의 충돌로 당연히 마음이 어지러웠지만, 사소한 사건으로 지나가기를 희망했다. 그는 첫 번째 인터뷰를 몇 주에 걸쳐 공들여 정리했다. 그리고 15쪽짜리 보고서와 함께 조와 합의한 대로 출장비 영수증을 그에게 보냈다. 몇 시간 뒤에 스콧은 전화를 받았다.

"스콧." 조의 전화였다. "당신 보고서를 받았어요. 그런데 말이죠, 이 친구나 이 친구의 회사는 책에 하나도 넣고 싶지 않네요. 그가 직원의 피드백에 대해서 한 말 있죠? 100퍼센트 헛소리거든요."

스콧은 3주 동안 애쓴 일이 무용지물이 되었다는 이야기에 당연히 실망했다. 하지만 그의 실망감은 잠시 후 경험하게 될 분노에 비하면 아무것도 아니었다.

"물론 출장 경비는 정산해줄게요." 조의 이야기가 이어졌다. "그러니까 그 점은 걱정하지 말아요. 영수증들만 내 사무실로 보내줘요."

스콧은 가슴속 심장이 얼어붙는 느낌이었다. "그런데 어…… 제 보수는요? 보수 청구서도 같이 보내면 될까요?" 그가 물었다.

"아니죠, 스콧." 조가 갑자기 짜증을 냈다. "내가 방금 말했잖아요. 이번 보고서는 내게 쓸모가 없다니까요. 그런 헛소리에는 돈 못 줘요."

화를 누르기 힘들어진 스콧은 그의 요구를 단호히 밝힐 수밖에 없다고 판단했다. "조, 그건 사리에 맞지 않죠. 당신이 인터뷰할 사람과 질문까지 승인했습니다. 보고서도 바로 당신이 요청한 거고요. 나는 수고비를 받아야겠습니다."

'계약대로 이행하라'는 스콧의 거듭된 주장과 오랜 실랑이 끝에 이 성마른 기업가도 마침내 보수를 지불하기로 했다. 하지만 스콧은 여전히 몹시 불안했고, 그의 불안은 당연한 일이었다. 물론 그는 이 시점에서 돈을 받고 그만두는 방안도 심각하게 고려했다. 하지만 그는 이 프로젝트에 대한 믿음이 있었고, 보수도 후했기 때문에, 기권하기 전에 한 가지 방도를 시도해보기로 했다. 이번에는 그들의 관계에 대해 더 정확한 지침을 작성하기로 했다. 그들에게 필요한 것은 두 사람 모두가 동의할 수 있는 명확한 경계clear boundaries였다.

스콧은 작업 결과물에 대한 정확한 요구 사항을 열거하고, 만일의 경우에 대비해 조가 정산해줘야 할 출장 경비까지 세세히 규정하는 등, 4쪽에 달하는 세부 사항을 계약서에 추가했다. 계약서가 몇 번 오간 끝에 그는 조의 사인을 받을 수 있었고, 그런 후에야 두 번째 인터뷰 약속을 잡았다. 조처럼 나르시시즘과 망상이 심한 사람이라고 해도 계약서 조항에 의심의 여지가 있을 수 없었다. 스콧의 생각은 그랬다.

유감스럽게도 조의 행동은 여전했다. 심지어 한 번은 짧은 거리여서 택시비가 많지 않았는데도 스콧이 지하철 대신 택시를 탔다며 조가 택시비를 결제해주기를 거부하는 계약 위반 행동을 한 적도 있었다. 그때까지 스콧은 할 수 있는 한 최선을 다해 자기인식이 부족한 고객에게 대처해왔다. 그는 자신의 요구를 명확히 했고, 자신의 경계를 적극적으로 밝혔다. 또한 자신의 반응을 조절하는 방법도 써봤다. 하지만 그의 우려는 점점 커졌다. '상황이 어디까지 가는 거야?' 스콧은 의문이 들었다. 그는 자신과 조, 두 사람을 다 아는 지인들로부터 정보를 좀 더 알아보기 위해 전화기를 들었다.

가장 걱정스러운 데이터를 준 사람은 조의 임원진으로 오랫동안 일했던 캔다스였다. 2년 전에 캔다스는 심각한 자가면역 질환을 진단받았는데, 조는 캔다스의 병명과 증세를 알고 있었음에도 불구하고 밤이든 주말이든 시간을 가리지 않고 계속 그녀를 사무실로 불러댔다고 했다. "그는 나를 죽이고 있으면서도 그 사실을 전혀 눈치채지 못했어요." 캔다스가 반쯤 농담처럼 말했다.

캔다스와의 통화를 끝낸 스콧은 마침내 더 이상 진행을 해서는 안 되겠다는 결정을 내렸다. 상황에서 벗어날 때였다. 그런 잔인하고 무정한 행동은 조가 결코 변하지 않으리라는 확실한 증거였고, 스콧이 포기해야 할 돈은 그가 잃어버릴 정신건강에 비하면 별것 아니었다. 혹시라도 당신이 스콧의 결정에 의구심을 가진다면, 조가 쓰려는 책의 주제를 지금 말해주는 것이 좋겠다. 그가 쓰려는 책의 주제는…… 바로…… '정서지능'이었다. 이보다 심한 망상에 빠질 수는 없을 것이다, 그렇지 않은가?

망상에 빠진 사람을 상대해야 하는 사람이 모두 상황을 벗어나는 호사를 누릴 수 없다는 점은 인정한다. 하지만 스콧이 깨달았듯이, 조처럼 완전히 망상에 빠져 있는 사람을 상대할 때 그로 인해 우리의 생활 속에서 발생하는 문제들이 마술처럼 사라지는 일은 없다. 오히려 시간이 지날수록 문제가 가중될 때가 많다. 우리의 사고방식도 바꿔보고, 요구도 정확히 밝히고, 경계도 명확히 하고, 우리가 할 수 있는 방법이 바닥났는데도 여전히 그들의 행동이 통제가 안 된다면, 그들이 어떤 사람이며 그들이 변할 가능성은 사실상 얼마나 되는지 상황을 단호하고 솔직하게 직시해야만 한다. 어떤 때는 그런 요인들을 비교 검토한 다음에 무슨 대가를 치르더라도(우리가 사랑하는 직장에서의 퇴사, 어처구니없을 정도로 자기인식이 낮은 친구나 가족과의 절연, 수익률이 높은 계약의 포기 등) 벌떡 일어나서 훌훌 털고 앞으로 나아가는 것이 최선의 선택일 수 있다.

망상에 빠진 사람이 깜빡이 신호를 해석하도록 도와주기

하지만 다행히도 손을 쓸 수 없는 사람만 있는 것은 아니다. 사실 망상에 빠진 사람의 세 번째 유형인 넛지nudge가 필요한 부류는 우리가 그들의 행동에 적어도 약간은 영향을 미칠 수 있는 이들이다(넛지는 부드러운 개입으로 더 좋은 선택을 유도하는 방법을 말한다_옮긴이). 넛지가 필요한 사람들은 진심으로 나아지기를 원한다는 점에서 앞의 두 유형과 구별된다. 넛지가 필요한 이들은 접근법이 바뀌어야 한다는 사실을 모를 뿐이다. 또한 그들은 자기인식의 가망이 없는 부류나 자기인식을 무시하는 부류와 달리 이런 정보를 의외로 선선히 수용한다. 다만 적절한 방식으로 전달해줘야 한다.

나는 열여섯 살이 되던 날, 운전면허를 받은 뒤 치르는 전형적인 통과의례를 즐겁게 경험했다. 새롭게 얻은 자유를 행사하고 싶어 안달이 난 나는 운전면허를 받은 바로 다음 날 차로 등하교하게 해달라고 어머니를 졸랐다. 나는 저녁 늦게까지 연극 연습을 해야 했는데, 밤 운전을 연습한 적이 별로 없었기 때문에 어머니는 당연히 망설였다. 하지만 나는 결국 어머니의 허락을 받아냈다. 그날 저녁 차에 올라탄 나는 전조등을 켜고 집을 향해 출발했다. 운전대를 잡고서 기분이 잔뜩 들뜬 나는 모든 게 순조롭다고 생각했다. 그러다 거의 모든 차가 내 차를 지나쳐가면서 깜빡이를 켠다는 사실을 눈치챘다. '다들 왜 저러지?' 나는 의아해했다.

이유는 곧 밝혀졌다. 내가 집 앞에 도착해 차고 앞으로 차를 대는데, 어머니가 뛰어나오면서 상향등을 끄라고 정신없이 손짓을 했다. "온 동네를 훤히 밝히며 들어오는구나!"

그 순간 이해가 되었다. 나도 모르게 상향등을 켜고 덴버 시 운전자들의 시야를 방해하며 수 킬로미터를 달려왔던 것이다. 게다가 그들 모두가 내게 그 사실을 알려주려고 했다. 하지만 나는 주어지는 신호를 전혀 읽지 못했다. 이것은 자기인식이 부족한 사람들과의 생활이 어떤 것인지에 대한 좋은 비유가 된다. 그들은 바로 앞에서 깜빡이가 켜지는데도 무슨 의미인지 해독하지 못하지만, 다른 사람들은 대체로 해독할 수 있다. 그리고 그들이 마음을 연다면, 우리 눈을 통해서 자신을 볼 수 있도록 우리가 도와줄 수 있다.

나를 낙관주의자라고 불러도 좋지만, 나는 자기인식이 부족한 사람 대부분이 넛지를 제공하면 적어도 어느 정도는 개선되리라고 믿는다. 많은 경우 그들의 자기인식 부족은 현실과의 완전한 단절을 나타낸다기보다는 원천적 원인 때문이 아니거나, 심지어 상황이 원인이기 때문이다. 예를 들면 스트레스와 자기인식 부족 간의 정적 상관관계를 시사하는 연구들이 있다. 즉 우리는 스트레스를 받을수록 자기 능력과 성격, 행동에 대해 비현실적인 판단을 하는 경향이 있다고 한다. 직관적으로 이해가 되는 이야기이다. 사람들이 스트레스를 받을 때 자기 행동을 크게 착각하는 듯 보이지 않던가? 자기인식 부족을 항상 통찰의 부족으로 비난할 일만은 아니다. 그들에게 약간의 넛지가 필요할 뿐일 수도 있다.

내 친구 리사는 거의 10년간 비영리 지역단체의 이사로 활동해왔다. 몇 개월 전 이사회에서 새로운 이사 한 명을 선임했는데, 알고 보니 그는 자기망상이 좀 심한 인물이었다. 필(가명)은 오자마자 민간 부문에서 거둔 성공을 끊임없이 자랑하며 모두를 짜증스럽게 했지만, 자기 행동이 주변 사람과 소원해지도록 만든다는 사실을 알지 못하는 듯했다. 그러다 얼마 후 그는 다른 이사들에게 냉대받고 있다는 것을 눈치챘다. 그가 새로운 위원회에 가입하려고 했을 때 사실상 거부당했던 것이다.

어느 날 저녁 이사회 회의가 끝난 후, 필은 불만스러운 얼굴로 리사에게 다가왔다. 그는 오랫동안 이사로 봉사해온 그녀이니 조언을 좀 해달라고 부탁했다. 그는 좌절감을 털어놓으며 자신의 행동도 문제인 건지 물었다. 넛지가 필요한 사람들이 흔히 그렇듯이, 필은 무언가 잘못되었다는 것을 인지했지만 신호를 제대로 읽을 수 없었다. 리사는 말할 때 좀 더 세심한 주의를 기울여보라고 제안했다. 모두에게 그가 해온 일을 전부 말해주는 대신 동료 이사들에게 질문을 해서 서로 알아가면 어떻겠냐고 리사가 넌지시 말했다. 필은 당황하며 리사의 말뜻을 새겨보는 듯했다. 그러고는 그 순간부터 당장 자신의 접근법을 바꿔보겠다고 선언했다. 필의 바람보다는 약간 더 오래 걸렸겠지만, 결국 그는 동료 이사들의 마음을 사서 여러 위원회에 들어갈 수 있었다.

필의 경우 리사가 피드백을 줄 완벽한 기회를 얻었다. 하지만 유감스럽게도 자기인식이 부족한 사람 모두가 피드백을 요청할 정도의 분별력이 있지는 않다. 요컨대 보통 자기인식이 가장 필요한 사람이 그 필요성을 가장 느끼지 못한다는 데 자기인식의 딜레마가 있다. 그렇다면 자기인식이 부족한 사람에게 더 직접적으로 지적하는 것이 좋은 생각일까? 그럴 때 필연적으로 발생하게 될 위험으로부터 우리를 어떻게 지킬 수 있을까? 어떻게 하면 피드백 전달자(즉 당신)가 엉뚱한 화풀이를 당하지 않고 중요한 통찰을 제공해줄 수 있을까? 다음 이야기에서 알 수 있듯이 넛지가 필요한 사람들에게는 약간의 연민과 사려 깊은 준비가 큰 도움이 된다.

• • •

때는 크리스마스 전주, 그림처럼 아름다운 호텔이었다. 유치원 시절부터 단짝 친구였던 소피아와 엠마는 인심 좋고 성공한 엠마의 아버지 덕분에 버몬트에서 환상적인 시간을 보내고 있었다. 그는 7일간의 스노모빌 개인 강습과 호화 쇼핑, 비싼 저녁 식사까지 돈을 아끼지 않았다. 하지만 12월의 황금빛 햇살이 창문으로 들어오는 호화로운 스위트룸에 앉아 있던 엠마가 갑자기 불안해 보였다.

"왜 그래?" 소피아가 새로 내린 커피를 들고 침대 모서리에 걸터앉으며 물었다.

엠마는 열린 문 쪽을 바라보았다. "우리 아빠 안 나가셨지?" 엠마가 소곤거렸다.

"뭐, 아저씨? 아줌마 찾으러 헬스장에 가셨어. 왜?" 소피아가 물었다.

"아빠가 내일 예약해둔 스키 강습 때문에 그래." 엠마가 목덜미를 문지르며 말했다. "나는 가고 싶지 않아."

"진짜?"

"진짜!" 엠마가 눈을 동그랗게 뜨고 대답했다. "왜 미끄러운 널빤지를 발에 묶고 쌩하니 산 아래로 미끄러지며 내려가고 싶겠어…… 그것도 자진해서? 나는 살아서 크리스마스를 맞고 싶어."

"그럼 가지 마!" 소피아가 웃으며 말했다. "그냥 스파에서 쉬어. 그게 뭐 큰일이라고?"

"아빠 때문에 그러지. 분명 호된 꾸중을 들을 거야." 엠마가 말했다.

자기인식의 유니콘이기도 한 소피아는 오랜 친구가 지나친 걱정을 한다며 최선을 다해 그녀를 안심시켰다. 소피아는 엠마의 아버지도 오랫동안 봐왔다. 프랭크는 비범한 사람이었다. 그는 가난한 어린 시절을 견뎌내고 대학과 의학전문대학원을 고학으로 마친 후, 세계적으로 유명한 외과의사가 되었다. 프랭크는 2미터가량의 키, 떡 벌어진 어깨에 헤밍웨이 같은 수염까지 기르고 있어 위압적인 인상을 주었지만 대단히 친절한 사람임을 소피아는 알고 있었다. 오랫동안 프랭크는 의사가 되겠다는 소피아의 꿈을 지지해주고 멘토 역할을 해주었다. 그는 자신의 동료들에게 정보를 얻을 수 있도록 면담도 주선해주고, 점심을 사주면서 그녀의 계획에 대해 의논 상대가 되어주기도 했으며, 그해 가을에는 의학전문대학원 지원서 작성까지 도와주었다.

물론 수년 동안 엠마로부터 그의 '다른 면'에 대해서도 이야기를 들었다. 엠마는 그가 군림하려들고, 잔인하며, 강압적일 때가 있다고 자주 불평을 했다. 엠마가 대학 재학 중에 학점이 나빠서 고민하다가 1년 동안 휴학하면서 '재정비'를 하겠다고 부모에게 선언했을 때도 그랬다. 프랭크는 얼마나 많은 돈을 그녀의 교육에 투자했는데 감사한 줄 모르고 휴학 이야기를 꺼낸다며 맹렬히 비난했다고 들었다. 물론 그의 반응에 엠마는 큰 충격을 받았다. "아빠는 자신의 부와 성공을 무기처럼 휘둘러." 엠마가 그런 한탄을 했던 때가 한두 번이 아니었다.

"크면서 너와 네 아빠가 대립했던 일은 나도 알아." 소피아가 달랬다. "하지만 아저씨가 스키 강습 같은 하찮은 일을 문제 삼아서 크리스마스 기분을 망치지는 않을 거야."

"어쩌면……." 엠마가 처음에는 머뭇거리며 대답했다. "어쩌면 네 말이 맞을지도 모르겠다."

몇 분 뒤에 프랭크가 호텔 방으로 돌아왔다.

"말씀드려!" 소피아가 입 모양으로만 말하며 친구를 응접실 쪽으로 슬쩍 밀었다.

"아빠?" 엠마가 문간에 기대며 불렀다. "저 내일 스키 강습에 안 가도 돼요? 그래도 괜찮을까요?"

프랭크는 별다른 표정 변화 없이 아내의 코트를 걸어놓기 위해 옷장 쪽으로 걸어갔다. "그럼." 그는 어깨를 살짝 으쓱이며 심드렁하게 대답했다. 흥분하지도 않고 선선히 대답해준 아버지가 의외였지만 엠마는 기분이 좋아졌고, 스키 강습에 대해서는 싹 잊었다.

다음 날 아침 다 같이 아침 식사를 하고 호텔 방으로 돌아오던 길에 프랭크는 로비에서 우연히 동료를 만났다. 난로에서는 장작이 타닥거리며 타올랐고, 스웨터를 입은 손님들이 서성거리는 로비에서 그들은 기분 좋게 대화를 나눴다.

하지만 그 동료가 프랭크에게 그날 계획을 묻는 순간, 프랭크의 온화했던 표정이 바로 사라졌다. 그는 과장된 손짓으로 자신과 엠마의 엄마, 그리고 소피아를 가리키며 말했다. "글쎄요, '우리 세 사람'은 스키 개인 강습을 받을 거예요." 그러고는 과장되게 눈동자를 굴려 엠마를 가리키면서 말했다. "하지만 누군가는 스키가 너무 '무섭다'고 막판에 취소하겠다고 하네요. 너무 늦게 이야기해서 환불도 못 받아요. 저렇게 고마운 줄도 모르다니 믿어져요?" 프랭크는 차라리 장내 방송을 하는 편이 낫다고 할 만큼 로비가 울리도록 큰 소리로 말했다.

어색해진 분위기에 긴 침묵이 이어졌다. 갑자기 엠마가 눈물을 삼키며 한마디 말도 없이 자리를 떴다. 프랭크는 정말 영문을 모르겠다는 표정으로 엠마의 뒷모습을 바라보았다. 그는 "내가 무슨 말을 했다고 저러지?"라고 묻는 듯이 소피아 쪽으로 고개를 돌렸다. 그는 자신의 거친 말이 예민한 딸에게 어떤 상처를 주었는지 전혀 모르는 게 분명했다.

소피아는 그날 저녁까지 온종일 자신이 목격한 광경을 계속 떠올리지 않을 수 없었다. 그리고 프랭크의 행동에 대해 생각할수록 친구의 입장에서 점점 더 화가 났다. 그녀는 프랭크에게 따져 묻든지, 괴롭지만 침묵을 지키며 그의 행동을 그대로 지켜보든지 둘 중 하나를 선택할 수 있다는 생각이 들었다. 소피아는 프랭크에게 이야기를 해야 할 것 같았지만, 자신의 이야기가 과연 도움이 될지 알 수 없었다. 그리고 결과가 어떻든 그가 괄괄한 성미를 자신에게도 드러낼 거라고 확신했다.

어떻게 할지 결정하기 위해서 소피아는 스스로에게 몇 가지 질문을 했다. 첫째, 이 대화가 가져올 이득이 잠재적 위험을 능가하는가? 소피아는 이득부터 생각해보았다. 무엇보다도 엠마는 그녀에게 매우 소중하다. 장차 엠마가 프랭크에게 받을 상처를 최소화할 수 있게 자신이 뭐라도 할 수 있다면 바로 할 것이다. 소피아는 프랭크도 좋아하는데, 그의 이런 행동이 계속된다면 딸과의 관계가 사실상 단절될 수 있었다.

소피아는 프랭크와의 대화가 잘못된다면 최악의 시나리오가 무엇일지 상상해보았다. 프랭크가 다시는 자신과 이야기하고 싶어 하지 않는 결과가 발생한다면 가장 괴로울 듯했다. 그런 상황도 가능하겠지만, 보다 현실적인 시나리오는 그가 자신에게 소리 지르고 남은 휴가 기간 동안 부루퉁하게 지내는 일일 거란 예감이 들었다. 그렇게 프랭크의 행동 개선과 휴가를 망치는 일, 두 가지의 선택지를 고려했을 때 그녀는 전자를 위해 기꺼이 후자를 걸기로 했다.

하지만 소피아가 이득이 비용을 능가한다는 판단을 내리고서도 아직 고려해야 할 측면이 하나 더 있었다. 그녀는 자문해보았다. 그는 문제가 있다는 사실을 아는가? 소피아는 고통이나 좌절을 느끼지 않는다면 변화하려는 동기가 강하지 않으리라고 믿었다(연구 결과들도 이를 뒷받침해준다). 하지만 프랭크의 경우 뭔가 잘못되었다는 것은 분명히 알았다. 엠마가 자리를 떴을 때 보인 고통스러운 표정은 이를 충분히 입증해주었다. 자신이 원인이라는 사실을 모를 뿐이었다.

그와 연관된 질문도 있었다. 그의 행동이 자신의 이익에 반하는가? 사람들이 자신의 가치 및 우선순위와 모순되는 행동을 할 때는 그 모순을 지적해주기만 해도(약간 거슬려는 하겠지만) 상당한 동기 부여가 될 수 있다. 연구에 의하면 인간은 행동과 신념이 부합되기를 바라는 일관성의 욕구를 가지고 있으며, 행동과 신념에 일관성이 없을 때 인지 부조화의 불편을 경험한다. 프랭크의 경우 엠마에게 좋은 아버지가 되고 싶은 마음이 크다는 것을 소피아는 알고 있었다. 소피아는 최근에 그와 대화하면서 엠마에게 자신이 갖지 못했던 풍족한 유년기를 주고 싶어서 열심히 일했다고 들었던 기억도 났다. 그의 행동이 그 목표들을 어떻게 방해하는지 지적해준다면 그가 자명종 순간을 가지게 될 거라고 소피아는 추론했다.

그가 내 말을 경청할까? 소피아는 마지막 질문에 대해서는 간단히 대답할 수가 없었다. 그와 프랭크 간의 세력 격차는 이런 대화를 대단히 어렵게 만든다(상급자에게 솔직하게 말하기가 얼마나 어려운지 기억하는가?). 사실 21세의 의예과 학생이 52세의 성공한 외과의사의 행동방식을 지적해야만 한다고 생각하는 자체가 표면적으로 보기에는 우스울 수 있다. 하지만 소피아는 서로에 대한 신뢰가 그녀에게 힘을 실어 주리라고 생각했다. 프랭크는 그녀를 존중하고, 그녀의 동기를 신뢰했으며, 그녀를 엠마의 좋은 친구로 인정했다. 그는 소피아가 딸의 친구 중에서 가장 성숙하고 책임감도 있다는 말을 자주 했다. 게다가 매우 다른 종류이기는 하지만, 그가 예전에 그녀의 작은 피드백에도 열린 자세를 보여주었던 일들을 떠올렸다. 최근에도 그녀는 대화 도중에 장난처럼 그의 문법을 바로잡아준 적이 있었다. 그는 잠시 짜증이 난 듯했지만 씩 웃으며 말했다. "그거 아니? 이런 일로 내게 지적할 수 있는 사람은 너뿐인 거."

문제의 모든 측면을 신중하게 고려한 후, 소피아는 프랭크와 이야기를 나누기로 결심했다. 오래 기다릴수록 그가 그날의 사건을 과소평가하거나 심지어 잊을 가능성이 있다는 것을 직감한 그녀는 바로 다음 날 대화를 시도하기로 했다. 다행히 그녀에게는 좋은 기회가 마련되어 있었다. 소피아와 프랭크는 둘 다 아침형 인간이어서 휴가를 와서부터 커피를 함께 마시곤 했다. 내일 소피아는 커피 대신 아침 식사를 함께 하자고 할 계획이었다.

그날 밤 늦게까지 소피아는 천장만 응시하면서 잠을 이루지 못했고, 내일의 대화를 계획하며 만일의 사태까지 몇 가지 생각하면서 마음을 진정시켜보려고 했다. 드디어 아침이 밝자, 그녀는 스위트룸의 작은 주방으로 씩씩하게 걸어가서 프랭크와 얼굴을 마주했다. "아저씨, 저 배가 무척 고파요." 그녀는 최대한 태연하게 말했다. "식당에 내려가서 아침 식사 하실래요?" "그러자!" 그의 답변과 함께 두 사람은 식당으로 내려갔다.

종업원이 거의 비어 있는 식당의 안쪽 자리로 그들을 안내해주었다. 주문을 마친 두 사람은 어색해져서 박제된 동물 머리를 너무 많이 걸어둬서 으스스하다는 이야기를 하며 웃고는, 다음 해 의학전문대학원에 진학하려는 소피아의 계획에 대해 의논했다. 그리고 그녀가 말했다. "아저씨, 제가 여기까지 올 수 있도록 여러 가지로 도와주셔서 얼마나 감사한지 몰라요. 그런데 아저씨의 조언에 감사하다는 말씀을 드린 적이 없는 것 같아요. 아저씨는 훌륭한 의사이고 그보다 더 훌륭한 친구세요."

소피아는 식탁 맞은편에 앉은 프랭크가 말 그대로 우쭐해하는 모습을 볼 수 있었다. 하지만 그녀가 아부하느라 하는 말만은 아니었다. 감사하는 마음은 진심이었지만, 소피아는 감사의 표현이 또 다른 측면에서도 유익하다는 사실을 알고 있었다. 그녀는 얼마 전 사회심리학 강의에서 배운 자기가치 확인에 대해 떠올리며, 프랭크에게 의사로서 그리고 친구로서의 긍정적 자질을 확인시켜준 감사 인사가 부모로서 이상적이라고 할 수 없는 행동을 지적받을 준비를 시켜주는 효과도 있으리라고 생각했다. (소피아의 생각이 옳았다. 자기가치 확인을 타인에게 사용할 때도 본인에게 쓸 때와 유사한 효과가 있다.)

프랭크가 미소를 지으며 대답했다. "와우, 소피아, 고맙다. 인정받는 느낌이 드니까 정말 좋구나! 나에게는 좀처럼 없는 일이라서 말이다." 그가 어제의 사건을 대놓고 지칭하며 윙크를 했다. 소피아는 기회가 이렇게 빨리 찾아올 줄 몰랐지만, 기회가 왔을 때 말을 꺼내기로 했다.

"무슨 뜻이에요?" 그녀가 모르는 척 물었다.

"나는 이제 엠마에게 아주 질려버렸다. 미안하다, 둘이 친구인데 이런 말을 하면 안 되는 거겠지. 하지만 어제도 감사할 줄 모르고 행동하는 거 봤잖니?"

소피아는 전날 밤에 짜두었던 계획을 머릿속으로 검토했다. 그녀는 우선 질문을 해가면서 프랭크를 억지로 끌고 가지 않아도 그가 스스로 통찰에 이를 수 있을지 판단하기로 했다.

"아저씨 생각에는 어떻게 된 일 같아요?" 그녀가 물었다.

"슬픈 사실이지만, 내 딸은 감사할 줄을 몰라." 그가 식탁 중앙에 놓인 바구니에서 크루아상을 집어들었다. "나는 평생 그 애를 행복하게 해주려고 정말이지 수십만 달러를 썼단다. 그런데 평생 그 애는 나를 비난만 해왔지. 스키 강습을 안 받겠다고? 내가 그럴 줄 알았어야지 뭐." 그는 넌더리가 난다는 분위기를 희미하게 풍기며 크루아상을 절반으로 잘랐다. "이제는 좀 성숙한 모습을 보여주기를 기대했는데 말이다."

"그러셨군요. 그런데 엠마의 시각에서 보면 어땠을 거라고 생각하세요?" 소피아가 말했다.

"그 애는 아기처럼 행동했어!"

소피아가 다시 시도했다. "그래서 아저씨가 얼마나 화가 나셨을지 저는 전적으로 이해해요. 하지만 엠마의 입장에서는 무엇 때문에 그렇게 속상했을 것 같아요?"

"나는 정말로 모르겠다."

소피아가 잠시 말을 멈췄다. 그녀는 프랭크가 "아하" 하고 깨닫기를 기다려봤지만, 그는 화난 표정으로 빵만 씹고 있을 뿐이었다. 그래서 다시 말을 시작했다. "좋아요, 두 사람 모두 몹시 속이 상했어요, 그렇죠?" 프랭크가 고개를 끄덕였다. "그리고 아저씨는 앞으로 그런 일이 생기지 않기를 바라시죠?" 그가 또 고개를 끄덕였다. "그렇다면 엠마가 왜 그런 식으로 반응했는지 이해하는 게 중요하지 않을까요?"

프랭크가 궁금한 듯 고개를 치켜들었다. 그러고는 마치 신호라도 받은 듯이 소피아의 질문을 되받아쳤다. "'너는' 엠마의 기분이 어땠을 것 같니?"

그의 질문이 사건에 대한 다른 시각을 받아들일 여지를 보여주는 신호이기는 했지만, 소피아는 바로 엠마의 시각을 내놓으면 자신이 엠마 편을 든다거나 딸이 불편하니까 친구인 자신을 보냈다고 프랭크가 오해할까봐 걱정이 되었다. 소피아는 조심스럽게 말을 꺼냈다. "아저씨, 이 이야기는 엠마와 해본 적이 없어서 제 추측이기는 하지만, 잠시 생각해봤는데요. 엠마는 스키가 정말로 무서운가봐요." 프랭크가 눈을 굴렸다. 소피아는 말을 이었다. "그런데 아저씨가 스키를 안 간다고 마구 비난했어요. 그것도 남들 앞에서요."

"그게 무슨 말이야? 나는 그저 점잖게 대화했을 뿐인데."

"글쎄요, 대화이기는 했죠. 하지만 결코 점잖지는 않았어요." 소피아의 솔직한 발언에 프랭크가 깜짝 놀란 듯했다. 하지만 잠시 후 충격을 받은 듯했던 그의 표정이 풀리며 설핏 미소가 떠올랐다. 그녀가 끈기 있게 말을 이었다. "엠마가 정확히 어느 순간에 당황했는지 눈치채셨어요?"

"엠마가 막판에 우리와 같이 스키 강습을 안 가겠다고 했다며 내가 이야기했을 때니?" 소피아가 고개를 끄덕였다. "하지만 나는 여전히 이유를 모르겠다."

대담해진 소피아가 알려주었다. "제 생각에는 엠마가 창피했을 것 같아요. 스키를 두려워하는 자신을 이미 부끄럽게 생각하고 있는데, 아저씨가 모든 사람에게 그 사실을 알렸으니까요. 그리고 엠마가 그 자리를 떠난 이유는, 아마 모르는 사람들 앞에서 아저씨와 싸우지 않으려는 마음에서였을 거예요."

드디어 어렴풋이 이해가 되는 듯한 기색이 그의 얼굴에 나타났다. "그러니까 내가 한 말이 엠마에게는 스키 타러 가기 싫다는 데 대한 벌처럼 느껴진 거구나?"

"아마도요. 아저씨, 엠마가 그렇게 반응한 이유가 한 가지 더 있을 듯한데 괜찮으시면 말씀드릴게요. 그런데 우선 한 가지만 여쭤볼게요. 이 상황에서 돈 문제가 얼마나 작용했을까요, 아저씨 마음속에서요?"

크루아상을 또 하나 집으려던 그가 떨떠름하게 대답했다. "이미 말했을 텐데. 엠마가 돈을 낭비해서 화가 났다니까."

"알아요. 하지만 엠마에게는 그 상황에서 돈 문제가 어떻게 작용했을까요? 아저씨가 스키 강습에 지불한 돈을 자신보다 중시한다고 느꼈을 수도 있을까요?"

그 순간 프랭크의 팔이 멈췄다. 크루아상은 도로 바구니로 떨어졌다. "오." 그가 의자에 기대앉으며 한숨을 내쉬었다. "그런 식으로는 전혀 생각하지 못했어. 내가 그런 짓을 한 거니?"

갑자기 통찰의 수문이 벌컥 열리면서 프랭크의 생각이 이어졌다. 그는 어릴 적에 그의 가족이 돈 문제로 얼마나 애를 먹었는지, 얼마나 자주 돈이 갈등의 원인이 되었는지, 그럴 때 자신은 얼마나 무력감과 좌절감을 느꼈는지, 그런 어린 시절의 경험과 자신의 행동이 연관이 있다는 사실이 보이기 시작했다. "나는 그런 행태를 되풀이하고 싶지 않아. 내가 그런 행동을 하고 있는지 전혀 몰랐어." 그가 변명처럼 말했다. "내게 좋은 아빠 노릇보다 중요한 일은 이 세상에 없어. 하지만 내가 그런 식으로 행동하고도 몰랐다면, 다시 그렇게 행동했을 때 어떻게 알겠니?" 소피아는 잠시 생각했다. "아저씨, 엠마에게 도움을 청하면 어때요?"

프랭크는 그녀의 말대로 했다. 그가 딸과 앉아서 이야기를 나눌 용기를 내기까지는 몇 주가 걸렸다. 하지만 마침내 대화를 나누게 되었을 때, 그는 터놓고 이야기를 하는 것이 얼마나 개운한지 알고는 놀랐다. 물론 프랭크와 엠마의 관계가 하루아침에 치유되지는 않았지만, 소피아가 보기에 단 몇 주 만에 두 사람의 소통방식에 뚜렷한 차이가 있었다. 그는 엠마의 말에 차분하게 귀를 기울이는 일을 훨씬 잘하게 되었으며, 돈 이야기도 사실상 하지 않는다고 엠마가 알려주었다. 수십 년간 몸에 밴 습관이 하루아침에 사라질 수는 없으므로 시간이 가면서 프랭크의 예전 습관이 나올 때도 있어 완벽하지는 못했지만, 이제는 문제 행동을 했을 때 그가 인지한다는 차이가 있었다. 그 결과 그는 자신의 행동에 계속 주목하며 매일 조금씩 나아질 수 있었고, 그에 따라 부녀 사이도 갈수록 돈독해졌다.

소피아의 이야기가 보여주듯이, 다른 사람이 통찰력을 높이도록 도와줄 수 있는 경우가 많으며, 도움을 주기 시작하기에 너무 늦은 때는 없다. 그런 까닭에 망상에 빠진 사람을 상대할 경우, 그렇지 않다고 밝혀질 때까지는 그에게 넛지가 필요할 뿐이라고 낙관적으로 가정해서 나쁠 게 없다. 하지만 그와 동시에 우리는 현실적이어야 한다. 그들이 어느 정도로 개방적인 태도를 가지고 있는지 솔직하게 평가하고, 그런 대화의 이득이 대가를 능가할지 검토하여, 대화의 시기와 대화에 사용할 단어를 현명하게 선택해야 하며, 무엇보다도 우리의 기대를 적당한 수준으로 유지해야 한다. 소피아가 프랭크와 그랬듯이, 어떤 때는 단 한 번의 대화가 획기적인 전환점이 될 수도 있다. 어떤 때는 몇 차례 더 넛지가 필요하기도 하다. (연구에 의하면 평균적으로 자기인식이 부족한 사람일수록 증거를 수차례 반복적으로 보여줘야 하고, 때로는 여러 출처의 증거를 보여줘야 할 가능성이 높다고 한다.)

하지만 보통은 우리가 대화에서 긍정적이고 건설적인 어조를 유지하고, 진심으로 지지해주고 싶은 마음에서 하는 시도임을 보여준다면, 자기인식이 부족한 사람이 자신을 보다 분명하게 볼 수 있도록 도와줄 수 있다. 연민을 담은 지적confront with compassion을 한다면 우리가 제공한 넛지가 그들의 삶과 행복뿐 아니라 우리의 삶과 행복까지 증대시켜주는 큰 변화를 가져올 때가 많다.

일생에 걸친 자기통찰의 추구: 벼리다 만 도끼로 만족할 것인가

어떤 남자가 대장장이에게서 도끼 한 자루를 샀다. 튼튼한 나무 자루에 검회색 무쇠 도끼머리가 끼워진 도끼였다. 하지만 도끼날 부분은 대장장이가 검댕을 갈아내고 어찌나 잘 벼려놓았는지 은색으로 반짝였다. 남자는 도끼날이 너무 보기 좋아서 대장장이에게 도끼머리 전체를 똑같이 갈아달라고 부탁했다. 대장장이는 남자가 회전 숫돌을 돌려준다면 부탁을 들어주겠다고 했다. 대장장이가 도끼머리를 숫돌에 갖다대자 남자가 숫돌을 돌리기 시작했다. 하지만 숫돌 돌리기는 남자가 상상했던 것보다 훨씬 힘이 들었다. 남자는 겨우 몇 분을 돌리더니 멈췄다. 그리고 도끼머리가 얼마나 벼려졌는지 확인했다. 도끼머리는 그가 바랐던 대로 매끄럽고 은색으로 반짝이는 게 아니라 군데군데 검댕이 갈려나가 얼룩덜룩한 회색으로 지저분해 보였다.

남자는 이 상태로 도끼를 가져가겠다고 선언했다. "안 돼요! 숫돌을 돌려요, 어서." 대장장이가 말했다. "숫돌에 갈수록 점점 광이 날 거예요. 아직은 얼룩덜룩하잖아요."

"그래요. 하지만 나는 얼룩덜룩한 도끼가 더 좋은 것 같아요"라고 남자가 대답했다.

미국 최초의 유니콘인 벤저민 프랭클린이 쓴 이 이야기는 자기인식과 자기개선이라는 두 가지 목표를 달성하기가 예상외로 몹시 어려울 수 있다는 것을 완벽하게 보여준다. 우리는 흠 하나 없이 매끄럽고 반짝이는 도끼를 얻으려고 애를 쓰지만, 그런 도끼를 얻는 데 필요한 노력과 헌신에 겁을 먹는다. 그래서 계속 날을 벼리는 대신 원래 불완전한 도끼를 원했다고 스스로를 설득하고 싶어진다.

완벽한 은색 도끼, 즉 완전한 통찰과 절대적인 진실은 현실적이지도 심지어 생산적이지도 않은 목표이지만, 그렇다고 해서 상황이 힘들어지면 기권해야만 하는 것도 아니다. 평생 자기인식을 추구하는 것이 오랜 시간이 걸리고, 어렵고, 혼란스러운 일일 수 있음에는 의문의 여지가 없다. 우리는 장애물을 만나 차질을 겪기도 하고, 너무 많은 노력이 요구되어 주눅이 들기도 할 것이다. 그리고 드디어 문제의 검댕을 다 갈아냈다고 생각한 바로 그때, 실은 아직 갈 길이 멀다는 사실을 발견하게 될 것이다.

하지만 결코 자기인식의 '완결'이란 있을 수 없다는 사실이 자기인식으로 가는 여정을 매우 흥미진진하게 만들어주기도 한다. 우리가 얼마만큼의 통찰을 달성했든, 통찰이 더 필요한 부분은 항상 있다. 우리의 유니콘만큼 이 점을 잘 이해하는 이는 드물다. 그들은 자기인식을 끊임없이 우선순위를 매겨야 하는 일로 본다. 그리고 나머지 우리는 어느 정도의 자기인식에서 출발했든 살아가는 동안 내내 통찰의 넓이와 깊이를 계속 늘려가기 위해 노력할 수 있다.

우리는 통찰을 키워가면서 우리를 놀라게 하고, 우리에게 충족감을 주고, 우리에게 도전이 되는 것들을 배울 것이다. 그리고 새로운 통찰을 얻을 때마다 "이제 어떻게 하지?"라는 질문을 필연적으로 하게 될 것이다. 이 책의 서두에서 나는 자기인식을 21세기가 요구하는 메타 기술이라고 불렀다. 즉 자기인식은 삶을 잘 살아내는 데 요구되는 필요조건이지 충분조건은 아니다. 달리 말하면 자기통찰은 활용하지 않으면 무의미하다. 조지 워싱턴이 자부심을 꺾지 않고, 불같은 감정을 자제하지 않고, 행동하기 전에 생각하지 않았다면 상황이 어떻게 달라졌을지 상상해보라. 또 플로렌스 오조가 마음 가는 대로 #BringBackOurGirls에 합류하지 않았다면 어땠겠는가? 또 앨런 멀럴리가 첫 직속 부하 직원이 그에게 꼭 필요했던 경종을 울려준 후에 자신의 관리 기술을 새로 정립하지 않았다면 어떻게 되었겠는가? 이 예들을 비롯해 여러 사례에서 보았듯이, 우리 가운데서 가장 성공한 사람들은 자기인식을 얻기 위해 노력하는 데서 그치지 않고 그 인식을 실천에 옮기고, 그 결실을 누린다.

이는 말은 쉬워도 실천이 어렵게 느껴질 수 있는 일임에 틀림없다. 예를 들어 리더 피드백 프로세스를 마친 리더의 대부분은 엄청나게 긴 목록의 연마해야 할 장점과 대처해야 할 단점을 받아들게 된다. 목록이 길수록 더 벅차고 무력하게 느껴질 수 있다. 하지만 그럴 필요는 없다. 통찰을 성공적으로 실천에 옮기는 사람과 그렇지 못한 사람의 차이점은 오직 하나, 한 번에 한 단계씩 실천하는 능력뿐이다. 예컨대 벤저민 프랭클린이 13가지 덕목의 실천에 들어갔을 때, 처음에는 한꺼번에 모두 달성하려고 했다. 당연히 잘 되지 않았다. 나쁜 습관을 뜯어고치고 그 대신 좋은 습관을 들이는 데는 그의 예상보다 많은 에너지가 소모되었다. 그래서 그는 한 번에 한 가지 덕목에 집중하기로 전략을 바꿨다.

내가 좋아하는 영화 중 하나인 〈밥에게 무슨 일이 생겼나What About Bob?〉에서 빌 머리Bill Murray가 연기한 밥은 리처드 드레이퍼스Richard Dreyfuss가 연기한 심리치료사 레오 마빈에게 지나치게 의존한다. 한 번은 상담 시간에 레오가 한 달 동안 휴가를 갈 거라고 밥에게 이야기한다. 밥이 공황 상태에 빠지기 시작하자 레오가 자신이 쓴 책 『걸음마*Baby Steps*』를 주면서 상담을 못 받는 동안 읽으라고 한다. 레오는 이렇게 설명한다. "매일매일 적절한 작은 목표를 스스로 세우라는 뜻이에요." 머리가 뛰어난 희극 연기의 진수를 보여주며 열연한 밥은 책의 조언을 글자 그대로 따랐고, 상담실에서 엘리베이터까지 아기 걸음마로 수백 발짝을 걸어간다. 그리고 신이 나서 외친다. "엘리베이터를 탔어! 한 번에 조금씩 걸어가기만 하면 뭐든지 할 수 있어!" 물론 우스꽝스러운 예이지만, 연구 결과들이 벤저민 프랭클린과 레오 마빈, 두 사람의 방법이 일리가 있음을 확인시켜준다.

프랭클린은 이 방법을 무성히 자란 정원의 잡초를 뽑는 일에 비유했다. 정원에 들어가 닥치는 대로 잡초를 뽑기 시작하면 도무지 진도가 나가지 않는 듯 느껴질 것이다. 하지만 한 번에 한 구획씩 뽑는다면 금방 깔끔해진 정원을 보고 놀라게 될 것이다. 또한 프랭클린은 애초에 달성하려고 했던 완벽한 도덕성에 도달하지 못했다고 인정하면서도(유니콘들의 전형적인 평가), "만일 이를 시도하지 않았다면 도달할 수 없는 수준의 착하고 행복한 사람"이 되었을 거라고 했다.

우리도 마찬가지이다. 사실 당신은 평생 이 책의 개념들을 적용하고 바로잡아가야 할 수도 있다. 하지만 대부분이 직감적으로 아는 것처럼 무슨 일이든 노력에 가속을 붙이고 그것을 유지하려면 짧은 성공들도 맛볼 수 있어야 한다. 당신이 자기인식의 여정의 어디쯤에 와 있든 여행의 속도를 높일 수 있도록 단기적 성공을 맛보게 해줄 간단한 실천 과제들을 준비했다. 자기통찰 7일간의 도전7-Day Insight Challenge은 매일 자기인식의 한 요소에만 집중하게 한다. 바로 통찰을 맛보는 것이 중요하므로, 매일 15분에서 30분 정도면 끝낼 수 있는 과제들로 준비했다. 자기통찰 과제에서 배운 것들을 기록하고 정리하는 데 도움이 될 워크북은 www.Insight-Book.com에서 다운로드받을 수 있다. 또한 도전을 시작하기 전에 현재 당신의 자기인식 수준을 체계적으로 측정해 기준으로 삼고 싶다면 www.Insight-Quiz.com에서 360도 평가를 무료로 해볼 수 있다.

제1일: 자기인식을 얻고 싶은 영역의 선택

종이를 준비하고 당신의 삶에서 가장 중요한 영역 세 가지를 쓴다. 직장, 학교, 육아, 결혼 생활, 친구, 지역사회, 신앙, 자선 활동 등이 될 수 있을 것이다.

1. "만약 내일 아침 잠에서 깼는데, 그 삶의 영역에서 모든 것이 완벽에 가까워져 있다면 어떤 모습이겠는가?" 이 기적의 질문을 통해 세 가지 영역별 성공은 어떤 모습일지 몇 문장으로 써본다.
2. 그런 다음 당신이 정의내린 성공을 고려했을 때 현재 상태에 대한 만족도를 1점('매우 불만')부터 10점('매우 만족')까지의 척도로 평가한다.

당신이 원하는 만큼 만족스럽지 못한 영역이 자기인식의 기회가 가장 큰 부분이다. 당신이 가장 향상시키고 싶은 하나 또는 두 영역에 동그라미를 친다(이것들이 당신의 자기인식 목표 영역이다). 무엇이 당신이 정의한 성공에 이르지 못하도록 막는지, 그리고 성공하기 위해서 어떤 변화를 줄 수 있는지 생각한다.

제2일: 통찰의 일곱 축 검토

당신이 믿는 친구나 가족, 동료 한 명을 찾는다. 함께 통찰의 일곱 축을 살펴본다(2장 44쪽). 각 통찰의 축에서 당신 스스로를 어떻게 보는지(예: 당신의 가치는 무엇인가?) 기술한 다음, 상대는 당신을 어떻게 생각하는지 들어본다(예: 당신의 가치가 뭐라고 생각하는가?). (그리고 상대도 자신의 통찰의 축을 검토할 수 있도록 도와주는 좋은 친구 노릇을 해주기 바란다!) 대화 후에 당신에 관한 스스로의 답변과 상대의 답변에서 유사점과 차이점을 성찰해본다. 이 활동을 통해 무엇을 알게 되었고, 그것을 토대로 어떻게 앞으로 나아가야 하겠는가?

1. 가치: 우리가 어떻게 살아갈지 안내하는 원칙들
2. 열정: 우리가 사랑하는 일
3. 포부: 우리가 경험하고 성취하고 싶은 일
4. 적합한 환경: 우리가 행복하고 몰두하기 위해서 필요로 하는 환경
5. 행동양식: 다양한 상황에서 일관되게 나타나는 우리의 사고, 감정, 행동
6. 반응: 우리의 강점과 약점을 드러내 보이는 사고, 감정, 행동
7. 영향력: 우리의 행동이 타인들에게 대체로 어떻게 인식되는가

제3일: 자기인식을 가로막는 장벽 탐색

3장과 4장을 돌이켜 생각해보고 당신 자신의 삶 속에서 작용하고 있으리라고 의심되는 자기인식의 장벽 한두 가지를 고른다(예: 지식에 의한 맹점, 정서에 의한 맹점, 행동에 의한 맹점, 자기예찬의 컬트, 자기만족 효과, 셀카 증후군). 지금부터 24시간 동안 당신의 행동과 가정에 의문을 제기해보거나 다른 사람들의 행동과 가정을 살펴봄으로써 자기통찰을 가로막는 장벽들이 나타나는 순간을 포착해본다. 하루가 끝나면 무엇을 알게 되었고, 당신의 사고와 행동을 바꾸는 데 도움이 된다고 읽은 전략들을 어떻게 적용할지 생각해본다.

보너스: 지금부터 24시간 동안 온라인과 오프라인에서 당신 자신에게 집중하는 순간 대對 타인에게 집중하는 순간이 얼마나 빈번한지 주

목해본다. 최근 휴가 사진을 올리거나 저녁 식사 자리에 참석한 손님들에게 근래 직장에서 당신의 성과를 떠들고 싶은 유혹을 느낄 때 "이런 행동으로 내가 무엇을 달성하려 하는가?"라고 자문해본다.

제4일: 내적 자기인식 키우기

아래에 열거된 내적 자기인식 기법들 가운데 오늘 실험해볼 기법 하나를 선택한다. 하루를 마무리하며 그 기법은 어땠는지, 당신 자신에 대해 무엇을 알게 되었는지, 이 통찰을 토대로 어떻게 발전해갈 수 있는지 잠시 성찰해본다.

1. 왜가 아닌 무엇 질문하기(164쪽)
2. 비교와 대조(206쪽)
3. 재구성(203쪽)
4. 일시 정지(183쪽)
5. 사고 정지(184쪽)
6. 현실 확인(185쪽)
7. 솔루션 마이닝(219쪽)

제5일: 외적 자기인식 키우기

자기인식 목표 영역 각각에서 애정 어린 비판자 한 명을 찾는다(7장, 261쪽). 그 사람에게 그가 당신을 높이 사거나 인정하는 한 가지와 당신을 방해할지도 모른다고 생각하는 한 가지를 알려달라고 부탁한다. 당신이 피드백을 듣는 동안 3R 모델을 연습한다(8장, 284쪽).

제6일: 자기망상에 빠진 사람을 견뎌내기

당신이 아는 사람 중에서 자기망상이 가장 심한 이를 생각한다(오늘 보게 될 사람이 이상적이다). 그가 10장에 설명된 내용 중 어느 범주(자기인식의 가망이 없는 부류, 자기인식을 무시하는 부류, 넛지가 필요한 부류)에 속한다고 생각하며, 그런 결론을 내린 이유는 무엇인가? 다음에 그를 보게 될 때 그와의 관계를 보다 잘 관리할 수 있도록 아래의 기법 한 가지를 연습한다.

1. 판단을 배제한 연민(374쪽)
2. 저항하지 않기(375쪽)
3. 재구성(376쪽)
4. 그 사람과의 관계에서 무엇을 배울 수 있는가?(376쪽)
5. 웃음소리 효과음(382쪽)
6. 요구 사항 밝히기(385쪽)
7. 경계를 명확히 하기(387쪽)
8. 상황에서 벗어나기(388쪽)
9. 연민을 담은 지적(404쪽)

제7일: 점검

도전 과제를 실천하는 동안 메모한 내용들을 검토하고 다음 질문에 답해본다.

1. 당신 자신과 자기인식 전반에 관해서 일주일 전에는 알지 못했던 어떤

점을 알게 되었는가?

2. 지금의 여세를 이어갈 수 있도록 다음 달에 지킬 목표 한 가지를 정한다면 무엇이겠는가?
3. 일단 이 도전 과제를 완수한 후에는 Insight Challenge 페이스북 그룹에 꼭 합류하기 바란다. www.Insight-Challenge.com을 방문하면 당신의 성공을 공유하고 최상의 연습을 할 수 있도록 해줄 그룹으로 자동으로 연결될 것이다.

• • •

당신이 이 책을 통해 한 가지라도 확신을 얻었다면, 그것이 자기인식이 가능한 사람이 유니콘만은 아니라는 사실이기를 희망한다. 분명히 우리 모두는 통찰을 얻고, 그 결과물인 보상을 수확할 수 있다. 우리는 자기제한적 행동을 인식하고 더 나은 선택을 할 수 있다. 우리는 자신에게 가장 중요한 것을 알고, 그에 따라 행동할 수 있다. 우리는 자신의 영향력을 이해함으로써 우리에게 가장 소중한 관계를 개선시킬 수도 있다. 우리가 어떤 사람이며 타인에게는 어떻게 보이는지 이해해가는 과정은 장애물과 장벽들로 가득한 험난한 여정이 될 수 있다. 힘들고 고통스럽고 느린 길이 될 수도 있다. 우리가 불완전하고 나약하고 취약한 존재로 느껴질 수도 있다. 하지만 이 길은 가장 멋진 기회가 펼쳐진 길이기도 하다. 저자 C. 조이벨 C.는 내가 쫓아갈 수 없는 멋진 표현으로 이를 묘사한다.

나는 우리가 별과 같다고 생각한다. 무슨 일이 발생한 건지 우리는 폭발한다. 파열된 우리는 죽어간다고 생각한다. 하지만 사실 우리는 초신성으로 바뀌고 있다. 이후에 우리 자신을 다시 바라보면 갑자기 이전의 어느 때보다 아름다워진 모습을 발견하게 된다.

자기인식이 우리를 초신성으로 변화시켜 그 어느 때보다 아름답고 밝게 빛나게 만들어줄 것이다.

부록 A

당신의 가치는 무엇인가?

우리의 가치, 즉 우리가 인생을 어떻게 살고 싶은지 지침이 되는 원칙에 대한 이해는 자기통찰의 첫 번째 축이다. 가치는 우리가 어떤 사람이 되고 싶은지 규정해주고 나머지 자기통찰의 여섯 축을 지탱하는 근간이 된다. 다음 질문들은 당신의 가치를 보다 잘 이해할 수 있게 해줄 것이다.

1. 당신은 어떤 가치들이 중요하다고 배우며 자랐는가? 지금의 신념체계에 그 가치들이 반영되어 있는가, 아니면 그 가치와는 다른 가치로 세상을 보고 있는가?
2. 당신의 유년기와 청소년기에서 가장 중요한 사건 혹은 경험들은 무엇인가? 그것들은 당신의 세계관에 어떤 영향을 끼쳤는가?
3. 당신이 직장에서, 그리고 생활 속에서 가장 존경하는 사람은 누구이며, 그 사람의 어떤 면을 존경하는가?
4. 가장 존경하지 않는 사람은 누구이며, 그 이유는 무엇인가?
5. 지금까지 당신이 같이 일했던 최고의(그리고 최악의) 직장 상사는 누구이며, 그들을 선정한 이유는 어떤 행동 때문인가?
6. 가정을 꾸리거나 누군가에게 멘토 노릇을 해줄 때 당신이 가장 심

어주고 싶은 행동과 가장 심어주고 싶지 않은 행동은 무엇인가?

아래 목록은 당신이 가장 중요하게 생각하는 가치들을 찾거나 추리는 데 도움이 될 것이다.

가족	개방성	건강
겸손	고독	관용
관행을 추종하지 않기	권력	권위
근면	기여	너그러움
도전	독립	마음의 평화
마음챙김	매력	명성
모험	목적	배려
변화	보살핌	봉사
부	사랑	사랑 받기
사랑 주기	생태 환경	선
성생활	성장	성취
세계 평화*	소박함	수용
숙달	신뢰성	신의 뜻
신체 단련	아름다움	안전
안정성	여가	연민
열정	영성	예의

* W.R. Miller et al. "Personal values card sort." Albuquerque: University of New Mexico, 2001.

용서	우정	위험한 모험
유머	유연성	유익성
의무	인기	일부일처제
자극	자기수용	자기이해
자기통제력	자율성	자존감
자주성	재미	전통
정의	정직	정확성
중용	지식	진심
질서	창의성	책임
충실	친밀감	쾌락
편안함	합리성	헌신
협력	희망	

부록 B

당신의 열정은 무엇인가?

두 번째 자기통찰의 축인 우리의 열정을 이해해야만 일과 인생에서 진정으로 즐기는 일을 할 수 있도록 해주는 결정과 선택을 할 수 있다. 다음 질문들은 당신의 열정을 탐색하는 출발점이 되어줄 것이다.

1. 당신이 아침에 잠자리에서 벌떡 일어나는 날은 어떤 날인가?
2. 당신이 절대 질리지 않는 듯한 일과 활동은 어떤 종류인가?
3. 당신이 제일 즐겁지 않은 일과 활동은 어떤 종류인가?
4. 당장 내일 은퇴를 한다면, 일의 어떤 부분이 제일 그리울 것인가?
5. 당신의 취미는 무엇이며 그 취미의 어떤 점이 좋은가?

당신의 열정을 밝혀줄 안내서가 더 필요하다면, "당신의 낙하산은 어떤 색입니까?"와 같은 질문을 통한 진단은 아주 많으니 적극 활용하기 바란다. 하지만 모두 똑같이 신뢰할 수 있는 것은 아니므로 충분히 검증된 검사를 활용해야만 한다. 최고의 검사지 두 가지를 추천한다.

1. 홀랜드 RIASEC 모델(http://personality-testing.info/tests/RIASEC/ 또는 http://www.truity.com/test/holland-code-career-test에서 무료로 찾아

볼 수 있다.)

2. 스트롱 흥미검사(http://www.discoveryourpersonality.com/strong-interest-inventory-career-test.html 또는 http://careerassessmentsite.com/tests/strong-tests/about-the-strong-interest-inventory/에서 구매할 수 있다.)

부록 C

당신의 포부는 무엇인가?

스티브 잡스는 "나는 우주에 자국을 남기고 싶다"라고 말했다. 그의 말은 자기통찰의 세 번째 축인 포부로, 우리가 경험하고 성취하고 싶은 것의 핵심을 알려준다. 다음 질문들을 통해서 당신이 남기고자 하는 자국이 무엇인지 파악해보자.

1. 당신이 더 어렸을 적의 장래 희망은 무엇이었으며, 어떤 이유로 그 직업에 끌렸는가?
2. 현재 보내는 시간이 의미 있고 만족스럽게 느껴지는가? 무언가 인생에서 부족하다고 느껴지는 점은 없는가?
3. 당신의 가치와 열정을 열거한 목록을 관찰자 입장에서 읽고 있다고 상상해보라. 제3자가 보기에 그런 가치와 열정을 가진 사람은 무엇을 하고 경험하며 인생을 살고 싶은 사람으로 보이겠는가?
4. 당신은 어떤 유산을 남기고 싶은가?
5. 앞으로 살날이 꼭 1년만 남았다고 상상해보라. 당신은 그 시간을 어떻게 보낼 것인가?

부록 D

당신에게는 어떤 환경이 이상적인가?

적합한 환경, 즉 우리가 행복하고 적극적인 삶을 살기 위해 필요로 하는 환경에 대한 이해가 자기통찰의 네 번째 축이다. 어느 도시에 살지, 우리를 행복하게 해줄 인생의 동반자는 어떤 사람인지, 어떤 직업 혹은 회사가 우리를 성장하게 해줄지 등 인생에서 중요한 결정을 내릴 때 자신에게 적합한 환경에 대한 이해가 길잡이가 될 수 있다. 다음 질문들이 당신에게 최적인 환경을 이해하는 데 도움이 될 것이다.

1. 과거 당신이 업무 능력을 최대로 발휘했던 때가 언제이며, 그때 당시 어떤 환경에서 일했는가?
2. 학교에서 어떤 학습 방법 혹은 교실 환경이 학습에 가장 도움이 되었고, 가장 방해가 되었는가?
3. 업무 환경이 맞지 않아서 직장을 그만둔 적이 있는가? 만약 그랬다면 어떤 부분이 문제였는가?
4. 당신에게 이상적인 업무 환경을 기술해보라.
5. 어떤 종류의 사회적 상황과 인간관계가 당신을 가장 행복하게 하는가?

부록 E

당신의 강점과 약점은 무엇인가?

자기통찰의 여섯 번째 축은 우리가 보이는 반응, 즉 그 순간의 생각, 감정, 행동이다. 이런 반응들은 근본적으로 우리의 강점과 약점을 반영할 때가 많다. 다음 질문들을 통해서 당신의 강점과 약점을 이해해보도록 하자.

당신의 강점은?

1. 과거에 많은 훈련을 하지 않고도 쉽게 배웠던 일은 무엇인가?
2. 다른 사람들보다 더 빠르거나 더 잘하는 듯한 일은 무엇인가?
3. 어떤 일을 할 때 본인이 가장 생산적이라고 느끼는가?
4. 어떤 종류의 일을 할 때 가장 자랑스러운가?
5. 어떤 성과를 내고 스스로도 놀랐던 일이 있는가?

당신의 약점은?

1. 가장 크게 실패한 일들은 무엇이고, 그 실패들 사이에 공통점이 있는가?
2. 언제 자신의 실적에 가장 크게 실망했는가?
3. 남들로부터 가장 자주 듣는 건설적인 피드백은 무엇인가?

4. 어떤 일과 활동을 가장 하기 두려워하는가?

5. 당신의 어떤 점에 대해서 사랑하는 이들이 장난스럽게 놀리는가?

우리의 순간적인 반응들에 대한 통찰을 바로바로 얻기 위해서는 '숙고'하는 것보다 '순간순간 알아채는' 것이 더 효과적이라는 점을 기억해야 한다. 그렇기 때문에 이런 질문들을 계속 곰곰이 생각하기보다는 6장에서 다룬 마음챙김 기법을 다시 보는 것이 나을 듯하다. 마음챙김 기법은 우리의 반응에 대한 통찰을 얻는 데 가장 효과적인 방법일 것이다.

부록 F

당신이 남들에게 어떤 영향을 끼치는가?

이 책에서 살펴보았듯이 자기통찰의 일곱 번째 축인 자신의 행동이 남에게 끼치는 영향에 대해 잊기 쉽지만, 우리에 대한 주변인들의 반응은 자기인식을 높이는 데 결정적인 역할을 한다. 다음 질문들을 시작으로 당신이 남들에게 미치는 영향을 되돌아볼 수 있다.

1. 당신의 생활과 일에서 당신이 진정으로 아끼는 사람들은 누구인가(직원, 배우자, 자식, 고객 등)?
2. 위에서 언급한 사람 혹은 각각의 집단에 당신은 어떤 인상을 심어주고 싶은가?
3. 당신이 지난주에 이 개인과 각각의 집단에 했던 행동에 대해서 생각해보라. 중립적 입장의 제3자로서 그 행동을 관찰했다면, 목표했던 영향을 끼치고 있다고 생각하겠는가?
4. 지난주에 그 개인과 집단은 어떤 반응들을 보였는가? 당신과의 상호작용을 떠올리며 당신에게 한 말뿐 아니라 그들의 표정, 몸짓 언어, 어조를 기억해보라. 당신이 의도했던 반응을 보였는가? 만약 아니라면 어떤 변화를 주고 싶은가?
5. 당신이 원하는 영향을 끼칠 수 있도록 당신의 접근법을 바꿀 기회

가 생긴다면, 어떤 부분들을 내일부터 당장 바꿔보고 싶으며, 그 결과 당신의 영향력은 어떻게 달라질 것 같은가?

부록 G

자신에 대해 모르는 줄도 모르는 사실이 있는가?

미 국방부 장관 도널드 럼스펠드는 '알려진 사실을 아는 것', '모른다는 사실을 아는 것', 그리고 '모른다는 사실조차 모르는 것'을 언급한 말로 유명해졌다. 자기인식에 관해서는 '모르는 줄도 모르는 것'이 가장 해롭다. 생각하는 것만큼 자기 자신에 대해서 잘 알지 못한다는 사실을 고려하는 것이 불편할지 모르지만, 꼭 생각해봐야 할 문제다.

아래 문장들을 읽어보고 당신에게 해당되는 문항에 동그라미 표시를 한다. 동그라미가 많을수록 자신에 대한 믿음을 더 많이 의심하고, 주변 사람들에게 피드백을 구해 그 믿음을 재조정해야 할 것이다.

1. 직장 혹은 직업 때문에 오랜 시간 불행이나 공허함을 느낀 적이 있는가?
2. 승진을 하지 못하거나 입사에 실패하여 놀란 적이 있는가?
3. 성공을 확신했던 과제나 프로젝트에 실패한 적이 있는가?
4. 업무 평가나 360도 평가의 결과를 보고 놀란 적이 있는가?
5. 직장 상사나 동료, 직원, 사랑하는 사람으로부터 부정적인 피드백을 받고 놀란 적이 있는가?
6. 당신이 모르는 이유로 직장 동료나 사랑하는 이가 당신에게 화를

낸 적이 있는가?

7. 당신이 완전히 이해하지 못하는 이유로 연애나 이성 친구와의 관계가 갑작스럽게 틀어진 적이 있는가?
8. 연애나 이성 친구와의 관계가 갑작스럽게 끊어진 적이 있는가?

당신은 어떤 가정들을 하고 있는가?

세 가지 맹점을 피하기 위해서는 중요한 결정을 내리기 전에 자신이 어떤 가정들을 하고 있는지 파악해야 한다. 다음 질문들은 업무와 관련된 부분에서 어떤 가정을 하는지 알아보는 데 도움을 줄 것이다.

1. 이 결정이 회사 안팎의 다양한 이해 당사자들에게 어떤 영향을 끼칠 것인가? 고려하지 않은 이해 당사자는 없는가?
2. 이 결정을 실행할 때 최선의 결과와 최악의 결과는 어떤 것인가?
3. 고려하지 않은 결과는 없는가?
4. 실력 있는 경쟁자는 이 결정을 어떻게 평가하고 반응할 것 같은가?
5. 이 결정과 아무런 연관이 없는 사람은 이 결정의 어떤 점을 긍정적으로 평가하고 어떤 점을 부정적으로 평가할까?
6. 어떤 상황의 변화가 있을 때 이 결정을 내렸던 근거를 재검토하겠는가?
7. 이 결정을 내리면서 간과한 정보나 자료 출처가 있는가?

부록 H

당신은 자기예찬 컬트의 일원인가?

각 문항을 읽고 자신에게 해당되는 쪽(왼쪽 혹은 오른쪽)에 동그라미 표시를 해본다.

1	나는 특별한 사람이라고 생각한다.	나는 대부분의 사람보다 뛰어나지도 부족하지도 않다.
2	나는 주목받기를 좋아한다.	나는 무리에 섞여 있을 때가 좋다.
3	나는 권한을 갖고 싶어 한다.	나는 명령을 따르는 것이 불편하지 않다.
4	나는 항상 내 행동을 알고 있다.	나는 가끔 내 행동에 확신이 없다.
5	나는 다른 사람들에게 많은 것을 기대한다.	나는 다른 사람들을 위해 뭔가 해주기를 좋아한다.
6	나는 특출한 사람이다.	나는 평범한 사람이다.
7	나는 다른 사람들보다 능력이 뛰어나다.	나는 다른 사람들로부터 배울 수 있는 것이 많다.

위의 질문들은 자기애적 성격검사*에서 발췌한 문항들이다. 왼쪽에 표시한 동그라미가 많을수록 자기애적 특성을 더 많이 가지고 있을 확률이 높다. 하지만 걱정할 것 없다. 자기애적 특성을 약간 보인다고 해

* Daniel R. Ames, Paul Rose, and Cameron P. Anderson. "The NPI- 16 as a short measure of narcissism." *Journal of Research in Personality* 40.4 (2006): 440-450.

서 반드시 나르시시스트라는 의미는 아니다. 하지만 자기예찬의 컬트를 물리치려는 노력을 조금 더 해야 된다는 의미일 수는 있다.

부록 I

당신은 얼마나 겸손한가?

자기예찬의 컬트가 점령한 세상에서 찾아보기 점점 어려워지는 덕목이기는 하지만, 겸손은 자기인식을 얻는 데 필수요소이다. 겸손하다는 것은 자신의 약점을 인지하고, 자신의 성공을 과대평가하지 않으며, 다른 이들의 공을 인정한다는 것을 의미한다.

아래 문항들에 대해서 당신의 행동을 가장 잘 나타내는 숫자를 선택한다. 당신이 추구하는 행동방식보다는 실제로 어떻게 행동하는지를 바탕으로 답을 해야 한다. 당신이 보지 못하는 것을 남들은 볼 수 있을 때가 많으므로 믿을 만한 조언자와 함께 평가해준다면 도움이 될 것이다. 응답을 마치면 평균값을 구하고 다음 쪽에 있는 지침을 참고하기 바란다.

1	2	3	4	5
매우 드물게	드물게	종종	자주	매우 자주

____ 1. 나는 피드백을, 특히 비판적인 피드백을 받으려 한다.

____ 2. 나는 어떻게 해야 될지 모를 때 모른다는 것을 인정한다.

____ 3. 나는 남들이 나보다 많이 알 때 그것을 인정한다.

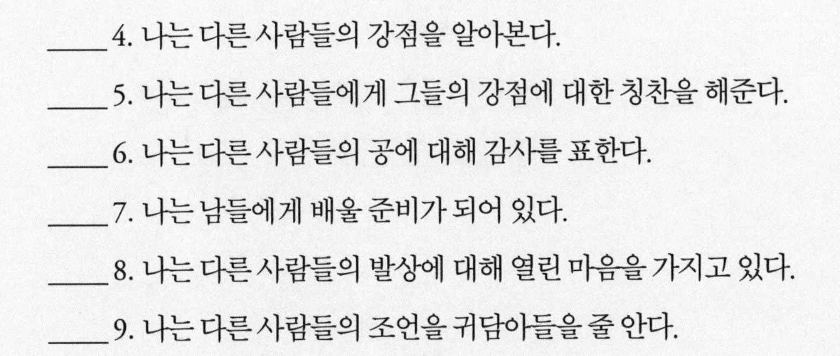

____ 4. 나는 다른 사람들의 강점을 알아본다.

____ 5. 나는 다른 사람들에게 그들의 강점에 대한 칭찬을 해준다.

____ 6. 나는 다른 사람들의 공에 대해 감사를 표한다.

____ 7. 나는 남들에게 배울 준비가 되어 있다.

____ 8. 나는 다른 사람들의 발상에 대해 열린 마음을 가지고 있다.

____ 9. 나는 다른 사람들의 조언을 귀담아들을 줄 안다.

평균	해석
1–2	현재 당신은 겸손한 편이 아니다. 주위 사람들에게 거만하거나 자기중심적이라 평가받고 있을지 모르며, 이런 인식이 당신의 인간관계를 해치고 팀의 잠재력을 최대로 끌어내지 못하게 막고 있을 수 있다. 하지만 다행히 본인의 약점을 인정하고 다른 이들의 장점을 알아보는 데 시간과 힘을 쏟는다면 아주 큰 긍정적인 변화를 기대할 수도 있다.
3–4	현재 당신은 중간 정도의 겸손함을 보이고 있다. 주위 사람들이 당신을 완전히 거만하거나 자기중심적인 사람으로 보지는 않겠지만, 더 겸손해진다면 인간관계와 지도력을 더 발전시킬 수 있다. 가장 낮은 점수를 받은 항목부터 집중적으로 고치려는 노력을 쏟을 수 있을 것이다. 같은 맥락에서, 가장 높은 점수를 받은 항목을 더 개선시킬 수 없는지도 고민해야 한다.
5	현재 당신은 높은 수준의 겸손함을 보이고 있다. 주위 사람들에게 현실적이고 같이 일하기 편한 사람으로 보이므로, 겸손한 행동이 당신에게 유리하게 작용할 것이다. 하지만 당신도 잘 알다시피 당신도 완벽하지는 않다! 위 문항들을 재검토하면서 더 개선시킬 수 있는 행동은 없는지 자문해보라. 또한 집이든 직장이든 지역사회든 주변에 겸손의 문화를 키울 수 있는 방법은 없는지 고민해볼 수 있다.

부록 J

절대적 진실에 대한 당신의 욕구는 얼마나 되는가?

5장에서 보았듯이 절대적 진실에 대한 욕구는 복잡성, 모순성, 그리고 미묘한 차이들을 보지 못하게 함으로써 통찰을 얻는 데 방해가 된다. 절대적 진실에 대한 욕구가 보다 다면적인 자기이해를 막고 있는지 파악하기 위해 각 문항마다 당신이 해당되는 숫자를 선택한다. 당신이 추구하는 행동방식보다는 실제로 어떻게 행동하는지를 바탕으로 답을 해야 한다. 응답을 마치면 평균값을 구하고 다음 쪽에 있는 지침을 참고하기 바란다.*

1	2	3	4	5
매우 드물게	드물게	종종	자주	매우 자주

____1. 나는 항상 나에 대한 '진실'을 알아내려고 한다.

____2. 나는 현재의 나와 실제의 내가 다르다고 생각한다.

____3. 나는 언젠가는 진정한 나를 찾기를 희망한다.

* Omer Faruk Simsek. "Self-absorption paradox is not a paradox: Illuminating the dark side of self-reflection." *International Journal of Psychology* 48.6 (2013): 1109-1121.

_____ 4. 나는 항상 나와 관련된 '진실'들에 대해 고민한다.

_____ 5. 나는 내 경험의 진짜 의미를 이해하려 노력한다.

평균	해석
1–2	절대적 진실에 대한 욕구가 약한 편이다. 본인의 경험과 기질들을 과도하게 분석하지 않고 그 요소들에 내재된 복잡성을 인지하고 있다. 자기이해를 높이기 위해 노력하지만, 완벽히 자신을 이해하지 못할지도 모른다는 사실을 알고 있다. 언뜻 납득되지 않을 수도 있지만, 절대적 진실 추구의 압박에서 자유로워진 당신은 그만큼 자기 자신이 어떤 사람인지, 남들에게 보이는 모습은 어떤지 더 깊은 통찰을 얻을 확률이 높다.
3–4	절대적 진실에 대한 욕구가 보통 수준이다. 본인의 경험과 기질들을 항상 과도하게 분석하려 하지는 않지만, 그것들의 '진짜' 원인과 의미를 종종 파악하려 한다. 하지만 이런 행동은 통찰을 늘리기보다 불안감만 늘리기 십상이다. 절대적 진실을 찾고 있는 모습을 깨달았을 때 그것이 통찰로 가는 올바른 길이 아님을 스스로에게 상기시키는 노력이 필요하다. 그 대신 5장과 6장에서 소개된 기법들을 사용해야 한다!
5	절대적 진실에 대한 욕구가 강하다. 자기성찰을 즐기며 자기 행동들의 '진짜' 원인과 의미를 자주 분석하려 한다. 하지만 이런 절대적 진실들은 찾기 어려울 뿐만 아니라, 진실을 찾는 행동 자체가 자신을 더 불안하게 더 우울하게 만들고 성공과 자기이해에 부정적인 영향을 끼친다. 여유를 갖고 자신을 완벽히 파악해야 자신을 아는 것은 아니라는 점을 기억해야 한다. 더 깊은 의미를 알려고 하는 대신 지금 이 순간에 의식을 모으는 마음챙김을 연습하는 것도 도움이 될 것이다.

부록 K

당신은 얼마나 자주 반추에 빠지는가?

5장에서 보았듯이 우리 모두의 안에는 반추 성향이 도사리고 있다. 고약한 반추 성향은 우리의 선택을 비판하고, 실패를 상기시키고, 자기비판과 자기회의에 빠지게 하여 통찰을 얻으려는 우리의 노력을 물거품으로 만들기 위해 호시탐탐 기회를 엿본다. 당신이 얼마나 반추 성향의 영향을 받고 있는지 알아보기 위해 각 문항마다 당신에게 해당되는 숫자를 선택해보자. 당신이 추구하는 행동방식보다는 실제로 어떻게 행동하는지를 바탕으로 답을 해야 한다. 응답을 마치면 평균값을 구하고 다음 쪽에 있는 지침을 참고하기 바란다.*

1	2	3	4	5
매우 드물게	드물게	종종	자주	매우 자주

____ 1. 나의 특정 측면에 대해 고민을 멈추고 싶은데도 생각이 그리로 집중될 때가 많다.

* Paul D. Trapnell and Jennifer D. Campbell. "Private self-consciousness and the five-factor model of personality: Distinguishing rumination from reflection." *Journal of Personality and Social Psychology* 76.2 (1999): 284.

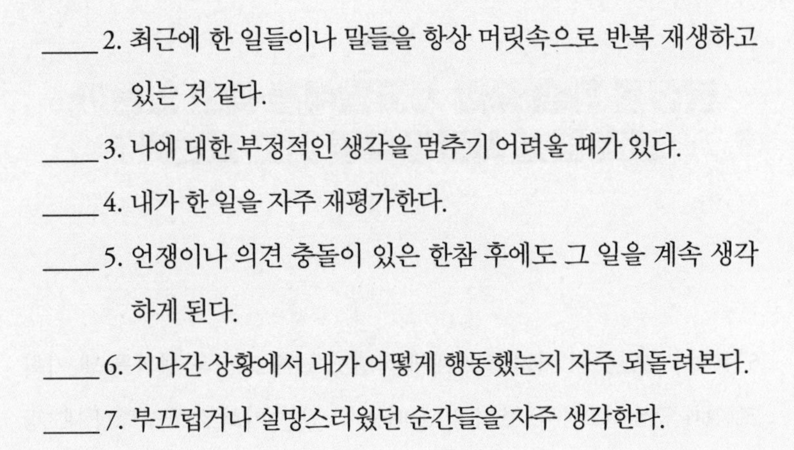

____2. 최근에 한 일들이나 말들을 항상 머릿속으로 반복 재생하고 있는 것 같다.

____3. 나에 대한 부정적인 생각을 멈추기 어려울 때가 있다.

____4. 내가 한 일을 자주 재평가한다.

____5. 언쟁이나 의견 충돌이 있은 한참 후에도 그 일을 계속 생각하게 된다.

____6. 지나간 상황에서 내가 어떻게 행동했는지 자주 되돌려본다.

____7. 부끄럽거나 실망스러웠던 순간들을 자주 생각한다.

평균	해석
1–2	당신은 반추에 좀처럼 빠지지 않는다. 반추를 아예 안 하는 것은 아니지만 반추가 시작되려 할 때 미리 알아보고 멈출 수 있는 능력을 가지고 있어서 자기인식과 행복감을 높여준다. 반추와 관련해서 신경 쓸 부분이 많지 않으므로 다른 측면의 내적 (그리고 외적) 자기인식을 향상시키는 데 노력을 집중하는 게 좋을 것이다.
3–4	당신은 반추에 종종 빠진다. 때로는 반추를 금방 알아차리고 멈춘다. 때로는 반추에 완전히 빠져서 자기통찰이 흐려지고 심신의 안녕을 해친다. 반추를 줄이려면 패턴을 찾아보라. 특정한 사람이나 상황이 반추를 부추기는가? 반추를 멈추게 하는 데 특히 도움이 되는 기법이 있는가? 효과가 있는 기법을 더 많은 상황에 적용시켜 나가며, 5장에 나온 기법들을 시험해보라.
5	당신은 자주 반추에 빠진다. 반추에 빠졌을 때 알아차릴 수는 있겠지만 반추를 멈추기는 힘들고, 이것이 당신의 자기통찰과 심신의 안녕을 크게 해치고 있다. 우선 반추를 유발하는 기폭제부터 파악하는 것이 좋다. 유달리 반추에 빠지게 하는 상황이나 사람이 있는가? 그런 상황을 파악한 뒤에는 5장에서 알아본 기법들을 적용시켜나갈 수 있다.

부록 L

당신은 학습 중심 사고방식을 갖고 있는가, 결과 중심 사고방식을 갖고 있는가?

5장에서 보았듯이 어려운 과제에 직면했을 때 그것을 성과를 낼 기회로(결과 중심 사고방식) 보지 않고 배울 수 있는 기회로(학습 중심 사고방식) 보아야 실패했을 때 반추를 예방할 수 있는 동시에 성과도 높일 수 있다. 당신이 어떤 사고방식에 가까운지 알아보기 위해 아래 문항들을 읽고 해당되는 문장에 동그라미 표시를 해본다. 당신이 추구하는 행동방식보다는 실제로 어떻게 행동하는지를 바탕으로 답을 해야 한다.

1. 나는 동료들이 내가 프로젝트를 얼마나 잘 진행시키고 있는지 알아봐줄 때가 좋다.
2. 나는 능력을 향상시키기 위해서 더 어려운 과제를 선택할 용의가 있다.
3. 나는 새로운 종류의 프로젝트에 도전하기보다는 내가 잘할 줄 아는 프로젝트를 선택할 확률이 더 높다.
4. 나는 내 지식을 늘릴 방법을 자주 찾는다.
5. 나는 좋은 성과를 내지 못할 만한 상황을 미리 피하는 경향이 있다.
6. 나는 내가 당연히 뛰어넘을 수 있는 목표보다 실패할지도 모르는 어려운 목표를 설정하기를 좋아한다.

7. 다른 이들이 해결하려는 문제의 답을 내가 이미 알고 있을 때 기분이 좋다.
8. 나는 기대치가 매우 높은 환경에서 일하기를 선호한다.

홀수 문항에 동그라미를 더 많이 쳤다면 결과 중심 사고방식을 가졌을 확률이 높고, 짝수 문항을 더 많이 선택했다면 학습 중심 사고방식을 가졌을 확률이 높다.

부록 M

당신은 얼마나 많은 피드백을 받고 있는가?

책에서 쭉 언급했듯이 외적 자기인식을 늘리는 데 가장 효과적인 방법은 남들로부터 솔직하고 객관적인 피드백을 받는 것이다. 이 귀중한 수단을 최대한 활용하고 있는지 알아보기 위해 각 문항마다 자신이 해당되는 숫자를 선택한다. 당신이 추구하는 행동방식보다는 실제로 어떻게 행동하는지를 바탕으로 답을 해야 한다. 응답을 마치면 평균값을 구하고 다음 쪽에 있는 지침을 참고하기 바란다.

1	2	3	4	5
매우 드물게	드물게	종종	자주	매우 자주

____ 1. 지난주에 내 행동이나 실적에 대해 피드백을 구한 적이 있다.

____ 2. 중요한 과제나 프로젝트를 끝낸 뒤에 '자가 사후 분석personal post-mortem'을 실시해서 발전 및 보완 방법을 모색한다.

____ 3. 직장 상사와 이야기할 때 내 업무 처리에 관해 피드백을 자주 구한다.

____ 4. 지난 한 달 사이에 직속 부하 직원이나 팀원들에게 피드백을 구한 적이 있다.

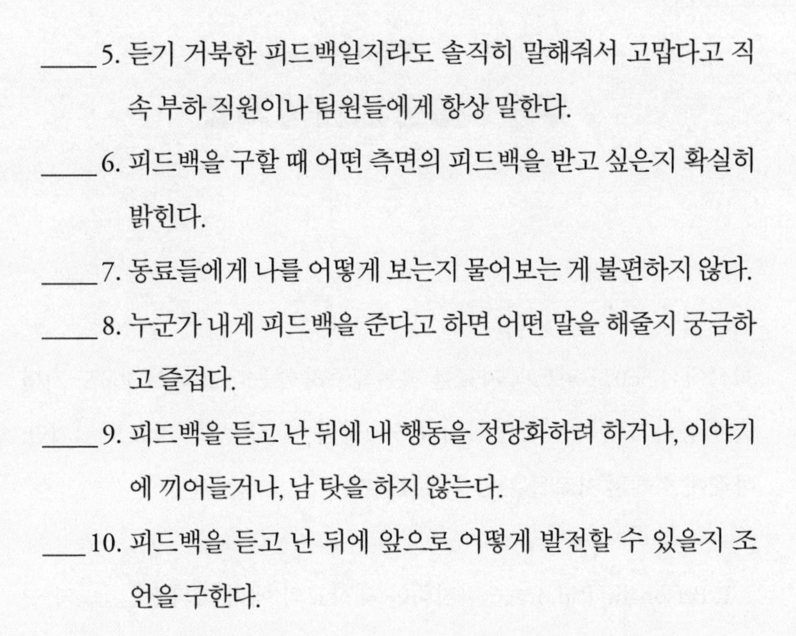

____ 5. 듣기 거북한 피드백일지라도 솔직히 말해줘서 고맙다고 직속 부하 직원이나 팀원들에게 항상 말한다.

____ 6. 피드백을 구할 때 어떤 측면의 피드백을 받고 싶은지 확실히 밝힌다.

____ 7. 동료들에게 나를 어떻게 보는지 물어보는 게 불편하지 않다.

____ 8. 누군가 내게 피드백을 준다고 하면 어떤 말을 해줄지 궁금하고 즐겁다.

____ 9. 피드백을 듣고 난 뒤에 내 행동을 정당화하려 하거나, 이야기에 끼어들거나, 남 탓을 하지 않는다.

____ 10. 피드백을 듣고 난 뒤에 앞으로 어떻게 발전할 수 있을지 조언을 구한다.

평균	해석
1–2	두려움이나 지나친 자신감, 자신의 무결함에 대한 믿음 때문에 남들이 당신을 어떻게 보는지 진실을 알 수 있는 엄청난 기회를 놓치고 있다. 당신이 믿는 한두 명의 사람에게서 피드백을 구하고, 7장과 8장에 소개된 기법들을 써보는 것에서부터 시작할 수 있다.
3–4	피드백을 정기적으로 구하지만, 더 자주 피드백을 구한다면 남들이 당신을 어떻게 보는지에 대한 이해를 더 높일 수 있다. 현재 당신의 접근법과 7장과 8장에 소개된 기법들을 비교하여 새로운 기법들을 도입할 구체적인 방안들을 생각해보면 도움이 될 것이다.
5	피드백을 여러 사람에게서 구하고 있으며, 대체적으로 피드백에 열려 있고 배우고자 하는 자세로 들을 줄 안다. 계속 성장을 도모하려면 7장과 8장에서 소개된 기법들 중 사용하지 않은 기법들을 어떻게 실험할지 고민해볼 수 있다.

부록 N

무료 360도 피드백 자료

회사에서 360도 피드백 자료를 지원해주지 않는다고 해서 360도 기법을 활용하지 못하는 것은 아니다. 500달러 이상을 받는 자료도 많지만, 아래에 소개된 자료들은 평생 무료이다.

1. PersonalityPad.org는 버지니아 대학교의 에릭 파파스Eric papas와 연구진에 의해 개발되었다. 그들의 숭고한 목표는 모든 사람이 다원 피드백을 받을 수 있게 한다는 것이다. 10개 문항으로 구성된 자가 진단서는 작성하기도 쉽고, 검사 결과는 수준이 높으면서도 깨닫게 해주는 바가 많다.
2. SelfStir.com은 더 종합적이다. 더 길고, 주관식 문항도 포함되어 있으며, 상세 보고서까지 제공한다.
3. BankableLeadership.com은 내가 첫 번째 책 *Bankable Leadership*을 출판하며 만든 자료이다. 12문항으로 구성된 이 설문은 '사람'과 '결과'와 관련된 행동에 있어서 당신이 스스로를 어떻게 보고, 남들은 당신을 어떻게 보는지 알게 해줄 것이다.

위의 자료를 활용하고자 한다면, 평가를 부탁할 사람들에게 미리 연락을 하는 것이 좋다. 당신이 360도 피드백을 받으려 하는데 익명으로 참가해주었으면 좋겠다고 밝히고, 곧 이메일로 설문조사 링크가 갈 것이니 당신의 행동들에 대한 견해를 밝혀주면 감사하겠다고 말하면 될 것이다. 이렇게 미리 알려줌으로써 설문조사 이메일이 스팸으로 분류되어 삭제되는 것을 미연에 방지할 수 있다. 또한 개인적으로 연락을 해야 당신이 360도 피드백을 구하게 된 사정을 이해시킬 수 있고, 그들의 참여가 당신의 성장과 발전에 얼마나 큰 도움을 주는 일인지 설명할 수 있다.

감사의 글

우선 우리 연구에 참가해준 전 세계 자기인식의 유니콘들에게 감사를 표하고 싶다. 여러분 한 명 한 명이 자기인식의 향상이 가능하며 그러한 성장이 시간과 힘을 투자할 만한 일이라는 사실을 보여주는 산증인이다. 자기인식을 길러가고 있는 우리 모두에게 여러분이 각자의 자리에서 스스로와 세상을 발전시키고 있다는 사실은 큰 힘이 된다.

나의 공동 연구자들인 에이프릴 브로더슨, 헤일리 워즈니, 에릭 헤게스타드, 그리고 나의 연구 보조원 우마 케드하너스, 션 토머스, 줄리앤 애플게이트, 레이시 크리스트, 마이크 제이콥슨, 로런 트로닉(유니콘이자 독보적인 인터뷰 진행자)에게 고마움을 전한다. 우리가 귀여우리만치 순진하게 "자기인식을 정의하고 측정하는 것이 그렇게 어려울까?"라는 질문을 던졌을 때, 어떤 일을 시작하려는 건지 아무도 몰랐다. 3년이 지난 지금 우리는 답을 알고 있고, 이는 여러분의 헌신, 지혜, 그리고 할 수 있다는 마음가짐 덕분이다. 연구 참가자를 구하는 데 도움을 준 친구와 가족, 고객 여러분에게도 감사의 말을 전하고 싶다.

내가 강연, 집필, 컨설팅 활동을 할 수 있도록 도와주는 동료들에게도 감사드린다. 플래처 앤드 컴퍼니의 그레인 폭스, 베로니카 골드스타인, 멜리사 친칠, 에린 맥패든, 새라 푸엔테스, 그리고 최고의 에이전트인 크리스티 플래처, 나를 믿고 흔들림 없이 곁에서 항상 지지를 보내준 그들에게 감사를 보낸다. 유리크 그룹의 파트너인 미셸 롱마이어, 이제 당신의 다재다능한 능력을 파악했다고 생각할 때마다 당신은 더 멋지게 일을 해내곤 한다. 매일 당신과 함께 일할 수 있다는 것이 내게는 영광스러운 일이다. 스피커스오피스 강연 관리 팀의 홀리 캐치폴, 미셸 윌리스, 캐시 글래스고, 킴 스타크, 이 숙녀들에게는 꽤나 멋진 여정이었고 미래에는 어떤 일들이 기다리고 있을지 기대된다는 말을 전하고 싶다.

이 책이 완성되기까지 전 과정에서 안내자 역할을 해준 전문가들에게는 큰 신세를 졌다. 래리 비숍은 미미한 생각을 아이디어로 완성시켜주었다. 마이클 팰건은 나보다도 먼저 이 책에 믿음을 보내주었다. 그의 협조와 우정에 영원히 감사할 것이다. 내 이야기를 할 수 있게 도와주고, 늘 웃음을 주고, 광대 은행 강도 이야기를 빼도록 나를 설득해준 윌 스토르에게도 감사를 전한다. 책을 검토하고 소중한 의견을 보내준 척 블레이크먼, 앨런 멀럴리, 미셸 윌리스, 마이클 팰건, 칩 히스, 린다 스필레인에게도 감사드린다.

탁월한 능력을 보여준 크라운 팀의 탈리아 크론, 티나 콘스터블, 캠벨 워턴, 아일릿 그룬스펙트, 메건 슈먼, 줄리아 엘리엇, 탈 고렛스키, 로저 숄, 그들과 함께 이 책을 작업한 것은 마치 꿈이 이루어지는 것과 같은 경험이었다. 그들은 더할 수 없는 전문성과 헌신, 친절을 보여주었다. 천재 편집자이자 동지, 나와 같은 강박증 환자이자 진정한 친구인 탈리아 크론은 최고의 능력과 문제 해결력을 발휘해주고, 퇴근 후에 끊임없이 이메일을 보내도 기분 좋게 답장을 보내주며, 2016년 개구리 왕자 장난에도 공범이 되어줘서 고맙고, 무엇보다도 내가 상상할 수 있는 최고의 동업자가 되어줘서 얼마나 감사한지 모른다.

집필 과정에서 지혜와 도움을 준 친구, 동료, 그리고 멘토들인 앨런 멀럴리, 마셜 골드스미스, 애덤 그랜트, 에드윈 캣멀, 토미 스폴딩, 린다 스필레인(사랑해, 친구!), 미셸 길런, 콘스탄틴 세디키데스, 허브 블럼버그, 아리 헤글러, 신디 헤멀, 다나 세드넥, 세라 데일리, 엘리사 스퍼란자, 플로렌스 오조, 엘리너 앨런, 로빈 케인, 로저 버얼리, 스티븐 라덱, 마이크 헤런, 다나 그레이버 라덱, 린다 헨만, 로빈 케인, 마이크 워커, 테레사 그레이, 배리 넬슨, 빌 웨일런, 더그 그리피스, 테드 맥머도, 스콧 페이지에게도 감사드린다. 특히 칩 히스가 없었다면 이 모든 일이 불가능했을 것이다.

마지막으로 내가 항상 현실감을 잃지 않고 자기인식을 할 수 있도록 도와주며, 나의 많은 단점에도 불구하고 나를 사랑해주는 멋진 이들에게 감사드린다. 깁슨, 콜스, 앨리, 앱스, 마리타, 로지, 다나, 레이 레이, 제이슨, 앙, 크리스틴, 에이프릴, 마크, G$, 마이크, 수, 롭, 테레사, 크리스틴, 린다에게는 소중한 나의 애정 어린 비판자가 되어준 점에 감사하고 싶다. 글이 막혀서 고통스러울 때 안식처를 제공해준 오렌지씨오리 피트니스의 친구들(케이틀린, 린지, 대니얼, 에릭, 제이슨, 호세, 미아), 나의 집필 동지인 프레드와 윌로, 끝없는 사랑과 지지를 보내준 마

마리치(그리고 나의 가족 모두)에게도 감사드린다. 그리고 나의 ABD(저자 조울증)를 진단하고 견뎌주고, 내가 원하든 원치 않든 항상 자기인식을 하도록 채찍질하며, 무한한 사랑과 격려, 긍정, 도움, 유머, 너그러움을 보내준 남편 데이브에게 특히 감사를 표한다. 정말 사랑해요.

주

1장 21세기가 요구하는 메타 기능

12 "나는 총알이 귓전을 스치는 소리를 들었고": George Washington. Letter to John A. Washington. May 31, 1754. MS. N.p.

13 "공격해온다고 하더라도 두려울 것이 없다": George Washington. Letter to Robert Dinwiddie. June 3, 1754. MS. N.p.

14 "후퇴해야만 했을 때 진격했고": Ron Chernow. *Washington: A Life*. Penguin, 2010, p. 49.

15 "모든 유인원이 … 손을 뻗을 줄 안다": Vilayanur S. Ramachandran. *The Tell-Tale Brain: A Neuroscientist's Quest for What Makes Us Human*. W. W. Norton & Company, 2012, p. 4.

15 어떤 사람들은 … 주장까지 했다: Mark R. Leary and Nicole R. Buttermore. "The evolution of the human self: Tracing the natural history of self-awareness." *Journal for the Theory of Social Behaviour* 33.4 (2003): 365–404.

15 생존에 이점으로 작용했다: Donna Hart and Robert W. Sussman. *Man the Hunted: Primates, Predators, and Human Evolution*. Basic Books, 2005, pp. 159–164.

16 자신을 알고: 이는 우리의 자기인식 연구 프로그램에서 나온 결과이다.

16 그들은 현명한 결정을 한다: D. Scott Ridley, et al. "Self-regulated learning: The interactive influence of metacognitive awareness and goal-setting." *Journal of Experimental Education* 60.4 (1992): 293–306; Saundra H. Glover, et al. "Re-examining the influence of individual values on ethical decision making." *From the Universities to the Marketplace: The Business Ethics Journey*. Springer Netherlands, 1997. 109–119.

16 개인적 인간관계나: Stephen L. Franzoi, Mark H. Davis, and Richard D. Young.

"The effects of private self-consciousness and perspective taking on satisfaction in close relationships." *Journal of Personality and Social Psychology* 48.6 (1985): 1584–1594.

16 직업상 인간관계도 좋다: Clive Fletcher and Caroline Bailey. "Assessing self-awareness: Some issues and methods." *Journal of Managerial Psychology* 18.5 (2003): 395–404; John J. Sosik and Lara E. Megerian. "Understanding leader emotional intelligence and performance: The role of self-other agreement on transformational leadership perceptions." *Group & Organization Management* 24.3 (1999): 367–390.

16 그들은 자녀를 성숙한 사람으로 키워낸다: Heather K. Warren and Cynthia A. Stifter. "Maternal emotion-related socialization and preschoolers' developing emotion self-awareness." *Social Development* 17.2 (2008): 239–258.

16 그들은 똑똑하고: Vladimir D. Shadrikov. "The role of reflection and reflexivity in the development of students' abilities." *Psychology in Russia: State of the Art* 6.2 (2013).

16 진로 선택도 더 잘한다: Chris Brown, Roberta George-Curran, and Marian L. Smith. "The role of emotional intelligence in the career commitment and decision-making process." *Journal of Career Assessment* 11.4 (2003): 379–392; Romila Singh and Jeffrey H. Greenhaus. "The relation between career decision-making strategies and person-job fit: A study of job changers." *Journal of Vocational Behavior* 64.1 (2004): 198–221.

16 창의적이고: See Paul J. Silvia and Maureen E. O'Brien. "Self-awareness and constructive functioning: Revisiting 'the human dilemma.' " *Journal of Social and Clinical Psychology* 23.4 (2004): 475, 480–481.

16 자신감이 넘치며: Anna Sutton, Helen M. Williams, and Christopher W. Allinson. "A longitudinal, mixed method evaluation of self-awareness training in the workplace." *European Journal of Training and Development* 39.7 (2015): 610–627.

16 소통도 잘한다: Ibid.

16 공격적 행동: Peter Fischer, Tobias Greitemeyer, and Dieter Frey. "Unemployment and aggression: The moderating role of self-awareness on the effect of unemployment on aggression." *Aggressive Behavior* 34.1 (2008): 34–45.

16 거짓말 … 가능성이 낮다: See Paul J. Silvia and Maureen E. O'Brien. "Self-awareness and constructive functioning: Revisiting 'the human dilemma.' " *Journal of Social and Clinical Psychology* 23.4 (2004): 475, 479–480.

16 직장에서 많은 실적을 올리고: Allan H. Church, "Managerial self-awareness in high-performing individuals in organizations." *Journal of Applied Psychology* 82.2 (1997): 281–292.

16 높은 직급까지 승진한다: Bernard M. Bass and Francis J. Yammarino. "Congruence of self and others' leadership ratings of naval officers for understanding successful performance." *Applied Psychology* 40.4 (1991): 437–454.

16 유능한 지도자로: Bass and Yammarino, "Congruence of self and others' leadership ratings"; Malcolm Higgs and Deborah Rowland. "Emperors with clothes on: The role of self-awareness in developing effective change leadership." *Journal of Change Management* 10.4 (2010): 369–385.

16 직원들을 열성적으로 만든다: Kenneth N. Wexley, et al. "Attitudinal congruence and similarity as related to interpersonal evaluations in manager-subordinate dyads." *Academy of Management Journal* 23.2(1980): 320–330.

16 수익까지 올려놓는다: Atuma Okpara, et al. "Self awareness and organizational performance in the Nigerian banking sector." *European Journal of Research and Reflection in Management Sciences* 3.1 (2015); Harry Schrage. "The R&D entrepreneur: Profile of success." Harvard Business Review, November–December, 1965, 56–69; Korn Ferry Institute. "Korn Ferry Institute study shows link between self-awareness and company financial performance," kornferry.com, June 15, 2015, http://www.kornferry.com/press/korn-ferry-institute-study-shows-link-between-self-awareness-and-company-financial-performance/.

16 600퍼센트나 '더 높다': PDI Ninth House. "Accurate self-insight decreases derailment risk," *Leadership Research Bulletin*, January 24, 2013, http://www.kornferry.com/institute/565-accurate-self-insight-decreases-derailment-risk.

16 자그마치 5,000만 달러의: J. Evelyn Orr, Victoria V. Swisher, King Y. Tang, and Kenneth De Meuse. "Illuminating blind spots and hidden strengths," kornferry.com, September 2010, http://www.kornferry.com/media/lominger_pdf/Insights_Illuminating_Blind_Spots_and_Hidden_Strengths.pdf.

16 파악하는 데 어려움을 겪는: University of Phoenix School of Business. "Nearly three-fourths of US workers in their 30s want a career change," *University of Phoenix News release*, July 29, 2015, http://www.phoenix.edu/news/releases/2015/07/uopx-survey-reveals-three-fourths-us-workers-in-their-thirties-want-career-change. html; http://www.bls.gov/news.release/pdf/nlsoy.pdf.

19 "흔히 … 결함이 있다": David Dunning, Chip Heath, and Jerry M. Suls. "Flawed self-assessment implications for health, education, and the workplace." *Psychological Science in the Public Interest* 5.3 (2004): 69–106.

24 "워싱턴의 전기는 다른 무엇보다도": W. W. Abbot, "An Uncommon Awareness of Self," Prologue: *Quarterly Journal of the National Archives and Records Administration* 29 (1989): 7–19; repr. in George Washington Reconsidered, ed. Don Higginbotham (University Press of Virginia: 2001).

24 워싱턴 2.0은 단점들을 색출하는: Chernow, p. 603.

24 "나는 … 들어 넘길 수 있다": Ibid., p. 603.

24 "모든 측면에서 검토하고": Ibid., p. 521.

24 "우리가 가진 수단을 고려해야 한다": Ibid., p. 378.

24 "제게 부여된 과업의 막중함을 알기에": Ibid., p. 560.

26 수천 명을 조사한 끝에: 50명의 표본이 자기인식에 관한 의미 있는 결론을 얻는 데 충분할지 의심스럽다면 양적 연구와 질적 연구의 차이를 지적하는 것이 중요할 수 있다. 우리 연구의 많은 부분은 양적 연구방법, 즉 수량화된 문항으로 구성된 설문조사를 토대로 했지만 자기인식의 유니콘에 대한 검토는 속성상 질적 연구로 이루어졌다. 질적 연구는 주제와 패턴을 찾기 위해서 각 참가자를 더욱 깊이 탐구한다(우리의 경우 광범위한 인터뷰). 사실 질적 연구에서 50명은 상당히 큰 표본이며 유니콘을 찾기가 힘들다는 점까지 고려하면 더욱 그렇다!

30 3,000만 나이지리아인이: "INEC Officially Announces Buhari as Winner of Presidential Race," pulse.ng, April 1, 2015, http://pulse.ng/politics/nigeria-elections-2015-inec-officially-announces-buhari-as-winner-of-presidential-race-id3619743.html.

2장 **자기인식의 해부**

39 그들은 … 거대한 궁전과 경기장을 건설했고: History.com staff. "Mayan scientific achievements," History.com, 2010, http://www.history.com/topics/mayanscientific-achievements.

40 마야족은 … 사상 최고치를 기록했지만: Michon Scott. "Mayan mysteries," earth-observatory.nasa.gov, August 24, 2004, http://earthobservatory.nasa.gov/Features/Maya/.

40 950년에는 … 95퍼센트가: Ibid.

40 대량의 삼림 벌목과: Billie L. Turner and Jeremy A. Sabloff. "Classic Period collapse of the Central Maya Lowlands: Insights about human–environment relationships for sustainability." *Proceedings of the National Academy of Sciences* 109.35 (2012): 13908–13914.

40 생존자들이 떠난: Joseph Stromberg. "Why did the Mayan civilization collapse? A new study points to deforestation and climate change," smithsonianmag.com, August 23, 2012, http://www.smithsonianmag.com/science-nature/why-did-the-mayan-civilization-collapse-a-new-study-points-to-deforestation-and-climate-change-30863026/?no-ist.

40 다이아몬드에 의해 마침내 … 풀렸다: Brian Wu. "Blue hole of Belize may explain what happened to the Mayans," sciencetimes.com, December 30, 2014, http://www.sciencetimes.com/articles/2257/20141230/blue-hole-of-belize-may-explain-what-happened-to-the-mayans.htm.

40 자기인식이라는 주제: Greg C. Ashley and Roni Reiter-Palmon. "Self-awareness and the evolution of leaders: The need for a better measure of self-awareness." *Journal of Behavioral and Applied Management* 14.1 (2012): 2–17.

40 행복은 … 달성될 수 있다: D. Brett King, William Douglas Woody, and Wayne Viney. *History of Psychology: Ideas and Context*. Routledge, 2015.

41 "자신의 참모습을 파고드는 것이 지식": Manfred F. R. Kets de Vries. *Telling Fairy Tales in the Boardroom: How to Make Sure Your Organization Lives Happily Ever After*. Palgrave Macmillan, 2015, p. 28.

41 "모든 자기계발의 전제조건": Rabbi Shlomo Wolbe, *Alei Shur, Volume* 1. Bais Hamussar, 1968, p. 141.

41 "자기인식은 영혼의 본질이며": Deborah L. Black. "Avicenna on self-awareness and knowing that one knows," in S. Rahman et al. (eds.), *The Unity of Science in the Arabic Tradition*. Springer, 2008, pp. 63–87, http://individual.utoronto.ca/dlblack/

articles/blackselfknrev.pdf.

42 "모두가 나만 쳐다보는 듯하고": Paul J. Silvia and T. Shelley Duval. "Objective self-awareness theory: Recent progress and enduring problems." *Personality and Social Psychology Review* 5.3 (2001): 230–241.

42 자기인식을 … 유사하게 보았다: Allan Fenigstein, Michael F. Scheier, and Arnold H. Buss. "Public and private self-consciousness: Assessment and theory." Journal of Consulting and Clinical Psychology 43.4 (1975): 522–527.

42 자기성찰부터: Paul D. Trapnell and Jennifer D. Campbell. "Private self-consciousness and the five-factor model of personality: Distinguishing rumination from reflection." *Journal of Personality and Social Psychology* 76.2 (1999): 284–304.

42 타인이 보는 우리 모습에 대한 숙고: Arthur I. Wohlers and Manuel London. "Ratings of managerial characteristics: evaluation difficulty, co-worker agreement, and self-awareness." *Personnel Psychology* 42.2 (1989): 235–261.

42 우리 모습의 차이까지: John T. Kulas and Lisa M. Finkelstein. "Content and reliability of discrepancy-defined self-awareness in multisource feedback." *Organizational Research Methods* 10.3 (2007): 502–522.

44 "단 하나의 도덕 원칙도 … 않는": Benjamin Franklin. *The Autobiography of Benjamin Franklin*. Garden City Publishing Company, 1916, 1179 out of 2559 in eBook.

47 발명한 것 외에: The Independent Hall Association. "The electric Benjamin Franklin," ushistory.org, http://www.ushistory.org/franklin/info/inventions.htm.

50 "희망의 싹": Ben Huh. "I cheated on my life goals and life actually got better," medium.com, August 27, 2015, https://medium.com/@benhuh/i-cheated-on-my-life-goals-and-life-actually-got-better-78121bdf1790#.al1gu1kan.

56 성격검사지만 해도 2,500가지가: Lucy Ash. "Personality tests: Can they indentify the real you?" *BBC News Magazine*, July 6, 2012, http://www.bbc.com/news/magazine-18723950.

67 조망 수용: Jeffrey A. Joireman, Les Parrott III, and Joy Hammersla. "Empathy and the self-absorption paradox: Support for the distinction between self-rumination and self-reflection." *Self and Identity* 1.1 (2002): 53–65.

68 '중립적 3자': 이 연구에 관해 내게 알려준 칩 히스Chip Heath에게 감사를 표하고 싶다. Eli J. Finkel, et al. "A brief intervention to promote conflict reappraisal preserves marital quality over time." *Psychological Science* (2013): 1595–1601.

68 '줌인 줌아웃': Richard Weissbourd. "The children we mean to raise," huffingtonpost.com, July 16, 2014, http://www.huffingtonpost.com/richard-weissbourd/the-children-we-mean-to-raise_b_5589259.html.

70 "친구가 친절하게도 … 알려주었다": Benjamin Franklin. *The Autobiography of Benjamin Franklin*. Garden City Publishing Company, 1916.

74 처음으로 리더가 되는 경험은: Charles Margerison and A. Kakabadse. "How American chief executives succeed." *New York: American Management Association* (1984).

74 "가치나 규범에 도전하는": Seana Moran. "Purpose: Giftedness in intrapersonal intelligence." *High Ability Studies* 20.2 (2009): 143–159.

74 지진과 같은 사건은: Morgan W. McCall, Jr., Michael M. Lombardo, and Ann M. Morrison. *Lessons of Experience: How Successful Executives Develop on the Job*. Simon and Schuster, 1988, p. 96.

75 "고통에 반응하기보다는 흡수하기": Ibid., p. 91.

3장 **자기인식의 맹점**

82 "능력은 거의 무한하다": Daniel Kahneman. *Thinking, Fast and Slow*. Macmillan, 2011, p. 201.

82 우리는 … 똑똑하고: Linda A. Schoo, et al. "Insight in cognition: Self-awareness of performance across cognitive domains." *Applied Neuropsychology: Adult* 20.2 (2013): 95–102.

82 재미있고: Justin Kruger and David Dunning. "Unskilled and unaware of it: How difficulties in recognizing one's own incompetence lead to inflated self-assessments." *Journal of Personality and Social Psychology* 77.6 (1999): 1121–1134.

82 날씬하고: Pew Research Center. "Americans see weight problems everywhere but in the mirror," pewsocialtrends.org, April 11, 2006, http://www.pewsocialtrends.org/2006/04/11/americans-see-weight-problems-everywhere-but-in-the-mirror/.

82 잘생기고: Nicholas Epley and Erin Whitchurch. "Mirror, mirror on the wall: Enhancement in self-recognition." *Personality and Social Psychology Bulletin* 34.9 (2008): 1159–1170.

82 사교적이고: Paul A. Mabe and Stephen G. West. "Validity of self-evaluation of ability: A review and meta-analysis." *Journal of Applied Psychology* 67.3 (1982): 180–196.

82 스포츠에 능하고: Richard B. Felson. "Self-and reflected appraisal among football players: A test of the Meadian hypothesis." *Social Psychology Quarterly* (1981): 116–126.

82 우수한 학생이며: Paul A. Mabe and Stephen G. West. "Validity of self-evaluation of ability: A review and meta-analysis." *Journal of Applied Psychology* 67.3 (1982): 180–196.

83 뛰어난 운전자로: 운전자의 절반이 자신의 운전 능력이 상위 20퍼센트 안에 든다고 믿었으며, 92퍼센트는 운전자의 평균보다 자신이 안전하게 운전한다고 믿었다! Ola Svenson. "Are we all less risky and more skillful than our fellow drivers?" *Acta Psychologica* 47.2 (1981): 143–148.

83 아무런 상관관계가 없다: Paul A. Mabe and Stephen G. West. "Validity of self-evaluation of ability: A review and meta-analysis." *Journal of Applied Psychology* 67.3 (1982): 180–196.

83 1,000명 가까운 … 공학자를: Todd R. Zenger. "Why do employers only reward extreme performance? Examining the relationships among performance, pay, and turnover." *Administrative Science Quarterly* (1992): 198–219.

83 대학교수의 무려 94퍼센트가: K. Patricia Cross. "Not can but will college teaching be improved?" *New Directions for Higher Education*, 17, (1977): 1–15.

83 외과 레지던트들이 스스로 평가한: D. A. Risucci, A. J. Tortolani, and R. J. Ward. "Ratings of surgical residents by self, supervisors and peers." *Surgery, Gynecology & Obstetrics* 169.6 (1989): 519–526.

83 자기인식이 부족한 직원은: Erich C. Dierdorff and Robert S. Rubin. "Research: We're not very self-aware, especially at work," *Harvard Business Review*, March 12, 2015, https://hbr.org/2015/03/research-were-not-very-self-aware-especially-at-work.

84 재무 수익이 낮은 회사는: "Study shows link between self-awareness and company financial performance," Korn Ferry Institute, June 15, 2015, http://www.kornferry.com/press/korn-ferry-institute-study-shows-link-between-self-awareness-and-company-financial-performance/.

84 일탈한 가능성은 여섯 배나 증가한다: PDI Ninth House. "You're not all that: Self-promoters six times more likely to derail," prnewswire.com, April 17, 2012, http://www.prnewswire.com/news-releases/youre-not-all-that-self-promoters-six-times-more-likely-to-derail-according-to-pdi-ninth-house-and-university-of-minnesota-study-147742375.html.

84 최우수 직원들의 기여도를 과소평가한다: David Dunning. "On identifying human capital: Flawed knowledge leads to faulty judgments of expertise by individuals and groups." *Advances in Group Processes*. Emerald Group Publishing Limited, 2015, pp. 149–176.

84 초반의 성공으로 자만심에 취해: Ulrike Malmendier and Geoffrey Tate. "CEO overconfidence and corporate investment." *Journal of Finance* 60.6 (2005): 2661–2700.

84 경영자들은 … 지나치게 과대평가한다: Fabio Sala. "Executive blind spots: Discrepancies between self-and other-ratings." *Consulting Psychology Journal: Practice and Research* 55.4 (2003): 222–229.

84 경험이 풍부한 리더들이: Cheri Ostroff, Leanne E. Atwater, and Barbara J. Fein berg. "Understanding self-other agreement: A look at rater and ratee characteristics, context, and outcomes." *Personnel Psychology* 57.2 (2004): 333–375.

84 나이 많은 관리직이 … 경향이 있다: John W. Fleenor, et al. "Self-other rating agreement in leadership: A review." *The Leadership Quarterly* 21.6 (2010): 1005–1034.

84 경영학과 학생들이 … 비해: Phillip L. Ackerman, Margaret E. Beier, and Kristy R. Bowen. "What we really know about our abilities and our knowledge." *Personality and Individual Differences* 33 (2002): 587–605.

85 믿을 만한 장치가 거의 없다: Margaret Diddams and Glenna C. Chang. "Only human: Exploring the nature of weakness in authentic leadership." *The Leadership Quarterly* 23.3 (2012): 593–603.

85 "벽, 거울, 거짓말쟁이": Alison Boulton. "Power corrupts but it also plays with your mind: Lloyd George, Chamberlain, and Thatcher all suffered from 'hubris syndrome,' " independent.co.uk, September 21, 2013, http://www.independent.co.uk/life-style/health-and-families/health-news/power-corrupts-but-it-also-playswith-your-mind-lloyd-george-chamberlain-and-thatcher-all-suffered-8831839.html.

85 낮은 연봉을 부르는 최고경영자는 없다: Rachel M. Hayes and Scott Schaefer. "CEO pay and the Lake Wobegon effect." *Journal of Financial Economics* 94.2 (2009): 280–290.

85 인간관계가 서먹해진: Per F. Gjerde, Miyoko Onishi, and Kevin S. Carlson. "Personality characteristics associated with romantic attachment: A comparison of interview and self-report methodologies." *Personality and Social Psychology Bulletin* 30.11 (2004): 1402–1415.

85 많은 단어를 … 과대평가한다: Gary Wolf. "The data-driven life," *The New York Times Magazine*, April 28, 2010, http://www.nytimes.com/2010/05/02/magazine/02self-measurement-t.html?_r=0.

86 훌륭한 재무관리 선생이: Greenwald & Associates, Inc. Parents, youth, and money: Executive summary. 2001, https://www.ebri.org/surveys/pym-es.pdf.

86 2퍼센트였다: College Board. Student descriptive questionnaire. Princeton, NJ: Educational Testing Service. 1976–1977.

86 40가지의 성격 특성 가운데 자그마치 38가지의 특성에서: Mark D. Alicke, et al. "Personal contact, individuation, and the better-than-average effect." *Journal of Personality and Social Psychology* 68.5 (1995): 804–825.

86 능력이 최하인 사람들이: Justin Kruger and David Dunning. "Unskilled and unaware of it: How difficulties in recognizing one's own incompetence lead to inflated self-assessments." *Journal of Personality and Social Psychology* 77.6 (1999): 1121–1134.

87 운전: E. Kunkel. "On the relationship between estimate of ability and driver qualification." *Psychologie und Praxis* (1971).

87 학업성적: Beth A. Lindsey and Megan L. Nagel. "Do students know what they know? Exploring the accuracy of students' self-assessments." *Physical Review Special Topics—Physics Education Research* 11.2 (2015): 020103; Douglas J. Hacker, et al. "Test prediction and performance in a classroom context." *Journal of Educational Psychology* 92.1 (2000): 160–170.

87 업무 실적: Daniel E. Haun, et al. "Assessing the competence of specimen-processing personnel." *Laboratory Medicine* 31.11 (2000): 633–637.

87 정확히 말할 때 포상을: Joyce Ehrlinger, et al. "Why the unskilled are unaware: Further explorations of (absent) self-insight among the incompetent." *Organizational Behavior and Human Decision Processes* 105.1 (2008): 98–121.

87 "부정확한 자신감의 축복을 받았을": David Dunning. "We are all confident idiots," psmag.com, October 27, 2014, http://www.psmag.com/health-and-behavior/confident-idiots-92793.

87 독창적으로 설계한 일련의 연구들을: Oliver J. Sheldon, David Dunning, and Daniel R. Ames. "Emotionally unskilled, unaware, and uninterested in learning more: Reactions to feedback about deficits in emotional intelligence." *Journal of Applied Psychology* 99.1 (2014): 125–137.

89 자기인식의 첫 이정표는: Michael Lewis, et al. "Self development and self-conscious emotions." *Child Development* (1989): 146–156.

90 거듭거듭 드러나는데도 불구하고: Susan Harter. *The Construction of the Self: A Developmental Perspective*. Guilford Press, 1999, p. 318.

90 "내가 한 개인으로서 어떠냐고요?": Ibid.

91 예견된 자기인식의 발달 과정을: **이는 우리의 자기인식 연구 프로그램에서 나온 결과이며 다음의 연구도 참조할 수 있다.** Andreas Demetriou and Karin Bakracevic. "Reasoning and self-awareness from adolescence to middle age: Organization and development as a function of education." *Learning and Individual Differences* 19.2 (2009): 181–194.

94 "재소자들은 … 스스로를 평가했다": Constantine Sedikides, et al. "Behind bars but above the bar: Prisoners consider themselves more prosocial than non-prisoners." *British Journal of Social Psychology* 53.2 (2014): 396–403, p. 400.

94 '위에서 아래로의 사고': David Dunning, et al. "Why people fail to recognize their own incompetence." *Current Directions in Psychological Science* 12.3 (2003): 83–87.

95 ESPN에서는 … 예상한 결과를 발표했다: Ira Stoll. "How the experts struck out on World Series baseball," nysun.com, October 28, 2013, http://www.nysun.com/national/how-the-experts-struck-out-on-world-series/88471/.

95 틀리는 빈도는: S. Atir, E. Rosenzweig, and D. Dunning. "When knowledge knows no bounds: self-perceived expertise predicts claims of impossible knowledge."

Psychological Science 26.8 (2015): 1295–1303.

95 경험이 … 중요한 역할을: Berndt Brehmer. "In one word: Not from experience." *Acta Psychologica* 45.1 (1980): 223–241.

97 우리의 뇌는 … 비밀리에 단순화시킨다: Daniel Kahneman. *Thinking, Fast and Slow*. Macmillan, 2011, p. 99.

97 감정에 의한 맹점의 작용을 보여주기: Norbert Schwarz. "Stimmung als Information: Untersuchungen zum Einflufs von Stimmungen auf die Bewertung des eigenen Lebens" (Mood as information: The influence of moods and emotions on evaluative judgments). *Psychologische Rundschau* 39 (1987): 148–159.

97 학생들에게 … 두 가지 질문을 했다: Fritz Strack, Leonard L. Martin, and Norbert Schwarz. "Priming and communication: Social determinants of information use in judgments of life satisfaction." *European Journal of Social Psychology* 18.5 (1988): 429–442.

100 참가자에게 몇 가지 성격검사를 받게: Wilhelm Hofmann, Tobias Gschwendner, and Manfred Schmitt. "The road to the unconscious self not taken: Discrepancies between self- and observer-inferences about implicit dispositions from nonverbal behavioural cues." *European Journal of Personality* 23.4 (2009): 343–366.

105 우리는 … 보통 … 가정한다: Chris Argyris. *Teaching Smart People How to Learn*. Harvard Business Review Press, 2008.

106 간단하고 실용적인 방안: Peter F. Drucker. "Managing oneself." *Harvard Business Review* 83.1 (2005): 100–109.

107 자신감만 과하고 실적은 낮은: Justin Kruger and David Dunning. "Unskilled and unaware of it: How difficulties in recognizing one's own incompetence lead to inflated self-assessments." *Journal of Personality and Social Psychology* 77.6 (1999): 1121. See also D. Ryvkin, M. Krajč, and A. Ortmann. "Are the unskilled doomed to remain unaware?" *Journal of Economic Psychology* 33.5 (2012): 1012–1031.

108 '재미있고도 정확한': Bob Sutton. "Great Piece on Narcissistic CEOs in *The New York Times*," Work Matters blog, March 7, 2012, http://bob sutton.typepad.com/my_weblog/2012/03/great-piece-on-narcissistic-ceos-in-the-new-york-times.html.

108 훌륭한 지도자는 … 사람들을 주위에 두고: 이 점을 지적해준 친구 마이크 헤론Mike Herron과 척 블레이크먼Chuck Blakeman에게 감사를 표한다.

4장 **자기예찬의 컬트**

112 주어진 이름들을 분석했다: Jean M. Twenge, Emodish M. Abebe, and W. Keith Campbell. "Fitting in or standing out: Trends in American parents' choices for children's names, 1880–2007." *Social Psychological and Personality Science* 1.1 (2010): 19–25.

113 "부모들은 … 작명을 했었다": Gina Jacobs. "Unique baby names not just a celebrity fad," newscenter.sdsu.edu, May 20, 2009, http://newscenter.sdsu.edu/sdsu_newscenter/news_story.aspx?sid=71319.

114 자기예찬의 컬트는 … 현상이다: Roy F. Baumeister, et al. "Does high self-esteem cause better performance, interpersonal success, happiness, or healthier lifestyles?" *Psychological Science in the Public Interest* 4.1 (2003): 1–44.

115 자존감 시대의 씨를 뿌린 것은: Stanley Coopersmith. *The Antecedents of Self-Esteem.* Consulting Psychologists Press, 1967.

115 우리는 위대해질 필요가 없었다: Jean M. Twenge and W. Keith Campbell. *The Narcissism Epidemic: Living in the Age of Entitlement.* Simon and Schuster, 2009, p. 62.

115 "모든 면에 지대한 영향": Nathaniel Branden. *The Six Pillars of Self-Esteem.* Bantam Dell Publishing Group, 1995, p. 5, as cited in Roy F. Baumeister, Laura Smart, and Joseph M. Boden. "Relation of threatened egotism to violence and aggression: The dark side of high self-esteem." *Psychological Review* 103.1 (1996): 5.

115 "낮은 자존감에서 찾을 수 있다": Nathaniel Branden. "In defense of self." *Association for Humanistic Psychology* (1984): 12–13, p. 12, as cited in Roy F. Baumeister, Laura Smart, and Joseph M. Boden. "Relation of threatened egotism to violence and aggression: The dark side of high self-esteem." *Psychological Review* 103.1 (1996): 5–33.

116 "자존감과 십대 … 간에는": Andrew M. Mecca, Neil J. Smelser, and John Vasconcellos. *The Social Importance of Self-Esteem.* University of California Press, 1989, p. 105.

116 "우리 모두는 자존감이 중요하다는 진실을 가슴 깊이 알고 있다": Ibid.

116 "자아를 파괴한 남자": Will Storr. "The man who destroyed America's ego," medium.com, February 25, 2014, https://medium.com/matter/the-man-whodestroyed-americas-ego-94d214257b5#.dasai1u4q.

117 사관후보생들의 자존감은: Martin M. Chemers, Carl B. Watson, and Stephen T. May. "Dispositional affect and leadership effectiveness: A comparison of self-esteem, optimism, and efficacy." *Personality and Social Psychology Bulletin* 26.3 (2000): 267–277.

117 대학생들의 자존감은: Duane Buhrmester, et al. "Five domains of interpersonal competence in peer relationships." *Journal of Personality and Social Psychology* 55.6 (1988): 991–1008.

117 자존감이 높은 회사원들이: Julia A. Bishop and Heidi M. Inderbitzen. "Peer acceptance and friendship: An investigation of their relation to self-esteem." *Journal of Early Adolescence* 15.4 (1995): 476–489.

117 성과가 저조한 사람들의 자존감을 높여주면: D. R. Forsyth and N. A. Kerr. "Are adaptive illusions adaptive." Poster presented at the annual meeting of the American Psychological Association, Boston, MA (1999), cited in Baumeister et al., 1996.

117 "주요 변인도 … 아니었다": Roy F. Baumeister, et al. "Does high self-esteem cause better performance, interpersonal success, happiness, or healthier lifestyles?" *Psychological Science in the Public Interest* 4.1 (2003): 1–44.

117 "자기애의 부족을 한탄하고 있던": Ibid.

117 더 폭력적이며 공격적이라고: Baumeister et al. "Relation of threatened egotism to violence and aggression: The dark side of high self-esteem." *Psychological Review* 103.1 (1996): 5–33.

117 연인과의 관계가 좋지 않을 때: Caryl E. Rusbult, Gregory D. Morrow, and Dennis J. Johnson. "Self-esteem and problem-solving behaviour in close relationships." *British Journal of Social Psychology* 26.4 (1987): 293–303.

118 부정을 저지르거나: Thalma E. Lobel and Ilana Levanon. "Self-esteem, need for approval, and cheating behavior in children." *Journal of Educational Psychology* 80.1 (1988): 122–123.

118 술과 마약에 빠질: Meg Gerrard, et al. "Self-esteem, self-serving cognitions, and health risk behavior." *Journal of Personality* 68.6 (2000): 1177–1201.

119 "특별하다": Richard Adams. "Headteacher whose praise for pupils went viral falls foul of Ofsted," theguardian.com, September 24, 2015, http://www.theguardian.

com/education/2015/sep/24/headteacher-whose-praise-for-pupils-went-viral-falls-foul-of-ofsted.

119 "벌을 받는 사람과 주는 사람에게서": Zole O'Brien. "Children are never naughty, says head," express.co.uk, June 28, 2015, http://www.express.co.uk/news/uk/587459/Children-teachers-bad-behaviour.

119 "나는 네가 정말 훌륭한 아이라고 생각하지만": Allison Pearson. "Sparing the rod has spoilt these teachers," telegraph.co.uk, June 30, 2015, http://www.telegraph.co.uk/education/primaryeducation/11707847/Allison-Pearson-Sparing-the-rod-has-spoilt-these-teachers.html.

119 "선생님이 너 때문에 기력이 없다": Ibid.

120 "최선을 다해준": "Barrowford school's KS2 'proud' letter to pupils goes viral," bbc.com, July 16, 2014, http://www.bbc.com/news/uk-england-lancashire-28319907.

120 '몽상': Jaya Narain. "Inspectors slam primary school where there's no such thing as a naughty child and teachers are banned from raising their voices—and give it Ofsted's lowest possible rating," dailymail.co.uk, September 25, 2015, http://www.dailymail.co.uk/news/article-3249078/Inspectors-slam-primary-school-s-no-thing-naughty-child-teachers-banned-raising-voices-Ofsted-s-lowest-possible-rating.html.

120 "굉장히 긍정적으로 보고 있으며 기대가 된다": Ibid.

120 약 3,500개의 상을 수여해: Ashley Merryman. "Losing is good for you," nytimes.com, September 24, 2013, http://www.nytimes.com/2013/09/25/opinion/losing-is-good-for-you.html?_r=0.

120 모든 종류의 스포츠 경기를 금지한다: Dilvin Yasa. "Has the self-esteem movement failed our kids," childmags.com.au, September 22, 2014, http://www.childmags.com.au/family/relationships/6766-has-the-self-esteem-movement-failed-our-kids.

120 너무 '부정적'이라며: William Turvill. "School bans red ink—and tells teachers to mark in green instead (and get pupils to respond in purple)," dailymail.co.uk, March 19, 2014, http://www.dailymail.co.uk/news/article-2584672/School-bans-red-ink-tells-teachers-mark-green-inst.

120 '나는 나를 사랑해': Richard Lee Colvin. "Losing faith in self-esteem movement," latimes.com, January 25, 1999, http://articles.latimes.com/1999/jan/25/news/mn-1505.

121 30명의 최우등 졸업생을: Frank Bruni. "Common core battles the cult of self-esteem," dallasnews.com, December 1, 2013, http://www.dallasnews.com/opinion/latest-columns/20131201-common-core-battles-the-cult-of-self-esteem.ece.

121 학점 인플레이션은: Valerie Strauss. "Why grade inflation (even at Harvard) is a big problem," washingtonpost.com, December 20, 2013, https://www.washingtonpost.com/news/answer-sheet/wp/2013/12/20/why-grade-inflation-even-at-harvard-is-a-big-problem/?utm_term=.6b4ef3d0ee6d.

121 받은 학점의 절반 이상이 A였다: Matthew Q. Clarida and Nicholas P. Fandos. "Substantiating fears of grade inflation, dean says median grade at Harvard College is A-, most common grade is A," thecrimson.com, December 4, 2013, http://www.thecrimson.com/article/2013/12/3/grade-inflation-mode-a/.

121 설문조사에서 응답자의 72퍼센트가: Kristin Touissant. "Harvard class with A-average not worried about grade inflation," boston.com, May 27, 2015, http://www.boston.com/news/local-news/2015/05/27/harvard-class-with-a-average-not-worried-about-grade-inflation.

121 "뛰어난 입학생들의 학습 능력": Robert McGuire. "Grade expectations," yalealumnimagazine.com, September/October 2013, https://yalealumnimagazine.com/articles/3735.

122 과도한 자신감을 가진 대학 신입생들이: Richard W. Robins and Jennifer S. Beer. "Positive illusions about the self: Short-term benefits and long-term costs." *Journal of Personality and Social Psychology* 80.2 (2001): 340–352.

122 "교활하고 기만적이며": C. Randall Colvin, Jack Block, and David C. Funder. "Overly positive self-evaluations and personality: negative implications for mental health." *Journal of Personality and Social Psychology* 68.6 (1995): 1152, 1156.

122 "똑똑하고 흥미로우며 다차원적": C. Randall Colvin, Jack Block, and David C. Funder. "Overly positive self-evaluations and personality: negative implications for mental health." *Journal of Personality and Social Psychology* 68.6 (1995): 1152–1162.

123 사업가나 창업자들이: Keith M. Hmieleski and Robert A. Baron. "Entrepreneurs' optimism and new venture performance: A social cognitive perspective." *Academy of Management Journal* 52.3 (2009): 473–488.

123 "절대적으로 확신한다": Arnold C. Cooper, Carolyn Y. Woo, and William C.

Dunkelberg. "Entrepreneurs' perceived chances for success." *Journal of Business Venturing* 3.2 (1988): 97–108.

124 캐나다 혁신 센터에서: Thomas Åstebro and Samir Elhedhli. "The effectiveness of simple decision heuristics: Forecasting commercial success for early-stage ventures." *Management Science* 52.3 (2006): 395–409.

125 "자기 연구의 중요성에 대한 과대망상이 없는 사람은": Daniel Kahneman. *Thinking, Fast and Slow*. Macmillan, 2011, p. 264.

129 셀카를 제일 많이 올리는 사람들은: Laura E. Buffardi and W. Keith Campbell. "Narcissism and social networking web sites." *Personality and Social Psychology Bulletin* 34.10 (2008): 1303–1314.

129 '도덕성 피상화 가설': Paul Trapnell and Lisa Sinclair. "Texting frequency and the moral shallowing hypothesis." Poster presented at the Annual Meeting of the Society for Personality and Social Psychology, San Diego, CA. 2012.

129 셀카를 찍거나: Jesse Fox and Margaret C. Rooney. "The Dark Triad and trait self-objectification as predictors of men's use and self-presentation behaviors on social networking sites." *Personality and Individual Differences* 76 (2015): 161–165.

130 나르시시즘에 빠진 학생 수가 30퍼센트 증가한: Jean M. Twenge, et al. "Egos inflating over time: A cross-temporal meta-analysis of the Narcissistic Personality Inventory." *Journal of Personality* 76.4 (2008): 875–902.

130 거의 80퍼센트로: Cassandra Rutledge Newsom, et al. "Changes in adolescent response patterns on the MMPI/MMPI-A across four decades." *Journal of Personality Assessment* 81.1 (2003): 74–84.

130 자기중심적인 단어의 사용은 증가했다: William J. Chopik, Deepti H. Joshi, and Sara H. Konrath. "Historical changes in American self-interest: State of the Union addresses 1790 to 2012." *Personality and Individual Differences* 66 (2014): 128–133.

131 인간관계 유지는: Sonja Utz. "The function of self-disclosure on social network sites: Not only intimate, but also positive and entertaining self-disclosures increase the feeling of connection." *Computers in Human Behavior* 45 (2015): 1–10.

132 11퍼센트 감소했다: Sara H. Konrath, Edward H. O'Brien, and Courtney Hsing. "Changes in dispositional empathy in American college students over time: A meta-analysis." *Personality and Social Psychology Review* 15.2 (2010): 180–198.

132 나르시시스트가 … 소셜 미디어를 사용하며: Eric B. Weiser. "# Me: Narcissism and its facets as predictors of selfie-posting frequency." *Personality and Individual Differences* 86 (2015): 477–481; Soraya Mehdizadeh. "Self-presentation 2.0: Narcissism and self-esteem on Facebook." *Cyberpsychology, Behavior, and Social Networking* 13.4 (2010): 357–364.

132 35분간 인터넷을 사용하게 했다: E. Freeman and J. Twenge. "Using MySpace increases the endorsement of narcissistic personality traits." *Society for Personality and Social Psychology* (2010).

133 특징으로 하는 인격 장애: American Psychiatric Association. *Diagnostic and Statistical Manual of Mental Disorders* (DSM-5®). American Psychiatric Publishing, 2013.

133 자신의 능력을 과대평가하고: John W. Fleenor, et al. "Self–other rating agreement in leadership: A review." *The Leadership Quarterly* 21.6 (2010): 1005–1034.

133 단독으로 의사 결정을 하며: Robert Hogan, Robert Raskin, and Dan Fazzini. "The dark side of charisma." *Measures of Leadership* (1990).

133 과분한 인정을 받으려 하고: Carolyn C. Morf and Frederick Rhodewalt. "Unraveling the paradoxes of narcissism: A dynamic self-regulatory processing model." *Psychological Inquiry* 12.4 (2001): 177–196.

133 공감 능력이 부족하며: Seth A. Rosenthal and Todd L. Pittinsky. "Narcissistic leadership." *The Leadership Quarterly* 17.6 (2006): 617–633.

133 비도덕적인 행동을: Michael Maccoby. "Narcissistic leaders: The incredible pros, the inevitable cons." *Harvard Business Review* 78.1 (2000): 68–78.

133 효과적이지 못한: Timothy A. Judge, Jeffery A. LePine, and Bruce L. Rich. "Loving yourself abundantly: Relationship of the narcissistic personality to self- and other perceptions of workplace deviance, leadership, and task and contextual performance." *Journal of Applied Psychology* 91.4 (2006): 762–776.

133 객관적인 … 취하지 않고: Arijit Chatterjee and Donald C. Hambrick. "Executive personality, capability cues, and risk taking: How narcissistic CEOs react to their successes and stumbles." *Administrative Science Quarterly* 56.2 (2011): 202–237.

133 CEO들의 서명을 비교해보았다: Charles Ham, et al. "Narcissism is a bad sign: CEO signature size, investment, and performance." *UNC Kenan-Flagler Research Paper* 2013–1 (2014).

134 근사해 보이도록: Shanyang Zhao, Sherri Grasmuck, and Jason Martin. "Identity construction on Facebook: Digital empowerment in anchored relationships." *Computers in Human Behavior* 24.5 (2008): 1816–1836.

134 페이스북의 상태 업데이트: Trudy Hui Chua and Leanne Chang. "Follow me and like my beautiful selfies: Singapore teenage girls' engagement in self-presentation and peer comparison on social media." *Computers in Human Behavior* 55 (2016): 190–197.

134 데이트 사이트의 자기소개란: Nicole Ellison, Rebecca Heino, and Jennifer Gibbs. "Managing impressions online: Self-presentation processes in the online dating environment." *Journal of Computer-Mediated Communication* 11.2 (2006): 415–441.

134 정치인들의 트위터 피드: David S. Lassen and Benjamin J. Toff. "Elite ideology across media: Constructing a measure of Congressional candidates' ideological self-presentation on social media." Unpublished manuscript (2015).

134 부정적인 단어들을 덜 사용하며: Natalya N. Bazarova, et al. "Managing impressions and relationships on Facebook: Self-presentational and relational concerns revealed through the analysis of language style." *Journal of Language and Social Psychology* 32.2 (2012): 121–141.

134 자신의 이미지 향상을 목적으로 한다: L. Bareket-Bojmel, S. Moran, and G. Shahar G. "Strategic self-presentation on Facebook: Personal motives and audience response to online behavior. *Computers in Human Behavior* 55 (2016): 788–795.

134 계정을 동시에 삭제하여: Megan McCluskey. "Teen Instagram Star Speaks Out About the Ugly Truth Behind Social Media Fame." Time.com, November 2, 2015, http://time.com/4096988/teen-instagram-star-essena-oneill-quitting-social-media/.

135 'Let's be Game Changers(우리가 게임을 바꿔요)': "Essena O'Neill invites us to 'Let's be Game Changers,' as she exposes the 'fakeness' of social media," mybodymyimage.com, November 3, 2015, http://www.mybodymyimage.com/essena-oneill-invites-us-to-lets-be-game-changers-as-she-exposes-the-fakeness-of-social-media.

136 우리가 말하는 시간의 약 60퍼센트는: Robin I. M. Dunbar, Anna Marriott, and

Neil D. C. Duncan. "Human conversational behavior." *Human Nature* 8.3 (1997): 231–246.

136 무려 80퍼센트로: Mor Naaman, Jeffrey Boase, and Chih-Hui Lai. "Is it really about me?: message content in social awareness streams." *Proceedings of the 2010 ACM Conference on Computer Supported Cooperative Work*. ACM, 2010.

136 두 부류로 나뉜다: Ibid.

138 "머천다이저": Andrew Anthony. "Angela Ahrendts: the woman aiming to make Apple a luxury brand," theguardian.com, January 9, 2016, https://www.theguardian.com/technology/2016/jan/10/profile-angela-ahrendts-apple-executive-luxury-brand.

139 인상적인 성과를 올렸다: Jennifer Reingold. "What the heck is Angela Ahrendts doing at Apple?" fortune.com, September 10, 2015, http://fortune.com/2015/09/10/angela-ahrendts-apple/.

140 '소개해주는 경영자': Tim Hardwick. "Angela Ahrendts says she views Apple Store staff as 'executives,' " macrumors.com, January 28, 2016, http://www.macrumors.com/2016/01/28/angela-ahrendts-apple-store-staff-executives/.

140 "앤절라 아렌츠는 애플에서 도대체 무슨 일을 하는 거지": Jennifer Reingold. "What the heck is Angela Ahrendts doing at Apple?" fortune.com, September 10, 2015, http://fortune.com/2015/09/10/angela-ahrendts-apple/.

140 2015년은 애플 역사상 … 기록되었다: "Apple reports record fourth quarter results," apple.com, October 27, 2015, http://www.apple.com/pr/library/2015/10/27Apple-Reports-Record-Fourth-Quarter-Results.html.

140 81퍼센트로 급증했다: AppleInsider staff. "Angela Ahrendts treats Apple Store employees like execs, retained 81% of workforce in 2015," appleinsider.com, January 28, 2016, http://appleinsider.com/articles/16/01/28/angela-ahrendts-treats-apple-store-employees-like-execs-retained-81-of-workforce-in-2015.

141 겸손한 리더와 일하는 직원들은: Bradley P. Owens, Michael D. Johnson, and Terence R. Mitchell. "Expressed humility in organizations: Implications for performance, teams, and leadership." *Organization Science* 24.5 (2013): 1517–1538.

141 겸손은 … 필요한 요소이다: R. A. Emmons. *The Psychology of Ultimate Concerns: Motivation and Spirituality in Personality*. Guilford Press, 1999, p. 33, as cited in June Price Tangney. "Humility: Theoretical perspectives, empirical findings and directions for future research." *Journal of Social and Clinical Psychology* 19.1 (2000): 70–82.

142 외부의 인정 없이도: Kristin D. Neff and Roos Vonk. "Selfcompassion versus global self-esteem: Two different ways of relating to oneself." *Journal of Personality* 77.1 (2009): 23–50.

142 '정말 진심으로 가고 싶은': Neff, Kristin D., Kristin L. Kirkpatrick, and Stephanie S. Rude. "Self-compassion and adaptive psychological functioning." *Journal of Research in Personality* 41.1 (2007): 139–154.

143 창의성도 부족했다: Steven G. Rogelberg, et al. "The executive mind: leader self-talk, effectiveness and strain." *Journal of Managerial Psychology* 28.2 (2013): 183–201.

144 "고의적인 과오는 생각나는 것이 없지만": George Washington. *Washington's Farewell Address* (1796). First National Bank of Miami.

5장 **생각한다고 아는 것은 아니다**

148 더 깊은 인간관계를 맺고: Rick Harrington and Donald A. Loffredo. "Insight, rumination, and self-reflection as predictors of well-being." *Journal of Psychology* 145.1 (2010): 39–57.

148 평온함과 만족감을: Anthony M. Grant, John Franklin, and Peter Langford. "The self-reflection and insight scale: A new measure of private self-consciousness." *Social Behavior and Personality: An International Journal* 30.8 (2002): 821–835.

148 자신에 대해 '생각하는 것': Paul J. Silvia and Ann G. Phillips. "Evaluating self-reflection and insight as self-conscious traits." *Personality and Individual Differences* 50.2 (2011): 234–237.

148 자기이해는 부족했다: Anthony M. Grant, John Franklin, and Peter Langford. "The self-reflection and insight scale: A new measure of private self-consciousness." *Social Behavior and Personality: An International Journal* 30.8 (2002): 821–835, p. 824.

148 자기통찰이 전보다 향상되지 않을 수도: J. Gregory Hixon and William B. Swann. "When does introspection bear fruit? Self-reflection, self-insight, and interpersonal choices." *Journal of Personality and Social Psychology* 64.1 (1993): 35–43.

148 침팬지: David Premack and Guy Woodruff. "Does the chimpanzee have a theory of mind?" *Behavioral and Brain Sciences* 1.04 (1978): 515–526.

148 돌고래: Heidi E. Harley. "Consciousness in dolphins? A review of recent evidence." *Journal of Comparative Physiology* A 199.6 (2013): 565–582.

148 코끼리: Joshua M. Plotnik, Frans B. M. De Waal, and Diana Reiss. "Self-recognition in an Asian elephant." *Proceedings of the National Academy of Sciences* 103.45 (2006): 17053–17057.

148 심지어 비둘기까지도: Robert Epstein, Robert P. Lanza, and Burrhus Frederic Skinner. "Self-awareness in the pigeon." *Science* 212.4495 (1981): 695–696.

150 자기성찰을 한 남성들은: Susan Nolen-Hoeksema, Angela McBride, and Judith Larson. "Rumination and psychological distress among bereaved partners." *Journal of Personality and Social Psychology* 72.4 (1997): 855–862.

150 심신의 안녕과 부정적 상관관계가 있다: Julie J. Park and Melissa L. Millora. "The relevance of reflection: An empirical examination of the role of reflection in ethic of caring, leadership, and psychological well-being." *Journal of College Student Development* 53.2 (2012): 221–242.

150 불안을 더 많이 느끼고: Anthony M. Grant, John Franklin, and Peter Langford. "The self-reflection and insight scale: A new measure of private self-consciousness." *Social Behavior and Personality: An International Journal* 30.8 (2002): 821–835.

150 긍정적인 사회적 경험이 적으며: John B. Nezlek. "Day-to-day relationships between self-awareness, daily events, and anxiety." *Journal of Personality* 70.2 (2002): 249–276.

150 더 부정적인 태도를: Daniel Stein and Anthony M. Grant. "Disentangling the relationships among self-reflection, insight, and subjective well-being: The role of dysfunctional attitudes and core self-evaluations." *Journal of Psychology* 148.5 (2014): 505–522.

150 캐런의 예를 살펴보자: 이 사례를 공유해준 임상심리학자에게 감사를 표하고 싶다. 환자의 비밀 유지를 위해 그의 이름을 언급하지는 않았다.

151 티머시 윌슨이 '파괴적'이라고 묘사하는: Timothy. D. Wilson, *Strangers to Ourselves*. Harvard University Press, 2004.

151 "내면의 심상에 대한 믿음이": Tarthang Tulku. *Skillful Means*. Dharma Publishing, 1978, pp. 102–103.

153 중요한 정보들을 교묘히 억압하고: Sigmund Freud. *An Outline of Psycho-Analysis.* W. W. Norton, 1949.

153 통찰을 끄집어내야 하며: Timothy D. Wilson and Elizabeth W. Dunn. "Self-knowledge: Its limits, value, and potential for improvement." *Psychology* 55 (2004): 493–518.

153 "터무니없는 주장이었던 사람은 없다": Todd Dufresne. "Psychoanalysis is dead . . . so how does that make you feel?," latimes.com, February 18, 2004, http://articles.latimes.com/2004/feb/18/opinion/oe-dufresne18.

153 임상 기록들은 … 조작하는: Adopf Grünbaum. "Précis of the foundations of psychoanalysis: A philosophical critique." *Behavioral and Brain Sciences* 9 (1986): 217–284.

153 환자의 정신건강을 악화시켰을: Daniel Goleman. "As a therapist, Freud fell short, scholars find," nytimes.com, March 6, 1990, http://www.nytimes.com/1990/03/06/science/as-a-therapist-freud-fell-short-scholars-find.html?pagewanted=all.

154 자신의 인생에 '재앙'에 가까운: Todd Dufresne. "Psychoanalysis is dead . . . so how does that make you feel?," latimes.com, February 18, 2004, http://articles.latimes.com/2004/feb/18/opinion/oe-dufresne18.

154 우리가 … 밝혀내지 못한다는: Timothy D. Wilson. *Strangers to Ourselves.* Harvard University Press, 2004.

155 플라세보 효과로 설명할 수 있다: Bruce E. Wampold, et al. "A meta-analysis of outcome studies comparing bona fide psychotherapies: Empirically, all must have prizes." *Psychological Bulletin* 122.3 (1997): 203–215.

155 상담자와 내담자의 관계이다: Jennifer A. Lyke. "Insight, but not self-reflection, is related to subjective well-being." *Personality and Individual Differences* 46.1 (2009): 66–70.

157 "찾거나 만들지 못하게 함으로써": Omer Faruk Simsek. "Self-absorption paradox is not a paradox: illuminating the dark side of self-reflection." *International Journal of Psychology* 48.6 (2013): 1109–1121.

158 남자 대학생들에게 … 보여주었다: Zoë Chance and Michael I. Norton. "I read Playboy for the articles." *The Interplay of Truth and Deception: New Agendas in Theory and Research* 136 (2009).

159 여자보다 남자의 채용을: Michael I. Norton, Joseph A. Vandello, and John M. Darley. "Casuistry and social category bias." *Journal of Personality and Social Psychology* 87.6 (2004): 817–831.

159 창의적인 연구를 진행했다: Donald G. Dutton and Arthur P. Aron. "Some evidence for heightened sexual attraction under conditions of high anxiety." *Journal of Personality and Social Psychology* 30.4 (1974): 510–517.

161 "너무나 편리하다": 이런 현상을 뚜렷이 보여주는 또 다른 사례를 보고 싶다면 흥미로운 최근 연구를 읽어보라. Mitesh Kataria and Tobias Regner. "Honestly, why are you donating money to charity? An experimental study about self-awareness in status-seeking behavior." *Theory and Decision* 79.3 (2015): 493–515.

161 가장 타당할 듯한 답을: Timothy D. Wilson, et al. "Introspection, attitude change, and attitude-behavior consistency: The disruptive effects of explaining why we feel the way we do." *Advances in Experimental Social Psychology* 22 (1989): 287–343.

161 당신의 인간관계는 왜: Timothy D. Wilson, et al. "Effects of analyzing reasons on attitude-behavior consistency." Journal of Personality and Social Psychology 47.1 (1984): 1–5.

162 자칭 농구 전문가들에게: Jamin Brett Halberstadt and Gary M. Levine. "Effects of reasons analysis on the accuracy of predicting basketball games." *Journal of Applied Social Psychology* 29.3 (1999): 517–530.

162 만족도를 떨어뜨린다는: Timothy Wilson et al. "Introspecting about reasons can reduce post-choice satisfaction." *Personality and Social Psychology Bulletin* 19.3 (1993): 331–39.

162 정신건강에 부정적인 영향을 끼치기도 한다: Ethan Kross, Ozlem Ayduk, and Walter Mischel. "When asking 'why' does not hurt distinguishing rumination from reflective processing of negative emotions." *Psychological Science* 16.9 (2005): 709–715.

162 기분에 대해서 글을 쓰게 했다: E. D. Watkins. "Adaptive and maladaptive ruminative self-focus during emotional processing." *Behaviour Research and Therapy* 42.9 (2004): 1037–1052.

163 "사회성, 호감도, 흥미도": J. Gregory Hixon and William B. Swann. "When does introspection bear fruit? Self-reflection, self-insight, and interpersonal choices."

Journal of Personality and Social Psychology 64.1 (1993): 35–43.

163 "합리화하고, 정당화하고, 변명하는": Ibid.

165 무엇으로 질문하자 그는 5분도 안 되어: Timothy D. Wilson, et al. "Introspection, attitude change, and attitude-behavior consistency: The disruptive effects of explaining why we feel the way we do." *Advances in Experimental Social Psychology* 22 (1989): 287–343.

167 "열정으로 다가왔던 감정도": R. H. M. Elwes. *The Chief Works of Benedict de Spinoza*, 1887, p. 248.

168 감정을 느끼는 대신 언어로 표현하는 행위는: Matthew D. Lieberman, et al. "Putting feelings into words affect labeling disrupts amygdala activity in response to affective stimuli." *Psychological Science* 18.5 (2007): 421–428.

168 '왜' 지금에 이르렀는지 이해하지 못할 때: James C. Collins. *How the Mighty Fall: And Why Some Companies Never Give In*. Jim Collins, 2009.

168 찰리 캠손은 … 써왔다: Clare Ansberry. "The power of daily writing in a journal," wsj.com, January 26, 2016, http://www.wsj.com/articles/the-power-of-daily-writing-in-a-journal-1453837329.

169 자기반성은 더 많이 하지만 통찰은 부족하다: Anthony M. Grant, John Franklin, and Peter Langford. "The self-reflection and insight scale: A new measure of private self-consciousness." *Social Behavior and Personality: An International Journal* 30.8 (2002): 821–835.

170 '매우 깊은 생각과 감정들': James W Pennebaker. "Writing about emotional experiences as a therapeutic process." *Psychological Science* 8.3 (1997): 162–166.

170 단기적인 문제였을 뿐: Brian A. Esterling, et al. "Empirical foundations for writing in prevention and psychotherapy: Mental and physical health outcomes." *Clinical Psychology Review* 19.1 (1999): 79–96.

170 장기적으로는 … 좋아졌다: James W. Pennebaker, Janice K. Kiecolt-Glaser, and Ronald Glaser. "Disclosure of traumas and immune function: health implications for psychotherapy." *Journal of Consulting and Clinical Psychology* 56.2 (1988): 239–245.

170 심신의 건강: Crystal L. Park and Carol Joyce Blumberg. "Disclosing trauma through writing: Testing the meaning-making hypothesis." *Cognitive Therapy and Research*

26.5 (2002): 597–616.

170 기억력이 더 좋고: Kitty Klein and Adriel Boals. "Expressive writing can increase working memory capacity." *Journal of Experimental Psychology: General* 130.3 (2001): 520–533.

170 더 좋은 성적을 받으며: James W. Pennebaker and Martha E. Francis. "Cognitive, emotional, and language processes in disclosure." *Cognition & Emotion* 10.6 (1996): 601–626.

170 결근율이 낮고: Martha E. Francis and James W. Pennebaker. "Putting stress into words: The impact of writing on physiological, absentee, and self-reported emotional well-being measures." *American Journal of Health Promotion* 6.4 (1992): 280–287.

170 더 빨리 재취업을: Stefanie P. Spera, Eric D. Buhrfeind, and James W. Pennebaker. "Expressive writing and coping with job loss." *Academy of Management Journal* 37.3 (1994): 72--733.

170 대학 테니스팀 선수들의 … 도움이 되는: V. B. Scott, et al. "Emotive writing moderates the relationship between mood awareness and athletic performance in collegiate tennis players." *North American Journal of Psychology* 5.2 (2003): 311–324.

170 면역력도 더 좋았고: James W. Pennebaker, Janice K. Kiecolt-Glaser, and Ronald Glaser. "Disclosure of traumas and immune function: health implications for psychotherapy." *Journal of Consulting and Clinical Psychology* 56.2 (1988): 239–245.

171 개인적인 성장 … 낮은 점수를 받았다: Sonja Lyubomirsky, Lorie Sousa, and Rene Dickerhoof. "The costs and benefits of writing, talking, and thinking about life's triumphs and defeats." *Journal of Personality and Social Psychology* 90.4 (2006): 692–708.

171 "행복은 종교처럼 신비로운 것이라서": G. K. Chesterton. Heretics. Butler and Tanner, 1905, p. 103.

171 "어떤 상황을 … 쓰면": Bridget Murray. "Writing to heal," apa.org, June 2002, http://www.apa.org/monitor/jun02/writing.aspx.

171 "장면의 짧은 서술": Clare Ansberry. "The power of daily writing in a journal," wsj.com, January 26, 2016, http://www.wsj.com/articles/the-power-of-daily-writing-in-a-journal-1453837329.

171 인과관계나 통찰과 관련된 단어를 많이 쓸수록: James W. Pennebaker. "Writing about emotional experiences as a therapeutic process." *Psychological Science* 8.3 (1997): 162–66; James W. Pennebaker, Tracy J. Mayne, and Martha E. Francis. "Linguistic predictors of adaptive bereavement." *Journal of Personality and Social Psychology* 72.4 (1997): 863–871.

172 한 가지만 포함된 … 효과가 없다: James W. Pennebaker and Sandra K. Beall. "Confronting a traumatic event: Toward an understanding of inhibition and disease." *Journal of Abnormal Psychology* 95.3 (1986): 274–281.

172 진정한 통찰은 … 얻을 수 있다: Christopher D. B. Burt. "An analysis of a self-initiated coping behavior: Diary-keeping." *Child Study Journal* 24.3 (1994): 171–189.

174 며칠에 한 번씩 일기를 쓰는 것이: James W. Pennebaker. "Writing about emotional experiences as a therapeutic process." *Psychological Science* 8.3 (1997): 162–166.

174 "사람들이 … 생각하지 않는다": Jordan Gaines Lewis, Ph.D. "Turning Trauma into Story: The Benefits of Journaling," psychologytoday.com, August 17, 2012, https://www.psychologytoday.com/blog/brain-babble/201208/turning-trauma-story-the-benefits-journaling.

177 자신의 부족함을 느낄 때: T. Pyszczynski and J. Greenberg. "Self-regulatory perseveration and the depressive self-focusing style: A self-awareness theory of reactive depression." Psychological Bulletin 102.1 (1987): 122–138. See also Ann G. Phillips and Paul J. Silvia. "Self-awareness and the emotional consequences of self-discrepancies." *Personality and Social Psychology Bulletin* 31.5 (2005): 703–713.

177 반추가 어떻게 자기성찰의 탈을 쓰고: J. Paul Hamilton et al. "Depressive rumination, the default-mode network, and the dark matter of clinical neuroscience." *Biological Psychiatry* 78.4 (2015): 224–230.

178 성적: V. B. Scott and William D. McIntosh. "The development of a trait measure of ruminative thought." *Personality and Individual Differences* 26.6 (1999): 1045–1056.

178 문제 해결력: Sonja Lyubomirsky, et al. "Why ruminators are poor problem solvers: clues from the phenomenology of dysphoric rumination." *Journal of Personality and Social Psychology* 77.5 (1999): 1041–1060.

178 기분: Nilly Mor and Jennifer Winquist. "Self-focused attention and negative affect: a meta-analysis." *Psychological Bulletin* 128.4 (2002): 638–662.

178 수면의 질과 부정적 상관관계: Jacob A. Nota and Meredith E. Coles. "Duration and timing of sleep are associated with repetitive negative thinking." *Cognitive Therapy and Research* 39 (2015): 253–261.

178 반추의 사고 유형에 빠져: T. Pyszczynski and J. Greenberg. "Self-regulatory perseveration and the depressive self-focusing style: A self-awareness theory of reactive depression." *Psychological Bulletin* 102.1 (1987): 122–138.

178 3만 2,000명을 대상으로 설문조사: Peter Kinderman, et al. "Psycho logical processes mediate the impact of familial risk, social circumstances and life events on mental health." *PLOS One* 8.10 (2013): e76564.

179 반추에 … 정확하게 파악하지 못한다: Joseph Ciarrochi and Greg Scott. "The link between emotional competence and well-being: A longitudinal study." *British Journal of Guidance & Counselling* 34.2 (2006): 231–243.

179 큰 그림을 보지 못한다: Rick Harrington and Donald A. Loffredo. "Insight, rumination, and self-reflection as predictors of well-being." *Journal of Psychology* 145.1 (2010): 39–57.

179 실질적으로는 회피 전략이기: Steven C. Hayes, et al. "Experiential avoidance and behavioral disorders: A functional dimensional approach to diagnosis and treatment." *Journal of Consulting and Clinical Psychology* 64.6 (1996): 1152.

179 반추와 … 상관관계가 존재한다: Rick E. Ingram. "Self-focused attention in clinical disorders: Review and a conceptual model." *Psychological Bulletin* 107.2 (1990): 156–176.

179 반추에 … 빠질 확률이 70퍼센트나: Jay G. Hull. "A self-awareness model of the causes and effects of alcohol consumption." *Journal of Abnormal Psychology* 90.6 (1981): 586–600.

179 상황에 직면하기보다 피하는 것으로: S. Rachman, J. Grüter-Andrew, and R. Shafran. "Post-event processing in social anxiety." *Behaviour Research and Therapy* 38.6 (2000): 611–617.

179 다양한 시각에서 보는 능력이 떨어질 뿐만 아니라: Jeffrey A. Joireman, Les Parrott III, and Joy Hammersla. "Empathy and the self-absorption paradox: Support for the distinction between self-rumination and self-reflection." *Self and Identity* 1.1 (2002): 53–65.

181 반추와의 싸움에 도움이 되는: Carol I. Diener and Carol S. Dweck. "An analysis of learned helplessness: Continuous changes in performance, strategy, and achievement cognitions following failure." *Journal of Personality and Social Psychology* 36 (1978): 451–462; Carol I. Diener and Carol S. Dweck. "An analysis of learned helplessness: II. The processing of success." *Journal of Personality and Social Psychology* 39.5 (1980): 940–952.

182 성장형 사고방식을 가진 판매원들이 … 실적이 좋았다: Don VandeWalle, et al. "The influence of goal orientation and self-regulation tactics on sales performance: A longitudinal field test." *Journal of Applied Psychology* 84.2 (1999): 249–259.

183 내가 일시 정지라고 이름 붙인: Allison Abbe, Chris Tkach, and Sonja Lyubomirsky. "The art of living by dispositionally happy people." *Journal of Happiness Studies* 4.4 (2003): 385–404.

184 어떤 생각이 떠오르든 그 생각을 반추하도록 했다: R. S. Stern, M. S. Lipsedge, and I. M. Marks. "Obsessive ruminations: A controlled trial of thought-stopping technique." *Behaviour Research and Therapy* 11.4 (1973): 659–662.

6장 **내적 자기인식 향상에 효과적인 수단들**

191 하버드 대학교 심리학자 엘렌 랭어가: Cara Feinberg. "The mindfulness chronicles," harvardmagazine.com, September/October 2010, http://harvardmagazine.com/2010/09/the-mindfulness-chronicles.

191 "동굴 속의 선 수련에서": Ibid.

191 "능동적으로 알아채고": Ibid.

192 "내가 아는 사람들은 … 가만히 앉아 있지 않을 거예요": Ibid.

193 "사람들은 … 무슨 일이든 하기를 선호한다": Timothy D. Wilson, et al. "Just think: The challenges of the disengaged mind." *Science* 345.6192 (2014): 75.

193 앤젤리나 졸리: Alexia Bure. "Surprising celebrities who meditate," wellandgood.com, December 26, 2012, http://www.wellandgood.com/good-advice/surprising-celebs-who-meditate/slide/9/.

193 앤더슨 쿠퍼: "The newly mindful Anderson Cooper," cbsnews.com, September 6,

2015, http://www.cbsnews.com/news/the-newly-mindful-anderson-cooper/.

193 엘런 디제너러스: "What Gisele Bundchen, Ellen DeGeneres & other celebrities say about meditation," choosemuse.com, http://www.choosemuse.com/blog/9-top-celebrity-meditation-quotes/.

193 구글: David Hochman. "Mindfulness: Getting its share of attention," nytimes.com, November 3, 2013, http://www.nytimes.com/2013/11/03/fashion/mindfulness-and-meditation-are-capturing-attention.html.

193 맥킨지: David Gelles. "The hidden price of mindfulness inc.," nytimes.com, March 19, 2016, http://www.nytimes.com/2016/03/20/opinion/sunday/the-hidden-price-of-mindfulness-inc.html?_r=2.

193 나이키, 제너럴 밀스, 타겟, 애트나: David Hochman. "Mindfulness: Getting its share of attention," nytimes.com, November 3, 2013, http://www.nytimes.com/2013/11/03/fashion/mindfulness-and-meditation-are-capturing-attention.html?_r=0.

193 30만이 넘는 학생이: Lauren Cassani Davis. "When mindfulness meets the classroom," theatlantic.com, August 31, 2015, http://www.theatlantic.com/education/archive/2015/08/mindfulness-education-schools-meditation/402469/.

193 미 해병대와 … 프로 스포츠 팀까지: Associated Press. "U.S. Marine Corps members learn mindfulness meditation and yoga in pilot program to help reduce stress," January 23, 2013, http://www.nydailynews.com/life-style/health/u-s-marines-learn-meditate-stress-reduction-program-article-1.1245698.

193 10억 달러에 이르는 하나의 산업이 되었고: David Gelles. "The hidden price of mindfulness inc.," nytimes.com, March 19, 2016, http://www.nytimes.com/2016/03/20/opinion/sunday/the-hidden-price-of-mindfulness-inc.html?_r=2.

194 미국인 3,800만 명 이상은 … 인정했다: CashStar, Inc. "More than 38 million* online Americans shopped while on the toilet," prnewswire.com, November 19, 2012, http://www.prnewswire.com/news-releases/more-than-38-million-online-americans-shopped-while-on-the-toilet-179955401.html.

194 참가자의 절반 가까이가: Matthew A. Killingsworth and Daniel T. Gilbert. "A wandering mind is an unhappy mind." *Science* 330.6006 (2010): 932.

194 다이어트 중인 사람들에게: Todd F. Heatherton, et al. "Self-Awareness, Task Failure, and Disinhibition: How Attentional Focus Affects Eating." *Journal of Personality* 61.1 (1993): 49–61.

196 행복: Kirk Warren Brown and Richard M. Ryan. "The benefits of being present: mindfulness and its role in psychological well-being." *Journal of Personality and Social Psychology* 84.4 (2003): 822–848.

196 건강: Paul Grossman, et al. "Mindfulness-based stress reduction and health benefits: A meta-analysis." *Journal of Psychosomatic Research* 57.1 (2004): 35–43.

196 창의력: E. J. Langer, D. Heffernan, and M. Kiester. "Reducing burnout in an institutional setting: An experimental investigation." Unpublished manuscript, Harvard University, Cambridge, MA (1988).

196 생산성: Kwang-Ryang Park. An experimental study of theory-based team building intervention: A case of Korean work groups." Unpublished manuscript, Harvard University, Cambridge, MA (1990).

196 진실성: Michael H. Kernis and Brian M. Goldman. "A multicomponent conceptualization of authenticity: Theory and research." *Advances in Experimental Social Psychology* 38 (2006): 283–357.

196 행동에 대한 통제력: Kirk Warren Brown and Richard M. Ryan. "The benefits of being present: mindfulness and its role in psychological well-being." *Journal of Personality and Social Psychology* 84.4 (2003): 822–848.

196 결혼 생활에 대한 만족감이 높고: Leslie C. Burpee and Ellen J. Langer. "Mindfulness and marital satisfaction." *Journal of Adult Development* 12.1 (2005): 43–51.

196 더 편안하고: Ellen J. Langer, Irving L. Janis, and John A. Wolfer. "Reduction of psychological stress in surgical patients." *Journal of Experimental Social Psychology* 11.2 (1975): 155–165.

196 덜 공격적이고: Whitney L. Heppner, et al. "Mindfulness as a means of reducing aggressive behavior: Dispositional and situational evidence." *Aggressive Behavior* 34.5 (2008): 486–496.

196 번아웃 증후군 발생률은 낮으며: E. J. Langer, D. Heffernan, and M. Kiester. "Reducing burnout in an institutional setting: An experimental investigation." Unpublished manuscript, Harvard University, Cambridge, MA (1988).

196 심지어 날씬하기까지: Eric B. Loucks, et al. "Associations of dispositional mindfulness with obesity and central adiposity: The New England Family Study." *International Journal of Behavioral Medicine* 23.2 (2016): 224–233.

196 마음챙김 명상이 … 우리를 구해줄 수 있다: Chen Hemo and Lilac Lev-Ari. "Focus on your breathing: Does meditation help lower rumination and depressive symptoms?" *International Journal of Psychology and Psychological Therapy* 15.3 (2015): 349–359.

196 마음챙김 명상 센터의 10일간 집중 프로그램에: Richard Chambers, Barbara Chuen Yee Lo, and Nicholas B. Allen. "The impact of intensive mindfulness training on attentional control, cognitive style, and affect." *Cognitive Therapy and Research* 32.3 (2008): 303–322.

197 자기통찰도 뛰어난 경향이 있다: Kelly C. Richards, C. Estelle Campenni, and Janet L. Muse-Burke. "Self-care and well-being in mental health professionals: The mediating effects of self-awareness and mindfulness." *Journal of Mental Health Counseling* 32.3 (2010): 247–264.

197 통찰력을 증대시키기 때문이라는: Yadollah Ghasemipour, Julie Ann Robinson, and Nima Ghorbani. "Mindfulness and integrative self-knowledge: Relationships with health-related variables." *International Journal of Psychology* 48.6 (2013): 1030–1037.

197 "마음챙김은 … 전략을 제공한다": 개인적 교신.

199 행동을 더 잘 통제하는: Shannon M. Erisman and Lizabeth Roemer. "A preliminary investigation of the effects of experimentally induced mindfulness on emotional responding to film clips." *Emotion* 10.1 (2010): 72–82.

199 그들은 학생들에게 … 쓰라고 요청하면서: Whitney L. Heppner, et al. "Mindfulness as a means of reducing aggressive behavior: Dispositional and situational evidence." *Aggressive Behavior* 34.5 (2008): 486–496.

202 마음챙김 집단만: J. David Creswell, et al. "Alterations in Resting-State Functional Connectivity Link Mindfulness Meditation with Reduced Interleukin-6: A Randomized Controlled Trial." *Biological Psychiatry* (2016).

202 "마음챙김의 본질이다": Ellen Langer. "The third metric for success," ellenlanger.com, 2009, http://www.ellenlanger.com/blog/171/the-third-metric-for-success.

205 우리의 경험을 … 재구성함으로써: 데이터에서 이 흥미로운 패턴을 파악해준 슈퍼스타 연구조교 로런 트로닉Lauren Tronick에게 감사의 말을 전하고 싶다.

206 '발코니 가기': William Ury. *Getting Past No: Negotiating with Difficult People*. Bantam Books, 1992.

209 "어떻게 이야기해야 할까?": Gustave Flaubert, translated by Lowell Bair. *Madame Bovary*. Bantam Books, 1959, p. 35.

211 시간을 좀처럼 갖지 않기 때문이다: Giada Di Stefano, et al. "Learning by thinking: Overcoming the bias for action through reflection." *Harvard Business School NOM Unit Working Paper* 14-093 (2015): 14–093.

211 콜센터 수습사원에게 … 시간을 갖게 하더니: Ibid.

213 '우리 인생의 전기 작가': Timothy D. Wilson. *Strangers to Ourselves*. Harvard University Press, 2004, p. 16.

214 "당신의 인생을 … 생각해보세요": Note: I've adapted this slightly to serve the purpose of self-awareness. Dan P. McAdams, et al. "Continuity and change in the life story: A longitudinal study of autobiographical memories in emerging adulthood." *Journal of Personality* 74.5 (2006): 1371–1400.

215 인생 이야기가 … 연관이 있을 것이다: Ibid.

216 나타나는 주제로: Jennifer L. Pals. "Authoring a second chance in life: Emotion and transformational processing within narrative identity." *Research in Human Development* 3.2–3 (2006): 101–120.

216 성취 … 관계: 매커덤스와 동료들은 이를 각각 '작용주체agency'와 '교감communion'이라고 부른다.

216 학점 때문에 고전 중인: Timothy D. Wilson and Patricia W. Linville. "Improving the academic performance of college freshmen: Attribution therapy revisited." *Journal of Personality and Social Psychology* 42.2 (1982): 367–376.

217 "죽었던 저를 의사 선생님들이": Dan P. McAdams. "The redemptive self: Generativity and the stories Americans live by." *Research in Human Development* 3.2–3 (2006): 81–100, p. 90.

217 가장 끔찍한 경험까지도: Dan P. McAdams, et al. "When bad things turn good and good things turn bad: Sequences of redemption and contamination in life narrative and their relation to psychosocial adaptation in midlife adults and in students." *Personality and Social Psychology Bulletin* 27.4 (2001): 474–485.

220 자기성찰은 감소시키고 자기인식은 증가시켰다: Anthony M. Grant. "The impact of life coaching on goal attainment, metacognition and mental health." *Social Behavior and Personality: An International Journal* 31.3 (2003): 253–263.

220 이런 발전이 … 유지된다: L. S. Green, L. G. Oades, and A. M. Grant. "Cognitive-behavioral, solution-focused life coaching: Enhancing goal striving, well-being, and hope." *Journal of Positive Psychology* 1.3 (2006): 142–149.

220 솔루션 마이닝은 … 강력한: Edward R. Watkins, Celine B. Baeyens, and Rebecca Read. "Concreteness training reduces dysphoria: proof-of-principle for repeated cognitive bias modification in depression." *Journal of Abnormal Psychology* 118.1 (2009): 55–64.

220 해결 중심 단기 치료: Steve De Shazer. *Clues: Investigating Solutions in Brief Therapy*. W. W. Norton & Co, 1988. Note that I've slightly adapted this question for brevity.

220 부모, 재소자: Wallace J. Gingerich and Sheri Eisengart. "Solution-focused brief therapy: A review of the outcome research." *Family Process* 39.4 (2000): 477–498.

220 청소년 … 결혼 생활에 문제가 있는 커플: Jacqueline Corcoran and Vijayan Pillai. "A review of the research on solution-focused therapy." *British Journal of Social Work* 39.2 (2009): 234–242.

220 극적인 개선 효과를 이끌어냈다: Jacqueline Corcoran and Vijayan Pillai. "A review of the research on solution-focused therapy." *British Journal of Social Work* 39.2 (2009): 234–242.

220 통찰력의 향상 및 심리적 성장: Wei Zhang, et al. "Brief report: Effects of solution-focused brief therapy group-work on promoting post-traumatic growth of mothers who have a child with ASD." *Journal of Autism and Developmental Disorders* 44.8 (2014): 2052–2056.

220 골프선수의 퍼팅 입스: Robert J. Bell, Christopher H. Skinner, and Leslee A. Fisher. "Decreasing putting yips in accomplished golfers via solution-focused guided imagery: A single-subject research design." *Journal of Applied Sport Psychology* 21.1 (2009): 1–14.

222 대학생들에게 … 써보라고 요청했다: Jack J. Bauer and Dan P. McAdams. "Eudaimonic growth: Narrative growth goals predict increases in ego development and subjective well-being 3 years later." *Developmental Psychology* 46.4 (2010): 761–772.

7장 **우리가 듣기 힘든 진실**

229 '취중진담': Bruce D. Bartholow, et al. "Alcohol effects on performance monitoring and adjustment: affect modulation and impairment of evaluative cognitive control." *Journal of Abnormal Psychology* 121.1 (2012): 173–186.

235 대단히 부정확하다: Timothy W. Smith, et al. "Hostile personality traits and coronary artery calcification in middle-aged and older married couples: Different effects for self-reports versus spouse ratings." *Psychosomatic Medicine* 69.5 (2007): 441–448.

235 오직 하급자들만: Bernard M. Bass, and Francis J. Yammarino. "Congruence of self and others' leadership ratings of naval officers for understanding successful performance." *Applied Psychology* 40.4 (1991): 437–454.

235 미래의 우리 행동을 예측하는: Tara K. MacDonald and Michael Ross. "Assessing the accuracy of predictions about dating relationships: How and why do lovers' predictions differ from those made by observers?" *Personality and Social Psychology Bulletin* 25.11 (1999): 1417–1429.

235 세 가지 특질 외에는 전부 일치했다: David C. Funder, David C. Kolar, and Melinda C. Blackman. "Agreement among judges of personality: Interpersonal relations, similarity, and acquaintanceship." *Journal of Personality and Social Psychology* 69.4 (1995): 656–672.

238 우리라는 사람의 다른 면들을 포착한 것으로 봐도 좋다: Simine Vazire and Erika N. Carlson. "Others sometimes know us better than we know ourselves." *Current Directions in Psychological Science* 20.2 (2011): 104–108. Simine Vazire and Matthias R. Mehl. "Knowing me, knowing you: The accuracy and unique predictive validity of self-ratings and other-ratings of daily behavior." *Journal of Personality and Social Psychology* 95.5 (2008): 1202–1216.

240 기발한 실험으로: Sidney Rosen and Abraham Tesser. "On reluctance to communicate undesirable information: The MUM effect." *Sociometry* (1970): 253–263.

241 "남들이 … 고안되었다": Herbert H. Blumberg. "Communication of interpersonal evaluations." *Journal of Personality and Social Psychology* 23.2 (1972): 157–162.

243 우리의 사회적 지위를 위협할 수 있는: Charles F. Bond and Evan L. Anderson. "The reluctance to transmit bad news: Private discomfort or public display?" *Journal of Experimental Social Psychology* 23.2 (1987): 176–187.

243 사회적 거부를 경험할 때: Kipling D. Williams, Christopher K. T. Cheung, and Wilma Choi. "Cyberostracism: Effects of being ignored over the Internet." *Journal of Personality and Social Psychology* 79.5 (2000): 748–762.

244 평가해달라고 요청했다: Bella M. DePaulo and Kathy L. Bell. "Truth and investment: Lies are told to those who care." *Journal of Personality and Social Psychology* 71.4 (1996): 703–716.

246 더 크게 성공하고 더 높이 승진한다는 것은: Bernard M. Bass and Francis J. Yammarino. "Congruence of self and others' leadership ratings of naval officers for understanding successful performance." *Applied Psychology* 40.4 (1991): 437–454; Mike Young and Victor Dulewicz. "Relationships between emotional and congruent self-awareness and performance in the British Royal Navy." *Journal of Managerial Psychology* 22.5 (2007): 465–478.

246 성공적인 리더십을 가장 잘 예측해주는: J. P. Flaum. "When it comes to business leadership, nice guys finish first," greenpeakpartners.com, http://greenpeakpartners.com/resources/pdf/6%208%2010%20Executive%20study%20GP %20 commentary%20article_Final.pdf.

246 자신을 잘 알게 될 가능성은 낮아진다는: Fabio Sala. "Executive Blind Spots: Discrepancies Between Self-and Other-Ratings." *Consulting Psychology Journal: Practice and Research* 55.4 (2003): 222–229.

246 최고경영자 병이라는 이름까지: John A. Byrne, William C. Symonds, and Julia Flynn Silver. "CEO disease." *The Training and Development Sourcebook* 263 (1994).

249 이 자동차 회사의 미래는: Richard Whittington. *What Is Strategy—And Does It Matter?* Cengage Learning EMEA, 2001.

249 장인에게서 번창하던: William Engdahl. "Who is Pehr Gyllenhammar, and what are the Aspen-Skandia networks?" larouchepub.com, August 31, 1982, http://www.larouchepub.com/eiw/public/1982/eirv09n33-19820831/eirv09n33-19820831_043-who_is_pehr_gyllenhammar_and_wha.pdf.

249 "건방지고 도발적이며": "Volvo cars and Volvo museum exhibited Pehr G Gyllenhammar's cars," volvo.cars.com, April 15, 2014, http://www.volvocars.com/international/about/our-company/heritage/heritage-news/volvo-cars-and-volvo-museum-exhibited-pehr-g-gyllenhammars-cars.

250 '황제'라는 별명까지: Robert F. Bruner. "An analysis of value destruction and recovery in the alliance and proposed merger of Volvo and Renault." *Journal of Financial Economics* 51.1 (1999): 125–166.

250 "불가해한 실책": Paula Dwyer. "Why Volvo kissed Renault goodbye," Business Week, December 19, 1993, http://www.bloomberg.com/news/articles/1993-12-19/why-volvo-kissed-renault-goodbye.

250 비용 절감 추정액을 … 올려: Ibid.

251 "우리는 윌렌함마르 회장에게 … 몰랐습니다": Ibid.

251 "시기심에서 나온 복수극": Robert F. Bruner. "An analysis of value destruction and recovery in the alliance and proposed merger of Volvo and Renault." *Journal of Financial Economics* 51.1 (1999): 125–166.

252 정기적으로 피드백을 요청하는: 실적이 최상위인 리더는 상위 10퍼센트, 실적이 최하위인 리더는 하위 10퍼센트에 해당하는 이들이다. Joseph Folkman. "Top ranked leaders know this secret: ask for feedback," forbes.com, January 8, 2015, http://www.forbes.com/sites/joefolkman/2015/01/08/top-ranked-leaders-know-this-secret-ask-for-feedback/#b958b9e608fe.

252 사회관계에서나 직장에서 보상을 받는다: Susan J. Ashford and Anne S. Tsui. "Self-regulation for managerial effectiveness: The role of active feedback seeking." *Academy of Management Journal* 34.2 (1991): 251–280.

254 긴 역사를 지닌: David W. Bracken, et al. *Should 360-Degree Feedback Be Used Only for Developmental Purposes?* Center for Creative Leadership, 1997.

254 30에서: David W. Bracken, Carol W. Timmreck, and Allan H. Church, eds. *The Handbook of Multisource Feedback*. John Wiley & Sons, 2001.

254 90퍼센트의 조직이 어떤 식으로든: Mark Robert Edwards and Ann J. Ewen. *360-Feedback: The Powerful New Model for Employee Assessment & Performance Improvement*. AMACOM, 1996.

254 과제의 수준도 높았고: Jesse Pappas and J. Madison. "Multisource feedback for STEM students improves academic performance." *Annual Conference Proceedings of American Society of Engineering Education*. 2013.

255 부하 직원들이 … 후환이 생길까봐 두려워서: Arthur Morgan, Kath Cannan, and Joanne Cullinane. "360 feedback: a critical enquiry." *Personnel Review* 34.6 (2005):

663–680.

255 "360도 피드백에서 비판적인 내용이 나온다면": Ibid.

8장 거북한 피드백 또는 의외의 피드백을 받아들이고, 숙고하고, 대응하기

289 여성 체스 선수들의 성적에: Hank Rothgerber and Katie Wolsiefer. "A naturalistic study of stereotype threat in young female chess players." *Group Processes & Intergroup Relations* 17.1 (2014): 79–90.

289 고정관념의 위협으로 이름 붙여졌으며: Claude M. Steele and Joshua Aronson. "Stereotype threat and the intellectual test performance of African Americans." *Journal of Personality and Social Psychology* 69.5 (1995): 797–811.

290 점수가 12퍼센트 낮게 나왔다는: Thomas S. Dee. "Stereotype threat and the student-athlete." *Economic Inquiry* 52.1 (2014): 173–182.

290 여성은 … 겨우 22퍼센트를 차지하고: National Science Report, 2000, as cited in Joyce Ehrlinger and David Dunning. "How chronic self-views influence (and potentially mislead) estimates of performance." *Journal of Personality and Social Psychology* 84.1 (2003): 5.

290 과학 추론 능력이: Joyce Ehrlinger and David Dunning. "How chronic self-views influence (and potentially mislead) estimates of performance." *Journal of Personality and Social Psychology* 84.1 (2003): 5–17.

291 '심리 면역 체계': Daniel T. Gilbert, et al. "Immune neglect: A source of durability bias in affective forecasting." *Journal of Personality and Social Psychology* 75.3 (1998): 617–638.

291 40퍼센트나 줄였다: Geoffrey L. Cohen, et al. "Reducing the racial achievement gap: A social-psychological intervention." *Science* 313.5791 (2006): 1307–1310.

291 수준을 낮추어줌으로써: J. David Creswell, et al. "Does self-affirmation, cognitive processing, or discovery of meaning explain cancer-related health benefits of expressive writing?" *Personality and Social Psychology Bulletin* 33.2 (2007): 238–250, p. 242.

292 쓰라린 피드백에 더욱 열린 자세를: Clayton R. Critcher and David Dunning. "Self-affirmations provide a broader perspective on self-threat." *Personality and Social Psychology Bulletin* 41.1 (2015): 3–18.

292 가혹한 진실을 듣는 데 도움이 될 수 있다: Brandon J. Schmeichel and Andy Martens. "Self-affirmation and mortality salience: Affirming values reduces worldview defense and death-thought accessibility." *Personality and Social Psychology Bulletin* 31.5 (2005): 658–667.

292 "생각들까지 열린 마음을 갖도록": David K. Sherman and Geoffrey L. Cohen. "The psychology of self-defense: Self-affirmation theory." *Advances in Experimental Social Psychology* 38 (2006): 183–242.

295 잘못된 신념을 가질 가능성 또한 낮았다: Matthew Vess, et al. "Nostalgia as a resource for the self." *Self and Identity* 11.3 (2012): 273–284.

295 회상이 반추를 감소시키고: Sander L. Koole, et al. "The cessation of rumination through self-affirmation." *Journal of Personality and Social Psychology* 77.1 (1999): 111–125.

295 안녕을 증진시킨다: Fred B. Bryant, Colette M. Smart, and Scott P. King. "Using the past to enhance the present: Boosting happiness through positive reminiscence." *Journal of Happiness Studies* 6.3 (2005): 227–260.

295 위협적인 피드백을 받기 전에: Clayton R. Critcher, David Dunning, and David A. Armor. "When self-affirmations reduce defensiveness: Timing is key." *Personality and Social Psychology Bulletin* 36.7 (2010): 947–959.

9장 **자기인식이 뛰어난 팀과 조직을 만드는 리더들의 비결**

311 무려 25퍼센트나 떨어졌다: Sarah Miller Caldicott. "Why Ford's Alan Mulally is an innovation CEO for the record books," forbes.com, June 25, 2014, http://www.forbes.com/sites/sarahcaldicott/2014/06/25/why-fords-alan-mulally-is-an-innovation-ceo-for-the-record-books/#c35aeec779bb.

312 "빌 포드는 … 알게 되었다": B. G. Hoffman. *American Icon: Alan Mulally and the Fight to Save Ford Motor Company*. Crown, 2012, p. 3.

312 "이 회사는 제게 대단히 소중한 곳입니다": Ibid., p. 56.

314 "우리 모두는 다음 주에 다시 모일 테고": Ibid., p. 106.

315 "전부 헛소리들이었다": Ibid.

317 '누군가는 알아내야만 하잖아': Ibid., p. 124.

320 자기인식에 이른 팀은: Susan M. Carter and Michael A. West. "Reflexivity, effectiveness, and mental health in BBC-TV production teams." Small Group Research 29.5 (1998): 583–601; Michaéla C. Schippers, Deanne N. Den Hartog, and Paul L. Koopman. "Reflexivity in teams: A measure and correlates." *Applied Psychology* 56.2 (2007): 189–211.

320 침묵을 유지할 가능성이: Susan J. Ashford and Anne S. Tsui. "Self-regulation for managerial effectiveness: The role of active feedback seeking." *Academy of Management Journal* 34.2 (1991): 251–280.

325 '진정한 리더십'이라고 부르는데: Remus Ilies, Frederick P. Morgeson, and Jennifer D. Nahrgang. "Authentic leadership and eudaemonic well-being: Understanding leader-follower outcomes." The Leadership Quarterly 16.3 (2005): 373–394; Fred O. Walumbwa, et al. "Authentic leadership: Development and validation of a theory-based measure." *Journal of Management* 34.1 (2008): 89–126.

325 생산성도 높다고: Joanne Lyubovnikova, et al. "How authentic leadership influences team performance: The mediating role of team reflexivity." *Journal of Business Ethics* (2015): 1–12.

325 자녀들의 자기인식과 행복감이: Heather K. Warren and Cynthia A. Stifter. "Maternal emotion-related socialization and preschoolers' developing emotion self-awareness." *Social Development* 17.2 (2008): 239–258.

326 추종자가 … 모방하는 경향이 있다고: Albert Bandura and Richard H. Walters. "Social learning theory." General Learning Press, 1997.

329 "대단히 집중적으로 서로를 알아가는 자리": Cathy Olofson. "GE brings good managers to life," fastcompany.com, September 30, 1998, http://www.fastcompany.com/35516/ge-brings-good-managers-life.

329 우호적이고 신뢰할 수 있는 관계가 형성되고: Steven V. Manderscheid and Alexandre Ardichvili. "New leader assimilation: Process and outcomes." *Leadership & Organization Development Journal* 29.8 (2008): 661–677.

333 집단 자기인식 분야에서: Amy C. Edmondson. "Learning from mistakes is easier said than done: Group and organizational influences on the detection and correction of human error." *Journal of Applied Behavioral Science* 32.1 (1996): 5–28.

333 480에서 960건의 과실에 노출될 가능성이 있고: 입원 환자는 평균 4.8일간 입원해 있으면서 매일 10~20회 투약을 받았다. Amy C. Edmondson. "Learning from mistakes is easier said than done: Group and organizational influences on the detection and correction of human error." *Journal of Applied Behavioral Science* 32.1 (1996): 5–28.

333 수백 명이 사망하고 백만 명 이상이 부상을 입는: "Medication error reports," fda.gov, October 20, 2016, http://www.fda.gov/Drugs/DrugSafety/MedicationErrors/ucm080629.htm.

334 "심리적 안전감은 … 자신감을 말한다"고 에드먼슨은 설명한다: Amy Edmondson. "Psychological safety and learning behavior in work teams." *Administrative Science Quarterly* 44.2 (1999): 350–383.

334 비슷한 결론을 내렸다: Charles Duhigg. "What Google learned from its quest to build the perfect team," nytimes.com, February 28, 2016, http://www.nytimes.com/2016/02/28/magazine/what-google-learned-from-its-quest-to-build-the-perfect-team.html?_r=0.

338 명확한 기준의 설정을: Vanessa Urch Druskat and D. Christopher Kayes. "The antecedents of team competence: Toward a fine-grained model of self-managing team effectiveness." *Research on Managing Groups and Teams* 2.2 (1999): 201–231.

341 '자기인식에 기초한 경영': Edwin E. Catmull and Amy Wallace. *Creativity, Inc.: Overcoming the Unseen Forces That Stand in the Way of True Inspiration*. New York: Random House, 2014. Print, xvi.

341 '제약 없는 소통': Ibid., p. 4.

342 "지금은 2017년입니다": Ibid., p. 283.

343 "막혔던 솔직한 소통의 통로가 뚫렸고": Ibid., p. 292.

343 "직원들이 더 안전하게 자기 생각을 말하게": Ibid., p. 293.

343 "공동 작업, 투지, 솔직함은": Ed Catmull. *Creativity, Inc.: Overcoming the Unseen Forces That Stand in the Way of True Inspiration*. Random House, 2014, p. 277.

347 "철저한 진실"과 "철저한 투명성의 원칙": James Freeman. "The soul of a hedge fund 'machine,' " wsj.com, June 6, 2014, http://www.wsj.com/articles/james-freeman-the-soul-of-a-hedge-fund-machine-1402094722.

348 해고 사유가: Richard Feloni. "Ray Dalio explains why 25% of Bridgewater employees don't last more than 18 months at the hedge fund giant," businessinsider.com, March 23, 2016, http://www.businessinsider.com/biggest-challenges-new-bridgewateremployees-face-2016-3.

348 '디지털 카드': Eliza Gray. "Questions to answer in the age of optimized hiring," time.com, June 11, 2015, http://time.com/3917703/questions-to-answer-in-the-age-of-optimized-hiring/.

348 직원들끼리 … 주도록 했다: Ibid.

348 "진실을 추구하려는 거죠": Bess Levin. "Bridgwater associates truth probings are about to get turbo-charged," dealbreaker.com, July 18, 2011, http://dealbreaker.com/2011/07/bridgwater-associates-truth-probings-are-about-to-get-turbo-charged/.

348 어느 헤지펀드보다 높은 수익을: Nishant Kumar. "Bridgewater's Dalio trumps Soros as most profitable hedge fund," bloomberg.com, January 26, 2016, http://www.bloomberg.com/news/articles/2016-01-26/bridgewater-s-dalio-trumps-soros-as-most-profitable-hedge-fund.

348 게다가 많은 직원이: James Freeman. "The soul of a hedge fund 'machine,' " wsj.com, June 6, 2014, http://www.wsj.com/articles/james-freeman-the-soul-of-a-hedge-fund-machine-1402094722.

348 '끊임없는 비판의 목소리': Michelle Celarier and Lawrence Delevingne. "Ray Dalio's radical truth," March 2, 2011, http://www.institutionalinvestor.com/Article.aspx?ArticleID=2775995&p=3.

348 "브리지워터에 가면 … 보게 될 것입니다": Michelle Celarier and Lawrence Delevingne. "Ray Dalio's radical truth," March 2, 2011, http://www.institutionalinvestor.com/Article.aspx?ArticleID=2775995&p=3.

349 30퍼센트나 되는 신입사원이: Michelle Celarier and Lawrence Delevingne. "Ray Dalio's radical truth," March 2, 2011, http://www.institutionalinvestor.com/Article/2775995/Channel/199225/Ray-Dalios-radical-truth.html?ArticleId=2775995&p=4#/.V04K15MrK8U.

360 이름을 무엇으로 할지 궁리했다: Elizabeth Brayer. *George Eastman: A Biography*. University of Rochester Press, 2006.

360 강하고 예리해 보이는: Kiplinger Washington Editors, Inc. "The story behind Kodak Trademark." *Kiplinger's Personal Finance*, April 1962, p. 40.

360 카메라의 85퍼센트가: Henry C. Lucas. *The Search for Survival: Lessons from*

Disruptive Technologies. Praeger, 2012, p. 16.

360 필름 사업에 손해를 끼칠 거라고: Ernest Scheyder and Liana B. Baker. "As Kodak struggles, Eastman Chemical thrives," reuters.com, December 24, 2011, http://www.reuters.com/article/us-eastman-kodak-idUSTRE7BN06B20111224.

361 "귀엽네. 하지만 아무에게도 이야기하지 마": Paul B. Carroll and Chunka Mui. *Billion Dollar Lessons: What You Can Learn from the Most Inexcusable Business Failures of the Last Twenty-five Years*. Portfolio, 2008, p. 93.

361 파산 신청과 함께: Reuters. "Kodak files for bankruptcy, plans biz overhaul." business-standard.com, January 19, 2012, http://www.business-standard.com/article/international/kodak-files-for-bankruptcy-plans-biz-overhaul-112011900119_1.html.

364 "두 장씩 가져가고": B. G. Hoffman. *American Icon: Alan Mulally and the Fight to Save Ford Motor Company*. Crown, 2012, p. 248.

10장 **자기망상의 세계에서 살아남고 성장하기**

367 자기인식이 부족한 사람이 단 한 명만 있어도: Erich C. Dierdorff and Robert S. Rubin. "Research: We're not very self-aware, especially at work," *Harvard Business Review*, March 12, 2015, https://hbr.org/2015/03/research-were-not-very-self-aware-especially-at-work.

368 자기인식이 부족한 상사는 … 악영향을 미친다: Dan F. Moshavi, William Brown, and Nancy G. Dodd. "Leader self-awareness and its relationship to subordinate attitudes and performance." *Leadership & Organization Development Journal* 24.7 (2003): 407–418.

368 근로자 1만 3,500명에게 … 질문했을 때: Sherri Dalphonse. "Washington's real-life horrible bosses," washingtonian.com, December 4, 2013, https://www.washingtonian.com/2013/12/04/real-life-horrible-bosses/.

369 "심각한 방향감 상실과 … 고통받는다": William B. Swann Jr., Peter J. Rentfrow, and Jennifer S. Guinn. "Self-verification: The search for coherence." In M. R. Leary and J. J. P. Tangney, eds. *Handbook of Self and Identity*. Guilford Press, 2003, p. 376.

374 그들에게 이로운 일임을 내세워서: Erika N. Carlson, Simine Vazire, and Thomas F. Oltmanns. "You probably think this paper's about you: Narcissists' perceptions of their personality and reputation." *Journal of Personality and Social Psychology* 101.1 (2011): 185–201.

381 나르시시즘의 기반이: John F. Rauthmann. "The Dark Triad and interpersonal perception: Similarities and differences in the social consequences of narcissism, Machiavellianism, and psychopathy." *Social Psychological and Personality Science* 3.4 (2012): 487–496.

382 확인할 가장 좋은 방법들 중 하나는: Sander van der Linden and Seth A. Rosenthal. "Measuring narcissism with a single question? A replication and extension of the Single-Item Narcissism Scale (SINS)." *Personality and Individual Differences* 90 (2016): 238–241.

382 그들은 자신을 긍정적으로 보는: Sara Konrath, Brian P. Meier, and Brad J. Bushman. "Development and validation of the single item narcissism scale(SINS)." *PLOS One* 9.8 (2014): e103469.

382 "자신이 다른 사람들보다 우월하며 … 믿는다": Mary Elizabeth Dallas. "Need to spot a narcissist? Just ask them," healthday.com, August 5, 2014, http://consumer.healthday.com/mental-health-information-25/psychology-and-mental-health-news-566/need-to-spot-a-narcissist-just-ask-them-690338.html.

382 사람들이 우둔해서: Erika N. Carlson, Simine Vazire, and Thomas F. Oltmanns. "You probably think this paper's about you: Narcissists' perceptions of their personality and reputation." *Journal of Personality and Social Psychology* 101.1 (2011): 185–201.

382 그 효과를 최하로 평가한다: Timothy A. Judge, Jeffery A. LePine, and Bruce L. Rich. "Loving yourself abundantly: Relationship of the narcissistic personality to self—and other perceptions of workplace deviance, leadership, and task and contextual performance." *Journal of Applied Psychology* 91.4 (2006): 762–776.

391 스트레스와 자기인식 부족 간의 정적 상관관계를: Delroy L. Paulhus, Peter Graf, and Mark Van Selst. "Attentional load increases the positivity of self-presentation." *Social Cognition* 7.4 (1989): 389–400.

399 지적받을 준비를 시켜주는: Geoffrey L. Cohen, Joshua Aronson, and Claude M. Steele. "When beliefs yield to evidence: Reducing biased evaluation by affirming the self." *Personality and Social Psychology Bulletin* 26.9 (2000): 1151–1164.

403 통찰력을 높이도록 도와줄 수 있는 경우가 많으며: Leanne Atwater, Paul Roush, and Allison Fischthal. "The influence of upward feedback on self-and follower ratings of leadership." *Personnel Psychology* 48.1 (1995): 35–59.

404 증거를 수차례 반복적으로 보여줘야 하고: Zoe Chance, et al. "The slow decay and quick revival of self-deception." *Frontiers in Psychology* 6 (2015).

408 "착하고 행복한 사람": Benjamin Franklin. *The Autobiography of Benjamin Franklin.* Garden City Publishing Company, 1916.

414 자기인식이 우리를 초신성으로 변화시켜: 당신이 이 주를 읽고 있다면 아마 당신은 과학적 사고를 지닌 사람일 것이다. 그렇다, 엄밀히 말하면 초신성은 죽어가는 별이다. 하지만 인용문의 진정한 의미만 기억해주기 바란다!